Féodalisme
et démocratie locale :
une possibilité politique ?

Logiques politiques

Créée en 1991 par Pierre Muller, puis dirigée par Yves Surel, la collection « Logiques politiques » a pour vocation principale de publier des ouvrages de science politique, ainsi que des livres traitant de thématiques politiques avec un autre angle disciplinaire (anthropologie, économie, philosophie, sociologie). Elle rassemble des recherches originales, tirées notamment de travaux de doctorat, ainsi que des ouvrages collectifs sur des problématiques contemporaines. Des séries thématiques sont également en cours de développement, l'une d'entre elles visant à publier des ouvrages de synthèse sur les systèmes politiques des États-membres de l'Union européenne.

Dernières parutions

Éric LAFOND, *Nous n'avons pas les élus que nous méritons. Fabriquer la démocratie dont nous avons besoin,* 2025.
Diana DANIȘOR, *L'extrémisme politique. Miroir troublant de notre époque*, 2025.
Jérôme DEVILLARD, *Repenser la démocratie ensemble. Une réflexion commune pour un modèle commun*, 2025.
Wassim TAYSSIR, *La politique étrangère d'Emmanuel Macron. Une grandeur revisitée*, 2024.
Jérémy MOREL, *2022 : Prérogative présidentielle, Scrutin insincère ?, Analyse des données de base de l'élection : inscrits, blancs et nuls, abstentions, reports et exprimés en faveur des principaux candidats*, 2024.
Denis BOURG, *Coexistence des blocs de l'Est et de l'Ouest (1953-1994). Les clés de la guerre froide*, 2024.
Denis BOURG, *Naissance et consolidation d'un monde bipolaire (1917-1954). Pour comprendre la guerre froide*, 2024.
Abel DEMBELE, *La politique africaine des États-Unis de Clinton à Obama. Ruptures et continuités*, 2024.
Henri BOYER, *Quarante ans de politique linguistique en Catalogne (1978-2017),* 2024.
Alain Serge MESCHERIAKOFF, *La Ve République en question*, 2024.
Jean Luc UGUEN, *Les évolutions institutionnelles en Outre-mer au XXIe siècle*, 2023.
Soulef AYAD-BERGOUNIOUX, *Gouverner sans contraindre. Une histoire structurale des régimes de domination*, 2023.
Robert LLOANCY, *Du sionisme à l'universalisme : L.-L. Zamenhof*, 2023.
Aurélie BAYEN-POISSON, Arnaud DE RAULIN (dir.), *Les systèmes d'alerte et la démocratie rénovée*, 2023.
Quentin COUVREUR, *Les relations politiques Europe-Taïwan. Entre coopération dynamique et solidarité démocratique*, 2023.

Félix Rouleaud

Féodalisme et démocratie locale : une possibilité politique ?

L'Harmattan

5-7, rue de l'École-Polytechnique, 75005 Paris
http://www.editions-harmattan.fr
ISBN : 978-2-336-55577-5
EAN : 9782336555775

Avant-propos

Le titre d'origine de ce livre est *Le retour des seigneurs* ; un titre sans doute plus attrayant pour le grand public et rappelant, par ailleurs, le troisième tome de l'œuvre la plus connue de J.R.R Tolkien – *Le seigneur des anneaux* – qu'est *Le retour du roi*. Cependant, *Féodalisme et démocratie locale : une possibilité politique ?* est un titre aux allures plus universitaires donnant le sentiment que ce livre est davantage une démonstration complexe qu'il est possible de réfuter qu'une affirmation péremptoire aux allures prophétiques. Il n'est pas là question d'annoncer le retour inéluctable des seigneurs, mais de se questionner sur un éventuel retour du féodalisme (qui fait l'objet d'un débat important parmi les économistes et les sociologues depuis les années 1960) et sur sa compatibilité avec un système politique juste, libertaire et apte à permettre l'épanouissement de tous les êtres humains. Toutefois, bien que le titre *Le retour des seigneurs* soit une affaire ancienne, il est important, dans les premières pages de ce livre, de se demander pourquoi il reste pertinent. Car c'est de cette façon que nous pourrons mieux comprendre le livre (et son nouveau titre) dans sa globalité

En effet, si, comme vous avez dû le remarquer, le titre d'origine de cet ouvrage tend, au premier abord, à laisser penser qu'il s'agit d'un livre *d'heroic fantasy* ou de science-fiction racontant une histoire dont l'intrigue est à mille lieues du monde réel, la raison est simplement que l'univers des seigneurs est un univers continuant de nourrir notre imaginaire. Toutefois, cet imaginaire n'est-il véritablement qu'artistique ? N'est-il pas non plus, à notre grande surprise, politique ? Cette notion qu'est celle de « seigneur » dont nous pouvons mesurer le caractère fantasmatique dans des œuvres populaires, telles que *Star wars*, *Le seigneur des anneaux* ou encore *Le trône de fer* témoignerait, finalement, d'un intérêt, inconsciemment, politique que susciterait la notion de « seigneurie » et, *in extenso*, celle de « féodalisme »[1].

---

[1]Le Professeur émérite d'études cinématographiques François Amy de la Bretèque avait évoqué, dans *L'imaginaire médiéval dans le cinéma occidental* (2018), la façon dont le Moyen Age tendait à influencer l'industrie cinématographique. Il disait, entre autres, dans son introduction d'ensemble : « Finalement, qu'est-ce qui a pu attirer les producteurs et les réalisateurs vers les sujets moyenâgeux ? Le matériau médiéval leur présentait tout à la fois, séparément ou en même temps, un réservoir de récits, de trésors d'anecdotes et situations, une galerie de personnages, et un répertoire de motifs alimentant un imaginaire. Ce sont des divers matériaux que je me propose de recenser, en essayant de mettre un certain ordre dans cet

La possession des terres [ou des planètes spatiales] ainsi que la domination des hommes (caractéristiques propres au système féodal) semblent, indéniablement, faire partie des aspirations et des besoins « naturels » des hommes ; nous les embellissons et les rendons épiques dans *l'heroic fantasy* et émettons l'hypothèse qu'elles se reproduiront, dans un avenir proche ou lointain, dans la science-fiction. Ainsi, l'influence que l'époque féodale exerce sur les productions artistiques ainsi que le contexte politique et économique actuel propice, selon de nombreux observateurs internationaux, à une reféodalisation de nos sociétés (mais sous une forme nouvelle, c'est-à-dire adaptable au phénomène de la numérisation que nous voyons croître) semble faire du féodalisme une sorte de système politique et économique qui, hélas ou fort heureusement, s'avère nous être promis.

Pourtant, la démocratie reste le régime politique auquel nous sommes, majoritairement, attachés, et ce pour des raisons sociales, philosophiques, politiques, stratégiques et psychologiques. Nous pouvons défendre la démocratie parce que nous croyons au caractère vertueux de la justice sociale aussi bien que parce que nous accordons à l'humain une importance si grande qu'il nous paraîtrait inconcevable que sa dignité puisse être bafouée par de mauvais traitements infligés par un gouvernement autoritaire ainsi qu'une police aux ordres ou par une inégalité des droits relevant d'une discrimination injuste. D'autre part, nous pouvons défendre le régime démocratique en ce sens que nous y avons, tout simplement, intérêt en tant que minorités politiques dont les opinions non conformes à la morale sociale, voire « dissidentes », pourraient être aisément réprimées si nous n'étions pas dans un régime de libertés. La démocratie, que nous la défendions ou non, a au moins le mérite premier de garantir notre liberté d'expression et d'action. Mais la raison principale pour laquelle nous défendons la démocratie, depuis la seconde moitié du siècle dernier, est une raison quelque peu psychologique étant, sans surprises, en lien avec le traumatisme engendré par la violence sans pareille du fascisme, du nazisme et du communisme dont nous avons depuis une soixantaine d'années, dans les ouvrages d'économie, de philosophie politique, d'histoire et, même, de psychanalyse, abondamment parlée.

Or, il n'en demeure pas moins que cet attachement à la démocratie s'est accompagné d'une méfiance quant à la fiabilité de ce régime en tant que véritable « régime du peuple ». Des citations populaires, telles que « si le vote changeait réellement les choses, cela ferait longtemps qu'il serait interdit » (Coluche) et « la dictature, c'est 'ferme ta gueule !' et la démocratie, c'est 'cause toujours !' » (Jean- Louis Barrault), le slogan « élections pièges à cons » ou encore la phrase que Tocqueville aurait prononcée au sujet du

---

inventaire tout en soulignant que ces éléments peuvent être tous mêlés dans les films. » François Amy de la Bretèque, *L'Imaginaire médiéval dans le cinéma occidental Volume 1*, 2018, Ed Honoré Champion, Paris, Collection « Nouvelle bibliothèque du Moyen Age », p.23

suffrage universel, à savoir : « Je ne crains pas le 'suffrage universel' : les gens voteront comme on leur dira. » ont été les signaux d'alerte d'une démocratie en perte de crédibilité pour une bonne partie de la population, en France comme en Occident. La démocratie serait ainsi devenue une farce dans laquelle le peuple n'agirait pas – l'action étant l'affaire du gouvernement ou « des élites » –, mais, simplement, consentirait ou non (ce qui impliquerait une forme de passivité populaire et non une agentivité inhérente à un peuple souverain dans une « démocratie mature »). D'autant plus que ce consentement serait, en vérité, biaisé en raison du fait qu'il serait fabriqué par une propagande médiatique répondant aux intérêts ou bien d'un gouvernement ou bien de groupes économiques privés. L'idée qu'il existerait cette entorse fondamentale faite à la démocratie qu'est la « fabrication du consentement » (expression tirée de l'ouvrage d'Edward Herman et de Noam Chomsky, *La fabrication du consentement : de la propagande médiatique en démocratie* paru en 1988) a été, indirectement ou directement, reprise par les intellectuels occidentaux, à partir de 2004, année de l'offensive des Américains en Irak[2]. Et elle l'est également, de nos jours, dans le cadre de l'offensive militaire russe en Ukraine, depuis 2022. Guerre que les médias du monde entier présentent, selon leurs affinités géopolitiques, de façon binaire en dépeignant ou bien une Russie agressive et cruelle et une Ukraine agressée et héroïque ou bien une Russie souveraine et un Occident ingérant qui, en diabolisant Vladimir Poutine, se présente une fois de plus comme la civilisation morale et pacifique alors que la réalité, si l'on observe son passé et l'impact négatif de ce passé sur le présent de nombreuses civilisations, semblerait être bien plus contrastée.

D'autre part, nous observons cette situation avec les mouvements politiques dissidents peinant à arriver au pouvoir ou à obtenir une visibilité dans les médias. En France les cadres du parti politique Rassemblement national imputent leurs difficultés à gagner les élections présidentielles au « matraquage médiatique » visant à dissuader les Français de voter pour lui en raison du fait qu'il incarnerait un retour au fascisme et les mouvements politiques (associations ou partis politiques) marginaux associent le fait d'être marginaux dans la société en raison, simplement, du fait qu'ils sont,

---

[2] Guerre dont nous savons, désormais, qu'elle a été le fait d'un mensonge d'État ayant, par la suite, rendu les États-Unis suspects aux yeux de l'ensemble des pays du globe, y compris, même, de ses alliés naturels que sont les Européens. En effet, depuis cet événement, ces derniers ont de plus en plus le sentiment d'être bernés et utilisés. Et principalement lorsque, sous la bannière de l'OTAN, ils doivent s'engager militairement aux côtés des Américains, que ce soit en Afghanistan, en Libye ou en Syrie. Les Européens doutent de plus en plus de leur intérêt réel à s'engager auprès des États-Unis dont nous pouvons observer, aussi bien sur le terrain économique que géopolitique, qu'ils défendent leurs intérêts nationaux et non ceux de l'ensemble de l'Occident. Les Américains sont regardés, par les non-Occidentaux, comme menteurs lorsqu'ils disent défendre les droits humains et la démocratie aussi bien que par les Européens, lorsqu'ils disent défendre les intérêts du « monde libre ».

avant tout, marginalisés dans les médias (leur voix n'est pas écoutée par la population parce qu'ils ne bénéficient pas de visibilité médiatique et non l'inverse) qui seraient, finalement, le pouvoir le plus déterminant de toute vie démocratique saine[3]. Cette importance cruciale accordée aux médias et à leur pouvoir est, très probablement, à l'origine du rejet massif dont ils font l'objet, en France, parmi la population qui peut, à bien des égards, se sentir trahie par les journalistes des grands médias à qui il est de plus en plus reproché de ne pas faire respecter le pluralisme idéologique – mais d'imposer une « pensée unique » – ou de ne pas être assez dans leur noble rôle de *quatrième pouvoir*.

Toutefois, nous continuons de donner une grande importance aux notions de « souveraineté » et, même, de patriotisme en tant que notion auxiliaire de la première. Et, d'ailleurs, ce patriotisme ne s'inscrit pas uniquement dans un désir de retrouver l'amour et la fierté de notre pays, car il s'inscrit également dans un désir plus large de recouvrer la souveraineté nationale tant sur le plan militaire (il est régulièrement dénoncé, par exemple, le fait que la France soit, dans ses opérations militaires, le « caniche des Américains ») que sur le plan économique (le concept de « patriotisme économique », étant préférable au concept clivant de « protectionnisme », s'est quelque peu normalisé dans le débat public français) et culturel (les nations européennes seraient en proie à une « tyrannie des minorités » qui, dans leurs revendications individualistes ou communautaires, contreviendraient à l'existence d'un projet commun ainsi qu'à la stabilité politique et sociale de la nation dans son ensemble). En somme, ou bien la démocratie aurait disparu et nous aurions pour projet de la retrouver et de la restaurer ou bien celle-ci n'aurait, finalement, jamais existé (la Révolution française ayant simplement permis le remplacement d'une aristocratie, la noblesse, par une autre, la bourgeoisie, à laquelle nous donnons le surnom péjoratif d'« aristocratie sans noblesse » ou même « d'aristocratie élective » pour le cas des représentants politiques qui, pour la plupart, sont des descendants, eux-mêmes, de la bourgeoisie) et il ne tiendrait plus qu'au peuple de la construire.

Nous sommes, ainsi, en proie à une désillusion politique au sujet de ce régime démocratique à propos duquel nous avions tant à espérer. En effet, si la démocratie telle que nous la pensons avec la hiérarchie sociale et la division du travail (démocratie qui s'inscrit, en somme, dans le cadre de la construction d'une société dite moderne [et non traditionnelle et primitive]) ne peut que, fatalement, conduire à la domination officieuse d'un groupe fortuné et minoritaire sur un autre groupe non fortuné et majoritaire, alors

[3]D'où la prolifération des médias dits alternatifs et dont le succès oblige les pouvoirs publics à investir dans « l'éducation aux médias » et les médias dits *mainstreams* à « fact checker » les diverses informations circulant sur le web. Toutefois, c'est cette pluralité médiatique qui est recherchée par une bonne partie des citoyens associant, par là, pluralisme idéologique/médiatique et démocratie « réelle ».

deux solutions peuvent se présenter à nous : la solution anarchiste et la solution autoritaire. L'anarchisme voudrait, dans une perspective de gauche – anarcho-syndicalisme –, que se produise (comme l'avaient également préconisé les communistes) une abolition des classes sociales ainsi qu'une égalité sociale et économique réelle et stricte ou, dans une perspective de droite – anarcho-capitalisme –, que les ingénieux entrepreneurs capitalistes (ces êtres talentueux, aristocrates et, donc, « supérieurs ») puissent, grâce à une société libérale dans laquelle l'État serait ou minimal ou entièrement absent, créer des entreprises (avec lesquelles ils ne paieraient presque pas d'impôts, voire pas du tout), et ce, dans l'intérêt des individus « inférieurs » qui seraient inaptes à la création. Et quant à la solution autoritaire, elle consisterait à rechercher une pureté morale et idéologique qu'un « homme fort » aux pleins pouvoirs pourrait physiquement incarner et faire respecter par la force dans l'intérêt de tous ; à ce sujet, la littérature universitaire contemporaine analysant le phénomène de l'émergence de partis autoritaires dans le monde entier ne manque pas. Cet homme-providentiel, tel que le dictateur vertueux dont nous faisions la description chez les Romains, serait censé utiliser son pouvoir dans l'intérêt de son peuple en chassant de la société les groupes communautaires jugés pervers et vicieux (les groupes complotant contre la société dans l'objectif de la corrompre, d'en tirer profit économiquement et de l'asservir) à l'image de Jésus qui chassait, comme il est écrit dans *Le Nouveau Testament*, les marchands du temple à l'aide de son fouet. Le salut de la société libre et souveraine passerait ou bien par le pouvoir de tous les citoyens – dans l'absence totale de hiérarchie politique et économique – ou bien par le pouvoir d'un seul individu (ou de quelques-uns) faisant preuve de moralité et de sens de l'intérêt général dans sa manière de gouverner. Le choix, *a priori*, ne peut, pour le moment, qu'être fait entre l'absence totale de pouvoir politique et la présence d'un pouvoir politique total, si ce n'est totalitaire.

Cependant, la troisième voie est-elle impossible ? Et d'ailleurs, qu'est-ce qu'est censée être une troisième voie ? Elle pourrait être un mélange de deux extrémités politiques faisant office de « juste milieu », comme elle pourrait être l'invention d'un projet politique totalement nouveau (révolution) ou encore, plus étonnement, d'un projet politique passéiste auquel nous voudrions revenir. Il est de plus en plus utilisé, par exemple, l'oxymore de « révolution conservatrice » (ou encore de « Mai 68 de droite ») pour parler de la montée en puissance des mouvements politiques nationalistes et réactionnaires dans le monde entier. De plus, il est également remarqué que l'opposition politique et intellectuelle mondiale ne paraît pas féconde en matière de créativité idéologique. L'Occident et son projet séculaire [progressiste] d'extension des droits et des libertés individuelles voient comme rival un monde divers rallié, toutefois, par son ambition de renouer avec la tradition, c'est-à-dire avec ce qui existait déjà avant la domination occidentale et qui doit perdurer. Cette alliance de pays dans cette opposition intellectuelle avec l'Occident est, par exemple, illustrée par une entente progressive – et quelque peu inattendue – entre la Russie et les pays africains qui, au-delà des intérêts économiques et géostratégiques qui les lient, tendent à privilégier « l'homme naturel » à « l'homme déconstruit et décadent » occidental. Le monde se livre, ainsi, à une bataille idéologique entre le progrès et la tradition ; entre ce que, en Occident, nous percevons plus communément comme un combat entre la gauche et la droite.

Or, la démocratie, dans tout cela ? Les démocraties occidentales traversent une crise existentielle en raison de la crise identitaire que les sociétés qui les composent connaissent. Le progressisme, en tant que philosophie morale, ne constitue plus une réponse suffisante aux besoins des populations de notre époque. Pour autant, l'esprit traditionnel et la réaction des civilisations désirant renouer avec leur culture ancestrale ne peuvent non plus créer une politique durable. Revenir aux traditions « africaines », hindoues, islamiques ou orthodoxes ne peut constituer une quelconque forme de positivité politique. Et quand bien même les nations réactionnaires et traditionnelles utiliseraient leur histoire et leurs traditions pour les convertir en créations artistiques ainsi qu'en créativité entrepreneuriale[4] et que, par cela, celles-ci connaîtraient une propulsion significative de leur croissance économique, ce retour aux sources serait-il, pour autant, en phase avec l'esprit du temps ? Une mafia, au Cambodge, qui capitalise sur les croyances populaires au sujet des prétendus bienfaits de la sexualité avec les jeunes filles vierges (qui guérirait du sida, apporterait la prospérité ainsi que la pureté) en effectuant du trafic sexuel d'enfants[5] pour le plaisir de pédophiles locaux ou étrangers pourra-t-elle continuer à agir en toute impunité si, en dépit des richesses que ce trafic engendre, les mœurs sociales cambodgiennes, elles, évoluent ? Si nous en croyons l'apparition progressive d'associations luttant contre le fléau du trafic d'enfants dans toute l'Asie du Sud-Est, la réponse semble davantage tendre vers la négative. En cela, la capitalisation fructueuse d'un phénomène bafouant les droits humains, mais faisant l'objet d'un succès commercial garanti et se légitimant par la tradition de toute une civilisation aurait des chances de s'écrouler ne serait-ce que de

---

[4]Les économistes et politologues ont pu, dans les années 1990, dresser une sorte de bilan post-décolonisation et observer que les pays qui se sont imposés culturellement en se réappropriant leur identité sont également ceux qui se sont affirmés économiquement (et politiquement) sur la scène internationale. La fierté culturelle de certaines civilisations a donné lieu à une assurance convertie en enrichissement économique. En effet, les pays « en voie de développement » ou « émergents » ont bénéficié de deux atouts : l'implication de la diaspora qui envoie de l'argent au pays d'origine (la diaspora, pour des pays comme l'Inde ou l'Ethiopie, par exemple, est d'ailleurs qualifiée de « vache à lait ») et le désir thymotique de rattraper son retard économique et technologique et de démontrer au reste du monde son poids sur la scène mondiale. L'entrepreneuriat constitue un enjeu à la fois économique, culturel et politique. Il s'inscrit dans un processus politique nationaliste.

[5]https://www.enfantsdumekong.com/trafic-enfants-dure-realite/

par la simple et salutaire évolution des mentalités en termes de respect de la vie et de la dignité humaine. La démocratie peut, ainsi, avoir raison de la dictature de l'argent et de l'importance de la tradition.

En outre, nous sommes dans une complexité politique majeure inscrite dans une foultitude de paradoxes intellectuels, idéologiques, voire psychologiques. La démocratie est ardemment souhaitée, mais il est difficile, voire impossible, de croire à sa pleine réalisation ; nous voulons la démocratie tout en restant pessimistes quant à son effectivité. Et concernant le régime autoritaire, il peut, à l'inverse, être souhaité, mais afin que l'intérêt et la souveraineté (et donc, la liberté) du peuple soient garantis ; en somme, nous nous inscrivons dans une logique paradoxalement démocratique, même lorsque nous renonçons au régime démocratique – nous espérons les vertus de la démocratie au sein d'un système non démocratique. De fait, le constat politique, dans nos sociétés occidentales, est le suivant : bien que nous soyons en démocratie, ce régime n'est, effectivement, pas parvenu à satisfaire tous les citoyens, de manière universelle et égale. Parmi tous les régimes existants, il est ce que nous appelons « le moins pire » ; ce qui nous oblige dès lors à accepter l'idée qu'aucun système ne parviendra à éliminer les inégalités et les injustices.

D'autre part, il existe un second paradoxe qui est que, même si nous exigeons que la volonté et le génie populaire soient présents partout, dans la société, nous persistons, cependant, à rechercher, à espérer et à admirer les « grands hommes » et à s'offusquer de voir des élites (que nous appelons, avec mépris, des « élites auto-proclamées » lorsqu'il s'agit de les considérer comme illégitimes) indignes de la supériorité qu'elles sont censées incarner. En somme, nous leur reprochons, à l'inverse, de ressembler un peu trop au peuple. En effet, un Donald Trump qui, durant sa présidence de 2016 à 2020, tweete sans arrêt des injures, des erreurs factuelles et des plaisanteries grossières n'est-il pas, finalement, un président à l'image du peuple américain (voire de tous les peuples du monde) et de la manière dont celui-ci utilise *X* (anciennement Twitter) ? Un député socialiste français ouvrant, à l'Assemblée nationale, en 2013, une boîte de sardines à la suite d'un pari effectué avec un animateur télé (qui ne cachait pas son adoration pour la chanson *les sardines* de Patrick Sébastien) n'est-il pas une incarnation même de ce dont le peuple est capable en termes de « couillonnades » ? Et des rappeurs qui en viennent aux mains, dans un aéroport parisien, en 2018, à la suite de multiples provocations verbales par vidéos interposées, sur les réseaux sociaux (témoignant d'une simple et puérile rivalité artistique et commerciale), ne sont-ils pas des représentants de la France des « quartiers populaires » ? Factuellement, ces « élites » sont à l'image du peuple. Le peuple a donc les élites qu'il mérite. Ainsi, elles sont des élites dignes de ce qui devrait exister en démocratie et non en monarchie ou en autocratie. Elles sont des élites représentatives du peuple puisque, par le vote ou la consommation, le peuple les a choisies et qu'elles sont à son image.

En effet, le problème réside dans le fait que, lorsque nous – la société – produisons des élites possédant les codes bourgeois (élitistes, donc), notamment par leur parcours académique exemplaire, ou cherchant à guider le peuple vers l'adhésion à des valeurs morales (en l'occurrence, celles des droits humains, pour les élites des démocraties), nous nous indignons en raison du fait que ces élites seraient « déconnectées des réalités ». Ce reproche fait aux élites a pu être constaté pendant les élections américaines de 2016, lorsque le soutien politique de l'écrasante majorité des stars hollywoodiennes envers Hilary Clinton au nom de la tolérance à l'endroit des Noirs, des LGBTQ+ et des femmes, principalement (tolérance qui était opposée à la haine que portaient, selon les personnalités démocrates, les idées de Donald Trump), était associé à un mode de vie confortable des élites américaines qui, ne connaissant pas la « vie dure » du peuple américain, pouvaient se permettre de « donner des leçons » d'humanisme et de morale. Après tout, comment s'opposer à l'immigration quand on ne la subit pas, soi-même, dans son quartier à Berverly Hills ? Il est, semble-t-il, très aisé d'être une « belle âme » charitable et d'embrasser la différence, au lieu de la craindre, lorsque l'on ne connaît pas l'insécurité à laquelle peut conduire le mélange des populations. Et les accusations se sont d'ailleurs répétées avec le confinement obligatoire causé par la pandémie de la Covid-19 en mars 2020. Les artistes et les « influenceurs » ont été employés par les gouvernements du monde entier pour prévenir les citoyens des dangers que pouvait comporter le refus de respecter le confinement et les lois de leurs gouvernements respectifs, et cela a été reçu comme une véritable violence sociale, étant donné que ces personnalités publiques avaient, évidemment, les moyens financiers de se payer un confinement luxueux à l'inverse de l'écrasante majorité de l'humanité pour qui cette situation était un calvaire financier et spatial. Les recommandations des élites étaient accueillies comme des leçons de morale de « privilégiés » fortement déplacées et inadaptées aux conditions de vie de la majorité des gens. Pourtant, n'est-il pas le rôle d'une élite (qui est, par essence, dotée de privilèges) d'être garante des valeurs morales et de veiller à ce que les peuples épousent ces mêmes valeurs ? En fin de compte, que souhaitent réellement les peuples de démocratie ? Pourquoi regrettons-nous un Charles De Gaulle alors que nous avons eu un président de la République comme François Hollande qui s'est, pourtant, présenté comme un président « normal » (à l'image de tous les citoyens), sachant que le général De Gaulle n'était pas – aussi valeureux qu'il pût être – un exemple de personnalité démocratique ? L'élite de la société démocratique est méprisée dès lors qu'elle cherche à être à l'image du peuple (élite méprisable et « indigne ») et haïe lorsqu'elle cherche à démontrer, par la morale et la raison, sa supériorité (élite détestable et « privilégiée »).

En vérité, le peuple souhaite être dirigé et guidé par des élites morales et combatives ; les élites ayant des idées morales, mais ne combattant pas pour elles et jouissant de leur confort matériel et de leur prestige social sont, ainsi, perçues comme des élites « indignes » dans la mesure où leur morale ne coûte rien, celle-ci n'étant, finalement, qu'une posture destinée à démontrer leur supériorité et non à guider le peuple vers la voie à suivre. Les idées morales, afin d'être diffusées dans les esprits des citoyens, doivent ainsi être portées par des êtres d'exception qui, de manière admirable, se battent pour elles dans un esprit chevaleresque et, par leur sens du sacrifice, montrent l'exemple. En définitive, morale et courage sont des vertus incarnées par des êtres supérieurs habités par une « noblesse d'âme ». Or, à ce propos, d'où vient cette notion de « noblesse » ? Dans les faits, la noblesse est une affaire très ancienne, mais dans le droit, celle-ci fait écho à la noblesse de droit instaurée au XIIe siècle et à l'abolition de la noblesse, lors de la nuit du 4 août 1789. Cependant, cette nuit-là, contrairement à l'opinion répandue et à la connaissance sélective de la majorité des Français, n'est pas uniquement « l'abolition des privilèges » ; elle est aussi l'abolition « des droits féodaux » (*La nuit du 4 août 1789 : abolition des privilèges et des droits féodaux*). L'oubli de la deuxième partie de la proclamation la rend, ainsi, d'autant plus intéressante. Nous rejetons, à tout prix, le fait que des individus et des « castes » aient des privilèges parce que nous nous souvenons que, par le passé, certains individus et groupes en ont bénéficié au détriment de la majorité. Or, l'oubli de tout ce qui a trait au système féodal ne nous rend-t-il pas, finalement, inconscients de la possibilité de son grand retour, mais sous un visage plus moderne ? L'oubli et la méconnaissance de notre passé féodal ne nous rendent-ils pas inattentifs, voire aveugles, au nouveau féodalisme naissant qui, s'il n'est pas encadré par une morale sociale, peut déboucher sur un retour aux privilèges que nous honnissons ? Le féodalisme est, de ce fait, le thème sur lequel nous travaillerons et la démonstration du lien qu'il pourrait, contre toute attente, avoir avec la philosophie des droits humains sera le pari intellectuel ambitieux qui occupera, dès lors, l'intégralité de cet ouvrage.

Introduction générale

Quelques prérequis

Dans le monde occidental, il est de plus en plus admis que « nous assistons à la reféodalisation du monde. », mais que « ce nouveau pouvoir féodal prend le visage des sociétés transcontinentales privées. »[6]. Ce constat qui est de plus en plus partagé, nous invite à nous demander deux choses. Premièrement, pouvons-nous réellement l'empêcher ? Le système féodal n'est-il pas, tout compte fait, un phénomène économique, politique et social naturel inéluctable venant nous ramener à la douloureuse réalité du fonctionnement hiérarchique des sociétés humaines ? Auquel cas il viendrait « sonner la fin de la récré » (de deux siècles et demi tout de même !) de la démocratie. Et deuxièmement, ce retour du féodalisme est-il nécessairement une mauvaise nouvelle, contrairement à ce qu'affirment ceux qui l'annoncent et le redoutent ? L'objet de ce livre est de démontrer que non ; que la démocratie peut se fondre dans la société féodale et que, de ce mélange entre le féodalisme et la démocratie, puisse se développer une nouvelle manière de vivre la démocratie.

Pour revenir une dernière fois sur le titre d'origine (*Le retour des seigneurs*), il était en vérité impossible d'appeler ce livre *Le seigneur des retours* étant donné l'absence de sens que cela aurait dans un tel contexte ; il est dès lors nécessaire d'évoquer la notion de « seigneurs » avant d'évoquer celle de « retour ». En effet, à quoi la notion de seigneurie renvoie-t-elle ? Si nous nous référons au peu de connaissances historiques que nous avons, en Occident, parmi le grand public, de notre long passé médiéval (476-1492), celle-ci renvoie au Moyen Age, plus généralement, et au système féodal, plus précisément. Des notions issues de la féodalité s'avèrent même, d'ailleurs, être restées en nous. Dès le début de l'existence, en France notamment, les élèves à qui l'on demande d'appeler le professeur « Monsieur » ou « Madame » se voient instruits, dès le plus jeune âge, de la raison de ces différentes appellations. Le titre « Monsieur » a pour origine « mon seigneur » (*sieur* étant la contraction du mot « seigneur ») et le titre

[6] Citation que nous devons à Jean Ziegler dans son ouvrage *L'empire de la honte* paru en 2005.

« Madame » a pour origine l'ancien titre de « dame » qui était la femme du chevalier (le titre « Mademoiselle », quant à lui, a pour origine le titre de « demoiselle » qui était la femme de l'écuyer). Les titres « Monsieur » et « Madame » sont les premiers mots nous mettant, directement, en lien avec cette histoire médiévale et féodale à laquelle nous sommes liés. Par la suite, à mesure que notre connaissance de l'histoire de France s'étend par les études ou la curiosité personnelle, d'autres termes inscrits dans nos racines féodales, tels que ceux de « vassalisation » ou encore d'« inféodation » sont employés. Et ils le sont dès lors que nous parlons, par exemple, d'individus (que nous qualifions, pour le coup, avec beaucoup de mépris et d'ironie, « d'hommes *liges* » ; autre notion typiquement féodale tirant son origine du milieu du XIe siècle) soumis à d'autres individus (ou plus encore de nations soumises à d'autres puissances) et envers lesquels ils seraient les *obligés*. Dans le cadre d'une tâche que nous effectuons à contrecœur et pour le profit d'un supérieur hiérarchique ou d'une figure d'autorité (parent ou professeur), nous parlons de *corvée* et pour parler, dans un tout autre registre, de façon imagée, d'un combat principalement idéologique que nous menons en groupe contre un pouvoir, une idéologie jugée dangereuse ou un phénomène social injuste, nous parlons de « partir en croisade ». La féodalité continue d'être présente dans notre langage courant. Et pour ce qui est de notre imaginaire, la grande majorité, si nous pouvons nous permettre cette statistique sauvage, des Occidentaux perçoivent les seigneurs ou bien comme de « bons et grands seigneurs » que les misérables paysans viennent « baiser » en disant « comme vous êtes bon, mon seigneur » ou bien comme des seigneurs tyranniques expropriant, de la manière la plus arbitraire qui soit, les misérables paysans qui les supplient de leur laisser leurs poules, leur bétail, leur paille, leurs cochons et même leurs terres, car c'est, hélas, tout ce dont ils disposent pour vivre.

Quant à la notion de « retour », s'agit-il là, comme nous pourrions nous en faire l'idée, d'un désir profondément réactionnaire de revenir à une époque médiévale et féodale des seigneurs dont nous serions nostalgiques alors même que nous ne l'aurions jamais connue ? La mentalité réactionnaire consiste à faire table rase d'un présent intégralement mauvais, car n'étant le fruit que d'une succession d'erreurs philosophiques, morales, politiques, économiques et religieuses que nous aurions accumulées depuis des décennies, voire des siècles, du fait d'une idéologie révolutionnaire jugée déraisonnable et rompant avec une tradition millénaire. Cette mentalité discrédite ainsi toute nouveauté au prétexte qu'elle s'opposerait à un passé ancien dont le fonctionnement a été le même sur une longue période et que cette longévité serait justement la preuve de sa légitimité à exister et à perdurer. D'ailleurs, l'adjectif *réactionnaire* n'est pas, contrairement aux idées reçues, destiné à qualifier celui qui, parce qu'il est opposé à la Révolution, souhaiterait retourner à la monarchie d'Ancien Régime. Est réactionnaire, en vérité, celui qui souhaite retourner au Moyen Age. Les anti-

Lumières et les anti-modernes, en plein XVIIIe siècle, rejetaient l'idée d'une société fondée, principalement, sur l'individualisme, la raison et la liberté (en tant qu'autonomie de l'individu et de sa volonté). Ces trois piliers de la philosophie moderne ont été théorisés aux XVIe et XVIIe siècle avant de prendre la forme de droits [accordés aux individus-citoyens] et d'être inscrits dans les différentes Constitutions et Déclarations des droits humains occidentales à la suite des Révolutions de 1776, aux États-Unis, et de 1789, en France. Pour les réactionnaires qui souhaitaient revenir au pouvoir de Dieu (ou de la Providence), à l'inégalité naturelle et à la communauté organique (*organicisme*) – au sein de laquelle tous les individus seraient liés (en formant un seul corps) –, la modernité, dès la Renaissance, sonnait déjà comme le début de la décadence occidentale. Ainsi donc, être réactionnaire s'apparente à un désir de revenir au Moyen Age, à la féodalité et, surtout, à l'esprit chevaleresque, c'est-à-dire à ce que certains chrétiens occidentaux, depuis les années 1920, appellent les valeurs fondamentales (*fundamentalism*).

Pour notre cas, l'idée ne sera pas de nous inscrire dans un état d'esprit réactionnaire, loin s'en faut. Nous ne pourrons, déjà, plus vivre comme au Moyen Age, dans notre Europe contemporaine, pour la raison que celle-ci n'est, déjà, plus vraiment chrétienne, mais très fortement déchristianisée. C'en sera définitivement terminé de l'autorité intellectuelle des moines et des théologiens, du sacre du roi au sein d'une cathédrale comme celle de Reims, de la prédominance de la ruralité, de l'existence d'individus désignés comme « non libres » (*serfs, manants, vilains ou questaux*) ou ne serait-ce que de l'Église participant à institutionnaliser le rite de l'adoubement de chevaliers. Même si les chevaliers, eux, pourraient sans doute continuer à exister en tant qu'ils représentent des valeurs universelles et intemporelles que sont le courage et le sens de la justice. Le terme « retour » ne signifie, donc, finalement pas un retour au Moyen Age, mais un retour au féodalisme s'inscrivant, toutefois, dans un contexte contemporain avec lequel nous devons composer et qui est celui de la déchristianisation et de l'attachement tenace des populations à la démocratie. Il s'agira, ainsi, dans ce livre de combiner les deux termes afin de déboucher sur l'hypothèse qu'il serait possible de créer un féodalisme démocratique. Tel sera, alors, le concept moteur de notre ouvrage.

Mais, tout d'abord, qu'est-ce que la féodalité ? Nous pouvons, effectivement, noter une différence faite entre la « féodalité » et le « féodalisme ». Le féodalisme est un système politique et économique basé sur la domination des hommes et la possession des terres et la féodalité est un mode de vie social dans lequel s'inscrivent tous les rapports sociaux fondés sur la hiérarchie (protection-dépendance) entre les humains. Si le féodalisme a un fonctionnement identique quelle que soit l'époque, la féodalité s'apparente à une socialisation des humains durant l'ère féodale et s'inscrivant dans un contexte historique précis que nous verrons ultérieurement. Lorsque nous parlons de « féodalité », nous ne changeons, en réalité, pas de sujet [bien que nous parlions à l'origine du féodalisme], mais nous concrétisons, en somme, la notion plus ou moins technique de féodalisme en évoquant « la vie des gens » au sein de ce système dans lequel les relations humaines furent caractérisées par des liens entre subordonnés dépendants et subordonnants protecteurs.

Pour autant, le féodalisme est-il véritablement un système indissociable de l'époque médiévale ? Ou peut-il trouver un sens et une existence en dehors ? Au regard de l'Histoire européenne, le Moyen Age n'est pas synonyme de féodalisme de la même manière que le féodalisme n'est pas synonyme de Moyen Age. Le Moyen Age a existé de la chute de l'Empire romain (476) à la découverte de l'Amérique par Christophe Colomb et la Prise de Grenade en Espagne (1492), tandis que le féodalisme a, notamment en France, existé du IXe au XIVe siècle. Toutefois, celui-ci a même pu se poursuivre, durant la période moderne, comme chez les Portugais et les Espagnols qui ont appliqué le système féodal dans leurs colonies d'Amérique du Sud ; ce qui leur a d'ailleurs valu de vives critiques de la part d'Adam Smith dans *La richesse des nations II* (1776) dans lequel il affirmait que la conservation du système féodal par le Portugal et l'Espagne était l'explication de leur retard économique sur les nations prospères de l'époque qu'étaient la Hollande et l'Angleterre qui l'avaient quitté. Et au même siècle, un peu avant, Montesquieu a également été, de son temps, témoin du maintien de ce système, mais dans des pays autres, comme l'Autriche et la Hongrie ; pays qui, au regard de la description qu'il en faisait dans *De l'esprit des lois II* (1748), l'en ont rendu nostalgique. Par conséquent, il serait, tout d'abord, nécessaire de faire la distinction entre le Moyen Age qui est une période et le féodalisme qui est un système politique et économique auquel nous pouvons revenir tout en l'adaptant aux réalités de notre époque.

Au sujet du contexte dans lequel est née la société féodale, si les historiens peuvent diverger sur la date de fin de l'époque féodale, les manuels scolaires, tout comme les ouvrages d'historiens (anciens et contemporains), tels que ceux de Marc Bloch, Laurent Feller, Geneviève Buhrer-Thierry, Robert Fossier, Philippe Nemo, Philippe Contamine, Georges Duby, Jérôme Baschet, Jacques Le Goff ou encore Jacques Ellul et Florian Mozel, pour ne prendre qu'eux, attestent bel et bien que le féodalisme est né au beau milieu de la période carolingienne (751-987) qui fut caractérisée, pour reprendre les termes de Georges Duby, par « l'affaiblissement de l'autorité royale » qui « se manifesta dès les premières décennies du IXe siècle », c'est-à-dire au moment des invasions normandes, sarrasines et hongroises qui ont participé au morcellement du royaume. Cette espèce d'anarchie dans laquelle le

Royaume de France est tombé a, ainsi, laissé la place à un nouvel ordre politique et social aux antipodes de l'anarchie : le féodalisme.

Et pour ce qui est du point de départ de la création du modèle féodal, Georges Duby l'expliquait de cette façon :

> « La désagrégation politique commença par le sommet, au niveau des principaux auxiliaires du pouvoir, les ducs et les marquis, chargés sur un large territoire de coordonner les activités militaires. [...] Comme ils assuraient efficacement la protection du pays, les responsables de la défense locale rassemblèrent étroitement dans leur clientèle l'ensemble de l'aristocratie de la région. Ainsi se formèrent des principautés pratiquement autonomes. »

Au sein de ces différentes principautés existaient des relations *féodaux-vassaliques*. Ce sont ces relations qui caractérisaient le plus la féodalité. Selon Alain de Libera, Claude Gauvard et Michel Zink, dans *Dictionnaire du Moyen Age* (2002) à la définition du mot « féodalité », il s'agissait « d'un système d'obligations réciproques entre deux hommes, en principe égaux puisqu'un baiser, signe de parenté, peut être échangé entre eux [...] Le seigneur (*dominus*) s'engage à défendre et à protéger son homme, aider à marier ses filles et élever ses enfants ; il entretiendra ses équipements, l'accueillera en son château, l'aidera à juger. En retour, le vassal marquera sa foi par le dévouement, l'escorte, la révérence, le conseil et, surtout, des services de caractère militaire liés à l'octroi du fief. [...] ». Or, qu'en est-il, au juste, de ce seigneur ? Si l'on s'en tient encore à la définition de Claude Gauvard, d'Alain de Libera et de Michel Zink, toujours dans *Dictionnaire du Moyen Age*, le seigneur est celui qui

> « jouit sur les hommes ou les biens qu'il contrôle de pouvoirs qui se fondent sur le prestige et l'influence qui se dégagent de lui (*auctoritas*), sur la force matérielle qu'il est en mesure de faire sentir (*potestas*), sur les moyens de contrainte qu'on lui a délégués (*districtum*).»

Georges Duby, dans un autre ouvrage intitulé *Qu'est-ce que la société féodale ?* (2002), séparait deux types de seigneuries : la seigneurie *foncière* et la seigneurie *banale*. La première est « une association économique entre le possesseur d'un fonds et celui qui le cultive » et la deuxième est « une communauté de paix » « où le chef défend le groupe contre les attaques extérieures et maintient l'ordre dans son sein ; les prestations qu'il exige sont le prix de la sécurité qu'il procure ; elles sont dues par les protégés ; c'est en somme l'image, à une échelle réduite et dans l'usage privé, de l'ancienne communauté franque. ». D'ailleurs, cette seigneurie *banale* renvoie à ce que nous appelons « le droit du ban », c'est-à-dire le pouvoir qu'a le seigneur d'ordonner et de punir ; pouvoir que le seigneur tire, selon Jean-Louis Harouel, Jean Barbey, Eric Bournazel et Jacqueline Thibaut-Payen dans *Histoire des institutions de l'époque franque à la Révolution*[7], « essentiellement de l'accaparement et de l'exercice des anciennes prérogatives publiques des rois francs, plus récemment confisquées par les comtes. Maître du ban désormais, le sire édicte les règlements dans le cadre de la seigneurie et charge les agents (ministériaux) qui le représentent (prévôts, sergents, forestiers) ou ses chevaliers de faire respecter ses décisions. Il administre la justice – la justice du sang, celle des causes majeures : homicide, rapt, incendie, vol –, perçoit les amendes et en profite pour extorquer des cadeaux. ». Et son autre pouvoir, en supplément du pouvoir de justice, était, disait Robert Fossier dans *La société médiévale* la « mainmise seigneuriale sur la production agricole et ses moyens. Il s'agit à la fois d'une ponction fiscale de tout surplus de profit chez le paysan, et d'un contrôle des instruments collectifs de production »[8] . En d'autres termes, il est question, ici, d'une taxe [annuelle] que les seigneurs faisaient peser sur les paysans (*chevage*) en échange de leur protection ; et cette taxe s'ajoutait, d'ailleurs, à la petite liste de restriction des libertés faisant d'eux des hommes dont la condition se rapprochait de celle de l'esclavage. Les paysans voyaient leurs droits être réduits par le seigneur dans trois principaux domaines : l'héritage dans la mesure où, à la mort du serf, c'était le seigneur qui était le véritable bénéficiaire de ses biens de succession et non sa descendance (*mainmorte*), le mariage en ce sens que le serf devait payer au seigneur une taxe afin que celui-ci reconnaisse son union en-dehors de la seigneurie ou avec un libre (*formariage* ; terme signifiant « mariage en dehors ») et la propriété en raison du fait que le paysan n'était pas propriétaire de la terre qu'il cultivait. Plus précisément, les paysans-tenanciers pouvaient se charger de l'exploitation d'une terre – appelée *tenure* – sur laquelle ils étaient *chasés* par le seigneur qui en était le propriétaire et dont ils obtenaient « l'usufruit en échange de redevances et de prestations en travail, en nature, et en argent. ». Toutes ces inégalités et privations de liberté ont alors été rendues possible par un minimum de consentement à l'égard de cette « dépendance qui entremêle étroitement l'économique, le social et le politique. »[9] . Cependant, ce consentement des paysans a été quelque peu remis en question par les médiévistes occidentaux. Depuis Marx qui, dans son *Manifeste du parti*

---

[7]Jean-Louis Harouel, Jean Barbey, Eric Bournazel et Jacqueline Thibaut-Payen, *Histoire des institutions de l'époque franque à la Révolution*, 1993, Ed PUF, Collection « Droit fondamental », 11ème édition, p.114

[8] Robert Fossier, *La société médiévale*, 1993, Ed Armand Colin, Collection « U », 2002, p.219

[9] Florian Mazel, *Féodalité*, 2019, Gallimard, Coll « Folio Histoire de France », p.200

communiste (1848), percevait le servage comme étant – dans la chronologie qu'il faisait de la lutte des classes – la période d'exploitation intermédiaire entre l'esclavage de l'Antiquité et le prolétariat de l'ère capitaliste industrielle, un grand clivage intellectuel a en effet lieu, au sein des médiévistes, au sujet de la condition des serfs, à l'époque féodale. Etaient-ils des esclaves, comparables aux *nègres*, ou des exploités, comparables aux ouvriers de l'époque Contemporaine ? Le débat sur cette question continue, encore aujourd'hui, de diviser les spécialistes ; et surtout à cette époque où l'esclavage constitue un enjeu mémoriel suite à son abolition et à la décolonisation, et où l'exploitation continue d'être un sujet dans un monde de plus en plus inégalitaire socialement et économiquement. Les blancs, après tout, n'ont-ils pas été eux-mêmes esclaves au Moyen Age au même titre que les *nègres* ? Les blancs ne se sont-ils pas eux-mêmes réduit en esclavage avant d'asservir les *nègres* ? Sachant que l'esclavage continue, en plus, d'être une réalité dans certains pays non-occidentaux. Le capitalisme libéral présent n'est-il pas une sorte de nouveau Moyen Âge féodal duquel nous aurions enlevé la protection [des dominants vis-à-vis des dominés] et conservé la domination et le pouvoir sur les hommes ? Le constat de l'apparition d'un néo-féodalisme ravive les interrogations sur ce que sont l'esclavage et l'exploitation et sur la justesse des qualificatifs que l'on se doit d'employer pour nommer une situation historique, que celle-ci soit celle du féodalisme ou du capitalisme moderne.

Pour reprendre la terminologie de Philippe Contamine, dans *Moyen Age*, la société féodale fonctionnait comme une « pyramide féodale ». Au sommet de cette dernière se trouvait le roi (ou l'Empereur), celui que nous appelons, le *suzerain* – c'est-à-dire le seigneur des seigneurs. En dessous de lui figuraient les seigneurs qui avaient, au sein de leur domaine (*seigneurie*), des prérogatives qui étaient propres à celle de l'autorité royale avant l'ère carolingienne. A l'autorité de ces seigneurs répondaient des vassaux qui avaient, eux-mêmes, des vavasseurs (vassaux de vassaux) ainsi que des terres (*fiefs*). Et tout en bas de cette pyramide sociale se trouvaient les serfs, appelés les non libres (ou les *servus*), qui, à l'inverse des libres (des *liberis*), n'étaient nullement en mesure de posséder des terres.

Cependant une autre fonction – connue pour son nom, mais entièrement inconnue pour sa fonction –, qu'est la fonction comtale semble nécessaire d'être connue si l'on souhaite nuancer notre regard sur ce système féodal qui pourrait, en effet, nous paraître, dans sa configuration hiérarchique, autoritaire et foncièrement inique. Connaître la fonction du comte permet de réaliser que le seigneur, comme nous pouvons souvent en avoir le préjugé, n'était pas, en son fief, tout-puissant et avait un pouvoir limité. Au sein des fiefs, le comte [carolingien] est

> « un représentant du roi dans les régions et il défait son

> autorité et ses droits par priorité. Il doit ensuite répondre aux besoins d'un bon fonctionnement du royaume et de l'empire : il assure l'ordre public en présidant le tribunal comtal, où il perçoit un tiers des amendes et où il impose son ban propre en plus du ban royal ; il lève les taxes qui pèsent sur les personnes et sur les marchandises ; il s'occupe de rassembler le contingent militaire annuel, de convoque et d'inspecter les hommes libres soumis au service militaire, de faire la chasse aux récalcitrants, d'opérer des réquisitions en objets ou en animaux. » (*Dictionnaire du Moyen Age*).

Laurent Feller, lui, avait évoqué, dans *Paysans et Seigneurs au Moyen Age VIIIe-XVe siècle*, sa fonction de justicier consistant à freiner le seigneur dans le traitement arbitraire qu'il serait susceptible d'infliger à ses paysans si son pouvoir n'était pas limité. Il écrivait que les paysans

> « sont protégés par le comte qui ne modifie pas les redevances qu'ils doivent et garantit leurs propriétés depuis des temps immémoriaux. [...] Ils portent plainte alors auprès du comte. Ces plaintes, considérées comme recevables, ont été archivées – même si l'on ne sait pas quel traitement juridique leur a été réservé : il existe donc encore, au XIIe siècle, une autorité et des institutions censées protéger les paysans, c'est-à-dire garantir que leurs biens meubles ne leur soient pas dérobés, que leurs personnes physiques ne soient pas agressées, que leurs terres ne leur soient pas ôtées. »[10] .

Cette hiérarchie n'a, dès lors, été que favorable à l'émergence et à la reconnaissance juridique d'une caste aristocratique. La fin de l'ère féodale a, en plein Moyen Age classique (XI-XIIIe siècle), vu germer l'aristocratie que nous connaissons sous le nom de *noblesse* et dont le plus haut titre est celui de *chevalier*. Cette aristocratie est, selon les travaux de l'historien Joseph Morsel dans *L'aristocratie médiévale* (2004), une nouvelle aristocratie *terrienne* (devenue une aristocratie *castrale* à partir du Xe siècle, au moment de la prolifération des châteaux) ayant remplacé l'ancienne aristocratie romaine que fut l'aristocratie *sénatoriale*. Philippe Nemo qui évoquait, dans *Histoire des idées politiques de l'Antiquité au Moyen Age* (1998), les caractéristiques du chevalier, décrivait, par là même, les caractéristiques qui étaient celles du seigneur avant même la reconnaissance de la chevalerie en tant que statut social de droit et non plus de fait, au XIIe siècle. Les caractéristiques de la noblesse évoquées dans son ouvrage étaient

---

10 Laurent Feller, *Paysans et seigneurs au Moyen Age, VIIIe-XVe siècle*, 2007, Ed Armand Colin, Collection « U », 2017, p.126

la possession de terres qui sont travaillées par des dépendants, la possession d'un château ou encore celle de soldats, d'écuyers ou de vassaux, c'est-à-dire des caractéristiques qui étaient, antérieurement, celles des seigneurs. La noblesse, comme Philippe Nemo l'indique, s'est constituée en réaction à la montée de la bourgeoisie dont la formation était en lien direct avec l'apparition des villes. Les bourgeois, en tant que « nouvelle classe riche et virtuellement dominante », « se mettent à acheter des domaines ruraux qui sont pour la plupart des seigneuries, avec des dépendants : mais l'accès à la noblesse leur étant interdit, ces bourgeois ne peuvent exercer le droit de ban. »[11] . La création de la noblesse de droit est, en toute logique, le fruit d'une crainte de l'émergence du pouvoir de la bourgeoisie. D'autre part, cette distinction sociale et juridique orchestrée par la noblesse fut traduite par ce que l'historien appelle une « formalisation de l'appartenance » à travers l'adoubement ainsi qu'un « code chevaleresque » institué par une Église qui bénissait les armes que l'on remettait au noble, telles que l'épée, les éperons, la bannière et la lance. La notion de noblesse est, ainsi, naturellement attachée à celle de la seigneurie en étant son successeur nominal. La noblesse, en tant qu'Ordre dominant distinct de cette nouvelle classe bourgeoise, s'est constituée dans un contexte monarchique et la bourgeoisie, en tant que classe sociale nouvellement dominante depuis le XIXe siècle (après n'avoir été, durant l'Ancien Régime, dominante qu'au sein du Tiers-État) et désirant légitimer sa domination sociale, politique et économique sur la base du *mérite*, s'est constituée dans un contexte postrévolutionnaire républicain, libéral et, surtout, méritocratique (c'est-à-dire antiaristocratique). Mais au regard de cette évolution politique rythmée par les combats concurrentiels entre la bourgeoisie et la noblesse, tout cela pourrait nous faire penser que cette concurrence pour l'exercice légitime du pouvoir est loin d'être terminée, ce qui impliquerait que la domination bourgeoise actuelle pourrait être contestée par un renouveau de l'idéal aristocratique porté par une néo-noblesse montante et désireuse de retrouver sa place d'Ordre dominant et légitime. Or, la véritable question est : cela pourrait-il s'opérer dans un environnement démocratique ? Si la réponse est « oui ! », alors la question à laquelle nous devrions répondre serait : Dans quelle mesure les caractéristiques de la démocratie ont-elles besoin d'une aristocratie pour être effectives ? Et pour répondre, ainsi, à cette question, nous développerons le concept clé de notre étude qui est celui du « féodalisme démocratique ».

---

[11] Philippe Nemo, *Histoire des idées politiques dans l'Antiquité et au Moyen Age*, 1998, Ed Puf, Quadrige manuels, 2013, p 822

Un féodalisme démocratique ou une démocratie féodale ?

Depuis les années 1960, le féodalisme a aussi bien été évoqué par les historiens pour raconter et démystifier l'époque médiévale que pour annoncer son retour sous la forme d'un « néo-féodalisme » – ou « new feudalism » (concept que nous devons, depuis 1961, à John Kenneth Galbraith) – ou encore, plus précisément, d'un fameux « techno-féodalisme » (concept traité par le chercheur français Cédric Durant dans *Techno-féodalisme critique de l'économie numérique* paru en 2020).

Le retour constaté du féodalisme a été analysé avec inquiétude. Ce retour ne semblait annoncer rien de bon en termes d'égalité, de justice sociale et de liberté. Cette « reféodalisation du monde »[12] dont parlait Jean Ziegler ou cette « reféodalisation de la sphère publique » dont parlait Jurgen Habermas étaient analysées comme étant le signe que, tôt ou tard, le privé allait emboîter le pas sur le public ; que la fortune privée aurait plus de poids que la richesse publique. Cette réalité donnerait alors lieu à une émergence de nouveaux seigneurs que seraient les « féodalités capitalistes » ainsi que les « seigneurs du crime »[13] que sont les chefs de cartels dont la puissance s'est accrue à l'aide de la libéralisation de l'économie à la fin du siècle dernier et d'Internet qui a enrichi le crime organisé en le mondialisant (et ses profits avec). Le propos était, par là, de voir dans l'économie de marché, une porte ouverte à la privatisation progressive de la chose publique (*res publica*) par les grandes entreprises (*trust*) qui instaureraient une relation de protection-dépendance avec leurs salariés – le libéralisme amenuisant le pouvoir de l'État et donc, le rendant inapte à sécuriser l'emploi des salariés, voire à les allouer, les entreprises deviennent alors les seules puissances dont les individus dépendraient en tant que salariés et par lesquelles ils seraient influencés culturellement en tant que citoyens – et qui véhiculeraient des valeurs politiques à leurs consommateurs ou, selon leur capacité d'influence, à la société dans son ensemble.

La critique de la démocratie en tant que régime « capitaliste et bourgeois » (critique faite aussi bien par les communistes que par les fascistes) ou encore comme régime insidieusement ploutocrate (critique que l'on retrouve même durant l'Antiquité grecque) persiste à notre époque, bien qu'il s'agisse précisément d'une critique visant plus spécifiquement la démocratie *libérale*. La démocratie *libérale* a fait naître des néo-seigneurs à l'image d'Elon Musk dont l'entreprise *Space X* a été la première entreprise privée à envoyer une fusée dans l'espace, alors que cette compétence dans le domaine de l'astronautique et du vol spatial n'était, jusqu'à présent, que l'apanage des États qui, pour des raisons diplomatiques, affichaient

---

[12] Voir *L'empire de la honte*. 2007.

[13] Voir Les seigneurs du crime. Jean Ziegler. (1998)

l'ambition de montrer au monde leurs prouesses technologiques. Les puissances financières privées (que nous pouvons comparer aux puissants ou aux « grands » de l'époque féodale que l'on nommait les *magnates* ; terme qui n'est pas sans nous rappeler le qualificatif de « magnat » du pétrole ou encore de l'immobilier) peuvent, de manière quasiment autonome vis-à-vis des États souverains, montrer la voie du futur à l'humanité (pouvoir sur les hommes) en plus d'avoir suffisamment de moyens financiers pour posséder des territoires comme des îles, à l'image de celles que possèdent des milliardaires comme Mark Zuckerberg (possession des terres). Le capitalisme libéral, dans sa forme la plus débridée, permet, à terme, de s'approprier l'inappropriable *bien commun* par la privatisation. En somme, les grandes entreprises privées détiennent ainsi, sur un territoire national ou international, la possibilité d'exercer la politique et de supplanter la puissance d'un État souverain. A ce propos, d'autres intellectuels comme le géographe américain Joel Kotkin ont analysé le « néo-féodalisme » comme étant une résultante de la paupérisation causée par le libéralisme et dont les effets ont été, progressivement, un plus grand nombre de pauvres de plus en plus pauvres et un plus grand nombre de riches de plus en plus riches. L'universitaire Jodi Dean, dans sa publication *Néo-féodalisme : la fin du capitalisme*[14] (2020) part, de son côté, du postulat que c'est le capitalisme qui se transforme en néo-féodalisme et non le néo-féodalisme qui prend le pas sur un capitalisme *a priori* condamné à sa propre destruction. Bien que le féodalisme fut le système qui précéda le capitalisme, le retour du féodalisme ne marquera pas nécessairement la fin du capitalisme. Si l'État a été pensé dans le cadre d'une recherche de la souveraineté [royale] à partir du XIVe siècle, c'est-à-dire tout juste après la période féodale, la remise en cause de la souveraineté de l'État par l'émergence de la puissance des *trusts* rendue possible par le libéralisme économique remet, de fait, sur la table, la notion de féodalisme, mais cette fois-ci appliquée dans un contexte nouveau, celui du contexte économique et technologique de la numérisation du monde dans lequel, comme l'annonçaient J.A Schumpeter et Adam Smith, avant lui, l'entrepreneur est le nouveau héros moderne.

L'existence d'une « démocratie féodale » impliquerait que nous soyons, tout d'abord, en démocratie et que, par la suite, nous instaurions des rapports hiérarchisés entre les citoyens d'un même peuple souverain ; en d'autres termes, nous entrerions alors dans une démocratie de la hiérarchie, ce qui constituerait ainsi un oxymore. Le « féodalisme démocratique », cependant, repose davantage sur l'assumation de l'inégalité et de la hiérarchie en tant que faits « naturels ». Pour autant, la possibilité qu'il existe ce nouveau type de féodalisme implique que celui-ci pourrait se développer sans qu'il soit question de négliger les caractéristiques fondamentales de la démocratie,

---

[14] *Néo-féodalisme : la fin du capitalisme ?* Jodi Dean, 2020 (openedition.org)

dont celle du respect des droits humains fondamentaux. La démocratie est, étymologiquement, « le pouvoir du peuple souverain », mais elle est également un système de valeurs qui repose sur des caractéristiques bien spécifiques, comme la garantie de la liberté et de l'égalité, l'État de droit, la protection des droits humains et des libertés fondamentales, le gouvernement de la raison ainsi que la séparation des pouvoirs. Or, cela lui permettrait-elle de se fondre dans un féodalisme ayant comme caractéristique première la hiérarchie ? La réponse est non si nous voulons répondre à la question : Est-il possible de concilier démocratie *libérale* et féodalisme ? En sachant que les notions « démocratie » et « libérale » ont été présentées par les économistes et les politologues comme deux mots qui allaient, naturellement, de pair à la fin du siècle dernier. Le féodalisme implique la propriété d'une terre par un homme, le seigneur, et sur laquelle d'autres hommes travaillent en étant « les hommes du seigneur », alors que le libéralisme prône exactement l'inverse, c'est-à-dire la propriété privée, la responsabilité individuelle ainsi que l'appropriation de sa propre personne - dans un objectif, également, de réalisation de soi. Mais si nous parlons, uniquement, du terme « démocratie » et que nous tentons de décorréler les notions de démocratie et de libéralisme, la conciliation est-elle réellement impossible ? Nous verrons, dans cet ouvrage, que non seulement, elles ne sont pas inconciliables, mais que, en plus, bien au contraire, celles-ci sont complémentaires. Toutefois, la difficulté réside dans le fait d'articuler la garantie de l'égalité des droits humains et des libertés fondamentales (démocratie) et l'appropriation, par un supérieur, des biens matériels et fonciers de citoyens (comme l'habitation) qui seraient les « inférieurs » d'un homme en termes de propriétés (féodalité), le seigneur, qui s'avérerait être l'unique propriétaire de tout un territoire donné, la ville.

Le libéralisme (politique comme économique) a, en vérité, si bien associé la propriété et la liberté qu'affirmer que nous pouvons tous vivre de manière libre et égale sur un territoire qui appartiendrait à un autre que nous paraîtrait relever d'un manque de sérieux assez conséquent. Il serait impossible de concevoir la souveraineté du peuple sans la « nationalisation » d'un « bien commun » qu'aucun acteur ou groupe privé ne pourrait s'approprier. Pourtant, la propriété n'est liberticide qu'à partir du moment où le propriétaire incarne une autorité suprême, c'est-à-dire qu'il n'aurait pas d'autorité au-dessus de lui et qu'il pourrait faire de son locataire ou de son employé ce que bon lui semble ; cela créerait, chez le subordonné en question, une obligation de répondre aux désirs du propriétaire afin de garder son foyer ou son emploi, et ce, au mépris total de ceux qui lui sont propres – il ne s'appartiendrait plus. En vérité, l'absence de propriété peut, par conséquent, être compatible avec la liberté si celle-ci est encadrée, ne serait-ce que par le respect de la liberté de conscience et de la vie privée et familiale de ceux qui ne possèdent pas. Par exemple, un propriétaire de média ne brime pas nécessairement la liberté des journalistes s'il garantit leur liberté de conscience et de mener des enquêtes, comme un propriétaire d'immeuble ne brime pas nécessairement la liberté de ses locataires s'il garantit le respect de leur vie privée et qu'il leur permet de jouir de leur logement comme bon leur semble. Et la limitation de ce pouvoir n'est possible qu'à partir du moment où le propriétaire est, lui-même, soumis à une plus haute juridiction que lui qui, elle-même, serait là pour garantir au non-propriétaire la liberté d'agir en tant que propriétaire, *a minima*, de sa propre personne.

Dans *Féodalisme et démocratie locale : une possibilité politique ?* nous répondrons, de manière sous-jacente, à la question : « Dans quelle mesure les caractéristiques de la démocratie ont-elles besoin d'une aristocratie pour être effectives ? ». La problématique trouve son intérêt dans le fait qu'il n'y a pas de « s » à « quelle mesure ». La raison de ce choix, semble-t-il, inattendu pour un ouvrage se voulant être un travail de recherche, n'est en aucun cas révélatrice d'un quelconque dogmatisme affirmant qu'un phénomène n'aurait qu'une seule explication possible. Il est évident que tout phénomène s'inscrit dans une quantité astronomique de paramètres et de facteurs expliquant leurs apparitions. Par exemple, si l'existence d'une aristocratie est la condition de la démocratie « réelle », les explications seront aussi bien culturelles que religieuses, économiques, politiques et anthropologiques ; or, dans notre cas, il s'agira d'analyser cette corrélation entre démocratie et aristocratie d'un point de vue strictement politique. D'autre part, notre analyse politique aura le fil conducteur suivant : les humains ont besoin et d'être inférieurs à des êtres qui leur serviraient de modèles afin de s'élever et d'être supérieurs à des êtres qui, par leur manque de capacités et de talents, les obligeraient à agir pour ces derniers, et ce, par devoir moral. Cette idée directrice serait, bien évidemment, accompagnée, dans cet ouvrage, d'arguments pluriels ainsi que de solutions qui le seraient également.

Pour cela, nous parlerons, au départ, du regard que nous portons sur la démocratie depuis le XIXe siècle avant de poursuivre sur les circonstances défavorables à l'avènement d'une « démocratie réelle » rendant, ainsi, ce régime impossible à atteindre dans sa complétude. Et, pour finir, nous détaillerons le concept de cet ouvrage : le féodalisme démocratique. En résumé, ce concept repose sur l'idée selon laquelle il existerait, en France, un roi dont le pouvoir serait limité par une Constitution démocratique internationale et qui délivrerait, en son royaume, à des seigneurs-entrepreneurs, des villes qu'ils refonderaient selon leur sensibilité esthétique. Ainsi, celles-ci leur appartiendraient et seraient habitées par des citoyens qui choisiraient ou non d'y vivre en raison du fait qu'elles correspondraient à leur propre sensibilité. Le Droit de ces villes-seigneuries sera purement démocratique et indifférent aux considérations subjectives tant religieuses que politiques du peuple, ce qui ne permettrait au seigneur qui la construit de n'exprimer une subjectivité singulière qu'à travers le choix (architectural, notamment) de l'ambiance esthétique de la ville en question. Les lois des villes-seigneuries (proposées par le peuple) seraient démocratiques et rationnelles – au sens de « modernes », c'est-à-dire de non traditionnelles –, tandis que leur ambiance serait purement singulière et esthétique.

Or, comment cette ville néo-féodale pourrait-elle fonctionner de façon réaliste ? Comment serait-il sérieusement possible de combiner hiérarchie et démocratie ? Seigneurie et gouvernement populaire ? Nous réfléchirons, en cela, sur les conditions nécessaires à l'épanouissement de ce régime politique avant de terminer sur la configuration d'un néo-féodalisme veillant scrupuleusement à ce que l'appropriation de tout un territoire par un seul homme (le seigneur) n'entrave nullement la liberté politique et individuelle de ceux qui y habitent. La politique, si nous devions la définir d'une façon qui serait différente de la définition habituelle (la gestion des affaires publiques et la soumission d'un corps social à un Droit commun), est la nécessité de réunir des notions à la fois primordiales et contradictoires, dans un pur esprit de dialectique. En démocratie, il est, par exemple, nécessaire d'harmoniser l'*individuel* et le *collectif* ou encore l'*émancipation* et l'*autorité*. S'il n'y avait que l'individu, la société (ou, plus précisément, le « corps social ») serait détruite et s'il n'y avait que le collectif, l'individu serait oppressé ; et s'il n'y avait que de l'émancipation, le cadre instauré par une autorité [initiant les citoyens à des conformismes sociaux] n'existerait plus et s'il n'y avait que l'autorité, l'émancipation ne serait pas possible. L'unification des deux notions opposées est la condition de l'équilibre social. Et dans *Féodalisme et démocratie locale : une possibilité politique ?*, les deux notions contraires et nécessaires que nous chercherons à concilier sont l'égalité des droits [démocratie] et l'inégalité de valeurs entre les humains [féodalisme].

Cela reviendrait ainsi à chercher, de manière extrêmement ambitieuse, à réconcilier la pensée révolutionnaire et la pensée contre-révolutionnaire. Si les notions de « libéralisme économique » et d'«autoritarisme » ont pu être jointes ces dernières décennies – ce qui a conduit à la pensée que nous appelons « libérale autoritaire » –, qu'en serait-il de la jonction d'un libéralisme politique (esprit démocratique) et d'un système inégalitaire et répressif (esprit autoritaire) ? Sachant que si les individus sont libres, alors l'autoritarisme répressif ne pourrait logiquement exister ou, du moins, celui-ci ne pourrait exister que dans le cadre d'un « autoritarisme tempéré », autrement dit, dans le cadre d'un retour à la monarchie en tant que régime politique ayant eu pour vocation, durant l'Antiquité grecque comme durant le Moyen Age, de constituer un cadre politique modérateur empêchant l'émergence de la tyrannie « dégénérée ». Or, quelle serait la particularité de cette monarchie ? Sa particularité serait, tout d'abord, qu'elle permettrait la garantie des caractéristiques démocratiques comme peut le faire une monarchie constitutionnelle, mais qu'elle se différencierait d'elle par le simple fait que le peuple aurait des supérieurs (les seigneurs, le roi, la

Constitution démocratique universelle) ainsi que des inférieurs, et ce, au sein même de son propre territoire. Mais, surtout, la question est : Sur quels critères la supériorité du peuple se justifierait-elle si, en démocratie, tous les citoyens sont égaux en droits par la naissance ? Et si égalité des droits il y a au départ, cela signifie-t-il que certains pourraient, un jour, devenir officiellement inférieurs à d'autres ? Les droits humains naturels *inaliénables* de Locke pourraient-ils, soudainement, ne plus être *inaliénables* et donc, être simplement des « droits humains » garantis à la naissance, mais pouvant faire, un jour, l'objet d'une déchéance et faire de certains citoyens des citoyens inférieurs à d'autres en termes de reconnaissance juridique de leur humanité ? Et sur la base de quels critères, précisément, cette hiérarchisation serait-elle opérable, s'il ne s'agit pas de critères politiques et juridiques ? Tel sera alors tout l'objet de notre livre dont l'idée conductrice est que, au regard de la longévité de la monarchie dans l'histoire ainsi que de l'apparition du concept de « grands hommes » au XIXe siècle (siècle, pourtant, de la naissance de la démocratie en Occident), nous pouvons attester que, quelque part, les humains éprouvent un désir - mêlé à un besoin – de hiérarchie devant être illustrée par la présence nécessaire d'une aristocratie non pas uniquement de fait, mais aussi de droit.

Première partie

Regards sur la démocratie

La démocratie : différentes conceptions

Depuis le XIXe siècle, la démocratie est le régime politique de la civilisation. Ou, plutôt, selon les termes de Philippe Nemo, la démocratie « libérale » est « le parti de l'intelligence ». Aujourd'hui, nous pouvons remarquer ce fait lorsque nous observons que, à l'exception de pays comme l'Arabie Saoudite, le Brunei, le Swaziland et le Vatican (ces quatre pays sont des monarchies absolues), tous les pays du monde revendiquent le fait d'être des démocraties. Pour démontrer leur rationalité politique et revendiquer leur humanisme philosophique. Être démocrate permet de faire « bonne figure » et, ainsi, de gagner des points de respectabilité. Mais cette revendication universelle de la démocratie pose certains problèmes qui ont été soulevés par Philippe Lauvaux et Armel Le Divellec dans le livre *Les grandes démocraties contemporaines* (1990). Il y est en effet très bien décrit le regard que nous portons sur ce régime politique que l'on tend à défendre par principe (défendre la démocratie semble être devenu « naturel ») et par bienséance (nous la défendons parce que le label « démocrate » ferait de nous des êtres moraux et fréquentables) bien plus que par adhésion politique sincère et par réflexion intellectuelle approfondie.

Voici donc ce que disaient les deux universitaires :

> « Le mot d'ordre démocratie domine les esprits, aux XIXe et XXe siècles, d'une façon presque générale. Mais, précisément pour cette raison, le mot, comme tout mot d'ordre, perd son sens précis. Par le fait que pour obéir à la mode politique, on croit devoir l'utiliser à toutes les fins possibles et en toute occasion, cette notion, dont on a abusé plus que d'aucune autre notion politique, prend les sens les plus divers, souvent très contradictoires, lorsque même le vide intellectuel que recouvre habituellement la langue politique vulgaire ne la dégrade

pas au rang d'une phrase conventionnelle, ne prétendant plus à aucun sens précis.' ».[15]

La démocratie, au lendemain de la Révolution, a avant tout été défendue dans l'optique de prévenir des dangers que pouvait comporter la théocratie présente dans les régimes monarchiques ; ceux dont la verticalité politique ne peut se bâtir que sur la légitimité divine. L'inégalité serait alors le plus grand vecteur d'abrutissement des masses puisque maintenir les hommes dans l'asservissement nécessite de les maintenir dans l'ignorance. Cet ennemi de la société libre et éclairée – l'obscurantisme – contre lequel l'Europe des Lumières a intellectuellement combattu est ce qui a conduit ce continent à adopter cette posture arrogante et supérieure vis-à-vis des autres civilisations qui accordaient davantage d'importance à la tradition et à la spiritualité qu'à la science moderne. La démocratie, en Occident, s'est ainsi construite, au XIXe siècle, à partir de la distinction méprisante entre l'Occident civilisé et le reste du monde primitif, barbare et arriéré. La démocratie est, en ce sens, devenue l'antithèse de la barbarie. En effet, depuis deux siècles, l'adhésion aux valeurs de la démocratie est devenue un gage de bienséance politique et de scientificité et son opposition, un gage de barbarie et d'obscurantisme. Sans compter que la démocratie moderne occidentale, inspirée de la philosophie humaniste née durant la Renaissance, a placé l'être humain au-dessus de tout, y compris de Dieu. La souveraineté divine, au XIXe siècle, a laissé la place à la souveraineté nationale et populaire. Et ce changement de paradigme anthropologique est, d'ailleurs, ce qui a fait de la « souveraineté populaire » un parfait synonyme, aux yeux de ses détracteurs anti et contre-révolutionnaires, de l'anthropocentrisme dont les conséquences sont aussi bien la construction d'une société contre nature (dégénérée) que la destruction même de la nature [de l'environnement]. Mais du côté des défenseurs de la démocratie – c'est-à-dire des gagnants de l'histoire –, quatre conceptions de ce régime ont été évoquées afin de défendre ce régime en tant que seul et unique régime viable et crédible.

La démocratie est, tout d'abord, regardée comme un régime *supérieur*. Elle semblerait être le régime complexe par excellence dans la mesure où il n'est plus, ici – à l'inverse de la monarchie et de l'autocratie –, question du pouvoir d'un seul homme, mais de celui de tous les citoyens. Et la complexité réside, justement, dans le fait que nous devons nous questionner sur la manière de faire gouverner, sur un territoire, des citoyens aussi nombreux. Nous devons nous assurer que certains n'en oppriment pas d'autres et que la démocratie et les droits humains ne soient pas que des termes politique et juridique qui ne correspondent nullement à la réalité sociale vécue par la population ; mais qu'ils soient, même si la tâche est complexe, les plus

[15] Philippe Lauvaux et Armel Le Divellec. *Les grandes démocraties contemporaines*. 1990. Ed Puf, Collection « Droit ». 2015. p.15-16

effectifs possibles. Plus concrètement, nous devons veiller à ce que la démocratie ne soit pas le théâtre d'une contradiction grotesque entre le *formel* et le *réel*. Par exemple, le mot « suffrage universel » est-il véritablement conforme à une réalité politique vécue par la totalité des Français ? Si nous oublions le fait qu'il n'y ait pas été conforme, en France, de 1848 à 1944, pour la raison qu'il excluait les femmes du droit de vote, pouvons-nous, encore aujourd'hui, parler de suffrage universel *réel* alors que les mineurs ne votent pas ? Non pas qu'il soit inégalitaire et injuste de ne pas les faire voter, mais, comme le disait Frédéric Bastiat, dans *La loi* (1850), cette impossibilité, pour ces derniers, de voter est révélatrice, en vérité, de l'existence et de la nécessité d'un suffrage *capacitaire* et non d'un suffrage *universel*. Les droits humains sont universels, mais la pratique de la citoyenneté, même en démocratie, ne l'est pas. Par là, l'association des termes « universel » et « suffrage » relève, finalement, davantage d'une tactique sémantique visant à certifier le peuple du caractère réel et inébranlable de sa démocratie, tandis que le terme « capacitaire » renverrait à un passé aristocratique laissant penser à la population globale que la démocratie ne serait pas entière, voire serait inexistante, parce qu'elle appartiendrait à un groupe de « capables ». Le terme « universel », même s'il s'avère trompeur, crée de la confiance politique ; il indique à tous les citoyens en âge de voter qu'ils sont, *de facto*, légitimes de prendre des décisions politiques. De ce fait, la complexité du régime démocratique tient au fait que, pour se bâtir et se conserver, les citoyens doivent être dotés d'une éducation politique suffisamment solide pour comprendre et, par là, accepter le fait que l'idéalisme des lois ne coïncide pas nécessairement avec la dure réalité des faits. La construction de la démocratie est alors une affaire complexe en ce sens qu'elle nécessite, pour les citoyens, une difficile acceptation de la frustration causée par la contradiction entre le droit et la réalité des faits. Or, n'est-ce pas, précisément, cette douloureuse épreuve à surmonter qui nous rend, ainsi, adultes politiquement et qui fait de la démocratie – une fois celle-ci accomplie – un régime politique difficile à construire (et à rendre pérenne) et, par conséquent, valeureux et honorable ?

En effet, l'Occident, depuis la période contemporaine, s'est toujours servi de la démocratie pour démontrer sa supériorité intellectuelle sur le reste du monde. Au XIXe siècle, il était question d'associer la démocratie au rationalisme et au scientisme ; au détachement de toutes les formes de mysticismes et de traditions religieuses. L'Occident est parvenu à assimiler la complexité démocratique grâce à un culte voué à ce que des antirévolutionnaires comme De Maistre, dans *Considérations sur la France* (1797), appelaient la « Déesse raison ». Au siècle suivant, l'Occident – et principalement les États-Unis d'Amérique – s'est présenté comme la civilisation rationnelle et réaliste en raison, cette fois-ci, de son adhésion au libéralisme qui était promu comme la seule philosophie politique réaliste face aux idéologies « planistes » – pour reprendre la terminologie de

Friedrich Hayek – de gauche (socialisme) comme de droite (fascisme). Le libéralisme, en tant que philosophie se défendant d'être une idéologie, l'avait intellectuellement distingué des autres civilisations qui, par idéalisme religieux ou politique, nous empêchaient de comprendre réellement l'humain et le sens de l'histoire. Et le caractère prétendument scientifique et réaliste du libéralisme avait été, semble-t-il, confirmé par la chute de l'Union soviétique en 1991 que Francis Fukuyama, dans *La fin de l'histoire et le dernier homme* (1992), percevait comme la preuve évidente que plus aucun rival idéologique sérieux ne pouvait tenir tête à la démocratie libérale. Le fascisme italien, le national-socialisme allemand et le communisme soviétique étaient, au siècle passé, ses derniers rivaux en termes de positivités politiques. Et enfin, de notre temps, la démocratie qui s'est, en Occident, durablement installée est regardée comme un régime politique supérieur au regard de la puissance économique, culturelle et militaire des pays occidentaux qui ont adopté ce régime. La richesse des pays démocratiques [et libéraux] serait la preuve de la supériorité intellectuelle de la démocratie sur les autres régimes ; et à l'inverse, les pays conservateurs et antidémocratiques qui sont, à l'exception de pays comme la Chine ou Singapour, des pays pauvres du Tiers monde où le niveau de vie est faible, constituent la preuve que le refus de la démocratie conduisant à la pauvreté serait un signe d'infériorité intellectuelle ou culturelle, voire d'un manque criant de bon sens politique.

D'autre part, nous regardons la démocratie comme une *prophétie politique*. La démocratie est regardée comme un régime naturel promis à toute l'humanité. La démocratie étant le « pouvoir du peuple », celle-ci nous invite, par là, à prendre en compte la question de *l'universel*. Une nation démocratique comprend la totalité des citoyens dans un esprit de « légitimité démocratique moderne » – que l'on oppose à la « légitimité traditionnelle » – impliquant le fait que tous les citoyens, en tant qu'ils sont humains, bénéficient de l'égalité des droits. Les démocraties que nous connaissons, en tant que démocraties accordant de l'importance à la notion d'universel et en ayant pour vocation de traiter le citoyen en tant qu'humain bien avant de le traiter en tant qu'individu et citoyen (la citoyenneté étant une caractéristique administrative faisant de l'*humain* en question un membre à part entière de la nation *particulière*), développe naturellement un intérêt pour l'humanité tout entière qui devrait vivre selon des lois démocratiques. En somme, la démocratie ne serait pas tant le régime du *bien*, mais elle serait le régime du *bon sens* ou, plus précisément, le régime du sens de l'histoire. L'humain naît dans un état de nature, évolue dans un état de culture (thèse originelle de Hobbes dans *Léviathan* paru en 1651 et de Locke dans *Traité du gouvernement civil* paru en 1690) et conclut sur un état de science ; sa destinée est, ainsi, l'affranchissement de toutes les croyances et de toutes les superstitions et idées reçues permettant, *in fine*, ce que Kant appelait « l'autonomie de la volonté » rendue possible par la connaissance – précédant la maîtrise et, ainsi donc, la souveraineté – de toutes les natures qui nous entourent et par lesquelles nous sommes, à l'origine, déterminés. Or, la connaissance de ces natures déterminantes est ce qui offre à l'humain la possibilité d'utiliser ces natures à son profit et donc d'en être libre. Un peu plus tard, Hegel parlait également, d'une certaine manière, de cette évolution humaine naturelle vers la liberté, et ce, à l'aide de la philosophie du Droit lorsqu'il évoquait l'apparition finale d'un État libéral universel et homogène auquel l'humanité semblait fatalement destinée.

A ce propos, l'historien israélien du fascisme Zeev Sternhell, dans *Les anti-Lumières* (2006), expliquait cette philosophie de l'histoire dont la finalité est la liberté humaine de la façon suivante :

> « Depuis Hobbes au milieu du XVIIe siècle, en passant par Locke et la Glorieuse Révolution jusqu'à Kant au temps de la Révolution française, l'État n'a d'autre but que de permettre à chaque individu de jouir de sa liberté et de ses biens, ou en d'autres termes de ses droits naturels. La société est une communauté de citoyens à qui il appartient de se donner le meilleur régime possible, c'est-à-dire un régime représentatif. L'homme est engagé vers une marche infinie vers l'avant, l'histoire est faite par l'homme et elle a un sens, car consciemment, l'homme marche vers la liberté. »[16]

Ensuite, la vision suivante que nous avons de la démocratie est celle d'un régime *utopique*. Il n'est plus tant question d'un régime politique supérieur par sa complexité ou quasiment eschatologique et messianique, compte tenu de l'évolution naturelle de l'espèce humaine vers le désir de toujours plus de droits et de libertés. Il est désormais question du fait que la démocratie tend à être un régime idéalisé, quitte à être, pour certains, un régime utopique. De fait, la démocratie, présente en Occident, est une utopie en ce sens qu'elle est une démocratie basée sur la confiance ; confiance tirant son origine de la notion – née au XVIIIe siècle – d'individualisme optimiste reposant sur la croyance dans laquelle l'humain est bon par nature et ne serait, donc, pas habité par le fameux « péché originel »[17] . Cette confiance démocratique est fondée sur la croyance dans l'égalité naturelle entre les êtres humains (ils sont égaux en valeur et en dignité) ainsi que dans le fait qu'ils seraient tous ou bien naturellement bons (Rousseau) ou bien naturellement neutres d'un point de vue moral (Kant) ; le mal ne serait nullement inscrit dans la nature humaine. Et ce postulat implique non seulement que l'humain est

---

[16] Zeev Sternhell, *Les anti-Lumières*, 2006, Ed Gallimard, Collection « foliohistoire », 2010, p.284-285

[17]Le pessimisme est, de fait, devenu un état d'esprit politique propre aux anti-révolutionnaires, aux contre-révolutionnaires et aux antimodernes du XIXe siècle qui refusaient de croire à l'Humanisme optimiste des Lumières. Le pessimisme décrète que l'humain n'est pas bon, mais mauvais ; le péché originel est, semble-t-il, une réalité qui le suivra jusqu'au Jugement dernier.

perfectible, mais qu'en plus, ce dernier est susceptible de choisir sa propre nature ainsi que sa propre finalité ; philosophie ne pouvant alors que constituer un boulevard pour le développement du libéralisme politique et économique. L'individu, si nous le laissons libre, donnera le meilleur de lui-même pour lui-même et la communauté. Toutefois, cette confiance dans la bonté naturelle de l'humain a donné lieu à une culture philosophique et politique fondée sur l'idée que l'humain n'est qu'un être de *devenir* et qu'il ne peut devenir « bon » que si les moyens économiques et juridiques sont mis en place par l'Etat en tant que garant de la justice sociale.

Cette vision utopique que nous avons eue de la démocratie est quelque part très inspirée des œuvres de Thomas More dans *Utopie* (1516), de Francis Bacon dans *La nouvelle Atlantide* (1626) ou de Nicolas de Condorcet dans *Esquisse d'un tableau historique des progrès de l'esprit humain* (1794). Dans ces différents portraits utopiques faits de la société [démocratique] libre, il est question d'une société habitée par un peuple intellectuel, cultivé, scientifique, artiste et disposant d'un haut sens des responsabilités individuelle et collective. Ainsi, la société démocratique idéale est une société dans laquelle les citoyens seraient tous des individus éclairés (préservés, par conséquent, de toute forme de manipulation politique et intellectuelle) et agissant dans un objectif de marier aussi bien leur propre intérêt que celui de la société (vision inspirée de la théorie libérale classique smithienne). L'*homo democraticus* est libre, certes, mais il est vertueux en ce sens qu'il s'efforce, naturellement, à agir pour son salut individuel ainsi que pour celui de la collectivité ; le mariage des deux intérêts est dans sa nature *en tant qu'animal social*. L'humain est, en somme, bon par essence.

Et enfin, nous voyons la démocratie comme un régime *nécessaire*. Certains démocrates savent reconnaître que, bien que la démocratie soit une finalité politique pour laquelle nous devons, au fil des générations, perpétuellement nous battre dans l'intérêt de tous les humains, la perfection politique sera, toutefois, inatteignable. Du moins, ils prennent conscience que, quelles que soient les failles de la démocratie, ce régime sera toujours « le moins pire » de tous. En d'autres termes, la démocratie ne peut être complète et parfaite, comme le proclament ceux qui la regardent comme une utopie ; en revanche, elle reste un idéal nécessaire ou un « moindre mal » n'ayant, autrement, comme alternative politique que la dictature – que l'on associe grossièrement, à notre époque, à la tyrannie. La démocratie est le régime politique du moindre mal dans la mesure où les insatisfactions qu'elle génère ne sont pas liées à des injustices et des politiques arbitraires, mais à des désillusions expliquées par les attentes que nous avons de la démocratie en tant que système politique conduisant nécessairement à l'épanouissement de tous. Le bien-être et l'égalité que garantit la démocratie rendent, donc, le peu d'inégalités ou d'injustices restantes insupportables et, par là, susceptibles de créer de l'amertume et du ressentiment dont les conséquences politiques risquent d'être dommageables pour la stabilité de la démocratie. Et ce sont ces contrariétés que nous devons accepter qui font ainsi de la démocratie le régime « le moins pire ». Les violences et les inégalités existeront toujours en démocratie. Cependant, elles ne pourront jamais être combattues et résolues dans la mesure où elles ne seront pas le fait d'injustices causées par certains humains [privilégiés], mais par le simple fait que la perfection politique – comme la perfection humaine – n'existera jamais.

Ainsi, la démocratie est vue de quatre façons : en tant que régime supérieur (car civilisé), en tant que prophétie politique, en tant qu'utopie politique et en tant que régime nécessaire. Or, tous ces regards, portés sur la démocratie, partent du même constat : la démocratie est le meilleur des régimes. Ou bien elle est le régime du bien. Ou bien elle est celui du moindre mal. Mais reste-t-il que toutes ces analyses nous invitent à percevoir la démocratie comme le régime du bien et du mieux et les autres régimes, comme ceux du mal et du pire. Or, ce manichéisme intellectuel est néfaste à la connaissance de la complexité des autres régimes. Toutefois, à la fin du siècle dernier, nous sommes parvenus, dans la communauté des historiens, à effacer les idées reçues que nous avions au sujet de la soi-disant tyrannie politique et intellectuelle qui régnait au Moyen Age et sous l'Ancien Régime, c'est-à-dire au temps des monarchies. Les historiens de la fin du XXe siècle ont souhaité démontrer que le Moyen Age n'était pas l'époque sombre et ignorante qui était présentée jusqu'à maintenant et que la monarchie absolue, même celle de « droit divin » (1661-1715), n'était aucunement la tyrannie d'un roi tout-puissant. Cela nous a ainsi aidés à disposer d'un point de vue plus nuancé sur la monarchie. Nous pouvons, désormais, avec un certain recul, regarder la monarchie dans ses travers aussi bien sombres que lumineux, voire nous déclarer royalistes dans l'espace public sans nous risquer à une mort sociale. Et concernant les autoritarismes du XXe siècle, le même travail devra, ainsi, être fait. Cependant, si les ouvrages d'antirévolutionnaires, tels que ceux de Maistre ou de Burke, sont en vente dans les librairies françaises – ce qui témoigne ainsi d'une acceptation d'un débat dépassionné (et donc nuancé et scientifique) à propos de la place légitime de la philosophie anti et contre-révolutionnaire en France –, nous restons, encore aujourd'hui, incapables de décorréler les idéologies des régimes politiques lorsqu'il s'agit du régime politique autocratique. Même si les ouvrages universitaires sur le fascisme et le soviétisme paraissent naturellement dans toutes les librairies françaises, les universitaires qui les écrivent sont, unanimement, contre le fascisme et le totalitarisme. A l'exception de librairies indépendantes dédiées uniquement à la vente d'ouvrages exclusivement hostiles à la démocratie (librairies n'existant que sur Internet), les ouvrages écrits par des fascistes de l'époque ou par des intellectuels contemporains favorables au fascisme ne sont nullement vendus sur le marché visible. Cette invisibilisation de la pensée fasciste dans les espaces dédiés à la culture pose, de fait, de gros problèmes en termes de contribution à l'esprit critique ; ce qui nous invite, donc, à nous demander si nous sommes, en fin de compte, véritablement guéris, en Europe, de nos traumatismes politiques hérités des idéologies présentes durant la Seconde Guerre mondiale. En Europe, d'ailleurs, les débats incessants sur la publication de l'ouvrage *Mein Kempft* (1925) d'Adolf Hitler[18] nous obligent à nous interroger sur la réelle capacité des peuples européens à « regarder leur histoire en face » et à ne pas rebasculer dans des idéologies mortifères du fait de la simple lecture d'un texte qui fêtera bientôt ses cent ans. Est-il, ainsi, possible de lire des ouvrages écrits par des fascistes sans être « contaminé »[19] par le fascisme ? En effet, sommes-nous, aujourd'hui, capables de regarder ces idéologies de manière dépassionnée comme nous avons été capables de le faire pour les idéologies anti et contre-révolutionnaires du XIXe siècle ? Sommes-nous, désormais, suffisamment rationnels et mesurés pour accepter que l'on puisse être en faveur d'un régime autocratique sans pour autant être un partisan de l'extermination d'un peuple ou de l'envoi d'une partie du peuple dans des goulags ? Il est nécessaire de savoir distinguer le cadre politique et technique d'un régime politique de son idéologie. Ainsi, le véritable moyen de comprendre la démocratie est de comprendre la non-démocratie ; et la compréhension de la non-démocratie passe par sa banalisation ou, plus précisément, sa dédiabolisation et l'acceptation de sa complexité dans sa pluralité. La démocratie n'est pas « le bien » et la non-démocratie n'est pas « le mal ». Or, pour saisir cela, il est nécessaire d'accepter que la non-démocratie puisse être fonctionnelle sans être, pour autant, aux antipodes des caractéristiques de la démocratie. La connaissance de la non-démocratie sera même bénéfique à la construction de la démocratie. Ainsi, la connaissance des différents régimes politiques est ce sur quoi portera notre prochaine partie.

18Les publications annotées de l'ouvrage n'existent dans des pays comme l'Allemagne, la Pologne et la France que depuis le milieu des années 2010. Il a, en effet, fallu attendre que les victimes de la Shoah décèdent pour que cette publication ne sonne pas, pour elles, comme une énième violence ou un rappel très brutal de leur souffrance passée. Or, désormais, il est question de savoir si la publication de *Mein Kempft* constituera une insulte, comme certaines associations de lutte contre l'antisémitisme l'affirment, à la mémoire des victimes ou si, au contraire, comme le proclament les historiens, celle-ci s'apparente à une mission d'utilité publique à la fois scientifique et citoyenne.

19La notion de contamination est familière au fascisme. Elle fait même incontestablement partie de la rhétorique fasciste. Le discours fasciste s'inscrit dans une optique raciste. Selon Emilio Gentile dans *Qu'est-ce que le fascisme* (2002), le fascisme a eu pour vocation, en Italie, de créer « une nouvelle race italienne de dominateurs, de conquérants et de civilisateurs. » (Ed Gallimard, Collection « folio histoire », 2004, p.354). La notion de contamination propre à cette rhétorique fasciste italienne s'ancre, de fait, dans une volonté de préserver la « race italienne » de toutes les impuretés du monde extérieur. En cela, la référence à la contamination prend tout son sens.

Un regard de borgne

Les trois régimes et leurs limites

Jusqu'au XIXe siècle, trois types de régimes politiques étaient étudiés : la république (que nous pouvions, à certains endroits, qualifier de « régime populaire » ou de « démocratie »), la monarchie et le despotisme[20]. Ce que nous appelions, jadis, la république est ce que nous appelons aujourd'hui la démocratie ; ce que nous appelions, jadis, la monarchie continue d'être nommé ainsi ; et ce que nous appelions, jadis, le despotisme est ce que nous appelons, désormais, grossièrement, avec beaucoup d'approximation, la dictature ou, pour les plus connaisseurs du sujet, le régime autoritaire, autocratique ou despotique pour ce qui est des moyens d'action répressifs employés par un gouvernement ou un président ou « totalitaire » et « collectiviste » pour ce qui est des moyens d'action « coercitifs » employés par un État. Concernant le despotisme, en vérité, très peu de citoyens, parmi le grand public, ne sont familiers de cette notion, d'autant plus que – la démocratie étant devenue dans les esprits le régime du bien et de l'intelligence – nous employons des terminologies insultantes et brutales pour qualifier un individu ou un gouvernement jugé non démocratique, soit autocratique, comme « dictateur » ou « tyran » ainsi que des terminologies ironiques, légères et méprisantes pour qualifier un individu ou un gouvernement jugé monarchique comme, en France, « Roi-Macron » ou encore « la Cour de Macron » au sujet de ses ministres ou de ses députés. La virulence avec laquelle nous qualifions et décrivons l'autocratie relève

[20]Nous percevions, même, au XVIIIe siècle, le régime républicain comme le régime occidental et le despotisme comme le régime oriental (nous parlions, notamment chez Montesquieu, de « despotisme oriental ») comme nous regardons, aujourd'hui la démocratie comme le régime propre à l'Occident et la dictature comme le régime propre à l'Orient (et à l'Afrique).

davantage d'un traumatisme causé par le fascisme, le nazisme et le communisme que nous craignons de voir renaître un jour et l'humour avec lequel nous évoquons, dans nos termes, la monarchie relève d'un sentiment que, ce régime étant loin de nous chronologiquement, celui-ci ne reviendra plus et qu'il est ridicule de se comporter comme en son temps.

Ainsi, les trois régimes dont nous pourrions parler, à notre époque, sont : la démocratie, la monarchie et l'autocratie. Pour les définir, fions-nous, tout d'abord, aux étymologies. *Démocratie* signifie « pouvoir du peuple » ; *monarchie* signifie « Loi (au sens d'autorité) d'un seul » ; et *autocratie* signifie « gouvernement de soi par soi ».

Pourtant, ces régimes ne peuvent, évidemment, être pris à la lettre, moyennant quoi ils perdraient de leur signification et tendraient vers des résultats qui seraient contraires à leur finalité d'origine. La démocratie est-elle vraiment le pouvoir du peuple ? Oui, mais si le peuple exige que nous massacrions une communauté spécifique, cela continuerait-il d'être démocratique ? Oui, étymologiquement, mais cela ferait de la démocratie un régime politique signifiant « tyrannie du peuple », c'est-à-dire un régime dans lequel le peuple pourrait décider ce qu'il veut, indépendamment des conséquences que ses désirs pourraient avoir sur d'autres vies humaines. Mais si nous estimons que le pouvoir doit être contrôlé afin de ne pas dégénérer sur de la tyrannie, le peuple doit avoir un pouvoir au-dessus de lui et ce pouvoir doit être juridique. Depuis le XVIIIe siècle (et plus précisément depuis le développement de la pensée de Wilhelm Von Humboldt), il est décrété que ce pouvoir délimitant celui du peuple sont « les droits de l'homme ». Les hommes naissent avec les mêmes droits (égalité) et ne peuvent donc pas être assujettis les uns aux autres (liberté). Le contre-pouvoir, ainsi, de la démocratie est la reconnaissance juridique de l'humanité du citoyen ou du groupe minoritaire – et le respect inconditionnel de leur dignité – ; ou, plutôt, son contre-pouvoir est la toute-puissance de la Loi protégeant les citoyens *en tant qu'humains* à l'aide de la garantie de droits *inaliénables*.

Pour la monarchie, des historiens comme François Olivier-Martin dans *L'absolutisme français* (1988), Bernard Barbiche dans *Les institutions de la monarchie française à l'époque moderne* (1999), ou encore Joël Cornette dans *La monarchie* (2000) tentaient, justement, de nuancer et de démystifier cette idée beaucoup trop répandue depuis la période contemporaine que le monarque était un souverain qui agissait, les mains libres, comme un dictateur, voire un tyran et que la monarchie et la dictature étaient des régimes à mettre dos à dos. Bernard Barbiche l'expliquait très clairement de la façon suivante :

> « Monarque absolu, le roi de France ne saurait être assimilé à un tyran. Il ne pouvait gouverner à sa fantaisie. Son pouvoir

> était limité non seulement par les lois fondamentales du royaume, mais aussi par le contrôle qu'exerçaient sur ses décisions les assemblées représentatives et les cours de justice. Celles-ci sont parfois allées si loin dans l'accomplissement de leur devoir de conseil qu'elles ont mis plusieurs fois en péril l'équilibre politique du royaume, et qu'elles ont précipité, sous Louis XVI, la chute de la monarchie.[21] »

Plus anciennement, au Moyen Age, il était courant de donner à la monarchie un surnom qui était celui de régime « tyrannicide » ; la vocation du régime monarchique était, précisément, de ne pas rendre le roi (le seul homme qui, si l'on s'en fie à l'étymologie, détient l'autorité) tyran et dégénéré, c'est-à-dire apte à abuser de son pouvoir. La monarchie exige, en effet, la présence d'un roi et de sa souveraineté sur le royaume, mais, afin qu'il ne devienne pas un tyran, ce dernier, notamment durant la période moderne de l'Ancien Régime, devait obéir à des *lois fondamentales* qui étaient, au royaume de France, au nombre de quatre : l'inaliénabilité de la couronne, l'inaliénabilité du trône, l'adoption de la religion catholique et l'impossibilité de nommer son successeur. La limite du pouvoir monarchique est la reconnaissance d'une autorité supérieure à celle de l'être humain le plus puissant sur Terre qu'est l'autorité de Dieu. La monarchie n'est pas la loi d'un seul homme. Elle est, plus précisément, la Loi d'un seul homme au nom de Dieu dont le roi doit, pour reprendre la terminologie de Bossuet, être le lieutenant. Le pouvoir divin empêche la tyrannie qui est définissable comme étant le caractère illimité du pouvoir humain. Le contre-pouvoir du monarque est Dieu.

Au sujet de l'autocratie, le cas est plus complexe dans la mesure où, en signifiant « le gouvernement de soi » par soi, celle-ci renvoie à une notion familière qui est celle de *l'arbitraire*. Or, qu'est-ce que l'arbitraire ? Il s'agit tout d'abord d'un terme évoqué, pour la première fois, par l'écrivain Fénélon, au XVIIe siècle, afin d'évoquer une « appréciation souveraine » (notamment celle du juge). Mais à partir du XIXe siècle, ce terme a soudainement pris la connotation négative que nous lui connaissons aujourd'hui. La notion d'arbitraire fait, désormais, référence à une loi particulière et subjective que nous imposons au mépris total de l'existence d'une loi officielle et générale. Est arbitraire ce qui est décidé par une autorité en fonction non pas d'une autorité supérieure que serait la Loi (Etat de droit/démocratie) ou d'une autorité divine (monarchie), mais en fonction d'une autorité qui n'est pas universellement applicable sur la totalité d'un territoire national. Pourtant, ce souverain autocrate doit bien avoir un pouvoir au-dessus de sa volonté. Si ce n'est pas un Dieu, alors il semblerait que ce soit la population composée

[21]Bernard Barbiche, *Les institutions de la monarchie française à l'époque moderne*, 1999, Ed Puf, Collection « Quadrige manuels », 2012, p.89

d'individus qui, à eux seuls, individuellement, ne peuvent s'opposer à l'autocrate, mais qui, dès lors qu'ils sont réunis dans la contestation de ce souverain, le laissent sans le moindre pouvoir.

Cette situation d'impuissance de l'autocrate face au peuple est la même en monarchie. Pour revenir au roi, si nous décidons d'omettre la souveraineté divine qui dépasse et contrôle la souveraineté royale, il existe un autre contre-pouvoir, mais tacite cette fois-ci, qui le limite et qui, selon Roland Mousnier dans *Monarchies et royauté, De la préhistoire à nos jours* (1989), est simplement le peuple. Mousnier expliquait, par là, que le roi ne pouvait uniquement gouverner par la force et la terreur. Seul, en effet, il ne pouvait intimider trop longtemps une population qui, en nombre, et donc en force physique, le surpasse[22]. Le roi n'est fait roi que si, suite à l'organisation de son sacre par un archevêque, celui-ci jouit d'un certain assentiment populaire. Le souverain se voit, en cela, doté d'une légitimité qui, si nous nous référons aux écrits de Max Weber, est une légitimité « charismatique » renforçant sa légitimité « légale et rationnelle »[23] . D'autre part, le roi incarne une autorité spirituelle (le revêtant, ainsi, d'une légitimité « traditionnelle ») en ce sens que, comme l'écrivait Ernst Kantorowicz dans *Les deux corps du roi* (1957), le monarque

> « apparaît comme le parfait *christomimetes* en ce qui concerne le pouvoir aussi, puisque son pouvoir est le même que celui du Christ. L'auteur peut ajouter, par conséquent, que l'Unique, qui est Dieu et Oint par nature, agit par l'intermédiaire de son vicaire royal qui est 'Dieu et Christ par la grâce' et qui *in officio figura et imago Christi et Dei est* [en son office est la figure et l'image du Christ et de Dieu]. C'est-à-dire que le roi, par ailleurs homme individuel, est, *in officio*, le modèle et l'image de l'Oint du ciel, par là même, de Dieu. »[24]

Dieu confère au roi la légitimité de régner sur le royaume. Cependant, la simple existence de Dieu rend, toutefois, le monarque critiquable, étant donné que l'existence d'un Dieu [au-dessus du roi] implique précisément que, parce qu'il n'est pas Dieu, le roi n'est qu'un homme [contestable et reprochable]. Par ailleurs, même si l'autocrate n'a pas de Dieu, à la différence du roi, comme supérieur, puisqu'il est Dieu, certains points communs existent entre les deux souverains. L'autocrate et le roi peuvent

---

[22]Voir Roland Mousnier, *Monarchies et royautés de la préhistoire à nos jours*, 1989, Ed Perrin, Collection « tempus », 2014

[23]Voir *Le savant et le politique* (1919)

[24]Ernst Kantorowicz, *Les deux corps du roi*, 1957, Ed Gallimard, Collection « foliohistoire », 2019, p.82

gouverner par la force. Cependant, ils ne peuvent pas uniquement gouverner par elle ; ils doivent tous deux obtenir l'adhésion sans faille de la foule. Ainsi, le contre-pouvoir des souverains, dans les régimes verticaux, s'avère être le peuple lui-même. Benjamin Constant allait d'ailleurs dans ce sens en affirmant qu'au sein de tous les régimes politiques, la véritable souveraineté était, en réalité, populaire, étant donné qu'aucun pouvoir ne pouvait prédominer sans un minimum de consentement, au sein de la population. Quelle que soit la puissance suprême d'un souverain, celle-ci ne peut exister sans adhésion populaire ou, plus précisément, sans « servitude volontaire » (concept que nous devons à Etienne de La Boétie).

Ce qui rend la démocratie non tyrannique est la suprématie de la Loi (en tant qu'elle est, par principe, respectueuse de la dignité humaine de chaque citoyen et de chaque groupe humain) ; ce qui rend la monarchie non tyrannique est Dieu [et le peuple] ; et ce qui rend l'autocratie non tyrannique est le peuple. En soi, si le consensus au sujet de la définition du terme « politique » est : la gestion des affaires publiques ainsi que l'installation d'un cadre commun – comme la religion, la culture et les valeurs politiques – visant à inclure toute une population dans sa diversité, la tyrannie – en tant que politique centrée sur les intérêts d'un seul homme au détriment de l'intérêt de tous les autres – que tous les régimes politiques rejettent semble incarner l'inverse même de l'essence de la politique. La tyrannie est, en ce sens, l'antipolitique dans la mesure où elle nie et le commun et la diversité.

Toutefois, ces régimes politiques sont-ils uniformes ? N'y a-t-il qu'une seule forme de démocratie, de monarchie ou d'autocratie ? La réponse est, sans surprises, non. Et saisir la diversité des régimes (diversité qui est la preuve de leur complexité) réduirait, d'emblée, les simplifications intellectuelles et morales conduisant à laisser penser que la démocratie ne serait « que le régime du pouvoir du peuple » et que les autres régimes seraient « l'oppression du peuple » et donc, le *mal-politique*. Une telle simplification intellectuelle tend, avant tout, à être problématique pour la construction de la démocratie et, à terme, pour le peuple lui-même.

La diversité des régimes

Les démocraties

Le fonctionnement de la démocratie est multiple et ce caractère multiple a pour explication le fait que nous n'avons pas encore mis le point final sur ce qui la définit entièrement. Tout d'abord, la diversité des démocraties est idéologique. Depuis le XIXe siècle, il existe la démocratie *sociale*, la démocratie *religieuse* et la démocratie *libérale*. D'autre part, la démocratie est divisée en plusieurs versions techniques qui diffèrent par leur fonctionnement. Il existe en effet la démocratie *directe,* la démocratie *représentative* et la démocratie *participative* (ou appelée régime mixte, signifiant un mélange de démocratie *représentative* et de démocratie *directe*). La démocratie triomphant dans le monde, sur le plan technique, est la démocratie *représentative* dans laquelle les citoyens élisent des représentants qu'ils estiment être les mieux placés pour mener la bonne politique pour la nation, soit la politique apte à garantir les intérêts communs à *tous*. Or, même ces démocraties représentatives composées d'un gouvernement et d'un Parlement bicaméral sont divisées en plusieurs genres. Elles se séparent, notamment, en démocraties disposant d'un État unitaire dans lequel la vie politique est centralisée, comme la France avec Paris ou d'un État fédéral dans lequel la vie politique est décentralisée et répartie dans plusieurs États distincts, comme l'Allemagne (et ses *Länder*), l'Inde ou les États-Unis. Sans compter les différents régimes qui les caractérisent et qui sont au nombre de trois : le régime *présidentiel* (États-Unis, Brésil, Turquie, etc.), le régime *parlementaire* (Allemagne, Inde, Éthiopie, etc.) et le régime *semi-présidentiel* (France, Russie, etc.) ; ces catégories nous empêchent, ainsi, de parler d'un fameux fonctionnement de *la* démocratie qui paraît trop plurielle pour être, *a priori*, définissable. Toutefois, pour ce qui est de la description des diverses démocraties (il est possible de les définir), évoquons les trois démocraties que nous connaissons déjà, mais que nous ne connaissons que de nom : la démocratie *directe*, la démocratie *représentative* et la démocratie *participative*.

Dans une démocratie *directe*, les représentants politiques sont inexistants au nom de cette idée selon laquelle, si des représentants sont « élus », alors ces derniers auraient une légitimité politique totale qui ne permettrait plus au peuple de vivre dans une démocratie. Selon les défenseurs de cette démocratie, le principe de l'élection est purement aristocratique. A la rigueur, la seule élection tolérable serait celle qui s'inscrirait dans une démocratie *par tirage au sort*, comme ce fut le cas emblématique des élections durant la Grèce Antique. Le terme « élection » ayant la racine latine *eligere* qui signifie « choisir » prendrait, soudainement, une tournure quasi monarchique puisque l'élu serait l'être choisi pour mener la politique ; il s'agirait de *lui* et non du peuple. Les partisans de la démocratie *directe* seraient, en revanche, en faveur du vote, qui est une notion politique et juridique ayant pour racine le latin *votum* signifiant le vœu et mettant donc davantage l'accent sur la volonté – politique – de ceux qui ont le droit de vote que sur ceux pour qui nous votons, à savoir les élus. Le vote a une connotation davantage démocratique que l'élection et peut, ainsi, selon ses défenseurs, s'avérer fructueux dans le cadre de référendums d'initiative citoyenne (R.I.C). Il y a de cela deux siècles, une philosophie politique a promu un exemple de modèle politique s'apparentant à la démocratie *directe* ; il s'agit de l'anarchisme qui est apparu au XIXe siècle avec Proudhon en France, Bakounine en Russie et Stirner en Allemagne. L'anarchisme, comme philosophie politique reposant sur l'idée selon laquelle l'État est illégitime de prétendre défendre les intérêts publics (étant donné qu'il ne défendrait que les intérêts bourgeois avec le « droit à la propriété » – entendons par là le droit à la *propriété privée* – selon les anarcho-syndicalistes ou qu'il consisterait à voler les citoyens par le biais de l'impôt selon les anarcho-capitalistes) et que le gouvernement n'est pas légitime d'agir pour le bien commun, à la place du peuple, prône l'autogestion politique et économique. Le concept d'autogestion relève ainsi de la démocratie *directe* dans laquelle le peuple agit sans représentants politiques, et ce, en étant purement et simplement constituant et industrieux (il doit se charger, également, du bon fonctionnement de l'industrie). Pour autant, il n'est pas question d'affirmer qu'il pourrait agir comme bon lui semble. Le pouvoir du peuple ne doit pas, comme l'avait avertie Emma Goldman, se substituer au pouvoir de Dieu ou au pouvoir d'un seul homme en tant que pouvoir bridant l'individu dans ses pensées et ses actions ; le peuple ne doit nullement, selon les anarchistes, devenir un pouvoir exerçant une quelconque *domination.* Seulement, le peuple doit rédiger sa propre Constitution suivie de ses propres lois ; et tout cela en raison de la conviction que tout le monde serait apte à concevoir un Droit rationnel et complexe et à le faire respecter dans l'intérêt de *tous.* Le peuple est le seul à être en mesure de savoir ce qui est bon pour lui. Et tout pouvoir extérieur au peuple et prétendant le savoir à sa place est, ainsi, considéré comme trompeur et voué à aller à l'encontre de son véritable intérêt politique et économique.

La démocratie *représentative* présente un cas très différent puisqu'elle repose sur deux réalités : premièrement, la contrainte du nombre et, deuxièmement, la professionnalisation de la politique. Dans des sociétés nombreuses au sein desquelles les individus ne peuvent tous se connaître entre eux, ni même se parler et aborder des sujets relatifs au bien commun, le représentant politique est nécessaire. Ne pouvant consulter la parole et l'avis de milliers (voire de millions) de citoyens, un représentant est nécessaire afin de parler en leur nom et d'être l'incarnation physique et concrète d'un groupe populaire et politique et de sa volonté. Quant à la professionnalisation de la politique, la démocratie *représentative* va à l'encontre des valeurs de la démocratie *directe* dans la mesure où, selon la première, tous les citoyens ne sont pas aptes à exercer le pouvoir politique. C'est, d'ailleurs, la raison pour laquelle la critique principale faite à la démocratie *participative* est qu'elle s'apparente à une démocratie des « maîtres » ou, plutôt, à une « aristocratie élective ». Le peuple, même en démocratie, ne peut se gérer lui-même dans la mesure où la politique nécessiterait des compétences techniques et des savoirs fondamentaux – notamment des savoirs concernant le fonctionnement de l'État et de tout ce qui en découle, comme l'appareil judiciaire, l'appareil fiscal, les administrations centrale et locale ou encore la gestion des organes de politiques étrangères, tels que les ambassades[25]. D'autre part, les contre-pouvoirs qui caractérisent la démocratie ainsi que les Droits supranationaux constituent des contraintes juridiques dont le peuple n'a pas conscience ; sans compter les contraintes sociales que comportent les diversités politiques et culturelles des démocraties et sociétés cosmopolites. La majorité de la population qui ne connaît pas l'entièreté du Droit de son pays et du Droit européen et international est en proie à un utopisme, à un sentiment que toutes les idées politiques pourraient être applicables alors que les contraintes juridiques, économiques et même sociales ne permettent pas la réalisation de tous les projets politiques, aussi enthousiasmants soient-ils. Et en ne connaissant pas ces réalités contraignantes, les peuples sont alors enclins à être sujets à la « pensée magique » et, donc, vulnérables face aux discours démagogiques. Le représentant politique a alors pour utilité de proposer au peuple des solutions tenant compte des différentes contraintes existantes. Loin de la toute-puissance politique dont la démocratie *directe* permet de faire jouir les citoyens-constituants, c'est la puissance limitée qui rend nécessaire l'existence d'un représentant élu conscient du fonctionnement complexe de l'État et des contraintes juridiques et sociales. Dans une démocratie *représentative*, le représentant politique est ainsi un gestionnaire et un technocrate. Ce type de démocratie a pour fondement une conception techniciste de l'exercice de la politique, débouchant, donc, sur une hiérarchie entre la rationalité des technocrates et l'émotivité des représentés. Or, une autre démocratie tend à accorder une importance égale aux connaissances techniques des représentants et aux savoirs expérientiels des citoyens ; cette démocratie est la démocratie *participative*.

La démocratie *participative* (régime mixte) est une démocratie dans laquelle les représentants consultent les représentés pour mener la politique. Ou plutôt, les citoyens doivent être accompagnés par les représentants politiques pour rendre les lois qu'ils souhaiteraient faire voter conformes à la Constitution et les représentants doivent être accompagnés par les citoyens afin que ces derniers leur fassent part de sujets qui leur sont (aux représentants) inconnus ou qu'ils connaîtraient, mais qu'ils ne maîtriseraient pas, faute d'études et de vécus. Les citoyens, par leur parcours individuel et singulier, peuvent enrichir la politique menée par les représentants en leur en faisant part et en étant, ainsi, aptes à conscientiser les populations sur un sujet particulier. Sujet de société pouvant faire l'objet d'un débat public national avant d'être pris à bras le corps par les pouvoirs publics. Les représentants en savent plus que les représentés sur la gestion de l'État, qui en nécessite une connaissance approfondie et des compétences techniques ; mais ils ne savent pas tout de la vie des individus qui peuvent les éclairer et

---

[25]Voir *Histoire des idées politiques de l'Antiquité au Moyen Age* de Philippe Nemo (p.14-15).

les aider à résoudre davantage de problèmes d'utilité publique. Des citoyens, en tant que membres de la *société civile*, se servent de leurs expériences qui sont, pour les représentants politiques, des sujets inconnus, afin de les sensibiliser et de trouver des solutions visant à mettre un terme à des violences ou des injustices sociales spécifiques. La démocratie *participative* combine la nécessité des compétences techniques des représentants politiques qui ne sont pas données au commun des mortels et la nécessité des connaissances expérientielles des citoyens qui peuvent, par leur singularité (à laquelle d'autres personnes disposant d'une même caractéristique pourraient s'identifier), être d'une grande utilité sociale pour l'ensemble du peuple, voire de l'humanité.

Ainsi, la démocratie, parmi ses défenseurs, fait l'objet de nombreux débats portant sur l'existence légitime de représentants ou non. Les uns défendent l'idée selon laquelle les représentants sont illégitimes en ce sens qu'ils seraient une nouvelle caste d'aristocrates faisant de la démocratie *représentative* une monarchie déguisée, tandis que les autres défendent l'idée selon laquelle l'absence de représentants donnerait libre cours à une société ingouvernable, quasiment anarchique, donnant lieu, *in fine*, à une dictature populaire. Cependant, avons-nous au moins une idée réelle de ce que sont véritablement la monarchie et l'autocratie ? Sommes-nous sûrs d'évoquer ces régimes sans être bercés par les stéréotypes qui nous freinent dans la compréhension des régimes non démocratiques et de la démocratie ?

Les monarchies

Les monarchies que nous connaissons sont au nombre de deux : la monarchie *absolue* et la monarchie *constitutionnelle*.

Le mot « absolutisme » nous vient de Chateaubriand qui fut le premier à l'utiliser en 1797. Toutefois, ce terme a été vertement contesté par les historiens de l'époque moderne, à la seconde moitié du siècle dernier, en tant que terme particulièrement trompeur ne correspondant nullement à la réalité politique de ce qu'était la monarchie « absolue » française sous l'Ancien Régime.

L'historien François Bluche, dans *Dictionnaire du Grand Siècle* (2005), expliquait cette inexactitude lexicale et sémantique de la façon suivante :

> « [...] Il est regrettable qu'*absolutisme*, apparu au temps de

> la Révolution, se soit introduit jusque dans le libellé des programmes scolaires officiels, pour désigner une monarchie absolue* dont les Français du XVIIe siècle savaient qu'elles n'étaient pas sans limites. Sans liens certes, mais limitée, en théorie (par la loi de Dieu, le droit naturel* et les lois fondamentales), et en pratique (par les états*, les parlements*, les coutumes, les libertés*, les privilèges*, sans parler du poids de l'esprit public). Quant à l'autocratie, au césarisme, au despotisme, à la dictature et à la tyrannie, ils étaient, au XVIIe siècle, honnis de tous. »[26]

Et pour son fonctionnement, Olivier Nay l'a décrit, dans *Histoire des idées politiques* (2004), à l'aide d'un tableau qui peut se résumer de la manière suivante[27] : la monarchie absolue est une monarchie dans laquelle l'origine du pouvoir est la volonté de Dieu, le titulaire de la souveraineté est l'État, le dépositaire du pouvoir est le roi dont les valeurs politiques dominantes sont la hiérarchie, l'autorité et l'obéissance et les objectifs de société sont le respect de la volonté divine et la reproduction de l'ordre naturel. Cette monarchie s'appuie ainsi sur la théologie et s'inscrit dans une distinction nécessaire entre le pouvoir temporel et le pouvoir spirituel. Le pouvoir spirituel est le pouvoir suprême duquel le roi tire sa légitimité tout en utilisant son pouvoir politique en tant que garant de la sauvegarde de l'État et défenseur de ses intérêts. Dans le même temps, cette notion de « monarchie absolue » est apparue au XIVe siècle, lorsque la monarchie française aspira à prendre son indépendance vis-à-vis de l'autorité pontificale ainsi que de l'autorité du Saint-Empire romain germanique ; et cette indépendance s'est prise, progressivement, avec la création, au XVIe siècle, de l'État moderne qui marquait l'apparition de la souveraineté du royaume dont le plus haut souverain terrestre était le roi de France (d'où la notion de « monarchie absolue »). Mais ce roi disposant d'une légitimité divine – dont l'illustration la plus éclatante est le pouvoir d'accomplir des miracles ; pouvoir que l'on nomme la *thaumaturgie* – doit s'entourer d'un Ordre, le clergé, chargé d'étudier, à l'aide des textes saints, la volonté de Dieu (cachée, dans *La Bible*, par des paraboles) et, par là, de guider le Royaume. Ainsi, le clergé offre au pouvoir politique une autorité morale et divine et le pouvoir politique royal offre, en échange, au clergé une autorité sociale.

Concernant la monarchie *constitutionnelle*, celle-ci a été nommée de plusieurs façons ; nous l'avons appelée *républicaine*, *limitée*, *élective*, *parlementaire* ou encore « *tempérée* ». Cette monarchie dans laquelle le «

---

[26]François Bluche, *Dictionnaire du Grand Siècle*, Ed Fayard, Collection « Indispensable De L'histoire », p.28

[27]Olivier Nay, *Histoire des idées politiques*, 2004, Ed Armand Colin, Paris, Collection « U », 2007, p.294

roi règne, mais ne gouverne pas » fut conceptualisée, au XVIIe siècle dans les deux *Traités du gouvernement civil*, par un Anglais dénommé John Locke pour qui tous les humains naissent entièrement libres – dans un total état de nature – et ne seraient, donc, par aucune loi [divine ou humaine], rendus assujettis les uns aux autres. De cette idée selon laquelle l'humain connaîtrait, dès la naissance, les situations de liberté et d'égalité naît la théorie des *droits naturels inaliénables* ; ceux-ci devant être accordés et garantis à tous les citoyens au sein même d'un état civil dans lequel ces derniers devront renoncer à une partie de leur liberté (qui est, à l'origine, totale dans l'état de nature) pour voir leur vie être protégée par les lois d'un État qui, certes, seront restrictives, mais garantiront leur protection ainsi que leur liberté. Au XVIIe siècle, nous avons pris conscience que la liberté n'était réelle que lorsqu'elle était encadrée par la Loi. Et afin que cette Loi ne soit ni arbitraire ni tyrannique, les droits naturels *inaliénables* accordés à tous les citoyens ne doivent, en aucun cas, être remis en question et retirés, y compris par un roi. Le roi perd, dès lors, de son autorité à partir du moment où les droits fondamentaux des citoyens *en tant qu'humains* sont garantis par une Constitution. L'autorité royale n'est plus seulement limitée par l'autorité suprême qu'est l'autorité divine, mais elle l'est également par l'inconditionnel respect de l'humanité et de la dignité de tous les citoyens. Et au sujet de la fonction du roi, Philippe Nemo affirmait, dans *Histoire des idées politiques aux temps modernes et contemporains* (2002), que le roi constitutionnel ne gouvernait pas, mais qu'il avait un rôle d'arbitre.

Il disait :

> « C'est pourquoi, il n'y a que le monarque héréditaire qui ait des intérêts supérieurs, des biens plus précieux à défendre ' que tel ou tel ministère, et qui puisse donc jouer le rôle de pouvoir suprême neutre. *En contrepartie*, il ne gouvernera pas, pour ne pas devoir prendre des attitudes partisanes qui attireraient à lui des passions *pro* et *contra* et, par suite, lui rendraient impossible de jouer le rôle d'arbitre qu'on attend de lui. »[28]

La caractéristique de la monarchie, en tant que gouvernement par la Loi d'un seul, est qu'un souverain, le monarque, peut gouverner ou régner sans avoir le moindre humain au-dessus de lui. Cependant, il ne peut gouverner ou régner qu'au nom de Dieu ainsi qu'à la seule condition du respect de lois

---

[28]Philippe Nemo, *Histoire des idées politiques aux temps modernes et contemporains*, 2002, Ed Puf, Collection « Quadriges manuels », 2013, p.627

intangibles que nous appelions, en France, « fondamentales » si nous sommes dans une monarchie *absolue* ou de « droits fondamentaux » si nous sommes dans une monarchie *constitutionnelle*. Cette dernière monarchie fut alors marquée, selon Gabriel Peces-Barba Martinez dans *Théorie générale des droits fondamentaux* (2004), « par les débuts du constitutionnalisme de l'État libéral » au XVIIe siècle et duquel surgissent, justement, « la philosophie et le Droit positif des droits fondamentaux »[29] . Et c'est ce respect inconditionnel des lois divines et des droits humains fondamentaux et *inaliénables* qui le séparent de l'autocrate. Le roi agit au nom de l'obéissance à une Loi supérieure ; l'autocrate agit au nom d'une Loi à qui il ne fait que donner, de manière subjective et arbitraire, une valeur supérieure. Le roi est le représentant de Dieu sur Terre tandis que l'autocrate, que nous étudierons ultérieurement, s'apparente davantage à un Dieu sur Terre.

Les autocraties

Les autocraties qui reposent, selon la professeure de Droit public Arlette Heymann-Doat dans *Les régimes politiques* (1998), sur trois légitimités : la légitimité divine, la légitimité militaire et la légitimité aristocratique[30], sont les suivantes : la dictature, le despotisme et la tyrannie. La dictature, que Jacques Bainville, dans *Les dictateurs* (1935), estimait être ou le meilleur ou le pire des régimes[31], est l'autocratie la plus connue par le grand public en tant qu'insulte proférée, dans les démocraties, à l'encontre d'une nation, d'un État ou d'un gouvernement dont nous désapprouvons les méthodes lorsque celles-ci consistent à brider, d'une manière jugée illégitime, certaines libertés. Pendant le confinement, qui avait commencé le 16 mars 2020, de nombreux citoyens, au sein de toutes les démocraties libérales du monde, jugeaient que cette injonction sanitaire à laquelle s'ajoutait la vaccination obligatoire s'apparentait à une « dictature sanitaire ». Ou encore, les militants, dont les idéologies ne peuvent légalement être portées par des partis politiques concourant à des élections, comme les idéologies favorables au nazisme (en Allemagne ou en France, notamment), considèrent qu'ils sont dans une dictature « de gauche » ou « mondialiste ». Reste-t-il, évidemment, que l'appellation « dictature », en tant que terme péjoratif, demeure une insulte que l'on ne peut proférer que dans des pays qui sont démocratiques ; c'est-à-dire des pays qui, ainsi, délivrent, paradoxalement, une liberté

---

[29]Gabriel Peces-Barba Martinez, *Théorie générale des droits fondamentaux*, 2004, Ed LGDJ, Collection « droit et société », p.127

[30]Arlette Heymann-Doat, *Les régimes politiques*, 1998, Ed La découverte, Paris, Collection « Repères », p.12

[31]Jacques Bainville, *Les dictateurs*, 1935, Ed Perrin, Collection « tempus », 2019, p.31

d'expression permettant aux citoyens mécontents de dire qu'ils vivent dans une dictature. Mais plus précisément, qu'est-ce qu'une dictature ? Les deux principaux penseurs à avoir défini le concept étaient Machiavel dans ses *Discours sur la première décade de Tite-Live* (1531) et Carl Schmitt dans *La dictature* (1921). Nicolas Machiavel évoqua ce type de régime dans son chapitre « Que la dictature fit toujours du bien ». Selon Machiavel, la nomination du dictateur s'organisait selon un protocole politique précis. Il devait « être doué d'une infinité de qualités qui ne se rencontrent point dans une république qui ne serait pas corrompue. », avoir « une grande fortune », être « nommé temporairement et non à perpétuité » et avait pour mission « d'écarter le péril présent ». Carl Schmitt, lui, la définissait d'une manière assez comparable quatre siècles plus tard.

Il disait :

> « La dictature est une sage invention de la république romaine, [...] Le dictateur, qui est désigné par le consul, sur requête du Sénat, a pour mission de mettre fin à la situation périlleuse qui est la raison de sa nomination, soit en menant une guerre (*dictatura rei gerendae*), soit en réprimant une sédition,intérieure *(dictatura seditionis sedandae)* [...] Le dictateur est nommé pour six mois, mais, selon une louable coutume de l'époque républicaine, après avoir rempli sa mission, il abandonne sa charge dès avant l'expiration de ce délai. Il n'est pas lié par les lois et il est une sorte de roi ayant un pouvoir illimité de vie et de mort. »[32]

Quant au despotisme, bien que dans le langage courant et médiatique, nous associions régulièrement ce terme à celui de dictature ou de tyrannie, il signifie l'absence, pour le souverain, de contre-pouvoirs. Le despotisme apparaît à partir du moment où une loi particulière ne dépend pas, pour être votée, d'une conformité à des lois générales (qui composent la Constitution). Il ne s'agit pas seulement, pour le président, le roi ou l'empereur, de résoudre les problèmes que connaît la société dans un contexte d'extrême urgence. Il s'agit aussi et surtout, pour le souverain, de se charger, lui-même, de la fondation de la nation et de son évolution vers un progrès planifié. Par exemple, au XVIIIe siècle, un autre terme fut accolé au terme « despotisme », celui d'« éclairé ». Pour Olivier Nay, dans *Histoire des idées* politiques, « l'expression ' despotisme éclairé ' désigne le rapprochement ambigu des rois et des philosophes, un rapprochement qui voit les grands monarques ouvrir leur action aux lumières de la philosophie. »[33] . Le souverain ayant incarné

---

[32]Carl Schmitt, *La dictature*, 1921, Ed Points, Collection « Points essais », 2015, p.67-68
[33]Olivier Nay, *Histoire des idées politiques*, Ed Armand Colin, Paris, 2007, p.253

cette notion de « despotisme éclairé » était, en Prusse, l'empereur Frédéric II (ou Frédéric Le Grand) qui s'inspirait de la philosophie des Lumières (et principalement, de la philosophie française) pour mener sa politique. Le despotisme est le pouvoir absolu d'un autocrate qui, en effet, ne peut profiter au peuple que s'il est un souverain-mécène et que son objectif final est le rayonnement de son pays à l'international ; rayonnement dont les causes sont la qualité de l'instruction et le raffinement du peuple et les heureuses conséquences, la prospérité économique et un mode de vie commode. C'est quasiment l'exact contraire dont il est question pour la tyrannie qui, par définition, ne peut être bénéfique au peuple, puisqu'elle fait régner un autocrate qui a pris le pouvoir par la force et non par l'adhésion populaire ou par la légalité et le conserve sans partage avec un mépris affiché pour tous ceux qui ne sont pas lui, y compris des amis proches ainsi que des membres de sa propre famille qu'il peut faire exécuter sans remords, si jamais ils expriment des désaccords. Le tyran use et abuse de son pouvoir en se moquant éperdument de ceux qui dépendent de ses décisions. Il ne voit et ne comprend que son intérêt propre.

*

Contre toute attente, ces régimes peuvent avoir des points communs entre eux ; ce qui démontre qu'ils peuvent défendre, finalement, les mêmes intérêts et qu'ils disposent d'une même aspiration : garantir l'équilibre de la société. Des points communs, pour commencer, existent entre la démocratie et la monarchie. Il existe celui du respect inconditionnel de cette notion générique qu'est la nature afin d'être sûr que nous permettrons l'avènement d'une humanité en harmonie avec elle-même et de, par là, préserver l'ordre [naturel] du monde. Or, cette nature prend une signification différente selon le régime ; en démocratie, il s'agit de l'obéissance à la nature humaine et en monarchie, il s'agit de la loi naturelle au sens où Dieu l'entend (loi divine). Mais la différence entre ces deux régimes réside dans l'interprétation qu'ils se font de la nature et de l'implication politique et sociale que celle-ci aura. Par exemple, l'homosexualité, en tant qu'elle est une sexualité qui ne permet pas la reproduction, est une sexualité jugée « non-naturelle » par la majorité des sociétés. Ainsi, une monarchie pourra interpréter cette sexualité comme contraire à la loi de nature émanant de Dieu ; ainsi, elle l'interdira (si Dieu a créé Adam et Eve, alors, selon certains chrétiens hostiles à l'homosexualité, il ne permettrait pas « Adam et Steve »). Tandis qu'en démocratie, il sera question de s'interroger sur la compatibilité d'une sexualité non-traditionnelle (à savoir non-hétérosexuelle) avec la liberté des hétérosexuels ainsi qu'avec le maintien d'un rapport égalitaire entre, par exemple, les homosexuels et les hétérosexuels si jamais la sexualité [non-traditionnelle] est dépénalisée. En d'autres termes, la question serait : « Cela enlèvera-t-il quelque chose aux hétérosexuels si les homosexuels ont les mêmes droits ? ». Si la réponse est non, alors la démocratie la rendra légale ; chose qu'elle ne fera, en revanche, pas pour la zoophilie, la nécrophilie, la pédophilie et l'inceste. Mais pour revenir aux points communs entre la démocratie et la monarchie, l'historien Michel Vergé Franceschi soulignait le fait capital que ce fut le roi Henri IV, d'origine protestante, qui dut abjurer en adoptant le catholicisme (la religion majoritaire au sein du peuple) lorsqu'il fut fait roi en 1594 et non le peuple qui dut suivre le roi en abandonnant son catholicisme traditionnel pour le protestantisme[34]. Le peuple, par son nombre, exerçait sur le roi une sorte de pouvoir qui peut s'apparenter à celui d'une démocratie officieuse ; sans compter le fait que l'importance que les Français accordaient à Dieu était supérieure, tout de même, à celle qu'ils accordaient au roi. Les régicides de 1589 (pour le cas de Henri III) et de 1610 (pour le cas de Henri IV), ainsi que les Frondes aussi bien populaires qu'aristocratiques sous Louis XIV qui ont eu lieu entre 1648 et 1651 témoignaient, d'une certaine manière, du fait que le pouvoir suprême de Dieu empêche sa contestation, mais permet, dans un esprit tout à fait démocratique, la contestation de son second, c'est-à-dire du roi. La soumission à Dieu peut, dans un certain sens, nous libérer de la domination illégitime des hommes.

Le point commun entre la monarchie et l'autocratie est le fait qu'un souverain humain puisse être le souverain suprême sur la Terre ; le roi en monarchie et l'autocrate en autocratie. De plus, les deux ont un caractère sacré. Le premier est, par élection divine, le souverain légitime sur Terre alors que le second est le souverain légitime en tant qu'il est Dieu sur Terre. Comme le disait Roland Mousnier au sujet du pharaon dans *Monarchies et royautés, de la Préhistoire à nos jours*, « Le pharaon dispose de la totalité du pouvoir. Mais il n'est pas un despote ou un tyran. Il doit respecter le programme établi par les dieux, l'ordre de la création. »[35] . Cependant, le roi est le souverain suprême sur Terre avec, toutefois, la supériorité de Dieu qui contrôle son pouvoir, tandis que l'autocrate n'a personne au-dessus de lui, exceptée la postérité qui le maudira ou l'adulera. L'autocrate, en tant que souverain incontrôlé, sera ainsi responsable devant l'histoire qu'il souhaite marquer. Le roi et l'autocrate sont, tous les deux, soumis à une puissance immatérielle ; l'une est Dieu, l'autre est le « pas-encore-né » chez lequel, par mégalomanie, l'autocrate cherchera à conserver une influence posthume.

---

34 Entretien sur la chaîne Youtube *Storiavoce, un podcast d'Histoire & Civilisations* mené par Chistophe Dickès et avec comme invité l'historien Michel Vergé Franceschi. Ce propos de l'historien a été tenu dans la vidéo suivante : *Monarchie absolue ou Monarchie administrative* ?

35 Roland Mousnier, *Monarchies et royautés de la préhistoire à nos jours*, 1989, Ed Perrin, Collection « tempus », 2014, p.104

Enfin, la démocratie et l'autocratie ont un point commun qui est le sentiment, chez le souverain – le peuple ou l'autocrate –, de n'avoir personne au-dessus de lui. Simplement, l'autocrate qui est le seul véritable législateur a, tout de même, le peuple – qu'il parvient à maintenir sous son joug du fait de sa légitimité *charismatique* – qui est le seul garant de son maintien au pouvoir alors que le peuple qui est le seul souverain en démocratie a, tout de même, la Loi au-dessus de lui (État de droit) en ce sens qu'elle garantit les droits de *tous*. Mais la dimension autocratique du peuple, en démocratie, peut résider dans le fait que chaque individu désire que le collectif se conforme à sa singularité, à l'inverse d'une autocratie – par essence collectiviste – où chacun conforme sa singularité à un collectif suprême. Dans les démocraties contemporaines, il est souvent question de s'interroger sur la « tyrannie des minorités » désirant priver la majorité d'œuvres ou de mots au nom du fait qu'ils blesseraient la sensibilité de communautés historiquement ou actuellement opprimées ainsi que sur le phénomène de « l'individu-roi » habité par le « *moi-je* » et désireux de convertir son ressenti et son émotion en loi le protégeant d'un groupe social majoritaire et hostile. L'intérêt commun et l'unité nationale sont alors compromis du fait du ressenti individuel dont le respect doit être contraint non pas par la morale ou l'empathie, mais par la Loi. Et cette obligation *légale* de respecter le ressenti individuel conduit à une « judiciarisation de la société » dont l'aboutissement final est la « tyrannie des minorités » et donc l'affaiblissement progressif des libertés individuelles. Cette espèce d'autoritarisme dont les citoyens en démocratie peuvent faire preuve est illustrée par le fait qu'ils décident de faire leur la loi comme l'autocrate décide de faire sien le peuple en le rendant, par le culte de la personnalité, consentant à sa politique – de cette manière, il le contrôle. Le peuple décide de faire sienne la loi en désirant rendre son ressenti (ou son ressentiment) converti en loi et en reconnaissance juridique, contraignant, ainsi, les autres citoyens à adhérer à cette réalité juridique créée sur la base de l'émotion et du ressenti. La démocratie, ce régime politique de *tous*, dégénère ainsi sur la tyrannie de *certains* [individus ou groupes] désireux d'obtenir un statut spécifique reconnu ou bien en tant que victimes (notamment avec les lois victimaires) ou bien en tant qu'individus dotés d'une identité à part (comme nous en avons un exemple paroxystique et caricatural avec la revendication, aux Etats-Unis, des 72 identités et orientations sexuelles au sein de la communauté LGBTQ+). Le collectif doit, juridiquement, se soumettre aux injonctions de l'individu. Et enfin, l'autocrate aspire à protéger la société de minorités en tant qu'ennemies de l'intérieur et l'individu (en terre démocratique), aspire à se protéger de la majorité en tant qu'ennemie extérieure – l'individu doit se protéger d'une majorité qui sera encline à le discriminer et à l'opprimer. Les deux ont, incontestablement, en commun une vision du monde basée sur les rapports inéluctablement conflictuels entre les humains (les individus et les groupes sociaux). Conflictualité dont la réponse est cette redoutable « judiciarisation de la société » qui génère, chez les citoyens, une crainte de penser et de s'exprimer (et de s'attirer des condamnations morales et pénales) comparable à la peur de ceux qui vivent sous un régime autocratique.

Il s'agit, ici, de « dérives » de la démocratie remarquées de notre temps, mais qui ont été, en quelque sorte, prédites par les intellectuels anti et contre-révolutionnaires comme Burke pour qui la démocratie conduisait, inéluctablement, à l'atomisation de la société et qui constituent, pour les anti-libéraux contemporains de gauche (comme Michel Clouscard décédé en 2009, Jean-Claude Michéa ainsi que Michel Onfray) comme de droite (comme Alain de Benoist et Pierre Manent) une preuve que la démocratie – ou, du moins, le libéralisme politique – est une pente glissante vers la déliquescence du corps social et la mort de la nation et de la patrie (au profit de minorités politiques et de groupes économiques privés, tous deux tyranniques). La démocratie doit, ou bien, disparaître en tant que régime – dont c'est le destin de conduire à l'égoïsme barbare – au profit d'un régime monarchique ou autocratique, ou bien être encadrée, mais par davantage que les droits humains et la neutralité – ou, plutôt, l'amoralité – juridique. Nous pouvons penser, notamment, au remplacement de cette neutralité morale du Droit par un Droit imprégné d'une spiritualité religieuse ou idéologique. Le système de valeurs de la démocratie se résumant de la manière suivante : *est démocratique ce qui ne nuit ni à la liberté d'autrui ni à l'égalité entre autrui et soi* peut conduire au pouvoir non pas du peuple, mais des individus qui tenteraient de rendre conforme la légalité démocratique à leur subjectivité et leur ressenti. Mais pour se protéger de ces multiples individualités qui seraient enclines à rechercher la reconnaissance juridique de leur propre statut et de sa protection ainsi que de la potentielle conflictualité que cette multitude pourrait causer, la neutralité juridique – neutralité qui est la condition même de la liberté et de l'égalité – devrait laisser, finalement, la place à une sorte de régulation arbitraire. En d'autres termes, la démocratie ne pourrait être démocratique que si nous lui ôtions le libéralisme ; et nous lui ôterions ce libéralisme que si une hiérarchie entre les humains était restaurée et actée par la loi.

Or, cela continuerait-il d'être démocratique ? Non selon le Droit, mais sans doute oui selon le ressenti populaire. La complexité de cette question vient du fait que ceux qui s'opposent à la démocratie peuvent ne pas croire à son effectivité en tant que régime formel, mais peuvent tout de même croire à l'effectivité de son système de valeurs (comme les communistes). En vérité, tout le monde semble être pour la liberté – et non uniquement les démocrates –, mais tous se disputent sur l'autre notion chère à la démocratie qui est celle d'égalité. Le concept d'égalité renvoie à la protection *de soi par soi*, c'est-à-dire à la responsabilité individuelle faisant que chaque citoyen n'a pas de supérieur-protecteur, tandis que le concept d'inégalité – qui renvoie également à la notion de protection –, se rattache plus spécifiquement à la protection [paternaliste] *de soi par autrui*, et ce, au nom du maintien de l'ordre public (conception étatiste de la liberté), générant alors une culture politique du contrôle qui assurerait à la fois la liberté collective et la préservation individuelle. La liberté est soit un dû (l'État la garantie au citoyen depuis sa naissance) soit une promesse faite par une minorité aristocratique qui, par l'idéologie ou la religion, guide la majorité vers elle. La liberté s'apparente ou à un droit de *jouir* (démocratie et libéralisme) ou à une obligation de pureté faisant de la liberté le résultat du passage de la restriction individuelle et collective à une plénitude de l'être permise par une sainteté et une sanité de l'esprit (autocratie/monarchie et paternalisme étatique). L'opposition entre la démocratie et la non-démocratie est une opposition entre, précisément, la jouissance du corps et l'hygiène de l'âme. Or, les deux concepts sont-ils perpétuellement en contradiction ? Là, réside toute la difficulté de notre capacité à différencier le démocrate de celui qui ne l'est pas. Et l'idée que les apparences sont trompeuses est un adage qui se confirme aussi bien lorsqu'il s'agit de savoir non pas seulement qui est démocrate et qui ne l'est pas, mais aussi de savoir si le démocrate défend réellement l'intérêt du peuple et si le non démocrate est, quant à lui, véritablement le grand « populophobe » qui nous est présenté. Le fait que le régime démocratique soit le régime du peuple souverain peut ainsi nous abandonner à une idée fausse que le démocrate aime et respecte le peuple, tandis que le non démocrate le haïrait et le mépriserait. Ce simplisme engendre, dès lors, une espèce de manichéisme duquel il est nécessaire de sortir afin d'analyser en profondeur l'ensemble des régimes politiques et de rendre justice à ceux qui, en dépit de leur opposition à la démocratie, ont leur place dans le débat public. Leur place est légitime parce que nous sommes en démocratie et est nécessaire parce que leur conception de la société juste est si éloignée de celle d'un démocrate qu'ils seraient, de ce fait, en mesure de développer des idées politiques qui échapperaient à l'imagination politique du partisan de la démocratie et qui seraient, contre toute attente, susceptibles de l'enrichir[36]. Si nous n'avons pas encore de certitude quant à la scientificité de la démocratie, la présence de la non démocratie est alors d'une importance capitale pour les démocraties, la raison étant qu'elle leur permettrait de savoir, de toute évidence, ce qui n'est

[36]Par exemple, la démocratie française – qui est l'une des démocraties modernes les plus anciennes au monde avec les démocraties américaine, anglaise et suisse – doit sa centralisation à la centralisation française postféodale remarquable sous l'Ancien Régime (dont, d'ailleurs, Tocqueville, a vu le lien avec la centralisation jacobine qui était, selon lui, la continuité de la centralisation d'Ancien Régime). D'autre part, le collectivisme propre au communisme (qui est, de fait, une idéologie autoritaire) a pu voir ses « bons aspects » se fondre dans la culture démocratique d'après-guerre, notamment dans les pays d'Europe de l'Ouest et scandinaves ayant opté pour la social-démocratie qui est un mélange des bons aspects du capitalisme libéral individualiste et de ceux du socialisme autoritaire (communisme) collectiviste. Ainsi, les bons aspects d'une culture monarchique ou autoritaire peuvent, alors, inspirer les démocraties dans leur construction.

pas démocratique, mais qu'elle les inciterait également à réfléchir sur le possible usage démocratique d'une technologie à l'origine utilisée par un pays autoritaire à des fins de contrôle social, de surveillance et de coercition ; soit à des fins non démocratiques.

Nous sommes effrayés, par exemple, par les prouesses technologiques chinoises mises au service d'une cybersurveillance redoutablement efficace en disant que, par cette technologie de pointe, le PCC renforce son autoritarisme et que, progressivement, sans qu'il ne s'en rende compte, le peuple chinois finit par s'en accommoder. Des caméras de reconnaissance faciale installées partout dans le pays peuvent nous donner l'impression que nous vivons, là, dans une dictature futuriste décrite par un film de science-fiction nous avertissant des dangers de la technologie si celle-ci est utilisée à mauvais escient. Pourtant, si, par exemple, l'Afghanistan décide, un jour, de devenir une démocratie respectueuse des droits des femmes et que ces caméras inondent les rues afghanes, alors les femmes qui continueraient malgré tout de se faire agresser dans la rue par des hommes misogynes et bigots [par tradition] pourront aisément faire identifier leurs agresseurs grâce aux caméras et les agresseurs potentielles finiront par en avoir pleinement conscience et se restreindront dans leurs comportements ; en cela, les femmes afghanes pourront désormais occuper les rues sans grand risque, du moins si la Constitution démocratique afghane décide, de prime abord, d'encadrer légalement cet usage des caméras de reconnaissance faciale. Exemple, certes, purement hypothétique, mais postulant que même un instrument de politique totalitaire peut, s'il est employé avec prudence par une démocratie, assurer la sécurité de tout un peuple sans pour autant porter atteinte à sa liberté et à sa dignité. La démesure qui est une caractéristique des régimes autocratiques dans lesquels tous les moyens sont bons à utiliser (même les plus brutaux) du moment qu'ils permettent de parvenir à une finalité politique et sociale se doit, tout de même, d'inspirer les démocraties. Les dispositions qu'ils mettront en place avec efficacité pour contrôler leur peuple et assurer, en effet, la sécurité – ou, plutôt, dans ce contexte, « l'ordre » – seront, nous le savons, si nombreuses et si efficaces (du moins durant un temps) qu'elles permettront aux démocraties de faire le tri entre ce qui est transposable à la démocratie et ce qui ne l'est pas. De son côté, le refus catégorique de l'Occident droit-de-l'hommiste de se résoudre à pactiser avec le Satan autocratique est, non seulement, une illustration de la domination continuelle de l'Occident qui, avec les États-Unis, reste le modèle dominant – si l'on s'en tient juste au modèle capitaliste et libéral –, mais est en plus la démonstration parfaite de son manichéisme idéologique ; manichéisme postulant qu'il existe un « axe du bien [démocratique] » et un « axe du mal [dictatorial] ».

Une fois encore, non, la démocratie – et encore moins la démocratie libérale – n'est pas l'horizon indépassable et nos démocraties, à cette ère de la mondialisation de l'ensemble des problématiques socio-économiques, politiques et environnementales, sont sommées de communiquer avec des visions du monde et des régimes politiques non démocratiques desquels elles seront, par la contrainte, obligées de se nourrir afin d'évoluer politiquement, sans quoi elles seront condamnées à demeurer figées dans une conception unique et intangible de la démocratie qui, fatalement, parce qu'elle est une conception idéologique et non scientifiquement indéboulonnable, finira par se fracasser devant la réalité d'un monde en perpétuelle évolution. La démocratie occidentale vivant dans sa tour d'ivoire en demeurant persuadée d'être le modèle démocratique de référence aux valeurs et aux principes absolus est une démocratie se fermant à l'évolution du monde extérieur mouvant et se rend, ainsi, aux yeux des autres civilisations, hermétiques à la compromission et à la discussion et, par là, méprisable et haïssable aussi bien par ceux qui vivent en dehors de l'Occident que par ceux qui vivent en son sein.

Être pour ou contre la démocratie

Se prononcer en faveur de la démocratie ou opposé n'a pas de sens si, une fois encore, nous décidons de ne prendre les régimes politiques que d'une manière strictement étymologique. Être pour la démocratie, c'est-à-dire le « pouvoir du peuple », qu'est-ce que cela signifie ? Rien, en réalité. Cela ne nous dit rien du caractère moral et responsable du peuple en question. Nous ne pouvons être pour la démocratie que si nous avons une vision fantasmée du peuple, reposant sur l'idée préconçue selon laquelle il serait composé de « bons vivants » et de « personnes simples », naturellement enclins à la solidarité et dotés, comme le disait Orwell, d'une « décence ordinaire ». Et s'il fait preuve de violence, voire de barbarie – et d'hostilité à l'égard de la démocratie (notamment, lorsqu'il est consulté durant une élection politique), en votant pour un parti politique autoritaire, la raison serait qu'il est manipulé par des forces obscures (une propagande médiatique ou une éducation aliénante) qui le poussent à aller contre sa nature de corps social vertueux, « droit-de-l'hommiste », et désireux de vivre sur la « Terre promise » qu'est la démocratie. Or, nous pouvons observer – et principalement avec ce que le sociologue américain Christopher Lasch appelait « la culture du narcissisme »[37] , très développée dans les sociétés occidentales tant parmi les élites que parmi les peuples – que les individus des démocraties s'avèrent, finalement, beaucoup plus centrés sur leur propre personne que sur l'intérêt commun, et ce, à tel point que nous tendons, de façon manifeste, à avoir une vision fantasmée des peuples non-occidentaux (d'Afrique, d'Asie et d'Amérique Latine) qui ont gardé, par leur culture collectiviste, un sens du partage et de la vie en collectif que nous aurions, « hélas », en Occident, perdu. Les régimes collectivistes – qui sont, en vérité, des régimes non démocratiques – nous font, d'une certaine manière, envie parce que les peuples qui y vivent sont jugés fraternels, accueillants et heureux de partager le peu qu'ils ont ; or, si nous désirons le partage des biens (nourriture, outils, etc.), nous devons aussi bien désirer celui des intimités[38]. Car ces deux partages sont-ils

---

[37]Phénomène que Christopher Lasch décrivait dans son ouvrage *La culture du narcissisme* paru en 1979.

[38]Dans la vie courante, lorsque nous partons loin de l'Occident ou que nous écoutons des

réellement dissociables ? C'est là une autre question. Ceci étant, ce que la vie sociale démontre, au sein des démocraties libérales, c'est que le peuple, dès lors qu'il est souverain, n'est pas aussi unifié et altruiste qu'il le paraît (du moins si l'on s'en tient à la littérature révolutionnaire, nationaliste ou populiste de gauche comme de droite). Les individus composant le peuple peuvent ainsi avoir des intérêts politiques et économiques contraires primant parfois, même, sur l'esprit de fraternité.

En outre, si nous demandons à un Français de choisir entre un dictateur vertueux, soucieux du bien public, instruit, courageux, intelligent et installé au pouvoir de manière temporaire et un président démocratiquement élu, mais électoraliste, lâche et sans vision pour le pays, le Français choisirait avec grande chance le premier. Et il en serait de même pour le roi. Cependant, il ne les choisirait pas sans hésitation. Pour quelle raison ? Pour la raison que les régimes monarchique et autocratique sont perçus comme des régimes utopiques sur le papier, lorsque nous expliquons techniquement leur fonctionnement, mais invivables une fois qu'ils s'ancrent dans la réalité sociale. Le Français dira : « Oui à un roi juste, courageux, modéré et tempéré » ou « oui à un dictateur qui utilise tout son pouvoir pour résoudre les problèmes que le petit peuple ne peut résoudre », mais il affirmera également que « cependant, ça n'existera jamais, car ça n'a jamais existé dans l'histoire des hommes. Hélas, bien que l'homme fort puisse, au départ, être pétri de bonnes intentions, sa vraie nature se révélera une fois arrivé au pouvoir ! Car nous savons tous que le pouvoir corrompt ». Cet esprit de résignation est peut-être sage et juste. Or, la démocratie n'est-elle pas non plus un régime utopique ? L'idée qu'un peuple éclairé, instruit, soucieux du bien commun et parvenant à trouver un juste équilibre entre intérêt individuel et intérêt collectif puisse exister n'est-elle pas non plus une idée totalement utopique et, donc, dangereuse si nous décidons d'associer danger et utopie ? De fait, la démocratie, *en soi*, est une utopie comme tout régime ou idéologie politique souhaitant bâtir une *cité* au sein de laquelle *l'universitas* serait contentée dans son intégralité, puisque « ce qui concerne tout le monde doit être approuvé par tout le monde » (proverbe latin). D'ailleurs, la politique en elle-même est une utopie. L'idéal utopique inhérent à la politique s'illustre par le fait de penser qu'il est possible de créer un monde rendant la totalité d'un groupe satisfait et que tous les membres de cette collectivité pourraient,

---

proches nous faisant le récit de leur voyage au sein de pays non-occidentaux – et surtout pauvres –, nous remarquons que ce par quoi nous sommes émerveillés, au premier abord, est la simplicité de la vie et le rapport à l'autre qui existent dans ces pays. Il est souvent affirmé que, entre autres exemples, les Marocains, les Sénégalais, les Indiens, les Vietnamiens, etc. ne laisseront jamais des touristes avoir faim ou être perdus en chemin et que, de ce fait, leur sens du partage est principalement perceptible par leur hospitalité (au sein de leur foyer, même modeste) ainsi que par leur générosité en termes de plats qu'ils nous invitent à déguster ou qu'ils nous offrent de bon cœur. Cette hospitalité et cette générosité n'existent, en effet, plus réellement dans les civilisations individualistes. Ce qui, semble-t-il, est déploré.

naturellement ou parce que c'est dans leur intérêt, consentir à la construction d'un même paradis sur Terre. Or, le réalisme auquel nous pourrions souscrire afin de rendre la finalité de notre projet politique la plus crédible possible est celui consistant à comprendre que le peuple ne peut se gérer lui-même dans la mesure où l'exercice de la politique nécessite des compétences techniques, des connaissances du fonctionnement complexe de l'État et du monde et une prise de conscience qu'il existe des « méchants » (qualificatif considéré comme puérile et simpliste de nos jours, mais que l'on peut retrouver dans les œuvres politiques d'Aristote, de Machiavel ou encore de Rousseau[39]) qui, pour quelque raison que ce soit, n'aspireront jamais à participer à la construction d'un *universel* qui conviendrait à *tous*. Ainsi, la visée du réalisme politique [ne perdant, toutefois, pas de vue son objectif utopique] est d'utiliser des moyens répressifs afin de lutter contre les actions et la prolifération des « méchants » qui, par leur égoïsme ou leur esprit dégénéré, ne permettraient pas à un projet commun d'aboutir. Les partisans du régime démocratique ainsi que ses opposants se distinguent sur le traitement qu'ils désirent réserver aux « méchants ». Les partisans de la démocratie estiment qu'il faille les traiter le plus dignement possible en tant qu'ils sont des humains dont les droits *inaliénables* doivent être garantis et dont la dignité humaine doit être respectée par principe, tandis que les opposants – à la démocratie et au « droit-de-l'hommisme » – estiment qu'il devient juste de les traiter avec violence en tant qu'ils ne seraient plus à considérer comme des êtres humains (ou des citoyens respectables) ou en tant qu'ils seraient des humains dont la vie vaudrait moins que celle des autres. Et cette révision de la valeur de leur humanité s'expliquerait par l'immoralité de l'acte délictuel ou criminel qu'ils ont commis ; en sachant que la notion de morale varie selon les civilisations et que celui qui la brave peut aussi bien être l'homosexuel dans le regard d'un musulman sénégalais qu'un pédocriminel dans celui d'un belge. Les partisans et les opposants à la démocratie se

39D'autant plus que le mal et les démons ont été, de Saint-Thomas d'Aquin dans son *Traité sur le mal* (1272) jusqu'à la fin du XIXe siècle, étudiés avec la démonologie. Le qualificatif de « méchant » s'est donc, en partie, inscrit dans un contexte d'importance accordée à l'étude des démons. De nos jours, la non-croyance dans l'existence des démons a une conséquence logique sur la non-croyance que nous avons dans l'existence de personnes [ontologiquement] « méchantes » que nous regardons comme des personnes animées par des intérêts particuliers (allant à l'encontre de l'intérêt général), dotées d'un profond mal-être, d'une maladie psychiatrique ou de tout autre particularité expliquant leur fonctionnement et qu'il faudrait étudier avec raison et non avec émotion et « simplisme » superstitieux et religieux. Le qualificatif « méchant » serait un problème dans la mesure où il nous dispenserait de toute analyse rationnelle et intellectuelle et serait, ainsi, l'incarnation parfaite de la pensée simpliste, voire enfantine. Parler de personnes « méchantes » serait justifiée dans un cadre privé entre amis lorsque nous parlons de personnes que nous n'aimons pas, mais pas dans le cadre de l'étude scientifique d'un phénomène social. Ce raisonnement nous distingue alors de l'histoire occidentale pré-contemporaine (avant la Révolution). Elle marque, donc, une rupture intellectuelle entre la pensée mystique et traditionnelle et la pensée rationnelle et moderne.

distinguent foncièrement sur le respect de la dignité humaine des méchants ; doivent-ils être traités *en tant qu'humains* ou non ? Doivent-ils voir leurs droits être *inaliénables* ou non ? Doivent-ils être réprimés ou non ? Et doivent-ils, tout simplement, voir leur humanité être reconnue d'*égale* façon à celle des citoyens « bons », « honnêtes » et « légalistes » ? En vérité, la notion d'égalité est spécifiquement la notion sur laquelle les partisans de la démocratie et ses opposants se sont combattus, se combattent encore et continueront, sans doute, à le faire dans le futur.

Les partisans de la démocratie

Tout d'abord, un clivage culturel et politique entre deux visions de la société démocratique est né il y a, de cela, plusieurs décennies. En effet, deux principales conceptions de la démocratie paraissent, parmi ses partisans, s'affronter depuis l'ère de la décolonisation, à partir des années 1960 : la conception étymologiste et la conception juridique. La conception étymologiste vise précisément à obéir, de manière littérale, à la stricte étymologie du terme « démocratie » et à affirmer que le *démos,* quelles que soient les circonstances, a toujours le *cratos.* Cette conception est, bien entendu, revendiquée par des civilisations – principalement non-occidentales – qui affirment que le traitement répressif qu'elles infligent à des populations jugées inférieures (comme les femmes ou les minorités ethniques) ou dont les pratiques (comme celles des homosexuels) et les croyances (comme celles des minorités religieuses) vont à l'encontre de la morale politique ou religieuse (partagée par la majorité de la population) ne sont pas, quoiqu'en pense l'Occident, contraires aux droits humains ou à la démocratie dans la mesure où il s'inscrirait dans une croyance collective héritée des ancêtres depuis des siècles, voire des millénaires, que les autres civilisations devraient respecter. Pour exemple, l'Ouganda qui, en 2023, a mis en place un texte de loi ouvertement opposé à l'homosexualité – jugée, désormais, par le gouvernement, comme un « crime capital » passible de la peine de mort en cas de récidive[40] – l'a fait dans un esprit démocratique dans le sens où, premièrement, la majorité du peuple ougandais soutenait ce projet de loi et que, deuxièmement, celui-ci permettait au gouvernement ougandais de montrer au reste du continent africain qu'il ne se laisse aucunement dicter sa politique par les Occidentaux et qu'il compte bien agir comme bon lui

---

[40]« Dans la nouvelle version du texte, une disposition fait de 'l'homosexualité aggravée' un crime capital, passible d'une condamnation à mort. Plus tôt cette année, l'ONU avait dénoncé un « texte discriminatoire, probablement le pire au monde en son genre ». *Le Monde Afrique*, Ouganda, En Ouganda, le président promulgue une loi anti-LGBT+, accusée de violer « de manière flagrante les droits humains (titre de l'article), Le Monde avec AFP, 29 mai 2023

semble, en totale souveraineté, et ce, quelles que soient les sanctions internationales (telles que la suspension de l'aide au développement et le gel de prêts bancaires par le F.M.I). Toutefois, cette conception étymologiste existe tout autant chez des partis politiques qui souhaiteraient que l'on écoute le peuple lorsque celui-ci paraît, au regard des sondages, favorable à leurs idées et quelle que soit l'incompatibilité de ces idées politiques avec la Constitution. En France, le cas de Marine Le Pen qui défend la priorité nationale pour l'emploi et le logement est également évocateur dans la mesure où cette proposition politique, bien qu'elle soit anticonstitutionnelle, trouve un écho plutôt majoritaire dans le *démos* français (en ce sens, elle est étymologiquement démocratique) et que cet enthousiasme majoritaire, aux yeux de son parti (le Rassemblement national), légitime le fait qu'une loi soit votée en rapport. La volonté du peuple majoritaire passe avant tout ; avant le respect de la dignité des minorités aussi bien qu'avant le respect strict de la Constitution. Il s'agit, ici, de la démocratie indépendante de cette limitation nécessaire du pouvoir du peuple que sont les droits humains (qui sont, en somme, ce qui empêche le peuple d'être tout-puissant et tyrannique envers, notamment, les minorités et les individus) et qui prend la forme d'une « démocrature » (notion utilisée par ceux qui sont, justement, critiques à l'égard de cette conception étymologiste de la démocratie) – appellation désignant les dictatures déguisées en démocraties – ou encore d'une « autocratie électorale ».

Concernant la conception juridique de la démocratie, celle-ci s'apparente à une importance cruciale accordée aux droits humains *inaliénables* en ce sens qu'elle défend l'idée que, quand bien même le peuple serait majoritaire à souhaiter qu'une loi *l* soit votée, cette dernière ne peut être votée que si elle ne contrevient nullement au ciment de la démocratie, à savoir la jonction de la liberté et de l'égalité. Cette démocratie reconnaît qu'elle dispose d'une limite, celle du respect inconditionnel des droits humains. Le peuple a beau être majoritairement en faveur de la restriction des droits d'un groupe minoritaire, cette majorité ne pourra obtenir gain de cause que si cette restriction des droits de ce groupe minoritaire est justifiée par le fait que ce groupe appelé à être restreint dans ses actions (violant la liberté d'autrui) et ses paroles (si celles-ci incitent à la haine de certains groupes pour des raisons idéologiques ou religieuses) porte atteinte à la liberté d'autrui et à l'égalité avec ses concitoyens. Et inversement, une minorité peut toujours obtenir gain de cause face à la majorité si, et seulement si, cette minorité propose une loi compatible avec l'égalité et la liberté ; s'il y a bien compatibilité, l'hostilité de la majorité à l'égard de cette loi pour des raisons politiques, religieuses ou morales n'aura pas le moindre impact sur la votation de cette loi. Le Droit [des droits de l'homme] est au-dessus de la volonté majoritaire (Etat de droit), ce qui s'inscrit, ainsi, dans une philosophie camusienne (Albert Camus) qui repose sur cette idée selon laquelle la démocratie « n'est pas le pouvoir de la majorité, mais la protection des minorités ».

D'autre part, parmi les soutiens à la démocratie, deux autres visions s'opposent, mais sur le fond, cette fois-ci : la démocratie non libérale et locale au sein de la *cité* à taille humaine et la démocratie libérale et universelle inscrite dans une gouvernance mondiale. La démocratie, en tant que démocratie formelle, c'est-à-dire en tant que régime technique et procédural, peut être effective à n'importe quelle échelle et au nom de n'importe quelle idéologie, même de la plus liberticide. Par exemple, le fascisme que Karl Polanyi avait résumé, dans *La grande transformation*, de la manière suivante : « négation de l'unicité de l'individu et négation de l'unité de l'humanité » peut s'avérer compatible avec le système de valeurs démocratique. Les groupuscules d'extrême droite européens contemporains se différencient, à bien des égards, de leurs ancêtres royalistes et catholiques antisémites, mais s'inscrivent, tout de même, dans leur héritage de par la persistance du racisme et du culte du sang et des ancêtres. Leurs idéaux s'apparentent bel et bien à ceux du fascisme, mais ils se différencient des anciens fascistes par leur soutien à la démocratie. Des groupuscules d'extrême droite comme Génération identitaire en France ou PEGIDA (en français : Les Européens patriotes contre l'islamisation de l'Occident) en Allemagne ne sont plus dans une lutte contre les juifs en tant « qu'ennemis originels » de l'Europe chrétienne et contre la démocratie en tant que régime « contre-nature » conduisant l'Europe à sa perte, mais contre les musulmans et les Africains en tant que destructeurs potentiels de la race blanche et de la culture européenne. Et, en cela, leur combat contre ces « envahisseurs » tend à se légitimer par le fait qu'ils menaceraient l'art de vie européen et les valeurs de libertés qui y règnent. Il en va de même pour les partis politiques d'extrême droite qui ne sont plus dans une volonté d'alarmer de la situation catastrophique que la démocratie et les idéaux de la Révolution française causeraient, mais de la situation catastrophique que les valeurs non démocratiques de cultures extra-européennes provoqueraient. Il existe, par exemple, des partis européens, associés à l'extrême droite par les médias et les universitaires, qui revendiquent ouvertement leur attachement à la démocratie et au libéralisme, comme le parti suisse de l'U.D.C (union démocratique du centre), le parti suédois des Démocrates de Suède ainsi que le parti National-Démocrate allemand (qui fait l'objet de débats constitutionnels récurrents quant à son interdiction en raison de sa proximité idéologique avec le nazisme). Cependant, bien que les héritiers des partis fascistes défendent, désormais, la démocratie, ils ne défendent ce régime qu'à la seule condition que les citoyens composant le « peuple-souverain » possèdent des caractéristiques raciales et culturelles communes au sein d'un même espace territorial délimité. Il s'agit, là, d'une conception de la démocratie à la fois locale (nationale) et exclusive (raciale) à l'image de l'*ethno-nationalisme.*

La démocratie peut ne pas être universelle. En réalité, les démocraties, si elles ont toujours existé, ne l'ont jamais vraiment été. Chez les Grecs, il y avait les citoyens et les non-citoyens (femmes, métèques et esclaves) et la démocratie, pensée d'un point de vue oligarchique, était pratiquée par un nombre restreint d'individus ; en d'autres termes, *certains* et non *tous* pratiquaient la citoyenneté – la démocratie athénienne était à ce point exclusive qu'elle pouvait être considérée comme aristocratique. Au Moyen Age, selon Philippe Contamine dans *Le Moyen Age*, il existait des modèles de sociétés démocratiques ; seulement celles-ci n'existaient qu'à l'échelle des villages – des petites seigneuries – qui prenaient la forme de « communautés d'habitants ». Sous l'Ancien Régime, la démocratie existait également, comme le mentionnait Joël Cornette dans *La monarchie*, mais au niveau des corporations. Et à partir de la période contemporaine, la démocratie qui a commencé en 1848, année de l'élection du premier président de la République française (Napoléon III) au suffrage universel, restait une démocratie [relative] dans laquelle seuls les hommes pouvaient voter. Dans le même registre, la démocratie américaine, jusqu'en 1965, était une démocratie qui excluait les noirs ; il s'agissait, là, d'une démocratie spécifiquement blanche. Et d'ailleurs, le sujet continue d'être bel et bien actuel avec des démocraties contemporaines, telles que la démocratie israélienne de laquelle les Arabes palestiniens sont exclus ; elle est, en soi, une démocratie exclusivement juive, c'est-à-dire à la fois raciale et religieuse. Ainsi, la démocratie va de pair avec le respect inconditionnel des droits humains ; or, reste alors à savoir *qui* nous percevons comme *humains* et donc comme membres légitimes de la communauté universelle.

En outre, il existe à gauche des mouvements favorables à une démocratie à échelle restreinte. Les anarcho-syndicalistes qui rejetaient la démocratie ne la rejetaient pas en tant que pouvoir du peuple, mais en tant que régime doté d'un gouvernement et d'un État. D'autre part, ils ne critiquaient pas le pouvoir du peuple en soi, mais, à l'image de Max Stirner dans *L'Unique et sa propriété* (1844) ou d'Emma Goldman dans *L'anarchisme, ce dont il s'agit vraiment* (1910), ils le critiquaient dans le sens où le risque était que nous assistions à un remplacement du pouvoir d'un roi, d'un Dieu ou d'un tyran sur le peuple par le pouvoir autoritaire d'un peuple tout entier sur l'individu dont la liberté serait brimée à cause, justement, de ce que nous nommons aujourd'hui, dans le même esprit : la *pression sociale*.[41] Mais l'esprit

---

[41]Nous parlons, aujourd'hui, de société « toxique ». Le terme « toxique » revient, d'ailleurs si souvent que, à l'image de tous les mots qui sont employés à toutes les occasions, celui-ci tend à perdre de son sens et, même, de sa valeur. Dans le cadre d'une étude sociologique, est « toxique » tout comportement individuel ou collectif adopté par autrui et tendant à modifier, négativement, la perception que nous pouvons avoir de nous-mêmes, de notre valeur et de notre légitimité à faire partie d'un groupe social (la famille ou la société). Devenant, alors, nocif pour le bien-être individuel et développant chez l'individu certaines pathologies mentales relatives au manque de confiance en soi – raison pour laquelle la notion de « confiance en soi » fait

démocratique y est défendu dans la mesure où est soutenue l'idée que les intérêts individuels doivent être conjugués avec l'intérêt collectif ; en somme, l'intérêt d'un individu ne peut être contenté au détriment de l'intérêt de millions d'êtres (des esclaves ou des exploités) qui travailleraient pour lui. Dans *Qu'est-ce que la propriété ?* (1840), Proudhon défendait l'idée qu'il était plus judicieux de remplacer la propriété par ce qu'il nommait l'occupation. À la place d'une classe sociale bourgeoise et capitaliste qui s'approprierait un moyen de production, pendant que les autres, les *prolétaires*, n'auraient comme moyens de produire que leur force physique et leur progéniture, le concept d'occupation signifierait que tous les individus puissent jouir, à leur guise et selon leurs intérêts, de cet outil de production. Le peuple, en toute autonomie, exercerait le pouvoir politique et économique. Nous en sommes, là, à l'origine du concept marxiste de « socialisation des moyens de production » qui exige, ainsi, une organisation de la société (dans laquelle le moyen de production devrait profiter à *tous* ses membres) à « échelle humaine » et donc, non-universelle, c'est-à-dire locale – et plus spécifiquement à l'échelle des communes. La philosophie anarchiste (plus précisément anarcho-syndicaliste) est, alors, par sa défense de l'autogestion [à une petite échelle], une conception, parmi tant d'autres, de la démocratie locale.

Mais à notre époque, si l'anarcho-syndicalisme et le communisme paraissent quelque peu démodés (seule la social-démocratie parvient à résister à la péremption idéologique qu'ont connue les deux autres types de socialismes cités, le communisme et l'anarchisme), la défense d'une démocratie locale, à gauche, est soutenue par les mouvements écologistes qui ne croient pas à une démocratie à grande échelle impliquant,

---

l'objet d'un véritable outil marketing chez les coachs en développement personnel. Par exemple, la société est toxique pour les « gros » s'ils ne se sont, à l'origine, jamais trouvés « laids », mais qu'ils ont fini par se déprécier et à adopter un mauvais regard sur eux-mêmes à cause de la pression sociale qui, de manière arbitraire, leur a fait associer ces deux mots que sont « obésité » et « laideur ». De même, la société tend à être toxique pour les minorités ethniques et sexuelles puisqu'elle les force à adopter des comportements contraires à leur culture ou à leur nature, et ce, dans l'intention d'obtenir l'approbation des autres. Approbation qu'ils ne pourraient, toutefois, acquérir qu'au détriment de leur épanouissement personnel. Dans un contexte social individualiste, l'émancipation de l'individu à travers, notamment, la libération de son *être*, est un long chemin nous obligeant à combattre – dans la mesure du possible – tout ce qui brime l'individu en lui-même, à savoir la société. Autrement dit, le fameux « regard des autres ». Toutes les injonctions sociales arbitraires et relatives reposant sur des idées reçues (telles que « être gros c'est être moche », « être non-diplômé, c'est être idiot », etc.) sont bel et bien « toxiques » puisqu'elles poussent les individus à se changer afin de satisfaire les attentes de la société et non afin de se « trouver » (dans une optique de se centrer sur eux-mêmes ainsi que sur leurs besoins spécifiques), de se développer et, *in fine*, de s'épanouir pleinement. En démocratie, il semblerait que vivre en société est un combat et nécessite alors une désaliénation. Or, cette fois-ci, le dictateur aliénant n'est ni le roi ni le despote auxquels la société obéit, mais l'ensemble de la société à laquelle l'individu obéit au détriment de son intérêt et de son bien-être.

inéluctablement, un libre-échange mondial (dont la conséquence serait le productivisme), une circulation planétaire des humains et une compétition économique internationale qui pousserait les États à n'être préoccupés que par la croissance économique et l'hégémonie internationale. Les mouvements écologistes promouvant les liens entre l'humain et la nature (et plus encore le vivant), prônent ainsi une vie enracinée. Non pas dans une tradition ancestrale (comme le prônent les mouvements identitaires), mais dans une terre et une nature dont nous dépendons depuis maintenant trois millions d'années. Cela implique alors une adaptation au rythme de la Terre, c'est-à-dire un renoncement à la rapidité de l'homme rendue d'autant plus possible par les progrès fulgurants de la technologie. Cette promotion de la lenteur inhérente au modèle éco-politique de la décroissance s'oppose ainsi au productivisme consumériste du monde actuel animé par une course effrénée à la croissance économique. Celle-ci conduisant à une même course effrénée à l'innovation technologique et à ses conséquences néfastes, en termes de pollution de l'environnement et d'injustice sociale, à l'échelle d'un pays aussi bien qu'à l'échelle de toute la planète ; d'où l'émergence, depuis le début du siècle, d'un concept étudié en sciences sociales qu'est celui de « justice climatique ».

« Le capitalisme n'est pas neutre » ; c'est le constat qu'ont fait des mouvements politiques affiliés à la tradition politique connue sous le nom péjoratif de « gauchisme ». Le gauchisme postule qu'il n'est pas suffisant de mobiliser uniquement les forces ouvrières si l'on veut lutter contre le capitalisme. Le capitalisme a été oppressant pour les femmes (par le biais du patriarcat, notamment), pour les populations non-blanches et non-occidentales (du fait du colonialisme), pour les enfants, les personnes âgées ou encore les animaux et l'ensemble de la végétation. Ainsi, se battre contre le capitalisme – et *a fortiori* contre le capitalisme mondialisé – passe, nécessairement, par une « convergence des luttes » réunissant les mouvements féministes, anti-racistes, tiers-mondistes et écologistes. Ce combat anticapitaliste a alors pris la forme d'un combat communautariste sollicitant, ainsi, chez chaque communauté opprimée, une « conscience de soi » et une « conscience pour soi », et anti-globaliste. C'est alors que cette idéologie localiste pousse des militants écologistes à quitter le monde urbain pour le monde rural, la ville pour la campagne et l'inarrêtable progrès pour la lenteur de la décroissance. Toutefois, les écologistes, notamment en Europe, peuvent constituer des alliances politiques avec des militants communistes et socialistes en raison de l'esprit « localiste » de ces derniers. En effet, à gauche, les localistes estimant que la démocratie ne peut s'épanouir qu'à une échelle réduite dans la mesure où, à cette toute petite échelle, les citoyens auront un réel pouvoir de décision et d'action sur la cité qui les environne sont très présents. Il est régulièrement affirmé que, de par cette connaissance totale « du terrain » qu'ils occupent, ces citoyens auront, en cela, la possibilité véritable de prendre des décisions concrètes et rationnelles (ils seront directement impliqués par les sujets politiques qu'ils traiteront). Et, d'ailleurs, ce retour au local et à la nature n'est évidemment pas sans rapport avec une philosophie universaliste et anticolonialiste faisant de leur intérêt pour le local un moyen de garantir l'intérêt de tous les peuples du monde. Une vie localiste dans laquelle nous n'exploiterions nullement l'agriculteur péruvien pour l'exportation de ses avocats ou l'ouvrier bangladeshi pour la confection de notre mode à bas coût, et ce, pour le profit de capitalistes internationaux ainsi que pour notre propre intérêt de consommateur s'apparente, de fait, à une justification morale de la démocratie locale[42]. Celle-ci, en plus d'être réaliste et effective (la démocratie ne s'épanouirait qu'à une petite échelle) dans sa dimension strictement locale, serait morale et protectrice du *nous* et du *eux*. La démocratie locale serait, d'un point de vue anthropologique, le régime rationnel en ce sens qu'elle assurerait la vie sur Terre ainsi que la justice au sein des sociétés (et même entre elles).

À l'image de la lutte contre la société de consommation qui, dans les années 1970 (avec les mouvements *hippies*), a accompagné les mouvements anticolonialistes – le mode de vie primitif, basé sur la simplicité de vie, ayant été perçu par les mouvements de gauche comme la sagesse s'opposant à la folie des « modernes » qui, par la construction de gratte-ciel toujours plus immenses et la consommation à outrance d'objets rapidement passés de mode, courent spirituellement et écologiquement à leur perte –, la solution de la démocratie locale sonnait, aux yeux de ses partisans, comme une réponse réaliste, sage et morale au *néocolonialisme* et au productivisme. La démocratie locale, qui tend, en effet, à exclure l'humanité, le fait pour une raison fondamentalement humaniste étant donné qu'elle mise sur les capacités optimales que les humains auront à garantir le bien-être d'un petit nombre d'individus dont les besoins auront les chances d'être satisfaits. Et la satisfaction des besoins de tous les membres d'une localité dans laquelle chacun peut avoir du pouvoir sur la cité à taille humaine, en étant réelle dans toutes les localités de la planète, peut satisfaire les besoins de tous les membres de l'humanité. Le respect du local, selon les défenseurs de la démocratie locale, garantit le respect du mondial (« think global, act local ! »). Le caractère local de la démocratie aurait alors pour vertu de faire respecter les droits fondamentaux et la dignité des habitants des autres localités.

A l'inverse, il existe ceux qui ne voient la démocratie qu'à grande échelle, c'est-à-dire à une échelle universelle. Le gouvernement mondial, pour les libéraux, semble être la condition *sine qua non* de la démocratie. Kant avait

---

[42]Cette sensibilisation progressive à l'égard du travail des producteurs locaux a conduit à la création de ce que nous nommons le « commerce équitable ».

posé les bases d'un tel projet dans son désir de continuité des travaux de Hobbes et de Locke sur l'état civil. Si les humains, vivant dès l'origine à l'état de nature, doivent sacrifier une partie de leur liberté naturelle [et illimitée] pour une protection de leur vie par un État qui, *via* des lois, garantirait la paix sociale, Kant partait du postulat qu'il était possible d'étendre cette idée à l'humanité tout entière. Les États, sans un Droit qui les relierait, seraient dans ce même état de nature – que Hobbes surnommait « état de guerre » – ce qui implique que, pour empêcher cette « guerre de tous contre tous » parmi ces mêmes États, l'existence d'une société des nations régie par un Droit cosmopolite permettrait, *in fine*, la « paix perpétuelle ». Et de cela, l'idée d'un gouvernement mondial élaborée par Karl Krause au début du XIXe siècle est née. L'objectif étant de garantir la liberté de tous les peuples et, par la même occasion, des individus. La démocratie nationale ne peut, alors, nullement exister sans s'inscrire dans un gouvernement mondial démocratique.

Les mouvements politiques libéraux souscrivent à cette thèse universaliste ou bien par humanisme pur ou bien par intérêt économique (intérêt économique n'étant, toutefois, pas dépourvu d'intérêt humaniste). Mais les partisans de ces deux courants se sentent comme faisant partie intégrante de ce que nous appelons une « citoyenneté mondiale ». Les humanistes – les libéraux politiques – qui supportent, par exemple, des lois mondiales comme la dépénalisation universelle de l'homosexualité militent pour une démocratie universelle en raison du fait qu'au sein de leur pays, ces derniers défendent les droits de leurs concitoyens homosexuels en tant qu'ils sont humains bien plus qu'en tant qu'ils sont leurs concitoyens, ce qui développe une empathie vis-à-vis de tous les citoyens, au sein de l'humanité, que même les frontières nationales ne sauraient restreindre. Pour les libéraux économiques, la démocratie universelle permettrait la libéralisation de l'économie de chaque nation et des talents individuels dont les heureuses conséquences seraient l'éducation et l'entrepreneuriat, le progrès technique, la croissance économique, la montée de la classe moyenne, la sortie de la famine et de l'extrême pauvreté, les progrès de la médecine et le développement des échanges commerciaux avec les autres nations ; échanges débouchant ainsi sur une paix internationale assurée, sur le long terme, de par l'intérêt que chaque nation aurait à coopérer avec son voisin. La démocratie universelle promue dans un esprit économiquement libéral permettrait, pour les libéraux (économiques), une participation de chaque nation au progrès technique (et, *in extenso*, spirituel) de l'humanité. Et pour revenir à la démocratie universelle promue dans un esprit politiquement libéral, il est davantage question de rendre légitime l'universalisation des libertés fondamentales ainsi que de l'égalité des droits (philosophie universaliste qui demeure, néanmoins, associée, dans le regard de la majorité non-occidentale de l'humanité, à une philosophie occidentale impérialiste et colonialiste).

Mais dans tous les cas, la démocratie libérale (sur le terrain politique comme économique) ne pourra, selon ses défenseurs, s'épanouir qu'avec l'instauration d'un gouvernement mondial qui sera la forme politique la plus aboutie d'un « monde mondialisé » dans lequel, que nous le voulions ou non, tous nos comportements (et principalement nos comportements économiques de consommateurs) ont des répercussions directes et concrètes sur le traitement quotidien de travailleurs et de citoyens dont nous ignorons la totale existence. Réalité qui impliquerait l'existence d'un monde dans lequel la solidarité devrait faire l'objet d'une politique mondiale. Toutes les problématiques actuelles (comme le réchauffement climatique, le crime organisé ou la corruption) sont des affaires mondiales nécessitant une harmonisation juridique réelle. La dignité humaine doit, *de facto*, devenir une problématique mondiale. Ainsi, le local n'existe pas en soi ; sa prise en compte ne peut être réelle sans une prise en compte de la totalité du monde de laquelle les localités dépendent.

Toutefois, cette idée a également été partagée, mais dans un esprit plus idéologique et politique qu'économique et apolitique, par les communistes soviétiques et des penseurs anticolonialistes comme Gandhi[43]. Ces derniers s'inscrivaient dans un courant internationaliste qui implique, non pas la disparition des nations, mais l'union des nations conscientes d'elles-mêmes et de leurs spécificités. L'Union soviétique promouvait l'Union universelle des prolétaires. L'Internationale, en plus d'être un champ révolutionnaire français, était également, sous le nom d' « Internationale communiste » (ou de Komintern), une organisation politique soviétique réunissant plusieurs cadres du Parti communiste dont l'objectif était de guider tous les ouvriers et opprimés de la Terre vers la Révolution socialiste. Toutefois, cette Internationale communiste a été conçue dans un esprit authentiquement nationaliste. Dans le cadre de l'expansion de l'URSS, il était question de faire profiter à l'humanité tout entière de la spécificité politique et culturelle du génie soviétique. L'URSS avait, semble-t-il, cette vocation d'apporter aux opprimés du monde leur libération du capitalisme qui, selon Lénine, ne peut que s'épanouir dans un processus impérialiste (processus impérialiste que nous ne pourrions combattre qu'avec un impérialisme idéologique marxiste-léniniste). C'est grâce à la spécificité soviétique (nationalisme) que le monde sera libéré (internationalisme). Gandhi, dans un esprit anticolonialiste durant la fin de la colonisation indienne par le Royaume-Uni (colonisation qui prit fin en 1947), parlait, dans *La voie de la non-violence*, de la non-violence comme étant une caractéristique culturelle indienne puisant ses racines spirituelles dans l'hindouisme et que l'Inde devait offrir au monde pour le bien de l'humanité. Ainsi, selon l'internationaliste, la spécificité nationale doit être cultivée et revendiquée dans l'intérêt de l'humanité. Et cette logique

[43]Voir *La voie de la non-violence* de Mahatma Gandhi (publié en 1969 en Inde et en 2005 en France).

peut, d'ailleurs, aussi bien être une réalité à l'échelle d'un continent. À l'échelle de l'Union européenne, par exemple, les partisans d'une Europe fédérale des nations dans laquelle chaque pays conserverait sa souveraineté politique, culturelle, et même monétaire, défendent également le mérite qu'aurait une Europe démocratique à écouter les apports culturels et politiques que chaque nation pourrait faire, et ce, dans l'intérêt de tous les Européens. La promotion de cette « Europe des nations » est, en vérité, une réaction politique [internationaliste] à cette Europe actuelle de « non-élus » siégeant à la Commission européenne imposant des directives aux peuples européens sans leur consentement et ne tenant nullement compte des spécificités régionales et nationales. Dans tous ces cas de figure, la défense du particularisme culturel est perçue par certains internationalistes comme étant une marque de souveraineté culturelle dont chaque peuple pourrait jouir dans l'intérêt de ce plus grand nombre qu'est l'humanité ou d'un ensemble international délimité, tel que « l'Europe des nations ».

Nous ne sommes pas, ici, dans une volonté globaliste de soumettre les particuliers (nationaux) à un universel, mais nous nous inscrivons, là, dans une volonté universaliste de soumettre le global à l'ensemble de ces particularismes nationaux et culturels qui, à leur niveau, exerceraient, sur la totalité du monde, une influence spirituelle et culturelle constituant une liberté d'expression (s'apparentant, donc, à une liberté de la collectivité *particulière* qu'est la nation ou la civilisation et non plus à une liberté de l'individu) et une liberté politique nécessaire à la construction d'une société-Monde bénéfique à *tous*. Cependant, nous restons, tout de même, dans la défense d'une démocratie universelle. La question n'est pas, là, de soumettre le monde aux caprices ou aux revendications légitimes des diverses localités, mais de faire prendre conscience que chaque nation a une spécificité politique et culturelle et que l'addition de toutes ces spécificités culturelles – présentes dans toutes les civilisations – dans l'optique de créer une démocratie mondiale n'est possible que si nous vivons dans une société-Monde. Si la France ne peut devenir la synthèse des différents traits de culture démocratique existant dans les cultures indienne, iranienne, sud-africaine, congolaise, etc. (si tant est que la démocratie aurait, comme le défendait Amartya Sen, une origine mondiale) en raison du fait que le peuple français n'est que français et qu'il ne peut épouser des traits de cultures particuliers inscrits dans une culture étrangère globale intransposable – bien trop complexe dans sa globalité –, le gouvernement mondial, lui, ne pourrait être démocratique que s'il est l'addition de chaque proposition démocratique provenant de chaque nation. D'autant plus qu'un pays seul intégrant tous les traits culturels démocratiques des autres pays du monde au nom de l'universalisme rechignerait, par ego, à le faire si les autres pays ne le font pas également. Il aurait, légitimement, le sentiment de s'ouvrir aux autres qui ne s'ouvrent pas à lui. Ainsi, un gouvernement mondial démocratique pourrait, de manière hypothétique, fonctionner à condition qu'il fasse participer toutes les nations à l'établissement de la démocratie mondiale, dans l'intérêt de tous. Et si chaque nation (ou bloc continental ou civilisationnel) se sent prise en compte dans les consultations politiques, alors celle-ci consentira à se voir imposer des lois dont l'origine est étrangère puisqu'elle sait pertinemment que les lois provenant de sa culture politique s'étendront, d'égale manière, dans tous les autres pays du monde. Or, ce consentement collectif à l'échelle mondiale n'existera que si tous les pays bénéficient d'une considération égale réelle au même titre que chaque pays, à l'Assemblée générale des Nations Unis, a une voix égale – et pour le coup, décisive – à tous les autres pays. Sans cela, la croyance dans la démocratie s'affaiblira et son soutien avec elle. Un monde démocratique ne sera possible que lorsque les droits de tous les humains seront assurés et qu'une justice sociale sera garantie dans l'intérêt des pays qui sont les plus pauvres.

Les opposants à la démocratie

S'il est courant depuis, maintenant, près de cinq décennies de qualifier de non démocrate celui qui, en réalité, ne fait que s'opposer à la démocratie *libérale*, qu'en est-il véritablement des opposants à la simple démocratie en tant que régime strictement formel ? Dans l'histoire des idées politiques, il a été montré par Zeev Sternhell notamment que, depuis la Révolution française (voire depuis l'arrivée de la modernité, au XVIe siècle), la matrice intellectuelle des opposants à la démocratie était le rejet principal des Lumières. Cela pouvait comprendre, si nous nous référons au sommaire de son ouvrage *Les anti-Lumières*, « La révolte contre la raison et les droits naturels », « La culture politique des préjugés » et « La loi de l'inégalité [et la guerre à la démocratie] » ; et toutes ces approches idéologiques ont également débouché sur un nationalisme qui, à l'inverse de celui présenté par Renan dans *Qu'est-ce qu'une nation* (1882), est basé sur la création d'une nation abritant une « communauté culturelle, ethnique et linguistique » et non une communauté unifiée par le Droit et les valeurs communes. Toutefois, cette tradition intellectuelle est-elle toujours perceptible chez les opposants contemporains à la démocratie ? Les antidémocrates d'aujourd'hui sont-ils ceux d'hier ? Autrement dit, qui sont-ils s'ils ont changé ?

Pour commencer, les royalistes sont divisés en deux camps. Tout d'abord, nous pouvons aisément identifier ceux qui prônent le retour à une société théocratique – dirigée par un Dieu et un roi constituant, tous les deux, une puissance spirituelle et morale déterminant les institutions – comme les intellectuels anti et contre-révolutionnaires Maistre, Saint-Bonnet, Bonald, Roquette, Barrès, Maurras, etc. –, et ce, en raison du fait que la société ne serait plus qu'insignifiance sans la religion originelle qui l'a fait naître. D'autre part, il existe les partisans de la monarchie constitutionnelle que l'on retrouve dans des royaumes, comme le Royaume-Uni, la Belgique, les Pays-Bas, les pays Scandinaves, mais aussi dans des Républiques, comme la France, qui souhaitent conserver à la fois les libertés de la démocratie et le caractère stabilisateur de la monarchie. En effet, dans ces monarchies, les rois incarnent une puissance stabilisatrice qui, sans incarner d'autorité religieuse et politique pour autant, s'avèrent être les seules et uniques autorités derrière lesquelles pourraient se réunir, au sein d'un même Royaume, des territoires et des peuples diversifiés afin que les différends communautaires n'aient pas lieu. Et quand bien même ils auraient lieu, ces derniers pourraient être pacifiés par une autorité royale qui ferait consensus en tant qu'incarnation physique de l'intérêt commun. Nous pouvons en avoir un exemple en Belgique avec les Wallons et les Flamands ou au Royaume-Uni avec l'Écosse et l'Irlande du Nord. Il s'agit, ici, des monarchies constitutionnelles ou parlementaires et tempérées, dans lesquelles, comme le disait l'Abbé Eugène Roquette dans *L'École à la maison, une institution divine* (recueils de textes de *De la monarchie et de la République* paru en 1875) : « Le Roi règne, mais il ne gouverne pas. Le peuple ne règne pas, mais il gouverne. ».

Le royalisme religieux est, en définitive, aussi possible que le royalisme non-religieux ; le peuple suédois faisant partie des peuples les moins religieux du monde dispose, pour autant, d'un roi à sa tête auquel, par tradition, il reste attaché. Cependant, l'argument faisant consensus parmi les royalistes est que le régime démocratique procédant à l'élection invite – et même oblige – le représentant politique à penser à sa réélection, ce qui le coupera naturellement d'un désir d'exercer son mandat dans l'intérêt unique de son peuple. Le représentant politique veillera, par tous les moyens possibles, à sa réélection, tandis qu'un roi qui sera dans l'obligation de léguer un Royaume à sa fille ou à son fils sera contraint de lui laisser un royaume prospère. De ce point de vue, le roi désirant, le plus possible, rendre à son successeur (son fils) la gouvernance plus commode et lui donner, également, le meilleur exemple en termes de comportement royal et de gestion du royaume, facilitera dans le même temps la tâche à son peuple qui, ainsi, finira par en être le bénéficiaire indirect. A la différence de la démocratie, il n'y a pas dans le fruit de la monarchie le ver de l'électoralisme.

Les partisans d'une théocratie religieuse établissent le fait que l'humain n'est pas la mesure de tout et qu'il est, ainsi, dangereux de s'abandonner à l'anthropocentrisme. En guise d'illustration, prenons une citation de Charles Maurras, dans *Idées politiques* (1937)[44], qui décrit bien ce qui pourrait advenir d'une société sans Dieu ni roi :

---

[44]Charles Maurras, *Mes idées politiques*, 1937, Ed Books On Demand, 2019, p. 128

« Séparer l'homme de sa famille, de son métier, dîtes-lui qu'il est roi, dîtes-lui qu'il est Dieu, et enivrez-le de l'idée de Justice, vous verrez de quel coeur il comptera les torts qui lui seront faits et quelles pourront être les indulgences pour les torts qu'il lui arrivera de faire à autrui ! Ce juge est trop partie, une partie une partie trop intéressée et trop passionnée pour qu'il soit raisonnable de lui déférer théoriquement son ligie. Celui qui reconnaît tous les droits commence par imposer au monde entier tous les devoirs, sans oublier les sanctions qui correspondront à tout manquement. Là est la vraie folie de l'individualisme révolutionnaire, qu'il soit politique, social ou moral. Il est impossible qu'un animal aussi sensible, aussi triste, aussi vulnérable que l'homme, une fois placé sur l'autel intérieur que lui érige la doctrine libérale, ne se croie pas, neuf fois sur dix, le créancier de ses semblables et de l'univers, au lieu que le plus misérable est au contraire leur débiteur infini.»

Il est, semble-t-il, impossible que les citoyens et les différentes populations ne puissent être unis que par un Droit commun. Une nation [diverse] est bien plus qu'un agrégat de populations façonnées par des lois et des valeurs « communes ». Le juridique ne peut suffire à unir un peuple. Un peuple est une donnée culturelle et, surtout, spirituelle connectée à des êtres que l'on ne voit plus (les morts, les ancêtres) et à des êtres que l'on ne voit pas (les êtres spirituels). Il se voit alors lié aux ancêtres par la tradition et lié à Dieu par un nouveau Christ sur Terre qu'est le roi – celui-ci faisant office d'intermédiaire entre Dieu et les humains. La monarchie, en étant naturellement héréditaire, fait, par là, perpétuer cette tradition politique, culturelle et spirituelle. Et quant à la légitimité divine dont le roi est revêtu, celle-ci donne au royaume une garantie de stabilité totale (à la différence de la démocratie qui est un régime fragile). Une nation gouvernée par des humains et encadrée par des lois est, inéluctablement, appelée à être en danger de mort constant puisque les humains sont des êtres naturellement imparfaits et aisément corruptibles. C'est ainsi que le peuple doit être dirigé et contrôlé par une autorité *sensible* (à l'image d'une autorité royale appuyée par l'autorité des théologiens qui est une autorité sensible en tant qu'autorité religieuse) à défaut de ne pouvoir être soumis à une autorité juridique neutre et abstraite ; la raison étant que les humains auront toujours besoin d'une figure politique paternelle dont ils pourront fantasmer la grandeur et la puissance. Car c'est cette auto-conviction populaire de la puissance du roi (qui n'aurait d'égale que sa moralité) qui serait encline à générer une saine confiance dans le souverain royal, les institutions et les pouvoirs publics. De plus, cette croyance infaillible dans la grandeur du roi engendrerait une crainte mêlée à un égal sentiment d'être protégé et donc d'être libre. Si le souverain – qui n'est pas un tyran – est à la fois moral et puissant, alors il est bon et nous protège. Et s'il protège, voilà donc réellement libres ceux qui en bénéficient. Le roi héréditaire unit un peuple en étant, par sa généalogie, une incarnation charnelle du passé de tout le royaume ainsi que de son peuple. Quant à la foi et à la pureté morale, elles nous guideront vers une société future destinée à être parfaite.

Ainsi, la première monarchie (absolue et théocratique) permet la sérénité psychologique rendue possible par la spiritualité (l'objectif des partisans de la théocratie est de préserver la population de la dégénérescence), tandis que la deuxième (non-religieuse et constitutionnelle) garantit davantage l'harmonie sociale par le biais d'une autorité [royale] humaine et réunificatrice – la présence d'un roi, dans une monarchie constitutionnelle, serait ainsi génératrice de paix sociale ; elle tendrait à pacifier les rapports intercommunautaires en cas de conflits internes. La monarchie est soit un régime politique reposant sur le constat que la plénitude de l'humain est inexistante sans une foi qui répare l'âme humaine corrompue par la cruauté d'un monde régi par le mal, soit un régime dont l'existence se justifie par le fait qu'une société ne peut fonctionner que si ses membres sont, par les affects, connectés à une figure humaine (le roi) faisant office de figure paternelle.

Du côté des partisans du régime autoritaire, ces derniers semblent croître numériquement dans l'ensemble des pays du monde. Cette croissance sonne alors comme une conséquence de la défiance grandissante vis-à-vis de la démocratie ou, même, de l'effectivité des droits humains. En effet, nous nous apprêtons de plus en plus, dans le monde d'aujourd'hui, à penser les vertus d'un régime de ce type non pas pour le simple plaisir de proclamer que l'autocratie serait le meilleur des régimes, mais dans le but de résoudre des problèmes contemporains de grande ampleur. De plus en plus nombreux sont ceux qui, par exemple, affirment que l'installation d'un régime autoritaire serait le seul moyen de résoudre le problème endémique du réchauffement climatique (l'ancien ministre de la Transition écologique et solidaire Nicolas Hulot parlait, à son compte, de « dictature verte »). De même, en vue de la montée des inégalités économiques et sociales causées par la financiarisation de l'économie et une économie libérale mondiale dérégulée au sein de laquelle les États sont de moins en moins puissants face à des multinationales qui, elles, sont de plus en plus omnipotentes avec des fortunes qui dépassent certains P.I.B nationaux, la confiance dans un système démocratique supposé être en mesure de contrôler les abus contemporains des puissants est en berne. Même si, en vérité, cette méfiance vis-à-vis de la démocratie concernant son aptitude à limiter le pouvoir des puissants n'est pas une affaire récente. Les partis fascistes et communistes s'accordaient sur le fait que le fonctionnement de la démocratie libérale conduirait à une domination inéluctable de la bourgeoisie capitaliste et que le régime démocratique dans sa globalité ne serait, en fait, que le faux nez de la ploutocratie – accusation, d'ailleurs, que ne réfutaient nullement les partisans de la démocratie libérale eux-mêmes qui, à l'image de Hayek, dans *La route de la servitude* (1944), voyaient, dans le libéralisme, un système offrant, à n'importe quel individu issu de n'importe quel milieu social, la possibilité d'accéder à la richesse et, *in fine*, au pouvoir. Dans la société libérale, l'héritage – toujours selon Hayek – continuerait d'être un facteur important de reproduction sociale (un héritier aura, évidemment, plus de chances de réussir socialement et économiquement qu'un enfant de pauvre), mais la liberté économique et politique aurait au moins le mérite d'offrir à ce fils de pauvre la possibilité (aussi petite soit-elle) de devenir riche, un jour, d'accéder au pouvoir et d'en faire bénéficier la société. Or, les opposants au libéralisme, de droite comme de gauche, diffèrent des libéraux en ce sens qu'ils ne croient pas à l'idée selon laquelle la richesse accumulée par une poignée de millionnaires ou de milliardaires profiterait à la société. Tout d'abord, parce que nous n'avons aucune garantie que cet argent « ruissellera » (la théorie libérale du ruissellement fait l'objet de nombreuses critiques chez les anticapitalistes de gauche comme de droite). Et ensuite, parce que ce pouvoir de l'argent accepté par les capitalistes-libéraux serait, ainsi, la porte ouverte au déclin de la spiritualité sur laquelle une civilisation s'est construite et au délitement du corps social. Le culte de l'argent des sociétés capitalistes et libérales endormirait les peuples avec l'apport du confort matériel et du bien-être et développerait des sociétés de consommation dans lesquelles nous ne fabriquerions plus des citoyens agissant pour l'intérêt commun, mais des consommateurs centrés uniquement sur leurs besoins individuels. Et ces besoins matériels que les consommateurs voudraient voir être satisfaits devraient, ainsi, être illimités (afin d'alimenter, de manière permanente, le sentiment d'exister par la consommation – nous serions alors passés du « je pense donc je suis » au « je consomme donc je suis » selon les sociologues spécialistes de la société de consommation), quitte à finir par devenir futiles et superficiels car ostentatoires[45]. Les effets mortifères de l'argent-roi sont le

---

[45]La société de consommation avait déjà été étudiée bien avant la seconde moitié du XXe siècle, période du triomphe de l'économie de marché. Ce type de société a été étudié par l'économiste Thorstein Veblen dans *Théorie de la classe de loisir* paru en 1899. Dans cet ouvrage, il n'est pas question de « société de consommation », mais davantage de « consommation ostensible ». En effet, l'urbanisation progressive de la France n'était pas sans conséquences sur les comportements individuels. Vivre dans une ville de 100 000 habitants qui ignorent tout de notre existence ou de notre vie facilite ainsi l'envie de jouer sur les apparences. A l'inverse, vivre dans un village de 500 habitants qui se connaissent tous n'est pas propice, donc, au mensonge par omission de l'apparence. Il n'est pas possible, dans notre petit village, de rouler en Porsche si nous touchons le RSA puisque tous les voisins sauront que quelque chose est suspect au regard de la situation professionnelle et financière du propriétaire de la Porsche. Ils se demanderont légitimement s'il gagne son argent en vendant de la drogue ou après avoir joué au loto. Les gens sauront qu'il n'est pas un véritable riche ; ainsi, il ne pourra aucunement gagner en prestige. Cependant, dans une ville de 100 000 habitants, personne ne

culte de l'*avoir* aux dépens du culte de l'*être*, le vide spirituel, le nihilisme, la dépression, l'augmentation de la consommation de substances addictives, la banalité du mal et le mépris pour le vivant.

En définitive, l'argent-roi conduirait globalement à la généralisation de pratiques criminelles en ce sens que la culture matérialiste à laquelle il conduit a pour point culminant la considération d'autrui comme un moyen (en tant qu'objet-outil) et non comme une fin ; le capitalisme, selon ses détracteurs de gauche et de droite, est un système économique dans lequel tout se vend et tout s'achète, y compris les êtres humains, d'où l'idée de certains économistes et réalisateurs de films d'horreur selon laquelle la finalité ultime du capitalisme serait le cannibalisme ; soit la consommation directe des êtres humains. Les démocrates attribuent ces phénomènes regrettables au capitalisme débridé, aux gouvernements peu soucieux de leur peuple ou encore à des bouleversements sociaux et mondiaux constituant, pour les populations, un chamboulement psychologique violent. Or, les opposants à la démocratie attribuent ces phénomènes à la démocratie elle-même. Ainsi, le régime autocratique repose sur le principe selon lequel l'humain doit être protégé d'un monde hostile au sein duquel règne uniquement le rapport de force. Et la réponse à ce besoin de protection présent chez la population majoritaire est, donc, une verticalité politique qui, afin de susciter l'adhésion populaire, doit être morale et d'apparence infaillible.

Les royalistes et les autoritaristes ne sont pas opposés à la démocratie en soi. En revanche, ils sont simplement opposés à la démocratie en tant que régime utopique, c'est-à-dire en tant que régime promettant à l'humain un régime de libertés et d'égalité, mais ne tenant absolument pas compte des réalités naturelles par lesquelles l'humain se trouve déterminé. Les royalistes croient dans la hiérarchie naturelle ; l'humain est étranger à l'égalité puisqu'il est assujetti, dès l'origine, à la volonté de Dieu et au roi supposé lui être fidèle dans sa gouvernance. La hiérarchie première à laquelle l'humain serait astreint est la suivante : l'enfant est soumis à sa mère ; la mère, en tant qu'elle est femme, est soumise à son mari ; le mari, en tant qu'il est un [simple] homme est soumis au roi ; le roi est, quant à lui, soumis à l'Église ; et cette Église est, elle-même, soumise à Dieu. C'est, en effet, le respect de cette hiérarchie « naturelle » qui tend à rendre l'individu « sain » et non « arrogant », « immoral » et « dégénéré ». En cela, les peuples des démocraties post-révolutionnaires seraient comme les enfants, (l'association faite entre le peuple et l'enfant est récurrente dans la rhétorique royaliste et, *a fortiori*, dans celle de l'extrême droite anti et contre-révolutionnaire) en ce sens qu'ils

connaît le véritable train de vie de celui qui roule en Porsche. Ainsi, s'il est, pareillement, bénéficiaire du RSA et qu'il peut se permettre de rouler en Porsche grâce à l'argent de la drogue ou du loto, personne n'en saura rien et tous regarderont se voiture en se disant : « je veux être comme lui un jour, je veux réussir ! ». Les sociétés politiques à grande échelle favorisent l'ostensible, l'image, le paraître et, par là, le faux.

revendiquent leur liberté et leur volonté de voir leurs désirs être satisfaits, alors qu'ils ne connaissent encore rien de la politique et de sa complexité ainsi que de ce qui est véritablement « bon pour eux ». Cela tend, si nous ne les encadrons pas avec paternalisme, à rendre les membres de ce peuple (les citoyens) dangereux pour leurs concitoyens ainsi que pour eux-mêmes – ils choisiraient des représentants politiques qui seraient de faux alliés de la cause du peuple. Les peuples libérés de tout roi et de toute aristocratie, selon les royalistes anti et contre-révolutionnaire, sont donc comparables à des enfants-tyrans cultivant leur propre destruction future.

Les partisans du régime autoritaire ont une conception quelque peu conflictuelle des rapports humains ; c'est-à-dire que, quand bien même un peuple serait libre et les citoyens égaux dans les lois, des groupes souhaitant obtenir et conserver le pouvoir se mettraient à conspirer contre le peuple et le pervertiraient afin qu'il ne cherche pas à s'éveiller. Les communistes établissaient le fait que les libertés individuelles et l'égalité civile et politique étaient inopérantes sans une égalité sociale et économique ; en ce sens, la démocratie n'ayant pas aboli l'existence des classes sociales serait un régime populaire sur le papier, mais bourgeois et capitaliste dans les faits, c'est-à-dire un régime antipopulaire dirigé, officieusement, par la classe sociale supérieure. Les fascistes, eux, peuvent également voir dans l'ennemi du peuple un ennemi qui soit économique et social – le bourgeois ou « les élites » pour prendre une terminologie populaire actuelle.

Cependant, cet ennemi du peuple tendrait, semble-t-il, en supplément, à être habité par une intention de mener un projet politique ou spirituel maléfique, tel que, par exemple, un projet mondialiste juif de « destruction des nations, des peuples et des identités » ou encore un projet LGBTQ+ désireux de pervertir les mœurs en faisant la promotion de sexualités non-traditionnelles, telles que la pédophilie – en tant que sexualité aussi bien récréative que rituelle dans le cadre de « messes noires » organisées par les élites mondiales –, et ce, dans l'objectif final de corrompre l'innocence sacrée des enfants et de les rendre, par la suite, dégénérés et « sataniques ». En réaction, les fascistes tendent à souhaiter l'arrivée de l'homme fort afin que celui-ci protège le peuple d'une communauté qui souhaiterait s'emparer du pouvoir pour commettre, dans son propre intérêt, les pires atrocités à l'endroit du peuple, et ce, à des fins idéologiques obscures. Et les communistes, dans un autre registre, aspirent à la dictature du prolétariat précédant la capacité d'autogestion et, *in fine*, l'effacement progressif et total de l'État de sorte à rendre impossible son exploitation par un système économique aliénant (le capitalisme) tenu par une classe sociale et économique dominante. Les idéologies hostiles à la démocratie ne sont aucunement opposées à la liberté ; elles reposent, en vérité, simplement sur la certitude que l'égalité, entre les humains, n'existe pas et que mettre en place une politique basée sur elle serait, de fait, une politique contre-nature et perverse dans laquelle, que nous le voulions ou non, les rapports de force déséquilibrés sont omniprésents et ne peuvent pas ne pas exister. Les partisans de l'autocratie sont à la fois d'un utopisme sans faille quant au futur qu'ils souhaitent planifier (un futur pur ou émancipateur pour tous) et d'un réalisme extrêmement pessimiste quant au regard qu'ils portent sur le monde présent. Cette contradiction tend alors à conduire les régimes autocratiques à planifier une société future plus belle et plus douce, mais avec des méthodes brutales étant, elles-mêmes, par pragmatisme, à l'image de la brutalité du monde illustrée par la violence des humains qui sont, originellement, des êtres mauvais.

Le royalisme et l'autoritarisme sont, en fait, la conséquence d'un pessimisme profond en ce qui concerne l'individu et son aptitude à vivre de façon libre et responsable en société. L'individu et le peuple sont-ils aptes à faire bon usage de la liberté ? Rejeter la démocratie passe par le fait de répondre par la négative à cette question. Au XIXe siècle, un dégoût de la démocratie, de l'idée de souveraineté populaire et, principalement, du suffrage universel, ont été, chez les romanciers et les intellectuels français, justifiées par l'élection, en 1848, de Napoléon III qui, en tant qu'il fut un dictateur plébiscité par le peuple, a été la preuve que ce dernier pouvait ainsi consentir à sa propre oppression. Le vote en constituait, cette fois-ci, la preuve la plus concrète. Selon Antoine Compagnon dans *Les antimodernes* (2005), « La dictature plébiscitaire de Louis Napoléon devait rester pour plusieurs générations comme le péché originel du suffrage universel en France. »[46] . L'élection de Napoléon III suivie de son coup d'Etat en 1851, était – en raison du fait que celle-ci s'était déroulée selon le respect des règles du jeu démocratique – alors une preuve de la validité de la thèse de La Boétie au sujet de la *servitude volontaire*. De ce fait, l'aristocratie et la monarchie redevenaient des systèmes on ne peut plus crédibles auxquels il fallait nécessairement revenir. D'autre part, l'association qui a été faite entre l'expression politique du peuple et la violence employée suite aux événements révolutionnaires de 1789, 1793, 1830, 1848 (année d'un autre événement marquant, celui de la révolution ouvrière) et 1871 a donné du peuple l'image, finalement, d'une masse grouillante ne sachant s'exprimer que par des moyens, au mieux, radicaux, au pire, barbares. Le peuple n'était pas considéré comme un « Peuple », mais comme une « foule » que nous devions « mater » ou dont nous devions analyser la psychologie – ce qui constitua, dès lors, le début des études portant sur la psychologie sociale chez, entre autres, Tarde, Le Bon et Leroy-Beaulieu. C'est ainsi que le constat était que le peuple avait besoin d'une aristocratie pour le guider. La souveraineté populaire et le suffrage universel étaient regardés comme deux concepts démocratiques ne faisant reposer le destin de la nation que sur la puissance numérique dont le verdict peut – il est vrai –, échapper à tout sens moral et toute réflexion de fond. La décision du « plus grand nombre » peut,

---

46Antoine Compagnon, *Les antimodernes*, 2005, Ed Gallimard, Collection « foliohistoire », p.40

en effet, être une décision dégénérée, imbécile ou dangereuse et surtout si celle-ci n'est pas limitée et guidée par une puissance morale [royale ou divine] au-dessus d'elle ; sans elle, le peuple deviendrait habité par une espèce d'*hubris* luciférienne. Ainsi, le concept flauberien « d'aristocratie légitime » postulant que le peuple doit être guidé vers l'instruction et le sens moral a connu un franc succès auprès de *l'intelligentsia* artistique et intellectuelle française de l'époque. Ladite lubie de la souveraineté numérique (suffrage universel) devait, au regard de ses effets nocifs, nous faire repenser aux vertus du pouvoir du petit nombre (aristocratie). La démocratie semble être une chimère qui, afin qu'elle ne conduise pas la société à la folie, à la démesure et au mensonge, doit être remplacée par un régime politique réaliste qu'est le régime monarchique et aristocratique ou encore le régime autoritaire. L'homme est mauvais par nature et ne fera usage de sa liberté que pour en abuser et effectuer le mal par vice, par ignorance ou par intérêt ; ainsi, il serait nécessaire de le contrôler par la verticalité politique et de le corriger par la répression.

À l'inverse de la démocratie qui prône l'indépendance politique, économique et intellectuelle des individus au nom de l'égalité et de la liberté, le royalisme et l'autoritarisme prônent la souveraineté d'un homme et d'une élite sur le reste de la population au nom du simple fait qu'ils constitueraient une caste de sachants – car connaissant une vérité divine comme c'est le cas dans les théocraties ou une vérité sur le monde (que nous analyserions à l'aide d'une grille de lecture intellectuelle débouchant sur une idéologie) qui nous entoure comme c'est le cas dans les sociétés autoritaires – et donc de *légitimes.* Or, ne devrions-nous pas revenir à la consultation des sachants *légitimes,* même en démocratie ? La facilité, désormais, à exprimer son opinion politique par l'usage d'Internet et [principalement] des réseaux sociaux tend, de nouveau, à nous questionner, non pas sur la vertu du suffrage universel, mais sur celle de l'égalité en termes de valeur accordée à l'opinion des citoyens. La parole d'untel, vaut-elle la parole d'untel autre ? D'autant plus lorsque nous vivons des situations nationales ou mondiales d'extrême urgence qui nécessitent que nous consultions l'avis de personnes qui savent, c'est-à-dire « d'experts » et de spécialistes. L'idée que les problèmes de grande ampleur concernant l'ensemble des citoyens ou des êtres humains devraient, logiquement, être traités par l'ensemble des citoyens ou des êtres humains (à l'image du « grand débat national » que la France a connu dans un contexte de manifestations importantes des gilets jaunes en 2019) est mise à mal par le fait que les problèmes économiques, sociaux, politiques ou sanitaires ne sont traités, au final, que par une minorité d'universitaires qui semblent être les plus à même de décider de ce qui est bon pour la société. La « pensée twitter » doit être mise au second plan par rapport à la parole universitaire. Et pour revenir, ainsi, à notre question précédente (« la parole d'untel, vaut-elle la parole d'untel autre ? »), certains voient, dans cette interrogation, un élitisme odieux – digne d'un détestable mépris de classe –, tandis que d'autres y voient un mal nécessaire empêchant la médiocrité [de la masse] de prendre le pouvoir. Par exemple, Umberto Eco disait que

> « Les réseaux sociaux ont donné le droit à la parole à des légions d'imbéciles qui avant ne parlaient qu'au bar et ne causaient aucun tort à la collectivité. On les faisait taire tout de suite. Aujourd'hui ils ont le même droit de parole qu'un prix Nobel. »

Cette citation a fait l'objet d'une vive adhésion auprès de tous ceux qui y ont pris connaissance. Le procès des réseaux sociaux (qui est un procès indirect de la jeunesse jugée décadente) devient alors une manière, parmi tant d'autres, de se sentir au-dessus de la *masse* ignorante. Une fois encore, le rêve du peuple éclairé s'éteint dès lors que nous l'entendons et le voyons s'exprimer sur la place publique virtuelle. Il semble si évident, pour toute personne recherchant la liberté, que le peuple aspire, naturellement, à briser ses propres chaînes et à tendre vers le progrès moral et philosophique que le voir choisir, délibérément, l'autoritarisme ou prendre la voie de la vulgarité et de la médiocrité intellectuelle le rend définitivement haïssable, voire méritant de la souffrance politique, économique et sociale qu'il endure. En d'autres termes, « le peuple a les élus qu'il mérite ». La haine du peuple ne peut survenir que suite à une confiance trahie. Toutefois, dans nos démocraties régies par la culture du spectacle et, par la même occasion, de l'image, les canaux médiatiques traditionnels – c'est-à-dire les médias que sont la radio, la presse-papiers et la télévision – et les réseaux sociaux ainsi que les médias dits alternatifs semblent être l'illustration encore plus flagrante de l'existence des bas-instincts présents chez l'être humain. Par intérêt économique, la presse écrite, la télévision et la radio se font les relais de ce que la majorité sociale attend en versant dans la médiocrité (privilégiant la forme sur le fond), le voyeurisme et la démagogie ; les médias traditionnels confortent alors le peuple dans son idiotie. Ils capitalisent sur les ressentiments et les ignorances déjà présents et, ainsi, les amplifient. Ils prospèrent sur la « bêtise des gens » pour ensuite, les conduire à la violence, notamment envers des boucs émissaires qu'ils se chargent de désigner afin de mettre le voile sur la véritable domination de puissants qui agissent dans l'ombre.

De plus, l'individu, sur Internet, est physiquement seul – il est à l'abri du contrôle d'autrui et peut donc s'adonner à ses idées et à ses fantasmes les plus inavouables – et est virtuellement en compagnie de personnes pensant comme lui et partageant ses haines et ses vices. Il peut, par fascination, par curiosité intellectuelle ou malsaine ou par méchanceté, consulter des contenus haineux et violents et se sentir légitime d'agir d'une certaine façon par le seul fait que d'autres personnes sont comme lui et agissent comme il aimerait agir. Internet peut, en ce sens, être un parfait vecteur de légitimation de la haine et des déviances ainsi que du passage à l'acte. Si les plateformes du net ne sont pas encore assez régulées, il est constatable que les citoyens ne sont pas si aptes à se réguler eux-mêmes en faisant preuve de raison ainsi que de conscience civique et morale. Ce n'est, désormais, plus dans la rue – occupées par des « masses grouillantes » –, mais sur le net que nous constatons, une fois de plus, le fond mauvais de l'être humain. Il n'est désormais plus tant judicieux d'étudier, par la psychologie sociale, la curieuse différence entre le comportement de l'individu dès lors que celui-ci est isolé du groupe et le comportement de ce même individu dès lors qu'il intègre un groupe qui le change (phénomène que l'on associe à ce que l'on appelle, aujourd'hui, « l'effet de groupe »). Aujourd'hui, il est davantage judicieux d'étudier la différence entre l'individu dans la vie réelle et l'individu dans la vie virtuelle – et *a fortiori* lorsqu'il bénéficie de l'anonymat sur les réseaux sociaux ou sur le *darkweb*. Ce constat de la médiocrité de l'être humain permise par Internet peut, ainsi, nous conduire à une sorte de misanthropie avec laquelle la démocratie ne peut composer. La croyance dans la démocratie et, surtout, dans le peuple, tendrait, alors, à s'effriter. Pour le moment, proclamer son adhésion à la démocratie continue d'être une formalité et, quasiment, une règle de bienséance. Cependant, cette adhésion à la démocratie est rendue si fragilisée par la défiance générale que nous avons à l'égard de l'être humain [et du citoyen] qu'il ne reste que quelques décennies, voire quelques années, pour que le rejet de la démocratie en elle-même soit définitivement assumé. Notre récalcitrante adhésion à la démocratie n'est, malgré notre mépris pour les masses numériques haineuses, spontanées et abruties, plus qu'appelée à être un surmoi idéologique, voire moral.

Internet nous rend relativement pessimiste à propos de la rationalité et de l'intelligence des citoyens. Internet n'est pas tant perçu comme un vecteur et un amplificateur de la violence et de la bêtise humaine, mais comme son révélateur. L'humain ne devient pas plus violent et plus idiot à cause d'Internet et des réseaux sociaux. Cependant, ces outils lui permettent de l'exprimer beaucoup plus facilement. Les gens ne sont pas plus haineux ou plus idiots qu'avant ; simplement, Internet leur donne une visibilité beaucoup plus forte en leur offrant la possibilité de s'exprimer publiquement et de s'exposer. Les moteurs de recherche, les encyclopédies en ligne, voire l'*a priori* bon usage des réseaux sociaux en matière d'éducation politique et scientifique ont conduit, au début du siècle, à un élan d'optimisme basé sur la croyance dans le goût des citoyens pour les recherches, le désir d'accumuler des connaissances et de développer, ainsi, un esprit critique. Nous croyons dans ces qualités intellectuelles dont les citoyens doivent être dotés dans l'intérêt du maintien de la démocratie. Grâce au smartphone et à Internet, toute la connaissance est dans notre poche ; si nous voulons savoir quelque chose, il n'est plus utile de regarder dans le dictionnaire ou d'aller à la bibliothèque, car « Google est notre ami ». Or, cet engouement pour les vertus d'Internet laisse progressivement la place à une vision contemporaine du net très pessimiste en tant qu'il serait un concentré de milliards d'informations vraies ou fausses, officielles ou alternatives, spécieuses, hétéroclites, dangereuses, etc. que les citoyens [non-initiés] ne peuvent ni comprendre totalement ni comparer rationnellement ni analyser ni même simplement vérifier.

En effet, cela fait maintenant plus de deux siècles que se sont déroulées les Révolutions américaine (1776) et française (1789) et que nous peinons encore et toujours à faire germer un peuple éclairé et instruit ; et *a fortiori* dans ce monde numérique au sein duquel, justement, nous vivons et où il est de plus en plus difficile de démêler le vrai du faux avec la multiplication des médias, des informations et des interprétations politiques multiples d'informations qui y circulent. À ce sujet, nous parlons de plus en plus de réguler Internet, de vérifier la véracité des informations qui y circulent et de faire que la vie virtuelle soit aussi bien gérée que la vie réelle au sein de l'espace public. Chaque réseau social doit être considéré comme un espace public dans lequel les gens circulent et doit, en conséquence, être comparable à la rue dans laquelle nous marchons. Injurier sur les réseaux sociaux équivaut, par exemple, à injurier publiquement dans la rue. Or, cette volonté s'apparentant à une quête de nationalisation du net et à un contrôle des réseaux sociaux développe, avec hostilité, l'idée selon laquelle les citoyens n'auraient donc plus d'espace « à eux ». Internet restait cet espace de liberté permettant à l'individu d'être libre non seulement de la pression sociale, mais en plus – en étant une entreprise mondiale et privée – de la surveillance des pouvoirs publics.

En cela, le réseau social qui était analysé comme une sorte de nouvelle agora nous faisant bénéficier d'une liberté d'expression totale à l'américaine, est progressivement jugé comme étant le repaire de toutes les haines, des pensées rapides (des pensées en « 140 signes » sur X), des mouvements de groupes, des justices populaires et des théories alternatives dénuées de tout fondement scientifique. Le monde virtuel détourne les citoyens du monde réel, de la vérité scientifique et du raisonnement logique, et ce, au profit du mensonge, de la propagande et du délire conspirationniste. L'évolution technologique engendrerait, conjointement à la progression de l'intelligence de la machine, une espèce de « crétin digital » capable d'accumuler, certes, un nombre étonnant de connaissances dans divers domaines grâce à Internet, mais incapables de les discriminer, de les classer, de les hiérarchiser et de les contextualiser. Il n'est plus question, ici, d'affirmer que le peuple serait ignorant et barbare. Ce constat serait quelque peu excessif. La majorité des gens sont alphabétisés, savent écrire, compter, ont été à l'école jusqu'à 16 ans, ont des diplômes et ont les opportunités de s'instruire eux-mêmes à la médiathèque – du moins, lorsqu'ils en ont une dans leur ville. Le peuple contemporain est, d'une certaine façon, instruit ; simplement, celui-ci est mal instruit et s'imagine, grâce aux connaissances astronomiques auxquelles il a accès grâce à Internet, qu'il est, une fois qu'il en possède quelques-unes, aussi légitime que des spécialistes et des chercheurs. En cela, il fait fausse route et doit être ainsi « remis à sa place ».

Toutefois, l'idée est de remettre le peuple vaniteux à sa place (d'inférieur, donc) de sorte à ce que ne survienne pas une tyrannie du peuple et de la médiocrité, mais un triomphe de l'intelligence et de la connaissance émancipatrice. L'enjeu n'est pas tant de revenir à une monarchie, mais de chercher à recentrer nos réflexions sur la place légitime de la hiérarchie dans cette société numérique de l'information où « tous les discours » véhiculés ont tendance à se valoir. Sur Internet et ses plateformes naissent des *foules numériques*. Et cette réalité tend au peuple un miroir virtuel lui indiquant, par le reflet qu'il lui renvoie, qu'il n'est finalement pas un Peuple pacifié, rationnel et civilisé, mais bel et bien une « foule » violente, irrationnelle et barbare. Or, quelles solutions pourrions-nous mettre en place en dehors de solutions non démocratiques s'il est acté que nous ne croyons plus au potentiel intellectuel et politique du peuple ? En guise d'exemple historique, Victor Hugo qui n'était pas opposé à la République (et à la démocratie) en soi, estimait davantage que ce régime était trop ambitieux. Selon lui, la monarchie (qu'il défendait dans un esprit solennellement républicain) avait au moins le mérite de permettre à une élite d'exercer un pouvoir éducatif sur le pays et de transformer la *populace* en *peuple*. Cette élite serait une élite ayant, en somme, à l'endroit du peuple, des devoirs en termes de transmission de la connaissance. L'aristocratie ne serait donc plus une aristocratie de privilégiés ayant davantage de droits que les membres du « petit peuple », mais elle serait plutôt une aristocratie qui n'aurait que des devoirs envers lui. En tant que corps élitiste, cette aristocratie serait responsable de l'élévation de cette masse au même titre que des parents auraient des responsabilités envers leurs enfants et non des droits. Sans compter que ce peuple civilisé qu'est le peuple français avait, à son tour, comme le proclamait Victor Hugo en 1849, pour vocation « d'apporter la civilisation à la barbarie » dans le reste du monde – au lieu « d'apporter la barbarie à la civilisation »[47] comme il l'avait fait, selon Victor Hugo, lors de sa révolution ouvrière l'année précédente. Si « les races supérieures ont le devoir de civiliser les races inférieures » (Jules Ferry), les « aristocrates légitimes », au sein même de la nation, ont le devoir d'éduquer les masses. Cette idée très en vogue, parmi les intellectuels, au XIXe siècle trouvait déjà son origine sous la plume de Jean-Jacques Rousseau qui, dans son *Contrat social* (1762), exprimait son scepticisme concernant la démocratie en voyant

[47]Voir Marc Ferro, *Le livre noir du colonialisme XVIe-XXIe siècle : de l'extermination à la repentance*, 2003, Ed Fayard, Collection « Pluriel », 2018, p.844

en elle une étape préalable à l'ochlocratie. Et pour le cas du penseur anglais de la liberté John-Stuart Mill, celui-ci proposait d'identifier les citoyens les plus intelligents et les plus cultivés et de leur donner des voix supplémentaires de sorte à faire du suffrage universel une entreprise réellement destinée à œuvrer de la manière la plus éclairée et la plus intelligente qui soit pour le bien commun. John Rawls, dans sa *Théorie sur la justice*, résumait cette opinion de John-Stuart Mill en disant que :

> « D'après lui, des personnes ayant plus d'intelligence et de culture devraient avoir des voix supplémentaires afin que leurs opinions puissent avoir une plus grande influence. Mill croyait que, dans ce cas, l'inégalité du droit de vote était en accord avec l'ordre naturel des choses humaines, car, dans la conduite d'une entreprise commune où les individus ont un intérêt commun, ils reconnaissent que chacun devrait avoir voix au chapitre, mais que ces voix ne sont pas nécessairement égales. »[48]

Ainsi, la démocratie basée sur la stricte égalité des droits semblerait être, sur le long terme, pour ceux qui s'y opposent, bien plus autoritaire que l'autocratie elle-même ou bien plus oligarchique qu'une monarchie ; la raison étant qu'elle ne tiendrait pas compte des inégalités naturelles indéniables et inéluctables qui, si elles ne sont pas identifiées et reconnues, rendent seulement possible la domination invisible de ceux qui bénéficient de l'inégalité. La véritable démocratie serait, selon eux, une démocratie tenant compte des inégalités naturelles. Une démocratie qui prendrait en compte la nécessité de la hiérarchie ferait adhérer le peuple à la reconnaissance d'êtres supérieurs qui, de façon autoritaire, gouverneraient dans l'intérêt de toute la communauté. Ces « grands hommes » peuvent être des Jules César (dont la politique monarchique et autoritaire a inspiré la notion connue de « césarisme » qui est arrivée à la fin du XVIIIe siècle, suite à la Révolution française), des Napoléon ou encore des Charles De Gaulle. Ces dictateurs vertueux, pour adopter un langage robespierriste, tendent à rendre cette démocratie par le haut davantage attrayante, aux yeux du peuple, que la démocratie par le bas ; la première visant, en effet, à concéder à un homme charismatique et moral les pleins pouvoirs afin qu'il puisse en user de manière vertueuse, et ce, dans l'intérêt de son peuple, alors que la seconde repose sur l'idéal de l'égalité politique en ce sens qu'elle aspire à garantir l'égalité politique (droit égal, parmi les citoyens, de voter et de participer à des élections) et l'existence de contre-pouvoirs puissants.

Nous pouvons défendre la démocratie [par le haut] en aspirant, de fait, à l'arrivée au pouvoir d'un « homme providentiel » décidant et agissant dans

---

[48] John Rawls, *Théorie de la justice*, 1971, Ed Points, Collection « Essais », 2009, p.269

l'intérêt du peuple. Et nous pouvons défendre la démocratie [par le bas] en sachant et en acceptant, pourtant, qu'une partie de la population sera frustrée, tandis qu'une autre sera satisfaite dans la mesure où la démocratie – et nous devons cette conception de la démocratie à Paul Ricœur – ne peut être réelle que si celle-ci repose sur le conflit organisé permanent. En cela, nous concevons le fait que la démocratie n'est pas nécessairement le régime du respect absolu de la volonté générale et du consentement populaire. Simplement, la démocratie ne serait qu'un jeu faisant des perdants des élections d'aujourd'hui les gagnants des élections de demain. Or, la démocratie par le haut est, sans surprise, risquée en ce sens qu'elle peut dégénérer sur un abus de pouvoir (tyrannie) ; et le risque de la démocratie par le bas est que ceux qui remportent les victoires électorales soient les mêmes citoyens (oligarchie) ou la même idéologie politique (dictature officieuse d'un parti unique qui comprendrait, tacitement, la majorité des citoyens par tradition politique et conformisme social). Or, les victoires politiques des mêmes personnes et des mêmes partis entraîneraient, dans la population, l'amer sentiment que nous serions dans une « démocratie bourgeoise » (donnant lieu à une « république des énarques ») ou dans une dictature de la « pensée unique » ; ce qui la conduirait, alors, à préférer un régime autoritaire affiché comme tel à un régime démocratique dans lequel se cacherait une oligarchie insidieusement dictatoriale.

Et dans le même temps, nous pouvons rejeter la démocratie au nom, justement, du fait que nous défendons l'intérêt du peuple pour lequel nous sommes, hélas, persuadés que la démocratie constituerait une fausse bonne idée parce qu'elle serait le régime de l'argent, le gouvernement des juges, le pouvoir implicite des lobbys ou, plus simplement que cela, le pouvoir de la *populace,* dont la médiocrité triomphante causerait, inéluctablement, sa perte et celle de la nation. Cependant, cette complexité intellectuelle, au sujet de notre adhésion ou non à la démocratie – complexité relevant, même, à certains égards, de la schizophrénie –, est amplifiée par le clivage politique, datant de la Révolution de 1789, entre la gauche et la droite. Clivage que certains estiment réel et que d'autres estiment être un moyen de séparer le peuple afin de mieux le gouverner. Or, la compréhension de cette opposition est fondamentale si nous voulons, en réalité, comprendre le clivage existant entre les démocrates et les non-démocrates et, surtout, si nous voulons, plus précisément, saisir le fait que les non-démocrates peuvent, paradoxalement, tout aussi bien que les démocrates revendiqués, être des démocrates à leur manière. La principale nuance étant que les non-démocrates défendent les *valeurs* de la démocratie et non le *régime politique* [dépourvu d'idéologie] en lui-même. Seulement, le clivage entre la droite et la gauche aussi bien que celui entre les démocrates et les non-démocrates porte, spécifiquement, sur le fait de croire ou de ne pas croire à cette valeur cruciale qu'est l'égalité.

La gauche et la droite

Le clivage gauche-droite a déjà existé, à sa manière, sous l'Ancien Régime et a été décrit par Joël Cornette, dans *La monarchie*, comme une opposition entre ceux qui souhaitaient que le royaume soit gouverné par la société civile et non par une autorité royale (gauche) et ceux qui déploraient la mollesse de Louis XVI et qui, donc, souhaitaient ardemment le durcissement du pouvoir royal (droite). D'ailleurs, nous pouvons même y ajouter les centristes qui optaient, à cette même époque, pour une monarchie tempérée. Et par la suite, le clivage, au lendemain de la Révolution, était double. Ou bien, il marquait l'opposition entre les révolutionnaires (les Français de gauche) et les anti et contre-révolutionnaires[49] (les Français de droite) ou bien il marquait une opposition entre la République libérale et bourgeoise (République de droite) et la République jacobine, socialiste et étatiste (République de gauche). Il a même, d'ailleurs, été question, chez les historiens des idées, de cliver la gauche et la droite sur la base du regard porté sur la modernité ; la gauche serait plus encline à être moderne, tandis que la droite serait plus encline à être, à l'inverse, antimoderne. Et aujourd'hui, le même clivage entre la droite et la gauche peut s'opérer ou bien entre l'idéologie réactionnaire et traditionaliste et l'idéologie « progressiste » ou bien entre l'idéologie libérale et l'idéologie collectiviste.

Au sujet des droites, elles étaient, selon le spécialiste des droites françaises René Rémond, dans *Les droites en France* (1954), découpées en trois courants (il parlait lui-même de la « tripartition ») : la contre-révolution qui défend une idéologie cléricale, anti-libérale et anti-égalitaire, l'orléanisme qui prône une idéologie à la fois cléricale et libérale (sachant qu'il pouvait également, selon Philippe Nemo, dans *Histoire des idées politiques aux temps modernes et contemporains*, y avoir un orléanisme de gauche incarné par François Guizot et Adolphe Thiers) et le bonapartisme qui est nationaliste et anti-libéral. Philippe Nemo y avait même ajouté la démocratie chrétienne que l'on pouvait, tout compte fait, aussi bien classifier à gauche qu'à droite. Toutefois, René Rémond avait, plusieurs décennies plus tard, rajouté trois nouvelles droites, dans *Les droites aujourd'hui* (2007), comme la « droite libérale », la « droite gaulliste » et la « droite extrême ».

---

49 La différence entre les contre-révolutionnaires et les antirévolutionnaires est importante d'être faite dans la mesure où les premiers sont ceux qui souhaitent employer des moyens révolutionnaires [et radicaux] pour revenir à la monarchie d'Ancien Régime, tandis que les seconds sont ceux qui partent du principe que la révolution est mauvaise en soi et qu'agir en révolutionnaire – même pour lutter contre les idéaux de la Révolution – ne fait pas de nous des opposants à cette Révolution, mais sa continuité.

Cependant, contrairement aux idées reçues, la droite peut se montrer libérale (politiquement) et même démocratique. Pour le cas de la droite dite modérée, il a été observé que, depuis les années 1970, certaines personnalités politiques de droite ont pu être en faveur de la progression des droits des femmes (par exemple, l'avortement a été légalisé en 1974 sous un gouvernement français de droite, celui de Valery Giscard d'Estaing), de la dépénalisation de l'homosexualité ou encore de l'antiracisme et de la lutte contre l'antisémitisme. Dans l'intérêt de la République, droite et gauche sont devenues, à la suite de la Seconde Guerre mondiale, soudées – malgré leurs divergences politiques – contre « la haine » de l'extrême droite sous laquelle les droits humains et les libertés individuelles sont en danger de mort constant. Leurs différences politiques sont alors à mettre au second plan, dès lors qu'il est nécessaire de faire front face à la menace que fait peser sur la démocratie le spectre de l'extrême droite. Mais cet attachement aux droits humains et à la démocratie, chez la droite française, a eu, en vérité, trois principales explications. Premièrement, les Français de droite ont, comme tous les Français, été traumatisés par le fascisme et le nazisme ; ce qui les a, inéluctablement, poussés dans les bras de la démocratie. Deuxièmement, la droite désirait montrer patte blanche afin de convaincre la société qu'elle n'avait rien à voir avec l'extrême droite, associée au fascisme et au nazisme, c'est-à-dire à la « bête immonde ». Et troisièmement, il y avait un intérêt économique à flatter les minorités dans un contexte de libéralisation de l'économie. Être entrepreneur et, ainsi, ne pas dépendre de l'Etat nous oblige à ne dépendre que des individus-consommateurs. Nous devons montrer aux femmes, aux homosexuels, aux noirs et à toutes les autres minorités qu'ils sont des consommateurs bienvenus – dans notre magasin ou notre parti ! – et donc flatter leur différence à des fins commerciales. Cependant, l'écart à trouver, pour une personnalité publique de droite (qu'il s'agisse d'un capitaine d'entreprise ou d'un politicien), est toujours délicat en ce sens qu'il faut trouver un juste-milieu entre veiller à ne pas rebuter la clientèle traditionnelle de droite en disant « oui à l'avortement » ou « it's ok to be gay ! » et s'assurer de ne pas non plus choquer la clientèle féminine ou homosexuelle en défendant des valeurs sexistes et homophobes. C'est ainsi que ce grand écart difficile à tenir – entre le pragmatisme commercial et le traditionalisme – ne peut déboucher que sur l'indifférence (neutralité) à l'endroit de la politique (ce qui conduit la personne de droite à rendre, dès lors, identiques le libéralisme économique et l'absence d'idéologie). Indifférence qui explique, d'ailleurs, pourquoi revendiquer une neutralité politique et idéologique est, aujourd'hui, associé au fait de prêter une allégeance réelle et cachée (car inavouable) à la droite. La gauche affiche sans complexe qu'elle est de gauche, tandis que la droite est un peu plus timorée à l'idée de s'afficher comme telle[50]. Et cette posture quasiment

[50] Le « Ni droite Ni gauche » (qui est, d'ailleurs le titre d'un livre de l'historien Zeev Sternhell

apolitique perceptible chez le citoyen de droite s'exprime par une indifférence à l'égard de ce que peut faire son voisin. En d'autres termes, ce que ce dernier fait n'est nullement son « business » (son *affaire* ou son *problème* en français). Que son concitoyen ait ou non des droits, cela lui importe peu ; sa différence [raciale, sexuelle, religieuse, etc.] n'étant pas une question puisqu'elle n'impacte pas sa propre personne et n'empiète pas sur sa propriété. En ce sens, il est, par pure indifférence, en faveur de sa liberté d'agir et de vivre dans la simple et bonne mesure qu'il le laisse [agir, faire ou penser] dans son coin.

Or, reste-t-il que cette indifférence le rend favorable ou non à la démocratie en fonction de vers où tourne le vent politique. Lorsque la majorité des Français sont en faveur du mariage homosexuel, l'indifférence des Français de droite sur cette question les rend, insidieusement, en faveur des droits des homosexuels. Cependant, lorsque la majorité des Français réadoptent des points de vue conservateurs sur le féminisme, par exemple, l'indifférence des Français de droite sur cette question les rend, au contraire, implicitement en faveur de l'oppression renaissante des femmes. La droite, même libérale (et grossièrement individualiste), n'est, donc, pas en faveur de la démocratie en ce sens qu'elle laisse les gens agir et les choses se produire tant qu'elle n'en est pas directement impactée. Opter pour la neutralité, c'est opter pour ledit mal non démocratique.

Quant à l'extrême droite, nous pouvons, il est vrai également, de manière inattendue, observer une affection très prononcée pour le libéralisme ainsi que pour la démocratie. Le libéralisme de l'extrême droite a pour origine une hostilité marquée à l'égard de l'Etat en tant que garant de l'égalité et de la liberté (valeurs modernes contraires aux valeurs traditionnelles) et de la République laïque. Hostilité développant, alors, un goût pour le libéralisme économique et politique (entendons par libéralisme politique la liberté d'expression dont l'extrême droite, en Occident, souhaite jouir au même titre que les autres mouvances). L'extrême droite catholique française, par exemple, rechigne à payer des impôts servant à financer des associations LGBTQ+, le planning familial ou encore des spectacles subventionnés véhiculant des messages politiques anti-religieux (ou simplement caricaturaux envers l'Église ou le Christ) et refuse que seule l'école publique

sur l'histoire du fascisme français) est, traditionnellement, associé au projet fasciste d'opter pour une troisième voie (ni socialisme ni libéralisme) – nous serions donc d'extrême droite en niant notre appartenance à un camp binaire – ou à une peur d'afficher explicitement le fait d'être à droite sous peine d'être « infréquentable » (car perçu justement comme d'extrême droite). D'où le projet – certes, avorté – de la droite française, dans les années 2010, d'imposer, sur la scène politique, une « droite décomplexée » dont l'objectif était d'imposer à la France de « vraies » valeurs de droite et non des valeurs de droite tolérées par la gauche. Le concept de la droite décomplexée a été inventé par Jean-François Copé alors président, à l'époque, de l'UMP (Union pour un Mouvement Populaire).

(appelée, jadis, « l'école du diable ») fasse l'éducation des enfants ; ceci ayant pour conséquence le développement de l'école privée, voire des écoles hors-contrat. Les militants d'extrême droite accordent, dès lors, une vive importance à l'indépendance économique vis-à-vis de l'Etat et à la liberté d'expression. Ils souhaitent éduquer leurs enfants comme ils l'entendent et voir leurs idéologies être représentées dans les médias *mainstream* au nom du respect du pluralisme idéologique, posséder leurs propres médias de sorte à faire contrepoids aux médias dominants et, surtout, ne pas être, politiquement, ostracisées par la société. Ils souhaitent ainsi faire de leurs opinions politiques et religieuses des opinions aussi respectables que celles des autres. Toutefois, ils défendent la démocratie non pas par conviction, mais par intérêt. Ils la défendent dans le sens où la démocratie, en étant libérale, leur permet de contribuer faiblement par l'impôt au fonctionnement de la nation régie par des idéaux contraires aux leurs. Ainsi, le libéralisme est promu par une extrême droite qui revendique le droit de ne pas participer à la construction d'une nation et d'un Etat dans lesquels elle ne se reconnaît pas ; et la démocratie l'est tout autant afin qu'il soit possible de voir ses droits fondamentaux être protégés et de pouvoir diffuser, en toute liberté, ses idées, même si celles-ci sont contraires à la démocratie. Ils sont, finalement, à l'image des contre-révolutionnaires qui souhaitaient, au XIXe siècle, faire la Révolution afin de revenir à la monarchie d'Ancien Régime – c'est-à-dire qui utilisaient les méthodes des révolutionnaires, mais contre eux-mêmes et leurs idéaux. Toutefois, ces démocrates d'extrême droite utilisent la démocratie – ou le républicanisme, pour le cas français – afin de tendre, en vérité, vers un modèle non pas monarchiste ou religieux, mais autoritaire et nationaliste[51].

---

[51]Plus étonnant encore, dans le courant libertarien prônant, ainsi, une liberté totale tant dans le domaine économique que politique, il a été observé que, depuis les travaux de l'anarcho-capitaliste Murray Rothbard, dans les années 1980, cette tendance s'est parfaitement mêlée à la mouvance traditionaliste et conservatrice. Murray Rothbard a concilié ce qui, semble-t-il, était incompatible avec le concept de « paléolibertarianisme ». Grâce à ce courant philosophique, il est en effet possible d'être pour une extrême liberté (rendue impossible par l'existence de l'Etat) tout en s'opposant à l'avortement, aux droits des homosexuels ou encore, des trans comme nous en avons des exemples avec Javier Milei, président actuel [libertarien] de l'Argentine et Elon Musk, soutien du candidat conservateur Donald Trump durant la présidence de 2024. D'autre part, ce phénomène a pu être observable avec le collectif américain des « citoyens souverains », né dans les années 1970. Ce collectif regroupant plusieurs centaines de milliers d'adeptes est anti-gouvernemental, anti-taxes et hostile à une quelconque loi fédérale (les seules lois légitimes étant celles que se fixe le comté). Ils estiment pouvoir être les maîtres de leur propre interprétation de la loi, ce qui leur conférerait le droit de ne pas se soumettre à une loi particulière et, donc, de ne pas consentir à la condamnation d'une Justice publique. Ce farouche rejet de l'Etat et du gouvernement donne, ainsi, lieu à des conspirations affirmant que le gouvernement souhaite nuire aux intérêts du peuple et qu'en plus de cela, celui-ci est corrompu par des pouvoirs cachés. De ces théories complotistes découlent des certitudes que le gouvernement souhaiterait alors restreindre les libertés des citoyens et ce, en instaurant un climat de peur. Les attentats du 11 septembre seraient une machination du gouvernement visant

Pour les gauches, elles étaient, selon l'historien des gauches Jacques Julliard dans *Les gauches françaises* (2013), au nombre de quatre : la gauche jacobine, la gauche libérale, la gauche collectiviste et la gauche libertaire. La gauche est considérée comme étant une défenseuse naturelle de la démocratie. Comme la droite, la gauche croit à l'inégalité qui caractérise nos sociétés. Simplement, celle-ci voit cette inégalité d'un très mauvais œil. La gauche estime que la démocratie est un régime vertueux qui n'effacera pas ces inégalités, mais permettra, par le biais de la *justice sociale* (c'est-à-dire du système des inégalités justes), une juste rotation sociale des élites (les fils de pauvres deviendraient riches et les fils de riches pourraient, comme tout le monde, connaître le déclassement) ou qu'elle est une finalité que l'on ne pourra, cependant, atteindre qu'en ayant recours à la violence en raison du fait que ceux qui détiennent le pouvoir ont, avec eux, l'ensemble des institutions ainsi que la force policière et armée. A gauche, nous pouvons être contre la démocratie. Cependant, cette opposition à ce régime n'est justifiée que par le fait qu'il n'est pas suffisant d'y avoir recours, si nous cherchons à apporter au peuple et aux individus la liberté et aux citoyens, entre eux, l'égalité réelle.

à instaurer la peur dans le pays et que cela débouche sur un consentement de la population américaine à ce que les pouvoirs publics renforcent le contrôle et la surveillance des citoyens et de leur vie privée ; la Covid-19 serait également un prétexte pour restreindre les libertés à travers le confinement qui serait un moyen de tester la docilité de la population pour, ensuite, la contrôler entièrement avec l'instauration d'un Etat totalitaire. Ces projets gouvernementaux seraient commandités par un « État profond » sans qui rien, dans le pays, ne serait possible. Tout passe par une élite que l'on ne connaît pas et qui, pourtant, contrôle, la totalité du pays et du monde (par réseaux). Les présidents sont choisis par elle, les célébrités n'existeraient pas sans son aval (personne ne serait « star » par hasard) et les mouvements sociaux anti-racistes – comme Black Lives matter –, féministes, ou LGBTQ+ seraient commandités par celle-ci. En conséquence, il existe, parmi les libertariens de droite, une part importante de « survivalistes » qui revendiquent le droit de vivre indépendamment des pouvoirs publics et des valeurs promues par la société, comme celles gravitant autour de la philosophie des droits humains. Les gays, les trans, les féministes, les immigrationnistes, les antiracistes, etc. seraient ou bien des agents conscients de l'Etat profond ou bien des « idiots utiles » de celui-ci. Ces idéologies « droits-de-l'hommistes » seraient en lien direct avec le projet de l'Etat de voler et de contrôler les citoyens par l'impôt. Nous contrôlerions l'esprit des citoyens par la propagande « *woke* » ou « gauchiste » comme nous contrôlerions leur quotidien par le vol fiscal. Le gauchisme égalitariste consisterait à castrer le mâle et à supprimer des populations – et principalement les populations majoritaires et « autochtones » occidentales » – toute la volonté de puissance afin que plus aucun peuple ne soit en mesure de se rebeller. L'égalité démocratique serait un moyen pervers de supprimer, chez les citoyens, toute force aristocratique, virile, rebelle et créatrice ; elle les transformerait ainsi en citoyens domestiqués ne faisant que ce que le gouvernement leur dit de faire. En ce sens, la liberté à prendre – vis-à-vis du gouvernement et de l'Etat – doit, selon les libertariens de droite, être économique aussi bien que politique ; d'où la jonction d'une lutte contre un État économiquement interventionniste (même de façon minimale) et l'affirmation d'une idéologie politique conservatrice et, par là, hostile aux droits humains, à la liberté et à l'égalité. Nous avons, là, un exemple type de ce que peut être le libertarianisme à l'heure actuelle ; c'est-à-dire une idéologie combinant libéralisme économique extrême et traditionalisme liberticide.

Du XIXe siècle aux années 2000, la gauche communiste a prôné la dictature en tant que moyen, pour les prolétaires, d'accéder à l'émancipation économique et politique. La réalité politique est dirigée par une réalité économique caractérisée par le rapport de force permanent entre différentes classes sociales qui n'ont pas les mêmes intérêts et qui ne permet pas au peuple d'obtenir la justice et la liberté par le recours à la démocratie. Depuis quelques années, nous assistons à l'émergence d'une nouvelle gauche que nous estimons, dans la mécanique intellectuelle, comparable à la gauche communiste. Il s'agit de la gauche *woke* qui, selon de nombreux observateurs français, remplace la lutte des classes par la lutte des *races* et des sexes et est même totalitaire aux yeux de nombreux de ses détracteurs issus de la gauche républicaine et de la droite conservatrice et traditionaliste. En effet, l'idéologie *woke* repose sur l'idée que même si, désormais, tous les humains sont égaux en droits, ces derniers continuent de subir une société et un monde hiérarchisés à cause d'un passé [colonial, patriarcal et capitaliste] que nous ne sommes pas tout à fait parvenus à dépasser. Ce passé dans lequel les « racisés », les homosexuels, les femmes, les handicapés, etc. ont été infériorisés et invisibilisés continue de nous empoisonner l'esprit à notre époque. Un conte traditionnel comme *La belle au bois dormant* rendrait, dans l'esprit des jeunes garçons, légitime le fait qu'un homme embrasse une femme sans son consentement (pendant qu'elle est endormie) et une statue à l'effigie de Colbert enverrait aux Français blancs le message que l'esclavage était une pratique à laquelle nous pourrions rendre hommage, que nous pourrions célébrer. Les modernes que nous sommes continuent d'être conditionnés par les anciens. Ce constat nous oblige, dès lors, à devenir éveillés (*awake*) face à ces représentations (ressentis comme des « micro-agressions » par les groupes historiquement opprimés) qui empêchent les rapports sociaux d'être sains (à cause des *discriminations ordinaires* qui empoisonnent les relations).

Pour cela, les méthodes à employer pour parvenir à toucher du doigt une société dans laquelle tous les groupes sociaux seraient inclus et représentés ne sont, effectivement, pas démocratiques. Différentes solutions sont proposées comme la *cancel culture* (interdiction de mettre en vente des œuvres d'art en raison du fait qu'elles véhiculeraient des messages sexistes, racistes, misogynes ou homophobes), la restriction de la liberté de création (imposition de quotas de minorités dans les scénarios, révision de manuscrits qui contiendraient des éléments pouvant heurter la sensibilité de minorités, etc.) ou encore la condamnation à la mort sociale de personnalités publiques sur la base d'une accusation (et principalement si celle-ci porte sur un viol). Les méthodes du *wokisme* (qualificatif adopté par les détracteurs de la pensée *woke*) tendent à adopter, il est vrai, des méthodes s'apparentant à celles que nous connaissons dans les régimes autoritaires classiques. Cependant, les débats tournant autour de la légitimité et du caractère démocratique de ces propositions (pouvons-nous faire autrement ?) nous obligent à réfléchir sur la légitimité de la violence, et ce, au nom de la démocratie. Pendant qu'à droite, nous tendons à utiliser les moyens de la démocratie pour aboutir à une société non-démocratique, nous tendons à gauche à utiliser des méthodes non-démocratiques pour aboutir à la fameuse démocratie « réelle ».

Mais, finalement, que sont, essentiellement, la gauche et la droite ? Jacques Julliard avait présenté Condorcet comme étant le père spirituel de la gauche dans la mesure où il voyait le sens de l'histoire comme étant l'évolution continue des sociétés vers le progrès humain ; conception philosophique sur laquelle la pensée de gauche repose. Ainsi, la gauche est le progrès – ou le progressisme – et la droite est, à l'inverse, la tradition (qui comprend la réaction et la conservation). Et plus exhaustivement, la gauche représente la culture de l'égalité qui conduit, en toute logique, à l'émancipation, tandis que la droite représente la culture de l'inégalité naturelle qui conduit, en toute logique, à la recherche d'un chef. Par exemple, pour le cas des relations hommes-femmes, les féministes françaises (Hubertine Auclerc, Louise Michel, Edith Thomas et Simone de Beauvoir) étaient toutes des femmes de gauche (socialistes) ; elles croyaient si bien à l'égalité entre les sexes qu'elles défendaient l'émancipation politique et économique de l'un (le sexe féminin) vis-à-vis de l'autre (le sexe masculin) dans un contexte économique bourgeois et patriarcal. La gauche a tendance à dénoncer la violence de la police sur le civil (même le plus violent), la mise en avant de la culture académique au détriment de la culture populaire, l'autorité intellectuelle des « experts » sur les citoyens lambdas, le culte de la tradition au détriment de la modernité ou simplement l'autorité des aînés (parents ou professeurs) sur les enfants. À l'inverse, la droite défend la police en rappelant le fait qu'elle est, en tant qu'organe de l'Etat, la seule détentrice de la violence légitime, prône la juste hiérarchie entre la culture académique et la culture populaire, entre la tradition et la modernité, entre les sachants et les non-sachants, les talentueux et les non-talentueux ainsi qu'entre les aînés et les enfants. En effet, les valeurs de droite reposent sur le constat que, les hommes n'étant pas égaux, ces derniers ont besoin d'un chef, qui incarnerait une autorité juste et légitime, afin de gouverner dans leur intérêt. Antoine Blanc de Saint Bonnet, dans *La restauration française* (1851), résumait assez bien cet esprit en disant : « Il n'y a que deux lois au monde : la loi de la nature, dans laquelle les espèces supérieures mangent les espèces inférieures ; la loi divine dans laquelle les espèces supérieures secourent les êtres plus faibles. »[52] . Être de droite peut ainsi vouloir dire être royaliste, nationaliste, impérialiste ou encore partisan de l'idée que le pays devrait être dirigé par un « homme-providentiel ». En France, la droite royaliste attend l'arrivée de Louis XX sur le trône ; la droite impérialiste demeure nostalgique de l'empire

[52] Antoine Blanc de Saint Bonnet, *La restauration française*, (1851), Ed du Drapeau Blanc, Collection de la « Légitimité », 2022, p.130

napoléonien ; et les droites nationalistes et favorables à l'arrivée d'un homme providentiel ne semblent jurer que par le Général de Gaulle. La droite est animée par la culture du chef.

Et pour ce qui est des « extrêmes », il ne s'agit pas là d'être « excessif », mais d'aller à l'extrémité, c'est-à-dire jusqu'au bout des conséquences de l'idée que nous défendons. Par exemple, l'extrême gauche qui désire l'égalité totale [sociale, économique et politique] doit inéluctablement, planifier la destruction des classes sociales ainsi que la suppression de la propriété privée. Ces deux solutions sont la conséquence logique la plus aboutie de l'égalité sociale, économique et politique réelle souhaitée. Et l'extrême droite est « extrême » de par son culte du chef qui, à la différence de la droite dite « modérée », est, ici, le chef total et suprême qu'est Dieu, ce qui implique qu'elle est animée par un esprit théocratique promouvant ainsi les mérites de l'influence de la religion sur la société civile (le chef ne peut tirer sa légitimité que de Dieu[53] qui est *de facto* l'autorité suprême et

---

53 Que ce soit aux Etats-Unis, en Israël, en Inde, en Russie ou au Brésil, l'extrême droite est affiliée à la religion. Qu'il soit question des catholiques intégristes, des évangéliques, des nationalistes hindous, des juifs ultra-orthodoxes, etc. la religiosité se trouve à la droite extrême de l'échiquier politique tandis qu'elle tend à disparaître à mesure que nous nous rapprochons de la gauche, voire de l'extrême gauche. En Europe de l'Ouest, l'extrême droite, il est vrai, a fait preuve d'une si grande cruauté à l'égard des juifs, des homosexuels, des communistes, des tsiganes, des femmes, etc. que nous n'avons pas, aujourd'hui, de figure religieuse ayant autorité sur la politique ou de discours politiques adoptant explicitement des discours hiérarchisant (rendus légitimes par la religion) les citoyens et appelant à ce que cette hiérarchisation soit inscrite dans le Droit. Cette hiérarchisation des humains a comme fondement la croyance dans l'infériorité de l'humain devant Dieu et de sa supériorité sur l'animal ; de là naît une logique politique inégalitaire régissant, par la suite, les rapports sociaux. Du moins, telle est la thèse des anarchistes du XIXe siècle. Mais ces discours discriminants seraient reçus avec une trop grande brutalité par l'opinion publique (même les Européens classés à la droite dite « dure » ne supporteraient pas non plus que de telles idées soient défendues). Nous sommes, en Europe, dans l'optique que la religion finit, tôt ou tard, par être l'ennemi et de la paix, des droits humains ainsi que de l'autonomie de la pensée. Même au sein des partis dits d'extrême droite, la religion n'est pas ce qui fait Loi ; ou du moins, si nous l'invoquons, cela est toujours dans un contexte antimusulman – nous brandissons la croix (et parfois l'étoile) afin de montrer aux musulmans qu'ils n'ont pas leur place en Europe. Cependant, il n'est pas question de construire la nation et la société par elle (la religion). En France, la véritable extrême droite serait, à la rigueur, incarnée par des mouvements comme Civitas ou encore L'œuvre française et Ordre nouveau, c'est-à-dire des groupuscules ne comprenant même pas 1% de la population. Mais pour évoquer son lien intrinsèque avec la religion, l'extrême droite est, inéluctablement, en faveur d'un régime non-démocratique qu'il soit monarchique ou autocratique. En monarchie, le pouvoir du souverain (le roi) lui vient directement de Dieu alors qu'en autocratie, le pouvoir politique total du souverain tend à être appuyé par un pouvoir religieux (comme en Russie où le patriarche Kirill de Moscou a une influence sur le président Poutine) ayant, lui-même, un pouvoir social sur la population. Et ce pouvoir de la religion prôné par l'extrême droite est accompagné d'un attachement à l'idée de hiérarchisation. Dieu est au-dessus du souverain (le roi ou l'autocrate) qui, lui, est au-dessus de son parti (dominant ou simplement unique) duquel dépend toute une administration régissant, de façon arbitraire (religieuse ou idéologique), le quotidien des individus. Et même entre eux, les citoyens sont hiérarchisés. Les hommes sont supérieurs aux

incontestable) et de son pouvoir dans les institutions. Dieu légitime le pouvoir d'un homme sur les autres aussi bien qu'il le contrôle. Les extrêmes sont ainsi dans une totale cohérence politique ; elles vont jusqu'aux limites des effets de leurs convictions. D'ailleurs, ne pas aller jusqu'au bout de ses idées est regardé par les extrêmes comme une lâcheté, voire une preuve de corruption par le pouvoir qui ferait de nous, en somme, une « opposition contrôlée », alors que les « modérés » voient justement dans le jusqu'au boutisme idéologique une pente glissante vers une dérive sectaire de laquelle nous devons nous protéger à l'aide de la modération et de la raison.

Tous les cas que nous venons d'évoquer démontrent, finalement, que la démocratie n'est définitivement pas un régime politique comme les autres. Les deux raisons sont que toutes les mouvances politiques peuvent s'en réclamer (y compris les mouvances anti-démocratiques) et que, surtout, la démocratie est ou bien une finalité idéale ou bien un moyen politique relatif à un intérêt stratégique. Nous utilisons la démocratie par intérêt parce qu'elle nous guiderait tout droit vers une société, finalement, non-démocratique ou désirons la démocratie [« réelle »], mais sommes sommés d'admettre que celle-ci est difficile à construire et encore plus à maintenir ou qu'il faudrait utiliser des moyens violents et non-démocratiques pour y parvenir. Or, si cette démocratie – en tant qu'idéal visé – est si difficile à bâtir, et ce, à tel point que nous pouvons nous résigner à penser qu'elle n'appartient pas au domaine des possibles, quelle en serait la raison ? Est-ce pour la raison qu'elle est un régime véritablement parfait et, donc, incompatible avec la nature imparfaite des humains que nous sommes ? Ou n'est-il que simplement question du fait que la démocratie est le régime de tous les citoyens du peuple souverain en tant qu'ils sont des humains dotés de droits naturels [universels] et que, encore à notre époque, nous ne savons toujours pas de manière totale et définitive de ce qu'il en est de cette fameuse Humanité qui, en tant que concept philosophique et biologique, n'existe que depuis trois siècles ? Sommes-nous aujourd'hui en mesure de savoir qui est cet Humain dont l'étude nous permettra de connaître plus en profondeur le fonctionnement du régime démocratique ?

*

femmes (qui ne peuvent être supérieures qu'à leurs enfants ou à d'autres femmes ayant une autre couleur, une autre religion ou une autre caractéristique les rendant « indésirables ») ; les hétérosexuels sont supérieurs aux homosexuels ; les croyants majoritaires sont supérieurs socialement aux croyants minoritaires, etc. Or, la hiérarchisation des individus se fait, avant tout, entre les ancêtres et les contemporains. Les ancêtres sont aux Cieux. En cela, ils sont toujours « là » et nous observent. Ainsi, nous devons en être dignes afin de ne pas les décevoir et de ne pas détruire ce qu'ils ont eu tant de mal à construire. L'extrême droite est ainsi caractérisée par trois composantes : la religion, la famille et le sang – ou la *race*.

Tous les clivages que nous observons tant sur le plan des idées que sur le plan du choix des régimes politiques nous obligent à constater qu'il est dans la nature des humains de rechercher l'ordre social qui soit le plus en phase avec l'être-humain (selon ce qu'il est et non selon ce que nous voudrions qu'il soit) ou bien, plus spécifiquement, avec l'*être* de l'humain. Mais pourquoi désirer cette harmonie de l'être-humain avec ce qu'il est ? La raison est, tout d'abord, que, dans un esprit aristotélicien et même hégélien, l'harmonie de l'individu particulier (le *singulier*) avec lui-même conduira, naturellement, à son harmonie avec la société collective (l'*universel*) et que la compréhension de la complexité du *singulier* permettra de comprendre la complexité de l'*universel* dont, dans le même temps, ce singulier dépend. Mais comment rendre cette combinaison possible ? La manière de répondre à cette question a, jusqu'à maintenant, été polarisée en deux philosophies : ou bien nous optons pour la confiance absolue dans les capacités qu'auraient les individus à se gérer eux-mêmes (auquel cas, la liberté serait un moyen) ou bien nous optons pour la confiance accordée à une élite dont nous estimons qu'elle serait apte à accompagner le peuple dans la réalisation de lui-même et l'accomplissement de sa liberté réelle (auquel cas la liberté serait une finalité dont les moyens employés pour y parvenir seraient autoritaires). Les démocrates ne croient pas aux vertus de la verticalité et, surtout, ne croient pas au fait qu'elle puisse bénéficier aux « inférieurs » dans le sens où le détenteur du pouvoir supérieur est toujours condamné à en abuser ou alors dans le sens où, celui-ci étant trop éloigné des réalités des « inférieurs », ce supérieur ne pourra, en vérité, jamais être en mesure de résoudre leurs problèmes. Et les partisans des régimes verticaux ne croient pas aux vertus de l'horizontalité en ce sens que l'inégalité étant une réalité naturelle, l'égalité officielle – en droits – de tous les citoyens ne fera que masquer une inégalité officieuse qui se produira au profit des uns et aux dépens des autres.

Mais si l'inégalité est naturelle et que l'égalité des droits est une condition de la démocratie, alors comment faire en sorte que le formel ne soit pas, dangereusement, en contradiction avec le réel ? Il doit, en toute logique, exister une inégalité formelle conforme à l'inégalité naturelle ; mais laquelle si ce n'est pas l'inégalité de droits dont il s'agit ? Cette inégalité doit se baser, ainsi, sur le droit à la propriété dont certains disposeraient (une minorité aristocratique) et d'autres non (une majorité populaire). Et cette inégalité de propriété relèverait, plus spécifiquement, d'une inégalité en termes de *devoirs*. Les uns auraient plus de devoirs que les autres en tant qu'ils seraient les propriétaires de ce que les citoyens non-propriétaires utilisent. Les enfants n'ont pas les mêmes droits que les adultes en raison du fait que ces derniers ont le *devoir* de les protéger de la société ainsi que d'eux-mêmes ; l'inégalité, en termes de droits, bénéficie, finalement, à ceux qui ont moins de droits, à savoir les enfants ; les adultes étant responsables d'eux (en somme, l'inégalité des droits qui n'est pas compensée par une inégalité de devoirs constitue, ainsi, une pratique discriminatoire). La propriété implique et la responsabilité et la protection de ceux qui possèdent sur ceux qui ne possèdent pas. Ainsi, la société démocratique idéale serait-elle une société dans laquelle des citoyens « inférieurs » auraient les mêmes droits que les citoyens « supérieurs » qui, cependant, auraient des devoirs envers les premiers (inégalité de devoirs, donc) qui seraient justifiés par l'appropriation de territoires que des habitants [inférieurs] occuperaient et dans lesquels, à l'aide d'une protection garantie par une Constitution démocratique [universelle], ils pourraient jouir d'une liberté de se réaliser eux-mêmes ? Avant de penser la question démocratique d'un point de vue aristocratique comme la question précédente semble l'évoquer, nous allons tout d'abord évoquer les enjeux auxquels est confrontée la démocratie et faisant d'elle un régime quasiment qualifiable d'impossible si nous nous fions à sa dimension strictement formelle, et ce, en répondant, en somme, à la question suivante : La démocratie peut-elle être démocratique en étant un régime politique technique et neutre ? Le *formel* en démocratie entre en contradiction avec le *réel* ; en ce sens, la réalité de l'inégalité n'a-t-elle pas d'autre choix que d'influencer, *a minima*, le formel en le rendant quelque peu inégalitaire et donc, d'une certaine mesure, non-démocratique d'un point de vue formel ? Les caractéristiques de la démocratie que nous chérissons tous sont-elles véritablement effectives dans un régime politique techniquement démocratique ? La maturité d'un peuple, en démocratie, se mesure en partie à sa capacité à accepter cette contradiction inhérente à la démocratie entre le *droit* et le *fait*. Mais, au sujet de l'inégalité *de fait* qui semble être une réalité indiscutable des rapports humains et sociaux, la maturité d'un peuple démocratique ne se mesure-t-elle pas plutôt à une sage acceptation de la réalité inégalitaire ? Et cette acceptation de la réalité inégalitaire ne pourrait-elle pas déboucher sur une acceptation de sa propre infériorité – en tant qu'individu et non en tant que groupe communautaire ou social – conduisant, en fin de compte, l'ensemble du peuple à consentir naturellement à une officialisation et à une formalisation de l'inégalité qui répondrait, potentiellement, à l'intérêt de *tous* ?

Deuxième partie

La Démocratie impossible

La démocratie privatisée

La démocratie qui a été longtemps privatisée par les nations occidentales, afin d'être connue dans sa complexité et son entièreté, doit avant tout être connue dans sa diversité [civilisationnelle]. Nous avons mentionné, précédemment, que les démocraties étaient, déjà, diverses dans leur fonctionnement avec les démocraties directe, participative et représentative ou encore, selon la façon dont nous interprétons la notion de *démocratie*, avec les conceptions étymologiste et juridique de ce régime. Or, concevons-nous, toutefois, que les non-Occidentaux puissent aussi avoir une culture démocratique ? Est-il, en cela, véritablement pertinent de parler de démocratie française, allemande, italienne, américaine, japonaise, indienne, etc. laissant penser par là qu'il n'y aurait pas *une* démocratie, mais une infinité possible de démocraties ? Ce qui constituerait, donc, une porte ouverte quelque peu dangereuse à tous les dévoiements de la démocratie par des pays qui, tout en se disant démocratiques, agiraient en réalité de manière inverse. Cette étude comparée des démocraties a été l'ambition de l'ouvrage collectif *Démocraties d'ailleurs* (2000), écrit sous la direction de Christophe Jaffrelot. Le propos était de montrer que les pays « hors d'Occident » étaient arrivés, dans les années 1990, « à la démocratie par des voies différentes de celles de l'Occident » et que leur évolution politique vers ce régime devait tout de même être prise au sérieux au même titre que l'évolution politique des nations occidentales[54]. La fin du XXe siècle qui sonna l'affirmation culturelle et politique des civilisations non-occidentales marqua ainsi la volonté mondiale de retirer à l'Occident la paternité exclusive de la démocratie. En effet, il était naturel, chez les Occidentaux, de partir de l'évidence que l'Occident, à lui seul, a le monopole de la démocratie et que cette légitimité à prétendre être le garant unique de ce régime politique viendrait de son héritage grec de la démocratie athénienne ainsi que de sa culture chrétienne comprenant, dans sa matrice, la distinction du pouvoir spirituel et du pouvoir temporel (« rendre à César ce qui est à César et à Dieu ce qui est à Dieu »). Et cette spécificité chrétienne est alors regardée – par

[54] Voir *Démocraties d'ailleurs* dirigé par Christophe Jaffrelot, 2000, Ed Karthala, Collection « Recherches internationales »

les militants, politiciens et intellectuels défenseurs de la civilisation occidentale – comme étant à l'origine de deux fondements de la démocratie moderne : la laïcité et la séparation des pouvoirs.

L'Occident, depuis le XVIIIe siècle, est une civilisation fondant son identité sur la base de deux valeurs : la défense des droits humains et le libéralisme économique. Or, quels pays composent l'Occident ? Samuel Huntington, dans son *Choc des civilisations* (1996), présentait la civilisation occidentale comme le regroupement des pays d'Europe de l'Ouest, d'Amérique du Nord, de l'Australie et de la Nouvelle-Zélande. En somme, il s'agirait de toutes les nations adhérant à l'économie de marché et au libéralisme politique. Mais cette géographie récente de l'Occident a-t-elle toujours été ainsi ? La réponse semble être non, du moins si nous lisons, par exemple, *La route de la servitude* (1944) de Friedrich Hayek dans lequel il parlait déjà, dans un contexte de montée des nationalismes durant la Première Guerre mondiale, des valeurs occidentales de libéralisme et de démocratie incarnées par l'Angleterre et la France qui s'opposaient aux valeurs socialistes et fascistes de l'Allemagne et de l'Italie.

> Il disait :
>
> « Avant 1914 le véritable idéal allemand de la vie héroïque était menacé d'un danger mortel par les progrès ininterrompus de l'idéal commercial anglais du confort anglais et du sport anglais. […] Il existe une vie qui prime celle de l'individu : la vie du peuple, la vie de l'État ; le but de l'individu est de se sacrifier pour cette vie supérieure. Pour Sombart la vie, la guerre contre l'Angleterre est une guerre contre l'idéal commercial de la liberté individuelle, du confort anglais, dont la manifestation la plus méprisable lui paraît être les rasoirs mécaniques abandonnés dans les tranchées anglaises. ».[55]

Pourtant, de nos jours, l'Allemagne est un pays reconnu comme typiquement occidental. D'ailleurs, il n'est plus question, aujourd'hui, de présenter l'Angleterre comme le fer de lance de la culture politique occidentale ; les États-Unis d'Amérique occupent, désormais, cette fonction. Et l'ennemi privilégié des valeurs occidentales, en Europe, n'est plus l'Allemagne, mais la Russie – de Poutine[56] – qui affiche l'ambition de sauver

---

[55]Friedrich Hayek, *La route de la servitude*, 1944, Ed Puf, Collection « Quadrige », 2013, p.180-181

[56]Président russe qui affiche l'ambition de privilégier ses liens économiques et diplomatiques avec l'Asie de manière globale et la Chine, en particulier. La Russie qui, du temps de Pierre Le Grand (1672-1725), voulait s'européaniser tourne désormais ses yeux vers l'Orient. À croire, de ce fait, que la Russie deviendrait, désormais, une nation asiatique.

le monde spirituel chrétien menacé par la « dégénérescence de l'Occident » et de se rapprocher économiquement et diplomatiquement de l'Asie. Si l'Occident, en tant que civilisation dépositaire d'un système de valeurs libérales et libertaires peut élargir, ainsi, ses frontières (tout en changeant de nation-leader) en y comprenant des pays qui, autrefois, n'en faisaient pas partie – voire la combattaient –, nous pouvons alors imaginer que l'adhésion, prétendument occidentale, aux droits humains et au capitalisme libéral peut toucher tous les pays du monde. Par exemple, Israël, en tant que « seule démocratie du Moyen-Orient », estime partager les valeurs démocratiques et libérales de l'Occident et donc en faire partie. Par ailleurs, d'autres pays issus de l'ancien bloc soviétique, comme l'Ukraine aspirent à s'éloigner de l'ancien partenaire russe (appartenant, selon Huntington, à une civilisation distincte de la civilisation occidentale qu'est la « civilisation orthodoxe ») afin de se rapprocher du mode de vie occidental qu'il soit matériel, culturel ou politique. L'Occident pourrait, ainsi, élargir ou rétrécir ses frontières comme il le fait depuis, maintenant, un siècle et sera peut-être, même, un jour (qui sait ?), en mesure d'intégrer des pays émergents d'Amérique latine, comme le Brésil ou encore l'Argentine.

Mais un autre problème survient quant à la potentielle adhésion des sociétés non-occidentales aux valeurs démocratiques. Il s'agit du visage que nous donnons à l'Occident et de la possibilité, pour les autres civilisations, de s'identifier à lui ainsi qu'à ses valeurs libérales et libertaires. Nous avons cité, plus au-dessus, l'Allemagne, l'Angleterre, les États-Unis, Israël ou encore l'Ukraine qui sont des pays [majoritairement] blancs, européens et judéo-chrétiens. Cela tend à engendrer une association, faite par les sociétés non-occidentales, entre les droits humains et la « race » blanche – même si, nous pouvons constater que des pays blancs, européens et judéo-chrétiens comme la Pologne, la Hongrie, la Russie ou d'autres pays candidatant à l'intégration européenne comme la Serbie ou la Moldavie sont, dans leurs valeurs, aux antipodes des valeurs libérales et droits-de-l'hommistes occidentales et se rapprochent, d'ailleurs, davantage, dans leur traditionalisme (rapport à la religion, à la sexualité, à la verticalité politique, à la femme ou à l'étranger), d'un pays musulman du Moyen-Orient que d'un pays déchristianisé et libéral d'Europe de l'Ouest. Si le capitalisme libéral a été accepté, par pragmatisme, par la plupart des nations du globe, le libéralisme politique est, néanmoins, un pilier de la démocratie dont les valeurs défendues sont perçues comme étant des traits spécifiques de la culture occidentale, voire du monde « blanc ». Des personnalités politiques comme le président de la République de Tchétchénie Ramzan Kadyrov, l'ancien Premier ministre iranien Mahmoud Ahmadinejad ou encore le précédent Premier ministre du Sénégal Macky Saal affirment qu'il n'existe pas d'homosexuels dans leur pays ou que l'homosexualité est en contradiction avec leurs propres croyances et pratiques culturelles. L'homosexualité s'avère ainsi être un cas d'école de clivage idéologique en termes d'adhésion à la démocratie et aux droits humains, entre Occident et non-Occident (entre *L'Occident et le reste du monde* pour reprendre un chapitre du *Clash des civilisations* de Huntington). Et la condition de l'existence de la démocratie qu'est l'universalisme – en ce sens que la démocratie accorde aux individus des droits en tant qu'ils sont humains et donc, en tant qu'ils sont les membres d'un genre universel – est elle-même remise en question, y compris par certains Occidentaux. À partir des mouvements de décolonisations, ayant commencé dans les années 1940, la connotation que prenait la notion d'universel était soudainement négative car celle-ci s'était mise à apparaître comme une notion ethnocentrée, c'est-à-dire centrée sur la conception que l'Europe se faisait de l'universalisme depuis les Lumières. Des penseurs comme Derrida ont eux-mêmes trouvé un terme pour qualifier cet universalisme ethnocentré, celui de *logocentrisme*. Encore à ce jour, certains militants politiques *woke*, dans le même esprit, parlent « d'universalisme blanc » et de « *blanchité* » (*whitness*) pour dénoncer le fait que ce que nous appelons « universalisme » ne serait, en vérité, que « l'universalisme selon l'homme blanc ». Mais l'universalisme, qui est une philosophie reposant sur l'idée selon laquelle l'intégralité des singularités aurait la possibilité d'être incluses dans un Tout politique, social ou culturel que l'on nommerait « universel », supposerait ainsi une reconnaissance sans faille des différences et donc une philosophie de l'altérité.

Pourtant, cette altérité est recherchée (voire exigée) comme elle est refusée. Elle est recherchée, pour commencer, par les sociétés que nous appelons « libérales-autoritaires », c'est-à-dire les nations libérales sur le plan économique et illibérales sur le plan politique comme la Russie, la Hongrie ou encore l'Inde. Ces nations sont libérales économiquement afin d'être compétitives à l'échelle internationale dans un contexte de mondialisation capitaliste – par pragmatisme, en somme –, mais s'avèrent anti-libérales politiquement dans la mesure où la démocratie permettant tout ce qui ne nuit ni à la liberté, ni à l'égalité, et ce, indépendamment des considérations idéologiques, morales ou religieuses que des peuples peuvent avoir pour un comportement (ou une opinion ainsi qu'un choix de vie personnel) [qui ne nuit, en l'occurrence ni à la liberté, ni à l'égalité], celle-ci est un régime anti-traditionnel par son manque d'intérêt pour toutes les formes de croyances – politiques ou religieuses. En somme, la démocratie tend à uniformiser politiquement les nations. Mais la démonstration de souveraineté est, chez une large partie des pays non-occidentaux qui se revendiquent démocratiques, marquée par cette opposition quasiment prosélyte entre le *eux*-Occidentaux et le *nous*-non-Occidentaux. Opposition illustrée, entre autres, par une hétérogénéité culturelle et politique des différentes démocraties. Précisément, ces nations « libérales-autoritaires » rejettent cette uniformisation quitte à brimer les droits fondamentaux de leurs minorités, et ce, au nom d'une conservation de leur identité culturelle spécifique. La préservation de leur culture, quitte à porter atteinte à la dignité humaine de certains groupes sociaux, est ce qu'ils nomment la souveraineté nationale et populaire.

Et quant aux démocrates convaincus qui refusent cette altérité, il s'agit d'intellectuels non-occidentaux qui, ou bien, tendent à démontrer que la démocratie fait partie, d'une certaine manière, de l'histoire du monde et non uniquement de l'histoire de l'Occident ou bien tendent à démontrer que leur culture est compatible avec la démocratie. En Inde, l'économiste et créateur de l'I.D.H (indicateur de développement humain) Amartya Sen aspirait à démontrer, notamment dans *La démocratie des autres* (2007) et dans *L'idée de justice*[57] (2009), que la démocratie avait une histoire mondiale et non pas spécifiquement locale et que, par la même occasion, celle-ci n'était pas née durant la Grèce Antique comme nous avons tendance à le penser.

Par ailleurs, quant à ce projet d'universalisation de la culture démocratique, nous pouvons ajouter, comme autres exemples, des intellectuels comme le théologien algérien Malek Chebel ou encore le sociologue Abdenour Bidar dont le premier proposait un « islam des Lumières » et le second un « islam libéral ». Tous les deux aspiraient à démontrer que l'islam et la culture arabe pouvaient puiser dans leur histoire et leur spiritualité des valeurs prouvant leur compatibilité avec la démocratie libérale et les droits humains. D'ailleurs, cette compatibilité spirituelle, intellectuelle et politique avait déjà été, antérieurement, constatée et défendue par des juristes musulmans issus du Conseil islamique d'Europe de Londres qui ont rédigé la DIUDH (*Déclaration islamique universelle des droits de l'homme*) publiée en 1981 ainsi que par les 57 pays musulmans composant l'Organisation de la Communauté Islamique (OCI) qui ont approuvé, en 1990, la publication de la *Déclaration du Caire des droits de l'homme en Islam*. En Afrique noire, un historien malien (Youssouf Tata Cissé) avait, lui aussi, en 1998 (dans un esprit scientifique, mais également militant), fait part de sa découverte concernant la première Déclaration des droits de l'homme qui avait été proclamée sous l'Empire du Mali en 1236, le jour de l'intronisation de l'Empereur Soundiata Keita (elle portait le nom de *La Charte du Manden*). Cela signifierait donc, finalement, que la France n'est pas la véritable « patrie des droits de l'homme ». D'autre part, pour le cas des gouvernements ou des militants politiques non-occidentaux opposés aux droits humains et défendant, ainsi, des rapports hiérarchisés entre les genres, les ethnies, les religions, etc. ces derniers ne revendiquent le fait d'être des vrais démocrates que dans un esprit de réaction à l'arrogance de l'Occident associant la démocratie des droits humains à la civilisation et leur non-respect à la barbarie. Ils affirment être des démocrates afin de revendiquer avec fierté, dans un contexte post-colonial, leur appartenance,

---

[57] Voir Amartya Sen, *L'idée de justice*, 2009, Ed Flammarion, édition française 2010 , p.392-397

au même titre que les Occidentaux, à la civilisation. Ils ne se disent pas démocrates parce qu'ils soutiennent la démocratie et ses valeurs, mais parce qu'ils revendiquent le fait d'être des civilisés ; ils réagissent à l'arrogance occidentale basée sur son adhésion à la démocratie libérale par une même adhésion à cette démocratie libérale, même s'ils ne la pratiquent pas.

Cependant, le respect des différences – culturelles, traditionnelles ou politiques – est une affaire toujours complexe dans la mesure où une vérité est unique en dépit de la différence des opinions. Parmi ces opinions diverses, ou bien, celles-ci sont toutes fausses ou bien l'une d'entre elles est la vérité ou bien nous devons accepter qu'il n'existe pas de vérité officielle et que, par conséquent, dans une espèce de « centrisme mou » ou de « relativisme » quasiment nihiliste, « tout le monde a tort comme tout le monde a raison en même temps ». Concernant la démocratie, il en va de même ; quelle définition de la démocratie est-elle la bonne ? Quelle civilisation est la plus légitime d'apprendre aux autres ce que serait la « vraie » démocratie ? La question de la différence est très délicate en ce sens que nous ne pouvons savoir si nous devons la regarder dans un esprit relativiste ou si, au contraire, nous devons la regarder dans un esprit hiérarchique. L'esprit relativiste voudrait que nous disions – prenons l'exemple de la condition des femmes – que l'égalité des droits entre les hommes et les femmes existant en Occident serait tout aussi respectable que des pratiques, telles que l'excision, le mariage des petites filles ou encore le repassage de la poitrine existant dans des tribus du Cameroun. De même qu'il pourrait être dit qu'accorder aux homosexuels le droit de pratiquer leur homosexualité en France est aussi valable que de rendre l'homosexualité passible de la peine de mort, comme en Iran. Or, cet esprit-là reviendrait à légitimer l'idée que la démocratie pourrait exister en l'absence de droits humains, ce qui irait en contradiction totale avec l'association que nous faisons, en Occident, entre « démocratie » et « droits humains ». Chaque pays dit « démocratique » serait, alors, légitime d'avoir sa propre conception de la démocratie. Et la hiérarchie voudrait que nous disions, par exemple, aux Centrafricains qui tolèrent fortement le mariage des petites filles que leur culture, sur ce point, est objectivement antidémocratique (car antiféministe) et que, s'ils se disent sincèrement favorables à la démocratie, alors ces derniers devraient abolir cette pratique ou que nous disions aux Éthiopiens, chez qui les homosexuels sont condamnés à la peine de mort, que leur loi est fondamentalement antidémocratique et qu'ils devraient l'abroger. Nous pourrions, dans une telle mesure, juger que leur culture politique est inférieure à celle de la culture politique française en termes de compréhension de ce qu'est le régime démocratique.

Or, comment adopter un tel comportement dans un contexte postcolonial ? Les nations anciennement colonialistes, comme les nations occidentales, lorsqu'elles condamnent les mauvais traitements dont sont victimes les minorités dans des nations, en l'occurrence, anciennement colonisées, sont perçues comme adoptant une attitude « néocoloniale », « paternaliste » et « méprisante » vis-à-vis de leurs traditions. Sans compter que ces mêmes nations occidentales, face à des nations non-démocratiques, mais prospères, comme la Chine ou Singapour, sont perçues comme des nations dont le déclin (nous parlons de plus en plus, dans le monde entier, de « déclin de l'Occident ») est bel et bien l'effet de leurs politiques « droits-de-l'hommistes ». La dictature serait, *a priori*, le régime efficace pour la garantie de la sécurité (notamment dans un contexte de terrorisme mondial) et la conservation de l'identité nationale et des valeurs morales. En ce sens, la démocratie est ce qui conduirait l'Occident – traditionnellement chrétien et monarchique – à son déclin spirituel, mais aussi économique. En effet, les ambitions politiques des démocraties ont un coût économique élevé dans la mesure où assurer des conditions de vie « décentes » à tous les citoyens nécessite de forts investissements publics dans les infrastructures ainsi que dans la formation d'un personnel compétent apte à comprendre et à faire fonctionner une administration complexe. Ainsi, bien que l'Occident soit, sur bien des points, le détenteur de la vérité concernant le fonctionnement de la démocratie et qu'il ait le monopole du respect des droits humains, son passé colonial et son déclin [économique, politique et militaire] sont des freins à l'expansion de son modèle démocratique basé sur le respect de ces droits inaliénables.

La fierté nationale des peuples anciennement colonisés et la puissance militaire et économique émergente de certaines nations peu respectueuses des droits humains – comme celle des B.R.I.C.S – sont les deux principales causes de la difficulté qu'ont les pays occidentaux (ainsi que les militants non-occidentaux, favorables aux valeurs humanistes, démocratiques et libérales défendues par l'Occident) à promouvoir le respect des droits humains. En effet, l'émergence de nations ne respectant pas les droits humains fondamentaux, mais qui sont prospères économiquement, envoie, au monde entier, le message que le développement économique et matériel peut advenir sans le recours à la démocratie et aux droits humains. Et d'autre part, le rapport de force entre les pays autoritaires [et prospères] non-occidentaux et les pays démocratiques occidentaux tend, ainsi, à s'inverser. Des pays autoritaires et prospères, comme la Chine et l'Inde, peuvent concurrencer l'Occident en termes d'influence internationale (notamment en Afrique) et constituer, pour lui, une menace économique et militaire très conséquente. De ce fait, l'impuissance des Occidentaux face à des nations prospères et non-démocratiques confine leur arrogance. Ces derniers n'auraient plus d'autre choix que de regarder ces nations et civilisations non-occidentales émergentes comme des égales. Ainsi, aux yeux du monde, les nations occidentales, étant devenues impuissantes face à ces sociétés émergentes, ne peuvent se permettre d'adopter une attitude arrogante et directive, ce qui leur vaut, alors, d'être considérées comme « lâches » ou « hypocrites » par les nations dont la puissance [économique et culturelle] est faible.

Les pays occidentaux sont de plus en plus perçus, et avec beaucoup de ressentiment par les pays non-occidentaux, comme des pays n'imposant la démocratie et les droits humains qu'aux pays qui auraient un pouvoir économique et militaire et une influence politique et culturelle extrêmement faibles, c'est-à-dire des pays incapables de se défendre et de faire porter leur voix. L'absence de « leçons de droits de l'homme » données par les gouvernements occidentaux aux nations, à l'inverse, puissantes économiquement et militairement et influentes politiquement et culturellement rend, aux yeux du reste du monde, l'ensemble de l'Occident lâche et ambiguë dans la défense de ses valeurs et, par la même occasion, décrédibilisée et méprisable[58]. Or, c'est précisément ce discrédit et ce mépris qui rendent, ainsi, la défense des droits humains inaudible pour de nombreux peuples. D'ailleurs, par électoralisme aussi bien que par populisme, les dirigeants des nations non-occidentales dont les peuples sont hostiles à l'Occident savent particulièrement profiter de cette hypocrisie occidentale. L'attachement – semble-t-il partiel et à deux vitesses – des Occidentaux aux droits humains et à la démocratie permet à certains autocrates de justifier leurs politiques arbitraires et autoritaires ; la raison étant que ces droits humains et cette démocratie – génératrice de *fausses libertés* – seraient utilisés contre l'intérêt des populations non-occidentales[59]. En ce sens, la

---

[58]Des diplomates, des géopoliticiens et d'anciens ministres des Affaires étrangères comme Dominique de Villepin ont, unanimement, constaté le ressentiment avec lequel les non-Occidentaux regardaient les positionnements ambigus de l'Occident lors de l'apparition de conflits internationaux. Alors que, semble-t-il, l'Occident est beaucoup plus empathique envers les réfugiés ukrainiens qu'envers les réfugiés afghans, soudanais ou syriens, il semble également beaucoup plus véhément à l'égard de la Russie qui empiète sur le territoire de l'Ukraine qu'à l'égard d'Israël qui empiète sur le territoire palestinien. Toutefois, l'Occident n'est pas tant dans un « deux poids, deux mesures » insupportable, mais dans une lâcheté pure et méprisable. Lâcheté qui alimente, de fait, les théories conspirationnistes d'ordre antisémite ; postulant que ce serait Israel et sa diaspora qui gouverneraient l'Occident.

[59]Lorsque la Russie est accusée de mettre en place des élections dont la liberté est, selon les Occidentaux, relativement contestable ou de se montrer impérialiste en Europe de l'Est (en Ukraine ou encore en Biélorussie), celle-ci retourne le compliment à l'Occident. Vladimir Poutine en 2016 – lors de l'élection de Donald Trump – dans le cadre d'une session plénière du SPIEF (St. Petersburg International Economic Forum) présentée par le journaliste américain Fareed Rafiq Zakaria, a affirmé avec ironie que les élections russes n'étaient pas moins démocratiques que les élections américaines en prenant l'exemple des « grands électeurs » grâce auxquels des présidents américains ont été élus alors qu'ils ne représentaient « qu'une minorité d'électeurs » parmi la population. De plus, la Russie utilise également la présence toujours très forte de la France en Afrique francophone (jugée néocoloniale) afin de disqualifier les leçons de morale qu'elle donne à la Russie à propos de son impérialisme dans les pays de l'Est. Les Etats-Unis auraient, selon certains pays, une démocratie très relative la rendant ainsi

démocratie et les droits humains, étant eux-mêmes associés à l'Occident perçu comme une civilisation lâche et adepte du « double-standard », deviennent de moins en moins attrayants et, surtout, de moins en moins exportables.

Par ailleurs, cette guerre intellectuelle et politique au sujet des droits humains est une guerre entre la certitude [occidentale] que ces droits seraient scientifiques et la certitude [non-occidentale] qu'ils ne seraient, en vérité, qu'idéologiques, c'est-à-dire propres au logiciel politique et culturel occidental. En effet, la notion de droits humains renvoie à l'ancienne notion de « droits naturels » – et également de « droits innés » – qui avait été traitée aussi bien par Locke que par Kant, Wolff et Fichte. Mais sa particularité, à cette notion pilier du régime démocratique, est qu'elle se rattache, pour les Occidentaux, davantage à la science qu'à une idéologie politique. En effet, comment est-il possible de décréter quels sont les droits naturels et inconditionnels de l'humain, si ce n'est par l'étude de la nature humaine elle-même ? Ce postulat, duquel sont partis un Rousseau, un Aron ou encore, plus récemment, un Rawls, est que la démocratie se caractérise par une stricte fidélité à ce qu'est la nature humaine. La science est définie comme étant la connaissance de la nature ; aussi bien celle de l'environnement que celle des espèces, dont la nôtre. Jean-Baptiste Say, dans son *Cours à l'athénée* (1819), parlait de la science comme de « l'étude de la nature » et Heidegger, dans *Être et temps* (1927), en parlait comme de « l'étude de l'être ». Mais la

---

illégitime de donner des leçons aux « dictatures » (qui donc, se déculpabilisent de fonctionner comme elles fonctionnent, puisque les démocraties occidentales seraient aussi des dictatures à leur façon, mais avec les autres peuples) et la France aurait, de la même façon, une manière de pratiquer les droits humains qui est à géométrie variable. Les droits humains seraient respectés au Nord de la Méditerranée et non au Sud, ce qui la rendrait tout aussi bien illégitime de critiquer tous les pays du monde bafouant les droits humains. D'autant plus que le traitement qu'elle réserve à ses musulmans – de par sa laïcité « offensive » interprétée comme « laïciste » ou « islamophobe » – la rend de plus en plus inaudible aux yeux du monde en tant que « pays des droits humains » et permet à certains chefs d'Etat comme le Premier ministre turc Recep Tayyip Erdogan de se faire passer pour le défenseur des droits humains à travers une défense des droits des musulmans français. Ce dernier, le 3 juillet 2023, a dénoncé le « passé colonial » et le « racisme institutionnel » comme étant à l'origine des émeutes urbaines suite à la mort de Naël le 27 juin 2023 causée par un policier. Le Premier ministre turc a également parlé de « suprémacisme blanc » et s'est donc positionné en humaniste se souciant de la dignité humaine et de la protection des droits fondamentaux des citoyens français d'origine maghrébine. Et plus anciennement, le sénateur chilien Rodrigo Galilea avait, le 21 octobre 2019, pris l'exemple de la gestion autoritaire des gilets jaunes par le président Macron entre novembre 2018 et juin 2019 pour justifier l'usage de la force auquel le président chilien devait, selon lui, faire appel afin de résoudre la question des manifestations chiliennes (2019-2021). Ainsi, les pays autoritaires prennent les démocraties « hypocrites » occidentales en exemple afin d'acquérir une respectabilité et de se défendre de toute politique inhumaine ou encore de toute forme de tentation vers la dictature. Les pays autoritaires justifient leur autoritarisme par une attitude très enfantine semblable à : « nous ne respectons pas les droits de certaines minorités, sans doute ! Mais certains pays occidentaux bien démocratiques le font également ou l'ont fait par le passé ! ».

connaissance scientifique d'un phénomène nécessite, de fait, de connaître ce phénomène dans toute sa diversité étant donné que tout n'est explicable qu'à partir de la compréhension d'une multitude de paramètres et de circonstances qui ont rendu l'existence de ce phénomène possible. Et pour ce qui est de l'humanité, afin de comprendre sa nature, il est nécessaire de comprendre l'humain dans toute sa diversité « dans le temps et dans l'espace », de prendre toutes ces diversités séparément et d'observer les multiples caractéristiques et potentialités de cette nature humaine. Or, cela ne peut être vrai (ou possible) que s'il existe, déjà, une reconnaissance internationale de tous les êtres humains en tant qu'ils sont les membres d'une humanité commune [fictive ou réelle]. Et cette reconnaissance de l'existence d'une humanité commune [fictive ou réelle] passe, nécessairement, par la reconnaissance des autres cultures en tant que cultures « égales » à la nôtre (la culture étrangère, en étant la culture étrangère d'autres *humains* est une culture faisant partie du genre humain et, par extension, de notre humanité à nous en tant que groupe culturel particulier qui peut la pratiquer ou qui aurait pu la pratiquer si nous avions vécu dans les mêmes conditions géographiques). Parce que l'« autre » est humain, celui-ci doit être *libre* et en tant qu'il est un être culturel, celui-ci est mon *égal* du fait de son humanité.

À l'échelle mondiale, la *liberté* de l'humain (en tant que membre d'une humanité « une ») précède l'égalité des groupes (peuples pluriels) ; et cela s'est d'ailleurs très bien illustré par l'exemple de la libération des peuples colonisés qui était la condition de l'égalité entre les peuples. Cette étape qui n'est qu'une reconnaissance symbolique et salutaire d'une évolution positive de l'humanité diffère de l'enchaînement de la liberté et de l'égalité à l'échelle nationale. À l'échelle nationale, lorsque, par le Droit, la citoyenneté doit être construite, les humains, en tant que *citoyens*, sont égaux et ils le sont parce qu'ils doivent, ensuite, être libres les uns des autres en tant que citoyens – dont l'addition de ses individualités se nomme le peuple – devant exercer une autorité politique et législative sur le territoire national ainsi que prendre des décisions individuelles qui seront en accord avec leur conception d'une vie heureuse et réussie. Mais la condition de la liberté, en tant que finalité, est l'égalité garantie des citoyens entre eux. A l'échelle locale, l'égalité précède la liberté. Mais à l'échelle mondiale, les peuples du monde doivent être libres les uns des autres pour devenir égaux, sachant que cette égalité est ce qui leur offrira, dans leur nation, la liberté et le pouvoir d'agir comme ils l'entendent.

Toutefois, il n'est possible de jouir de libertés qu'à condition qu'il existe une égalité des droits réelle. Et les citoyens d'une nation doivent être égaux entre eux afin d'être libres les uns des autres, sachant que cette liberté devra être rendue concrète par une égalité des possibilités entre les citoyens (il faut s'assurer que tous les citoyens soient, également, libres de jouir de leurs libertés ; de les mettre à profit) et par une égalité entre les humains du monde, impliquant une législation internationale répressive à l'endroit des citoyens des pays riches qui profitent – économiquement ou récréativement – des citoyens qui ne jouissent pas d'autant de libertés et de protection qu'eux. Il n'est, en effet, pas sans surprise que le vice auquel les citoyens originaires d'un pays démocratique (égalitaire et libertaire, donc) ont pris goût au sein des pays non démocratiques (bafouant les droits humains) sera importé dans leur propre pays, et ce, au détriment, *in fine*, de leurs propres concitoyens. La démocratie des droits humains ne peut ainsi être viable que si elle est universelle puisque, si celle-ci ne l'est pas, alors les démocraties [particulières] profiteront, sournoisement, de l'oppression des peuples vivant dans des régimes non-démocratiques et tendront à assimiler, au sein de leurs frontières, le mal qu'elles causent en dehors de celles-ci[60]. Profiter de

[60]Cela est déjà une réalité avec l'exploitation capitaliste contemporaine dans le cadre d'un rapport inégalitaire entre les pays du Nord et les pays du Sud ou encore entre les pays de l'Ouest et les pays de l'Est. Les démocraties occidentales profitent de l'absence de droits humains au sein des pays du Tiers-monde et principalement de l'absence de Droit du travail. Elles n'exploitent pas leurs citoyens qui sont protégés par un Droit, mais exploitent les citoyens de pays dans lesquels ces derniers ne sont pas protégés. Ce profit de la misère humaine existant en dehors nos frontières est illustré, en premier lieu, par des délocalisations dont les conséquences sont des licenciements dits « abusifs » au sein des pays desquels partent les entreprises, une montée du chômage et de la pauvreté ainsi que d'autres problèmes socio-économiques auxquels il faudrait répondre par une « flexibilité du monde du travail » pour les libéraux ou par une intervention de l'Etat dans l'économie pour les non libéraux. Les salariés pourraient être licenciés plus facilement tout comme ils pourraient être embauchés plus facilement, ce qui inciterait les entreprises à rester sur le territoire national. Mais cette liberté acquise au prix de moins de sécurité génère bel et bien une montée du nombre d'emplois précaires (comme c'est le cas de l'Allemagne qui connaît une explosion des « travailleurs pauvres »). Selon de nombreux observateurs – notamment libéraux –, la France doit s'adapter aux réalités économiques du monde. Un pays où les salariés sont « trop chers » et « trop protégés » ne peut être compétitif face à des pays où les salariés sont très mal rémunérés et ne sont pas protégés (ce qui génère ainsi une « concurrence déloyale »). Les firmes multinationales qui délocalisent forcent les gouvernements démocratiques à avoir recours au *dumping social* afin que celles-ci acceptent d'y rester (pour le cas des entreprises locales) ou d'y investir (pour les entreprises étrangères), ce qui, de fait, conduirait à un affaiblissement de la protection des salariés (« travailleurs ») et donc, une diminution de leurs droits. Entretenir la misère étrangère de laquelle nous profiterions conduira, tôt ou tard, à l'arrivée de la misère et de la diminution des droits humains dans les pays initialement démocratiques et respectueux des droits humains. Et, en second lieu, cette situation est également perceptible avec la criminalité organisée. Profiter, à l'étranger, de l'absence des droit humains ou, plus globalement, des mafias (trafiquant de la drogue, des organes, des enfants, des armes, des animaux, des femmes, etc.) ayant un pouvoir grandissant dans certains pays pauvres ou nouvellement indépendants afin de satisfaire un besoin ou un désir [malsain] conduit, à terme, à un affaiblissement des droits humains au sein de nos propres pays même si ces derniers garantissent les droits humains et répriment, dans la Loi, le crime organisé. La mondialisation du crime organisé, à partir des années 1990, a renforcé le pouvoir des mafias dans l'ensemble des pays du monde et a, ainsi, été rendue possible par le développement d'une nouvelle forme de pratique criminelle : la cybercriminalité. Les clients de ces mafias, dans le cadre d'une consommation délictuelle ou criminelle, se déculpabilisent d'agir comme ils agissent. Commettant une action illégale par le biais d'Internet, les clients ne s'estiment nullement criminels eux-mêmes étant donné qu'ils n'agissent pas directement, mais

l'absence des droits humains à l'étranger développe, chez nous, une inhumanité que nous ferons subir à nos concitoyens.

Ces deux notions d'égalité et de liberté sont, pareillement, précédées d'un phénomène anthropologique nouveau et majeur qu'est celui de la reconnaissance mutuelle des humains entre eux *en tant qu'humains*. Ce qui semble gagner l'humanité est, précisément, cette reconnaissance de l'Autre en tant qu'égal et semblable. A l'exception de quelques tribus reculées et exclues de la modernité, tous les peuples sont, désormais, familiarisés avec la présence de l'Autre. L'Autre est notre égal parce qu'il est humain ; et l'Autre doit être libre parce qu'il est aussi souverain que nous sur son territoire et dans sa vie sociale et privée. Cependant, la véritable question relative à cette reconnaissance mondiale de l'Autre en tant qu'égal et semblable (phénomène *a priori* favorable au germe d'une mondialisation de la démocratie) semble être : L'humanité est-elle, pour autant, prête pour l'égalité et la liberté, autrement dit, pour la démocratie ? Une théorie post-effondrement de l'URSS reposant sur cette idée que la démocratie [libérale]

---

seulement à l'aide de quelques clics sur le *dark web*. Par exemple, ceux qui regardent du contenu pédopornographique ne s'estiment pas commettre un crime dans la mesure où ils n'ont pas directement violé l'enfant qu'ils regardent ; la cybercriminalité qui ne met pas directement le client criminel au contact d'une victime ou d'un criminel marchand dédramatise, d'une certaine façon, le crime en question. Durant la période de la Covid-19, lorsque le monde entier était confiné, la consultation de sites pédopornographiques a augmenté de façon exponentielle et la pratique du « live streaming » s'est développée dans le même temps, notamment aux Philippines qui est l'un des pays les plus connus sur la question du trafic d'enfants. Les voyages n'étant plus possible durant la pandémie – et le pédo-tourisme avec eux –, les exploitations sexuelles d'enfants trafiqués à l'autre bout de la planète ont été virtuelles – les viols d'enfants, *via* le *live streaming*, ont été cette-fois ci commandés par des clients résidant chez eux. L'accès à Internet nous mettant en lien avec des criminels du monde entier (consommateurs comme producteurs) normalise nos pratiques et être en lien avec des victimes que nous ne verrons sans doute jamais dans le monde réel nous enlève toute empathie. D'autant que l'anonymat permis par les différents *free-net* désinhibe nos penchants criminels et pourrait nous faire passer de consommateur à producteur de contenu criminel. En effet, en voyant l'ampleur du *business* que le crime peut prendre, nous pouvons, également, dans le cadre, par exemple, de la pédocriminalité, passer de collectionneur de contenu pédocriminel à hébergeur et producteur (nous pourrions utiliser des enfants issus de notre pays) de sites pédocriminels et donc passer de client à vendeur (*Cf.* Rapport de la CIVISE, 2023) ; à la dimension récréative s'ajoute la dimension lucrative. Ainsi, bien que nous vivions dans un pays où, en théorie, les droits élémentaires de tous sont respectés, il suffit que nous profitions du fait que les humains des pays étrangers ne soient pas protégés en plus d'être extrêmement pauvres pour leur faire ce qu'il est plus difficile de faire à nos concitoyens pour que, tôt ou tard, le *mal* que nous faisons hors de nos frontières et dont nous profitons, finisse par arriver à l'intérieur même de celles-ci et que la mondialisation sonne le « triomphe de la cupidité » (référence au livre de l'économiste Stiglitz) et le « monde des mafias » (référence au livre de Jean-François Gayraud). Le crime est, grâce au net, à portée de main. Sa banalisation sur les plateformes illégales, l'anonymat qui renforce la confiance des délinquants et des criminels et sa dimension lucrative incitent les criminels-consommateurs à devenir, par la suite, des criminels producteurs dont les victimes proviendront de leur propre pays.

serait la nouvelle réalité politique de toutes les sociétés du globe a connu un retentissement dans les années 1990. Or, aujourd'hui, au regard de la montée des autoritarismes à l'échelle mondiale, il est de bon ton de mépriser cette théorie et tous ceux qui s'y réfèrent au prétexte que l'auteur a été désavoué par les faits contemporains. Pourtant, ce mépris collectif à l'endroit de cette prédiction (qu'il est, de fait, aisé de contredire et de mépriser « après coup ») est quelque peu rapide. La tendance mondiale actuelle au rejet de la démocratie et des droits humains ne signifie pas pour autant que la démocratie n'est pas appelée à régner un jour ; il se pourrait juste que cette période soit un « accident de l'histoire » ou une réaction psychologique irrationnelle des sociétés à un phénomène inévitable. D'ailleurs, il se pourrait également que le théoricien en question ait raison (la démocratie sera une réalité mondiale), mais qu'il ait « mal raison ». Or, que signifie, au juste, ce « mal raison » ? Nous rendrons ainsi cette terminologie, quelque peu ambiguë, plus concrète dans la partie qui vient.

La reconnaissance de l'Autre en tant qu'égal et semblable

A La banalisation de l'autre

Selon la majorité des historiens, la mondialisation que nous connaissons tire son origine de la fin du XVe siècle, au moment de la découverte de l'Amérique par Christophe Colomb (1492). À partir de ce tournant de l'Histoire mondiale, les rencontres entre les civilisations se sont opérées. Par l'esclavage, d'abord. Par la colonisation, ensuite. Cette mondialisation a ainsi débuté avec l'oppression de peuples par d'autres et a poursuivi sur l'abolitionnisme, au XIXe siècle, et la décolonisation au siècle suivant. Mais, depuis la nouvelle ère de la mondialisation libérale, au lendemain de l'effondrement de l'URSS, le défi de l'humanité, au sein de ce monde lié par les intérêts commerciaux, a été de trouver une harmonie économique, juridique et même idéologique dont l'objectif final était de faire respecter la dignité de tous les humains, la souveraineté de tous les peuples et la possibilité pour tous de s'enrichir selon les règles d'un jeu capitaliste juste et encadré. En cela, le monde, ces dernières décennies, a connu une extension des droits humains inscrite dans une ascension des libéralismes politique et économique. Entre autres, la création du Droit international des droits de l'homme en 1948 (même année que la proclamation de la *Déclaration universelle des droits de l'homme*), du Droit humanitaire, de la *Convention européenne des droits de l'homme* (ainsi que la CEDH : Cour européenne des droits de l'homme) en 1950, d'associations humanitaires, d'organisations internationales gouvernementales ou non gouvernementales ainsi que de la Cour pénale internationale en 2002 (CPI) a officialisé cette volonté d'unifier l'humanité par des lois visant à faire respecter la dignité de tous les êtres humains *en tant* qu'humains, sans que cela ne porte atteinte à leurs traditions culturelles et à leur souveraineté politique. Et à cela, il est d'ailleurs possible d'ajouter, sans être hors sujet, la *Déclaration universelle des droits de l'animal* proclamée solennellement à Paris en 1978 (et rendue publique en 1990) ainsi que la progression de l'humanité vers la sensibilisation à la protection de l'environnement depuis la Conférence de l'environnement et du développement à Rio en 1992. Les droits humains ont aussi bien été défendus au nom du fait que les humains sont dignes de voir leur intégrité physique et psychique être respectée qu'au nom du fait qu'ils sont les membres d'un environnement naturel (d'une faune et d'une flore) à préserver, et ce, pour la raison qu'ils en dépendent aussi bien physiquement que psychiquement. En France, d'ailleurs, la Charte de l'environnement a été créée en 2004 et est devenue le quatrième texte du bloc constitutionnel, symbolisant ainsi le lien entre les droits de l'homme et la protection de l'environnement

Toutes ces évolutions vers la progression des droits humains témoignent d'une révolution quasiment anthropologique, celle de la reconnaissance de l'Autre en tant qu'égal et en tant que semblable. La mondialisation et tout ce qui en découle, tel que la démocratisation et la rapidité des moyens de transport ainsi que le perfectionnement des moyens de communication ont entraîné une banalisation de l'Autre. Où que nous soyons, nous prenons connaissance de l'existence de cet Autre ; grâce, notamment, au voyage et au tourisme, mais aussi aux moyens de communication devenus transnationaux. Quel que soit l'endroit où nous nous trouvons, nous prenons, désormais, conscience de l'existence de l'Autre et à quel point ce dernier est notre semblable sur bien des points. Nous pouvons, désormais, nous identifier à lui. Or, la regrettable conséquence de cette banalisation de l'Autre ainsi que de ce monde qui, comme le disait Marc Ferro, dans *Histoire des colonisations*[61], nous paraît de plus en plus petit, est que la magie du monde meurt au profit de la science ; de la connaissance. Le monde nous paraît de plus en plus « banal » à mesure que nous en avons une connaissance de plus en plus poussée. Ainsi, il semble que, depuis le XIXe siècle, nous soyons progressivement tombés dans ce que Friedrich Nietzsche, Max Weber et Marcel Gauchet appelaient un « désenchantement du monde ». Concernant le voyage, il n'est plus possible, comme autrefois en Europe, d'écrire des ouvrages fantasmagoriques, tels que *La description du monde* (1298) de Marco Polo, *Histoire d'un voyage faict en terre du Brésil* (1578) de Jean de Léry, *Voyage autour du monde* (1771) de Bougainville ou encore les *Voyage en Orient* de Lamartine (1835), de Flaubert (1849-1851) et de Nerval (1851). Le voyage, par sa démocratisation en Occident, perd de son caractère fascinant, mystérieux, magique et féerique et n'a alors plus matière à donner lieu à des productions artistiques suscitant le fantasme et le rêve ; le territoire inconnu fascinant l'humanité, pour le moment, s'avère être l'espace et « les Autres » sont devenus, dans notre imaginaire, les aliens ou les « hommes de l'espace ».

Ces bouleversements dans les mœurs des Occidentaux ont fait que

---

[61]« Durant les générations qui ont précédé la Première Guerre mondiale, et plus rapidement que jamais dans le passé, les distances ont rétréci, le monde n'a jamais semblé si petit.» Marc Ferro, *Histoire des colonisations : des conquêtes aux indépendances (XIII-XXe siècle)*, 1996, Ed Points, Collection « Points Histoire », p.502

l'*exotisation* de l'Autre a laissé la place à sa banalisation. Par exemple, en Occident, lorsque nous abordons un étranger ou que nous parlons de lui, nous avons beaucoup tendance à en parler ou à le traiter comme une personne « banale » semblable à celles qui existent dans notre pays – à l'inverse de beaucoup de sociétés non-occidentales dans lesquelles les étrangers d'une autre couleur sont regardés comme des bêtes de foire à prendre en photo ou à toucher. Nous le regarderons comme une personne uniquement humaine et seulement motivée par sa psychologie et son éducation. Si une femme française part en Inde et qu'elle craint pour sa vie *en tant que femme*, nous pourrons lui assurer que « il y a, chez les Indiens, des hommes bien autant que des hommes mauvais, et ce, comme dans tous les pays du monde ! » ; si un noir craint pour sa vie *en tant que noir* au Maghreb, nous lui assurerons « qu'il y a des imbéciles racistes au Maghreb comme il peut y en avoir en Europe ». Notre manière de penser l'étranger est la même que celle dont nous pensons les personnes qui nous entourent au quotidien ; c'est-à-dire que nous ne sommes pas enclins à effectuer d'analyse ethnologique pensée dans un esprit différentialiste (nous nous inscrivons dans ce que le sociologue Hugues Lagrange appelait « le déni des cultures » – titre de son ouvrage paru en 2010). Les questions que nous nous poserons au sujet de cet « Autre » seront, finalement, aussi simples que : « Cet étranger est-il quelqu'un de bien ou non ? » ou « Quelle facette de son humanité cet étranger dévoile-t-il ? ». Nous sommes, dans notre Occident où le mot « étranger » n'est plus qu'un simple nom commun, dans l'analyse de sa personnalité dont nous estimons qu'elle en dirait, finalement, bien plus sur ses qualités morales et humaines en tant qu'*individu* que sur son identité culturelle en tant qu'individu baignant dans un *collectif*. Et tous ces bouleversements ont, évidemment, eu un impact sur le bouleversement politique des nations ainsi que sur le développement de ce que nous appelons, tant pour le redouter que pour le souhaiter : l'Ordre mondial.

B- Identités

En théorie, le développement de l'interculturalité – étudiée par l'Anthropologie interculturelle – serait l'étape préalable, non pas à la paix perpétuelle universelle, mais à l'homogénéisation culturelle du monde. Des concepts, tels que « société métissée » et « société-Monde » sont, désormais, des concepts clés étudiés par les sciences sociales. Et cette fatalité, semble-t-il, historique du mélange culturel et génétique de tous les peuples est, d'ailleurs, le phénomène à partir duquel nous analysons les résistances [culturelles, religieuses et politiques] de tous ces peuples face à ce nouveau monde qui vient. Le monde tendrait, naturellement, à s'uniformiser et les peuples, par réaction, dans des contextes géopolitiques, sociaux et historiques divers, tendraient, au contraire, à s'y opposer en se séparant les uns des autres ; nous pouvons, de fait, observer cette situation ne serait-ce qu'avec les mouvements indépendantistes existant en France avec les Corses, en Angleterre avec l'Irlande du Nord et l'Écosse, en Éthiopie avec le Tigré ou encore en Turquie avec la partie turque du Kurdistan. Le monde en phase d'être unifié est finalement le théâtre d'une réticence des différentes populations envers cette uniformisation. En guise d'alternative, sont alors promus une philosophie « altermondialiste » (qui défend la création d'un monde basé sur un commerce équilibré – appelé, plus communément, « commerce équitable » – respectueux des pays du tiers-monde et limitant les prédations économiques des pays riches ou des firmes multinationales ainsi qu'au respect de l'environnement) et un monde « multipolaire » dans lequel chaque nation pourrait affirmer sa singularité culturelle et voir celle-ci être respectée et être prise en compte dans les décisions internationales.

La « globalisation » que serait susceptible de générer ce fameux « Nouvel Ordre Mondial » suscite, en effet, de nombreuses craintes. Les Panafricains ont, par exemple, pour ambition de créer un « bloc africain » visant à constituer une crédibilité politique et économique rendant possible leur souveraineté continentale et populaire tout comme des militants et dirigeants latino-américains aspirent à constituer une « alliance bolivarienne » ; et tout cela, dans le même objectif : contrebalancer l'Ordre mondial déjà existant et ayant, dans la réalité, des relents de domination spécifiquement occidentale, voire américaine. Et ce faisant, cette lutte pour la libération du monde de l'hégémonie américaine se concrétise par l'affirmation démographique et économique (voire monétaire) des BRICS[62]. Mais avant tout, cette homogénéisation ne peut être rendue possible que s'il existe, à l'échelle mondiale, ce qui est déjà présent chez les peuples d'Occident, à savoir la reconnaissance de l'Autre en tant qu'égal et en tant que semblable ; reconnaissance ayant, entre autres, conduit à l'élaboration du principe *d'égalité des cultures* proclamé par les Occidentaux au lendemain de la Seconde Guerre mondiale. Ainsi, reste à savoir, désormais, si les autres civilisations emprunteront, ou non, la même évolution philosophique. Si tel est le cas, alors le Droit international des droits de l'homme sera un Droit anthropologique (autrement dit, le fruit d'une évolution naturelle de l'humanité) ; et si tel n'est pas le cas, alors celui-ci sera bien, comme l'affirmait Frédéric Sudre dans *Droit européen et international des droits de l'homme* (1989), un Droit idéologique[63] (condamné, alors, à laisser la place à un autre projet idéologique) reposant sur la croyance politique dans l'égalité entre les humains.

---

[62]Les BRICS comptent la moitié de la population mondiale et comprennent 32% du PIB mondial.

[63]Frédéric Sudre, *Droit européen et international des droits de l'homme*, 1989, Ed Puf, Collection « Droit fondamental », 16e mise à jour 2023, p.33

La reconnaissance de l'Autre en tant qu'égal et semblable est l'illustration d'une reconnaissance de l'Autre en tant qu'humain avant d'être une reconnaissance de cet Autre en tant que citoyen d'une nation particulière. Et le *principe d'égalité des cultures* est également l'illustration d'une supériorité de l'identité humaine sur l'identité culturelle puisque, les cultures étant égales, aucune culture n'est ni trop élevée ni trop noble pour n'importe quel individu de la Terre qui, *en tant qu'humain*, est capable de s'approprier la culture de n'importe quel pays. Dans les pays occidentaux, il est admis que chaque être humain, à l'aide d'un travail d'intégration, peut devenir Suédois, Français ou Américain, et ce, qu'il soit, à l'origine, Syrien, Afghan ou Soudanais ; il n'est pas, là, question de dire avec une arrogance culturelle et raciale « n'est pas Français qui veut », mais de dire « est Français qui le veut et le mérite ». Cette conception de l'identité est à l'origine de la procédure de naturalisation ainsi que de la croyance, partagée par la société, dans l'intégration et l'assimilation. Mais bien que l'intégration et l'assimilation comportent quelques différences (l'intégration consiste à accepter de l'étranger qu'il conserve sa culture, mais à exiger de lui le respect [minimal] des lois du pays d'accueil ainsi que l'obtention d'un emploi – ce qui débouche, ainsi, sur une logique cosmopolite d'égalité des cultures –, tandis que l'assimilation consiste à exiger de l'étranger qu'il adopte les us et coutumes de sa nouvelle *patrie* quitte à ce que sa culture soit relayée au second plan de sa vie, voire disparaisse totalement – ce qui débouche, cette fois-ci, sur une logique nationaliste de hiérarchisation des cultures), ces deux notions témoignent d'une philosophie ambitieuse qu'est l'universalisme. Or, dans l'histoire de l'Occident, l'universalisme a eu, des débuts de la colonisation à nos jours, deux versants : le versant impérialiste et le versant inclusif. L'universalisme peut aussi bien signifier que le monde peut devenir occidental (et, par là, adhérer aux Lumières ainsi qu'aux droits humains) qu'il peut signifier que l'Occident peut devenir le monde en y incluant toutes les cultures et origines. Les partisans de l'intégration pensent que l'on peut intégrer toutes les cultures et les partisans de l'assimilation pensent que l'on peut faire d'un Français d'origine étrangère un Français aussi français qu'un Français dit « autochtone ». L'étranger peut intégrer la [culture de la] France comme la France peut intégrer [l'esprit de] l'étranger.

Toutefois, si l'universalisme impérialiste est le signe d'un sentiment de supériorité culturelle (la culture « *universelle* » ayant la possibilité de traverser toutes les frontières devient, donc, d'une certaine manière, une culture *naturelle* compatible avec l'humain dans son *être* ; en cela, elle n'est pas loin d'être une culture de la vérité faisant d'elle la seule culture réelle et légitime de se proclamer comme humaine et civilisée), l'universalisme inclusif (qui se concrétise aussi bien par un processus d'intégration que par un processus d'assimilation) est un signe de banalisation de sa propre culture. Si *tous* peuvent devenir Français, alors être Français n'est, en soi, pas spécial. En réalité, si le Français s'estimait culturellement supérieur, il affirmerait, logiquement, que « n'est pas Français qui veut ! », ce qui est en contradiction radicale avec l'universalisme inclusif portant, précisément, sur une conception méritocratique (car volontariste) de l'acquisition de la nationalité. Or, cette banalisation de sa propre culture dans laquelle tous les humains du monde pourraient se fondre peut être perçue par certains Occidentaux comme la prémisse d'une acculturation, d'un remplacement de civilisation, voire d'un « grand remplacement ». Nous vivons, dès lors, dans un monde au sein duquel seuls les Occidentaux n'estiment pas leur culture supérieure à celle des autres. En conséquence, des réflexions récurrentes comme, par exemple, en France au sujet de l'islam, telles que « lorsque nous allons dans un pays musulman, nous n'avons pas le droit de nous habiller comme nous le voulons, mais lorsque les musulmans viennent chez nous, ils ont le droit de s'habiller comme ils le veulent », traduisent, justement, cette insécurité culturelle causée par la constatation que des civilisations non-occidentales s'affirment culturellement, tandis que la civilisation occidentale demeure, au nom du libéralisme, de la laïcité, de la tolérance et de l'État de droit, permissive face à des cultures-Autres qui s'avèrent revendicatives – et même menaçantes lorsqu'elles vivent dans les pays occidentaux. En somme, un monde dans lequel des civilisations estiment leur culture supérieure et digne d'être conservée, tandis que d'autres estiment que leur culture est égale à celle des autres finit, à terme, par être défavorable aux deuxièmes. Ces dernières n'ayant plus pour ambition de combattre pour la conservation et l'affirmation de leur culture à l'inverse des premières.

Cependant, la foi dans la vertu de l'universalisme inclusif s'explique par la croyance profonde dans le fait que les civilisations non-occidentales vont « rattraper » les Occidentaux en faisant de leurs nations des territoires respectant les droits humains. Le respect universel des droits humains serait une réalité à partir du moment où un contexte matériel le rendrait possible en mettant, en lien, tous les êtres humains entre eux ; facilitant, par là, l'empathie qu'ils pourraient avoir les uns envers les autres. Ce contexte matériel qui conduirait l'humanité à un progrès philosophique propice à l'humanisme et au développement des droits humains est l'industrialisation, suivie de la technologie. Selon de nombreux économistes, anthropologues, historiens et sociologues, les musulmans, les subsahariens ou encore les sud-asiatiques qui vivent, au sein des sociétés occidentales cosmopolites, dans des nations industrialisées, épouseront, inéluctablement, les idéaux de la modernité ; ils deviendront rationnels, scientistes, individualistes, démocrates et attachés aux droits humains par la force des choses même s'ils revendiquent la culture et les traditions de leurs ancêtres – l'importance accordée à la science dans les sociétés industrialisées pénétrera leur esprit et les feront rompre avec le traditionalisme fertile pour l'inégalité. Et à l'échelle du monde, la technologie qui nous met en lien avec des personnes de l'étranger est regardée comme étant un facilitateur d'empathie ainsi que de remise en question de ses propres croyances et du système dans lequel nous vivons. Ainsi, elle nous force à nous reconnaître comme des égaux et des semblables et à devenir libres en nous transportant, virtuellement, vers différents horizons qui nous permettent de prendre du recul sur notre situation et celle de notre monde connu.

A ce propos, la croyance, par exemple, dans l'uniformisation [politique et culturelle] du monde par la technologie qui a gouverné les esprits occidentaux à partir des années 1980 est, actuellement, remise en question par le constat que les civilisations non-occidentales savent, et avec brio, utiliser les technologies, à l'origine, occidentales, dans le but de diffuser et de promouvoir leur culture et, ainsi, de la conserver, voire de la renforcer ; ce qui, de fait, accentue l'hétérogénéisation du monde. Ainsi, cette contradiction qui existe entre la conception du sens de l'Histoire humaine en Occident et le mouvement réel de l'Humanité présente nous incite à nous demander s'il existe, comme cela semble être le sujet de prédilection de nombreux historiens contemporains, une « Histoire universelle » ou s'il n'est question, finalement, que d'une histoire n'appartenant qu'au passé et au destin de l'Occident et que toutes les autres civilisations seraient sur le point, chacune de leur côté, de faire face à leur propre sens de l'histoire.

C- Spiritualité

La difficulté que pose la contradiction évoquée plus haut réside dans le fait que l'Occident raisonne sans doute avec justesse ; le monde est probablement appelé à être « uniforme », « homogène » ou, tout simplement, dirigé par un « Ordre mondial » faisant du monde une société à grande échelle régie par une Constitution démocratique universelle et imposant aux différents États des lois conformes à l'esprit d'égalité et de liberté et non uniquement une simple « Déclaration universelle » non contraignante car seulement proclamatrice et symbolique. Seulement, l'humanité n'est pas prête à accepter la vérité de sa condamnation à une humanité unie sous une Loi universelle imposée par « l'État universel et homogène » de Hegel[64] et le « Droit absolu » de Kojève[65]. Durant la période moderne de l'Occident, au XVIIe siècle, les vertus de l'universalisme dont l'une des conditions était la *tolérance* (concept lockien originaire du XVIIe siècle) ont déjà fait l'objet d'une réflexion. Ces vertus sont, entre autres exemples, présentes dans l'ouvrage *La nouvelle Atlantide* (1627) de Francis Bacon qui dépeint une société dont le caractère idéal réside dans le fait qu'elle s'approprie les inventions extraordinaires de toutes les nations du globe afin de constituer un mélange des merveilles de l'humanité débouchant inéluctablement sur une

64Voir *Principes de la philosophie du Droit* (1821)

65Voir *Esquisse d'une phénoménologie du Droit* (1943)

société habitée par la perfection [désormais connue dans son entièreté] du genre humain. Et au XVIIIème siècle, en pleine époque des Lumières, la manière dont nous pensions l'universalisme était, cette fois-ci, caractérisée par un esprit plutôt réaliste – et non plus utopique – dans le sens où, en observant le passage des sociétés humaines de la civilisation tribale et primitive à la civilisation moderne et éclairée par les sciences, nous nous sommes autorisés à espérer une humanité dont le progrès et la perfectibilité n'auraient pas de limite ; c'était d'ailleurs la thèse de Condorcet, dans *Esquisse d'un tableau historique des progrès de l'esprit humain* (1795), qui postulait que : « il n'a été marqué aucun terme au perfectionnement des facultés humaines ; que la perfectibilité de l'homme est réellement indéfinie ; que les progrès de cette perfectibilité, désormais indépendante de toute puissance qui voudrait les arrêter, n'ont d'autre terme que la durée du globe où la nature nous a jetés. »[66] . Cette première utopie est celle de la société libre rendue possible par le développement de la curiosité intellectuelle – débouchant sur la découverte – et la libre expression du talent de tous – débouchant sur la créativité de tous. Or, afin de rendre possible le meilleur de l'humain, il faut d'abord le connaître. Un siècle plus tard, (XIXe siècle), la domination occidentale sur le reste du monde a conduit les Occidentaux à partir à la quête de la connaissance de tous les humains, soit de l'Humain ; ce qui a rendu possible la naissance de disciplines ayant pour vocation d'étudier le genre humain comme l'anthropologie, la sociologie, la psychologie sociale, la craniologie, la criminologie, l'ethnologie, la biologie ou encore une nouvelle forme de théologie, telle que la théologie critique (théologie marxiste radicalement distincte de la théologie médiévale et reposant sur le postulat révolutionnaire selon lequel ce n'est pas Dieu qui a créé l'homme, mais l'homme qui a créé Dieu[67]) dont les études dérivées portent sur la sociologie et l'anthropologie religieuses (champs d'études qu'ont également travaillé les psychanalystes qui, à la première moitié du XXe siècle, postulaient que la religion était inscrite dans la nature humaine), la sociologie de la laïcité ou encore la mythologie comparée. Et ces études de ce que nous appelons désormais le « phénomène religieux » – menées, depuis 1998, par le GSRL (Groupe Sociétés, Religions, Laïcités) en France – tendent à se développer à l'heure où nous connaissons un « choc des civilisations » à l'échelle mondiale[68] et une diversité religieuse des sociétés

---

[66]Nicolas de Condorcet, *Esquisse d'un tableau historique des progrès de l'esprit humain*, 1795, Ed Flammarion, Collection GF, 1998, p.8. Ouvrage qui fut suivi de *Fragment sur l'Atlantide* dans lequel Condorcet affirmait avec optimisme que *La nouvelle Atlantide* décrivait une société idéale qu'il était possible de créer dans notre monde réel.

[67]Voir *L'idéologie allemande « conception matérialiste et critique du monde » (1845-1846)* dans le recueil philosophique dédiée aux travaux philosophiques de Marx *Philosophie* établie et annotée par Maximilien Rubel aux Éditions Gallimard (Collection « folio essais ») de 1965 à 1982.

[68]Alors que la thèse du « choc des civilisations » de Samuel P. Huntington parue en 1993 a fait

occidentales contemporaines.

Dans certaines mesures, la diversité religieuse peut engendrer l'entente religieuse. Certains arabes et juifs croyant à l'existence d'un Etat binational au Moyen-Orient (État à la fois israélien et palestinien) ont recours à l'histoire en vantant l'entente qui exista en Andalousie entre les musulmans, les chrétiens et les juifs durant la domination des Espagnols par les Maures (781-1492). Pour autre exemple, Amartya Sen attestait que la diversité confessionnelle qui a toujours été une réalité en Inde a pu donner lieu à une entente entre toutes les confessions (les athées compris) à l'époque où l'Inquisition sévissait en Europe. Et le multiculturalisme qui existe, par exemple, en France, fait tendre les nouvelles générations, celles nées à partir des années 1990, à un respect pour les religions contrastant, ainsi, avec la tradition anticléricale française existante depuis le XIXe siècle. Cela semble d'ailleurs illustrer un clivage générationnel que redoutent les Français attachés à « l'esprit républicain » et adeptes d'une « laïcité offensive ». Et ce clivage est clairement présenté dans un article du *Monde* paru le 1er décembre 2023 qui démontre que « la tolérance des jeunes français est bien supérieure à celle de leurs aînés ». Les jeunes français adaptés à la mondialisation et à la diversité des cultures sont respectueux de la religion (et peuvent être même hostiles à sa critique, voire à sa moquerie) et ouverts à son expression visible dans l'espace public.

D'autre part, cette reconnaissance de l'Autre en tant qu'égal et semblable nous conduit – dans le cadre d'une réflexion sur la spiritualité – naturellement à une interrogation légitime au sujet du Dieu que nous avions, auparavant, l'habitude de prier. Après tout, si tous les humains sont bien humains et civilisés et qu'ils ont chacun leurs croyances, alors qu'est-ce qui me rend légitime d'affirmer que c'est *mon* Dieu qui est à l'origine du monde ? Quel livre religieux est celui qui dit la vérité sur le monde ? La *Torah,* la *Bible*, le *Coran* ou la *Bhagavad-Gîtâ* ? Comment pouvoir détenir la certitude que c'est Dieu qui dirige l'intégralité de la planète alors que le musulman qui est en face de moi affirme que c'est Allah, que l'hindou qui est à ma droite croît inconditionnellement à Brahma et que le juif qui est à ma gauche me parle de Yahweh ? La mondialisation de la laïcité s'est développée à partir

---

l'objet, en Occident, d'une forte condamnation morale (bien qu'elle ait été davantage prise au sérieux que la théorie de « la fin de l'histoire » de Fukuyama à laquelle Huntington, justement, avait répondue dans son ouvrage) en raison du fait que nous accusions l'auteur de la fabriquer ou de la souhaiter, nous tendons, aujourd'hui, de plus en plus (notamment dans les médias), à nous demander si les présents conflits entre l'Azerbaïdjan et l'Arménie, l'Inde et le Pakistan, Israël et la Palestine, le Tigray et l'Ethiopie, la Russie et l'Ukraine ne constitueraient-ils pas, tout compte fait, un véritable choc des civilisations. D'autant plus que le rejet progressif de l'immigration, le développement des crispations identitaires et la remise en question globale des idéologies promouvant l'inclusion et l'universalisme nous indiquent qu'il serait d'autant plus judicieux de nous intéresser aux travaux de Huntington sur un risque réel de *choc des civilisations* et de *choc des cultures* (Voir *Qui sommes-nous ? Identité nationale et choc des cultures* paru en 2004).

de ce type de questions que nous ne pouvions pas ne pas nous poser lors de nos rencontres commerciales et politiques avec les autres cultures. En théorie, prendre connaissance de la croyance de l'autre avant de m'y confronter affaiblit directement mes certitudes quant à la supériorité de la mienne. Il deviendrait, ainsi, curieux, voire relativement osé et provocateur d'affirmer que sa religion est la Vraie et que les dix mille religions qui ont existé depuis l'aube de l'humanité sont fausses. Seul l'individu isolé de la « civilisation » pourrait se permettre de réfléchir de cette manière. L'individu vivant concrètement la mondialisation de la communication, de l'économie et de la culture est nécessairement contraint d'accepter le questionnement de soi que la présence de l'Autre lui impose.

L'esprit de notre temps exigerait que toute société doive logiquement ou bien être laïque ou bien être une société reconnaissant l'existence d'un Dieu, mais qui ne serait à l'origine d'aucunes religion pouvant nous distinguer des autres peuples et des autres cultures ou bien une société choisissant, parmi les religions existantes que nous pourrions – grâce à l'étendue des connaissances que nous en avons, – juger de façon omnisciente et éclairée, la religion qui lui semblerait être la plus vérace et la plus juste. Il ne s'agirait plus d'un Dieu pensé d'un point de vue chrétien, d'un point de vue musulman, d'un point de vue juif ou hindouiste, mais d'un Dieu pensé d'un point de vue universaliste à l'image du Dieu Mythra dépeint par Thomas More dans *Utopie* (1516)[69] . En cela, nous veillerions à ce que ce Dieu ne nous fasse pas dire que « *nous sommes* ses croyants » et que *les « autres sont* les croyants d'un autre Dieu ». Nous pourrions, en somme, avoir affaire à une religion agnostique, c'est-à-dire une religion affirmant l'existence de Dieu, mais ne disant pas de quel Dieu il s'agit. Ainsi, le monde pourrait être peuplé de croyants sans religions, mais tous liés dans la certitude de l'existence d'un Dieu auquel nous ne donnerions pas de nom distinct.

La reconnaissance de l'Autre en tant qu'égal m'offre la possibilité de comprendre que cet Autre est aussi intelligent que moi et qu'il a quelque chose à m'apprendre autant que j'ai à lui apprendre. Ce qu'il pense de *la* ou de *sa* religion ainsi que de tout ce qui concerne l'existence doit m'importer. Nous serions, de ce fait, obligés, dans le contexte actuel, de consulter l'avis de l'Autre dont nous reconnaîtrions incontestablement l'apport intellectuel ; nous consulterions ainsi son point de vue dans la mesure où il ne pourrait que contribuer à l'enrichissement de la pensée humaine. De plus, si l'Autre est aussi doué de raison que nous, alors comment pouvons-nous sérieusement persister à affirmer que notre pays doit être d'une telle religion

[69]« Ils l'appellent tous dans la langue du pays, Mythra*, sans que ce nom ait pour tous la même signification. Mais, quelle que soit la conception qu'ils se font de lui, chacun reconnaît en lui cette essence à la volonté de puissance, à laquelle tous les peuples, d'un consentement unanime, attribuent la création du monde. ». Thomas More, *Utopie*, 1516, Ed Flammarion, Collection « GF », 1987, p. 213-214.

et qu'il est, sur le plan culturel, le meilleur ? *Notre* religion – et non *la* religion – est la vérité sur laquelle nous ne transigeons pas et *notre* culture nous offre une qualité de vie que nous estimons être la meilleure ; ce qui fait que, pour rien au monde, nous ne changerions de religion ou de mode de vie. Notre religion est la vérité que nous ne quitterons pas pour le mensonge – mensonge que, par ailleurs, les autres religions incarneraient – et notre culture nous apporte un mode de vie que nous n'abandonnerons pour rien au monde, parce que, précisément, nous sommes persuadés qu'aucune autre culture ne serait capable de nous combler comme la nôtre y parvient. Décider qu'une religion doit être une religion d'État ou qu'un pays devrait continuer de vivre selon un mode de vie propre à une culture ou à une tradition exige du pays en question un certain sentiment de supériorité dans la mesure où cela implique une certitude que la religion est la *vraie* et que la culture est indiscutablement la *bonne.* Or, ce sentiment de supériorité conduit au repli sur soi et à la protection de soi des autres avec lesquels la communication ne doit être que minimale, c'est-à-dire basée uniquement sur l'intérêt économique. En cela, il est contraire à la vision fantasmée que nous avons de cette mondialisation depuis un demi-siècle, à savoir une vision reposant sur l'idée selon laquelle les humains sont promis, pour leur plus grand bonheur, à une égalité politique, sociale et économique mondiale ainsi qu'à un métissage générateur de richesse intellectuelle et culturelle. Selon cette mécanique intellectuelle, le mélange supprimerait la différence et générerait l'égalité, car la mêmeté. Et c'est précisément cette mêmeté qui libérera les individus de ces différences naturelles qui sont le point de départ des inégalités en termes de considération et d'inclusion sociales.

D- Égalité et Métissage.

Au regard du contexte actuel, le sentiment de supériorité national est-il encore légitime ? Si la réponse « non » n'est pas à certifier, nous pouvons néanmoins affirmer, sans peur de nous tromper, qu'elle est appelée, à l'avenir, à l'être de moins en moins. L'humain passe de l'état de nature à l'état de culture et de l'état de culture à l'état de science (que nous appelons « modernité »). Le premier état est vécu par l'humain ne prenant pas en compte l'existence d'un groupe social et agissant, ainsi, dans une liberté illimitée. Le second est l'état vécu par un individu au sein d'un groupe social spécifique qui le limite dans sa liberté. L'humain n'est plus seul et doit mettre un frein à sa liberté d'action afin de laisser celle des autres s'exprimer. Pour cela, les individus voient leur liberté être restreinte par des interdits légaux ou moraux. Même si les interdits légaux sont aussi des interdits moraux dans la mesure où les individus tendent à y consentir parce qu'ils estiment qu'il est *bien* d'interdire telle action ou tel propos et qu'il est *mal* d'effectuer telle action ou de tenir tel propos. En effet, même si une société étrangère rendait légal ce qui est illégal par le Droit duquel ils dépendent en tant que citoyens d'une nation, ces derniers consentiront à ces interdictions pour la raison que la société dans laquelle ils vivent est *leur* société et que l'obéissance à des règles de justes conduites nécessite un inconditionnel *sentiment d'appartenance*. Nous obéissons à *des* lois car nous ne sommes pas seuls, mais nous obéissons à *ces* lois car nous appartenons à *une* société donnée et adhérons à des valeurs communes. Et l'état de science est celui de la recherche de l'*universel*, celui de la négation du groupe social singulier (qui peut comprendre la famille et la société) en tant que collectif empêchant le singulier de se connecter avec l'universel qu'est l'humanité. L'humain – afin d'accéder à la connaissance universelle – doit réviser sa conception du monde qui est, de toute évidence, biaisée par une culture qui lui a été inculquée et par sa famille et la société. Pour cela, sa vie doit être régie par la raison et la science.

L'humain n'est pas seul au monde ; c'est l'enseignement dont tire l'état de culture pour se créer. Et sa société [culturelle] ne lui donne pas de connaissance de l'*universel*, à savoir la vérité ; c'est l'enseignement dont tire l'état de science. Pour le cas de la religion et de la culture [propre à un peuple], celles-ci ne peuvent guider les peuples s'ils ne sont pas, eux-mêmes, convaincus qu'elles sont porteuses de vérités. En effet, des individus qui parlent de leur religion et de leur culture en attestant, au nom de la tolérance, qu'il ne s'agit que de leurs propres convictions personnelles ainsi que de leurs propres habitudes culturelles et qu'elles ne seraient, en rien, supérieures à celles des autres rendent, officiellement, leur religion et leur culture – qui sont la source des systèmes politiques, des lois et des traditions – illégitimes de diriger leur société parce qu'elles ne sont pas scientifiques, mais purement subjectives et que, par conséquent, leur légitimité est, nécessairement, à remettre en question. S'ils ne considèrent pas leur religion comme « vraie » et leurs habitudes de vie comme objectivement bonnes, alors il est ici question du stade atteint le plus haut en termes de reconnaissance de l'Autre en tant qu'égal et semblable : l'incertitude de soi. L'incertitude obligeant les singularités (individuelles ou nationales) à la recherche d'une vérité universelle qui risque de contredire ce en quoi elles ont cru jusqu'à maintenant. Et, en cela, nous pouvons dès lors accorder une importance amoindrie à ce que nous sommes *en tant que produits culturels* et accorder, à l'inverse, une importance décuplée à ce que nous sommes *en tant que membres d'une humanité universelle*. La connaissance de l'universel nous conduit à réaliser que notre civilisation ne détient pas la vérité et que, par conséquent, celle-ci n'est nullement supérieure. Cette connaissance et cette prise de conscience sont ce qui installe, déjà, les bases de rapports égalitaires entre les individus ainsi qu'entre les différents peuples.

Ce qui annule le sentiment de supériorité que des individus – en tant que membres d'une religion ou d'une nation – peuvent avoir les uns envers les autres est, avant tout, la démocratisation de l'accès à l'histoire mondiale. Nous avons, actuellement, affaire à la grande mode contemporaine des historiens traitant de « l'Histoire universelle » qui est la suite logique de ce que les historiens de l'histoire coloniale, depuis les années 1960, nomment la « décolonisation des savoirs » ; théorie de la connaissance dont la visée est de déconstruire les idées reçues que l'ensemble des civilisations dominantes ont pu avoir sur l'histoire et la culture des civilisations colonisées (regardées, d'ailleurs, pour certaines, comme étant sans histoire). Durant la même période (la seconde moitié du XXe siècle), dans le cadre d'une démystification des fausses croyances au sujet de l'époque médiévale, le travail des médiévistes européens a, entre autres, consisté à informer le grand public de l'impact bénéfique qu'ont pu avoir l'islam et la culture arabe sur l'Europe dans le domaine des sciences ; et principalement les mathématiques et la philosophie. L'Europe qui partagerait, par là, son histoire avec le monde musulman (et qui fut, au Moyen Age, selon Alain de Libeira, à la fois juive, catholique, islamique et byzantine) serait, par conséquent, un continent déjà internationalisé. Par ailleurs, les exemples démontrant la réalité scientifique du métissage des populations et des cultures depuis les origines d'une humanité dont l'histoire est marquée par la migration ne manquent pas ; l'Histoire de l'humanité depuis Lucy est, selon les historiens et les généticiens, une histoire de migrations – récit qui tord le cou aux idées reçues nationalistes basées sur des fictions et des mythologies historiques. Les sciences humaines et exactes ont décrété, à la seconde moitié du siècle dernier, que l'humain avait des jambes bien plus que des racines.

D'autre part, la connaissance de l'histoire des différents peuples joue énormément sur le respect que nous pouvons avoir à leur endroit. Si nous sommes, incontestablement, admiratifs des pays riches disposant d'un agréable art de vivre, d'une architecture sophistiquée ainsi que d'une éducation de qualité et que nous sommes incontestablement peinés et empathiques lorsque nous observons la misère et la violence d'un pays en guerre et en famine, les découvertes archéologiques et la démocratisation de la culture et des savoirs historiques et scientifiques les concernant nous permettent, tout de même, d'éprouver un profond respect pour ce qu'ont fait les pays pauvres par le passé. Nous avons désormais connaissance de l'apport de ces pays à l'humanité. Si un pays pauvre suscite notre compassion à cause de son présent, nous le respectons, toutefois, pour ce qu'il a apporté au monde dès lors que nous nous intéressons à son histoire (l'existence du patrimoine mondial de l'UNESCO en est une illustration), comme ce peut être le cas pour l'Éthiopie. Les Éthiopiens, bien qu'ils continuent, malgré leur développement économique, d'être perçus comme des Africains subissant la famine et la misère, ces derniers sont toutefois connus pour ne jamais avoir été colonisés, avoir eu un siège à la S.D.N (Société des Nations), la reine de Saba, le Royaume d'Aksoum, les Églises souterraines de Lalibela ainsi que pour Hailé Sélassié qui fut, avec le *rastafarisme*, reconnu comme une personnalité politique importante du XXe siècle. Les Éthiopiens sont, à l'échelle internationale (et principalement dans les Caraïbes, en Amérique du Sud et en Afrique), reconnus comme les habitants d'un pays dont l'intérêt culturel et historique est indéniable. Ils sont respectés pour cela et pourtant, ils sont pauvres. Leur passé « honorable », malgré leur misère présente, les rend « respectables » aux yeux d'une bonne partie du monde. De ce fait, il est alors rassurant de savoir que le pouvoir économique et militaire et l'attractivité culturelle et touristique ne sont pas les uniques garants de la respectabilité internationale. La progression des savoirs scientifiques et historiques le permet tout aussi bien.

Les sociétés peuplant le monde sont des sociétés qui, jadis, furent ou bien dans le camp des dominants ou bien dans le camp des dominés. Les anciens dominants ont vu leur autorité être remise en question par leurs esclaves et leurs colonies – ils n'ont alors plus d'autre choix que de leur parler comme à des égaux en droits, en valeur ou en puissance – et les anciens dominés peuvent ainsi prendre conscience qu'ils sont beaucoup plus vulnérables que ce à quoi ils pouvaient s'attendre, puisque précisément, ils ont été dominés. Et il n'échappe à personne que, même des conflits mondiaux et extrêmement meurtriers, à l'image de ceux que l'Europe a connus pendant la Première Guerre mondiale, peuvent faire prendre conscience que « toutes les civilisations sont mortelles » (célèbre phrase de Paul Valery), y compris la leur ; réalisme qui rompt alors avec la certitude nationaliste postulant que, comme l'ont pu dire, au XIXe siècle, Michelet pour la civilisation française (dans le cadre d'un projet de création d'un « roman national ») et Fichte pour la civilisation allemande (dans le cadre d'un projet de création d'un nationalisme allemand), leur nation et civilisation seraient « éternelles ». Ni la « France éternelle », ni « l'Allemagne éternelle », ni aucune autre nation éternelle n'existerait, car toutes sont appelées à mourir un jour. C'est alors que, de ce constat, l'humilité pourrait, finalement, grandir dans l'ensemble des sociétés du globe. Ainsi, avec l'accès à la connaissance de l'histoire mondiale, nous parvenons à réaliser qu'aucun impérialisme n'est éternel, puisque la liberté des autres peuples finit toujours par être revendiquée et que, dans le même temps, tout semble cyclique, puisque l'intégralité des peuples ont connu dans leur histoire des périodes d'âge d'or et des périodes de chute.

Toutefois, cette reconnaissance de l'Autre en tant qu'égal et semblable pourrait causer un bouleversement de la vie des individus et non pas uniquement des peuples, dans la mesure où les échanges internationaux permis par le travail, la migration forcée, le tourisme ou les études favoriseront l'émergence de mariages interculturels entre individus dont les cultures ne seront nullement le reflet d'un quelconque lien avec l'histoire de leurs pays respectifs. Par exemple, si un Afro-Américain se marie avec une Américaine WASP et font un enfant, cet enfant sera et le symbole d'une

Amérique plus unifiée (et moins communautariste et ségréguée) et le reflet d'une histoire américaine dans laquelle ont pu figurer les noirs et les WASP. Cependant, si un étudiant burundais fait des études à Singapour, se marie avec une Singapourienne et qu'ils font un enfant, le mariage interculturel entre ces deux individus ne reflétera nullement un lien entre leurs deux pays respectifs. L'enfant issu de cette union, en tant qu'individu *métis*, ne sera aucunement le symbole d'une histoire commune [déjà existante] entre Singapour et le Burundi. Ainsi, le choix, pour cet enfant, sera à faire entre la négation des deux origines (n'être ni Burundais, ni Singapourien) au profit du choix de n'être qu'un *moi-individuel*, faute de sens historique que ce mélange constituerait, et l'acceptation d'appartenir à deux origines n'ayant, culturellement et historiquement, aucun lien – le seul lien existant étant celui de l'appartenance à une même humanité *universelle*. Or, en étant un « moi » ou en étant un « humain », l'individu né d'une union « improbable » s'éloignerait, de fait, du collectif national-culturel ou bien en partant à la recherche d'autres « moi » identiques au sien quels que soient les lieux où il pourrait les trouver ou bien en s'inscrivant par principe dans une adhésion politique et civique à un projet de société à échelle humaine et donc à n'agir qu'en tant qu'humain au nom d'un intérêt général que serait celui du « genre humain » réunissant la totale diversité des « moi ». Le choix serait à faire entre plusieurs « mêmes-moi » au sein d'une communauté singulière et l'intégration de tous les « humains » existants au sein d'une communauté universelle. La nation et la tradition culturelle, dans une telle configuration, deviendront rapidement obsolètes, en ce sens qu'elles ne seraient plus en mesure de répondre aux quêtes identitaires des individus et des peuples.

En outre, si, « en théorie », le monde est appelé à être de plus en plus égalitaire, libertaire et homogène, puisque cela irait « dans le bon sens de l'histoire », l'humanité semble, dans la pratique, agir dans un esprit inverse. Ce qui est communément appelée la « langue universelle » est l'anglais et non l'espéranto et ce qui est appelé la « communauté internationale » n'est, en réalité, rien d'autre que la communauté occidentale. La conception que nous nous faisons de l'universel et de l'international continue, semble-t-il, d'être profondément civilisationnelle. D'autre part, des études en anthropologie interculturelle indiquent que les rencontres entre étrangers s'effectuent selon les étapes suivantes : 1) curiosité, 2) ethnocentrisme et 3) multiculturalisme[70]. Au premier contact, l'étranger suscite la curiosité, voire la xénophilie de la part du peuple d'accueil. Cependant, à mesure que cet étranger s'intègre, ce dernier se voit, cette fois-ci, être perçu et traité par le peuple d'accueil qui le juge en fonction de ses propres critères culturels. L'attitude du peuple d'accueil vire progressivement sur l'ethnocentrisme. Et une fois que la tolérance se développe des deux côtés (les deux parties

---

[70]Voir Geert Hofstede, Gert Jan Hofstede et Mochael Minkov, *Cultures et organisations, Nos programmations mentales*, 2010, Ed Pearson, Collection « Pearson référence », p.449-509

s'acceptent dans leur différence), l'entente se nomme « multiculturalisme ». Mais le multiculturalisme ne signifie pas nécessairement mélange et homogénéisation, puisque tout dépend de la configuration de la société d'accueil, selon si celle-ci est collectiviste ou individualiste. Les sociétés individualistes dans lesquelles l'individu ne se définit pas par rapport à sa culture et à son groupe national et *racial* tendent à se métisser plus facilement dans la mesure où l'individu n'est déterminé par aucun collectif qui interviendrait dans sa vie privée pour le contraindre dans ses pensées et ses actions ; cet individu n'a aucune obligation en termes de fidélité à une communauté. Cependant, dans les sociétés collectivistes où l'individu se définit précisément par rapport à un collectif culturel, national et racial, les communautés tendront, au contraire, à percevoir la rencontre interculturelle comme un moyen de se conforter dans la certitude que leur culture est la *bonne* et que l'autre serait la *mauvaise*. Le collectif défend l'individu de se mélanger avec le membre d'un autre collectif, et ce, par loyauté au groupe ; ce qui implique, donc, un multiculturalisme caractérisé non pas par le métissage, mais par une séparation de différents peuples sur un même territoire et dont l'entente sera, dans la mesure du possible, garantie par la justice et l'intérêt économique.

La situation internationale actuelle tend à être favorable à la séparation politique et culturelle des peuples davantage qu'à l'homogénéisation. Les droits humains et la démocratie défendus par l'Occident ne seront internationaux que le jour où toutes les civilisations seront individualistes et non collectivistes. Cette configuration participera, ainsi, réellement, à cette uniformisation promise et *a priori* logique. Notre époque nous apprend que la mondialisation supposée conduire l'humanité au dialogue interculturel permanent et, *in fine*, vers une philosophie politique (démocratique) à la fois universelle (car humaine) et universaliste (l'humanité devenant un synonyme évident d'*intérêt général*) peut, paradoxalement, conduire au résultat inverse à celui attendu, c'est-à-dire à celui d'une humanité composée d'individus enclins à regarder, dans un esprit libéral et démocratique, les Autres (les *eux*) comme leurs égaux et leurs semblables et de développer, ainsi, un esprit naturellement favorable au concept de « droits humains ». L'hostilité mondiale actuelle à l'encontre de l'évolution [naturelle] de l'humanité vers l'interculturalité, la tolérance et l'extension progressive et généralisée des droits humains s'apparente à une réaction épidermique à une mondialisation jugée contre-nature. Cette humanité pour qui l'existence d'un Autre est vitale, si elle veut avoir conscience d'elle-même ne semble, toutefois, pas encore prête psychologiquement à envisager l'idée d'un monde, certes, définitivement unifié, mais sans l'existence d'un Autre duquel elle pourrait se distinguer et grâce auquel elle pourrait se définir. Ainsi, cette défiance de l'humanité à l'égard de la future globalisation économique, juridique, politique et culturelle dégénère, alors, par réaction, sur un rejet de l'universalisme et de la tolérance ainsi que de la démocratie et des droits humains. La négation de cette nouvelle étape de l'Histoire qu'est l'adhésion universelle aux droits humains et à une juridiction démocratique mondiale tendrait à conduire au retour de gouvernements non-démocratiques et dont les méthodes seraient contraires au « principe de respect de la dignité humaine ». Toutefois, un secteur en développement croissant depuis une cinquantaine d'années et considéré comme inarrêtable, nous interroge, désormais, sur l'impact décisif qu'il aura sur l'avenir politique de notre monde. Il s'agit du secteur technologique. La technologie (et plus précisément l'intelligence artificielle) bouleverse le monde économique et politique ainsi que notre rapport à l'humain et les relations humaines. Ainsi, il est régulièrement question de se demander si cette technologie rendra notre monde moins démocratique (du fait de l'usage de la technologie comme moyen de surveillance et de contrôle) ou, au contraire, plus démocratique. Mais pour savoir si cette technologie aura des effets positifs sur l'émergence de la liberté des humains et de leur égalité réelle entre eux, il est plus judicieux de se demander, au préalable, si la technologie unira l'humanité ou si elle participera, à l'inverse, à sa dislocation – voire à sa destruction.

E- Technologie

A propos de la technologie et de la manière dont les humains l'adaptent à leurs propres fins idéologiques, nous pouvons en avoir un exemple criant avec les réseaux sociaux (surnommés, par leurs détracteurs, les « réseaux asociaux ») qui ont été, à l'origine, pensés comme des moyens de communication destinés à réunir des humains venant des quatre coins du globe. Cependant, le résultat observé de nos jours est, finalement, un éloignement du monde réel causé par le rapprochement du monde virtuel ; éloignement permis par la nouvelle identité que la numérisation a engendrée : l'identité virtuelle dont le plus néfaste des effets est, par exemple, l'absence d'empathie à l'endroit d'un être humain (que nous harcelons ou que nous voyons se faire torturer sur le *dark web*) que nous regardons derrière notre écran, sans réaliser que la personne est bel et bien réelle – et non virtuelle. De plus, concernant l'expression des opinions politiques, les réseaux sociaux ont été analysés – surtout lors de la campagne américaine de 2016 où les « social médias » ont été déterminants dans l'élection du Président américain de l'époque Donald Trump – comme étant des moyens révolutionnaires d'expression démocratique. En principe, ils devaient permettre aux citoyens de prendre connaissance de mouvements sociaux portant sur l'écologie, les droits humains, les retraites, etc. ainsi que de prendre conscience de problèmes que peuvent vivre leurs concitoyens et de développer, par la suite, de l'empathie. Les réseaux sociaux, en effet, peuvent avoir la vertu de nous faire prendre connaissance et conscience de situations individuelles et collectives dont nous ne soupçonnions, jusqu'à maintenant, pas encore l'existence. Sur Instagram, par exemple, des personnes atteintes de maladies, de malformation ou ayant été victimes d'un crime précis créent leur compte afin de rappeler à des personnes ayant leur caractéristique et vivant leur situation qu'elles ne sont pas seules et de sensibiliser le reste de la société à des thèmes qui ne les concernent pas.

Pourtant, la réalité a été autre. Les citoyens, sur les réseaux sociaux, tendent, selon les politologues, à ne rester qu'entre eux ; ce qui engendrerait une érosion du lien social. La publicité ciblée et les algorithmes sur Internet sont ainsi faits qu'une personne s'intéressant à un combat politique précis sur les réseaux sociaux verra, progressivement, des propositions (en d'autres termes, des personnes que nous pourrions éventuellement suivre sur le réseau social ; ce qu'Instagram appelle des « suggestions ») étant en lien avec ce (ou ceux) qu'il suit, à l'origine. Alors que le citoyen a, par les réseaux sociaux, accès à l'universel, ce dernier ne finit, finalement, et sans même qu'il ne s'en rende compte, par n'être qu'au contact de ceux qui partagent ses centres d'intérêt. Et ce phénomène a, d'ailleurs, été analysé comme ayant la fâcheuse tendance à renforcer les certitudes des utilisateurs qui, observant qu'il n'existe, *a priori*, que des personnes pensant les mêmes choses qu'eux, deviennent persuadés que leur vision du monde est strictement et entièrement conforme à la vérité du monde dépeint par leur réalité virtuelle. Les réseaux sociaux n'ouvrent pas les citoyens à des idées différentes ou contradictoires comme c'est la visée de toute démocratie idéale, mais les cloisonnent dans celles qu'ils ont déjà. L'exemple des réseaux sociaux démontre que l'accès à l'universel peut, paradoxalement, renforcer le repli sur soi.

La destination promise à l'humanité qu'est la société-Monde peut, finalement, être contraire à ce qui été espéré ou prédit. L'humanité, comme le préconisent les BRICS et les pays du Tiers-monde hostiles à l'Occident, pourrait être promise à un monde multipolaire ou, comme le déplorent les Occidentaux, à un monde fracturé et en proie aux replis identitaires. En effet, une humanité progressant vers l'universel peut, également, revenir, ne serait-ce que par goût pour la *distinction*, à du particularisme. Jean Jaurès avait dit, dans cet esprit-là : « un peu d'internationalisme éloigne de la nation, beaucoup y ramène. ». Et la raison de ce phénomène paraît être phénoménologique. Aristote avait, semble-t-il, posé les bases de la phénoménologie en écrivant, dans *Métaphysique*, que l'Être ne pouvait exister sans le Non-Être. Si, du fait de l'universalisme démocratique, il n'existe plus d'Autre, alors, précisément, il n'existe plus de Soi. L'universalisme ne peut que tendre vers davantage de particularismes qui, pour se maintenir en tant que tels, ont ensuite besoin de se percevoir comme supérieurs aux autres particularismes. Sans ce sentiment de supériorité nécessaire, ils se remettraient sans cesse en question, changeraient au profit d'un particularisme qui les changerait sans se changer lui-même (logique impériale) ou, à l'inverse, changeraient comme l'autre particularisme changerait de son côté, et ce, afin de conduire à un mélange égalitaire des deux changements qui tendrait non pas tant vers l'universalisme, mais vers l'uniforme. Un uniforme politique humain (c'est-à-dire mondial) pourrait, sans doute, exister à l'avenir, mais seulement s'il existe un Autre non-humain capable de constituer [pour *nous-humains*] une menace suffisamment forte pour que nous ayons à prendre peur pour notre sécurité future et notre survie et que nous soyons dans l'obligation de nous défendre en commençant, déjà, par prendre conscience de notre existence, de notre valeur (la valeur serait ce qui justifierait le fait que nous perdurions en tant qu'espèce humaine) et de notre spécificité.

Somme toute, l'universalisme, sans lequel la démocratie ne serait pas, semble être une chimère qui ne pourrait se révéler comme telle qu'au moment de son apparition. C'est au moment où l'humanité touche l'universalisme du doigt – grâce à la technologie – que la réalité de la nécessité du particularisme survient. L'homogénéisation voué à sa chute lors même de son apparition rend la démocratie, semble-t-il, impossible ou, du moins, impossible si l'humanité ne peut encore se positionner par rapport à un Autre non-humain qui l'obligerait à prendre conscience d'elle-même. La présente solitude de l'humanité dans l'Univers la contraint à faire exister ces Autres (logique particulariste) en son sein ; ils pourraient alors être les robots ou les humains *inhumains*, à l'image des criminels ou des étrangers *déshumanisés*, à l'image des habitants des pays ennemis. En effet, nous ne sommes pas encore arrivés à une situation semblable à celle d'un premier contact entre l'humanité et un peuple extraterrestre et nous ne pouvons faire, à l'heure actuelle, de la « politique-fiction » à partir d'hypothèses, non impossibles, certes, mais fortement éloignées du champ des possibles qui se trouve à notre époque. La seule possibilité est que les progrès de la technologie nous offrent, *via* l'intelligence artificielle, une espèce nouvelle avec laquelle l'humanité pourrait se comparer, de laquelle elle pourrait se protéger et grâce à laquelle elle pourrait prendre conscience d'elle-même. La technologie pourrait unifier l'humanité en la mettant contre la machine intelligente.

Ainsi, l'universalisme reste, pour le moment, une philosophie relevant de l'utopie et de l'idéel et, donc, du non-concret. Pour autant, cela veut-il dire que des valeurs universelles sont à exclure ? Sachant que des valeurs universelles ne signifient en aucun cas que celles-ci seront démocratiques. Des valeurs universelles pourraient reposer sur une adhésion majoritaire – au sein de l'humanité – à un projet politique commun et mondial, mais pourraient également bafouer les droits humains et la dignité humaine de groupes minoritaires dans toutes les parties du monde si l'universel tendait à être anti-démocratique, comme nous en avons un exemple avec le terrorisme islamique qui a une vocation universelle, même si l'idéologie défendue exècre la démocratie et les droits humains. Cependant, cet universalisme occidental, en tant que philosophie humaniste, nous renvoie, immanquablement, à l'idéologie des « droits humains ». Ces droits *inaliénables* constituent, philosophiquement, ce sur quoi reposent les valeurs de la démocratie libérale [occidentale]. Toutefois, si l'adhésion à la démocratie semble faire, à l'échelle mondiale, l'unanimité, la question des droits humains bénéficie-t-elle d'une adhésion aussi unanime ? En d'autres termes, les droits humains sont-ils sacrés pour tous les partisans de la démocratie ? Nous arrivons, là, à la prochaine étape de notre raisonnement. Dans celui-ci, nous expliquerons dans quelles mesures le clivage entre les partisans de la démocratie s'opère entre les partisans des droits humains garantis à *tous* (universalisme) et les partisans des droits humains garantis à certains (particularisme).

Les valeurs universelles

Vivre en démocratie nous enjoint à adhérer à des valeurs universelles, mais vivre selon des valeurs universelles ne nous conduit pas nécessairement à adhérer à la démocratie. D'autant plus que le terme « universel » ne signifie pas « éternel » pour autant. La notion d'universel, d'autre part, peut impliquer un cadre strictement local si nous décidons que ce qui est extérieur à ce même cadre n'est pas digne d'avoir une reconnaissance juridique. En effet, l'universel pourrait être local et totalement indépendant de toute forme de Droit supranational ; à la manière, en somme, d'une autarcie qui accueillerait tout être-humain désirant vivre sur son territoire, et ce, quelle que soit sa particularité. Nous pouvons penser à la République française (et à son universalisme français) qui prône des valeurs censées être partagées par tous les citoyens désireux d'appartenir à la nation française quelle que soit leur spécificité sexuelle, ethnique, *raciale*, religieuse ou sociale.

Le caractère non éternel de l'universalisme est explicable par le fait que, si nous changeons de territoire, la conception de l'universel aura, elle, nécessairement muté : il ne sera pas éternel dans l'espace. Or, il ne le serait pas non plus dans le temps. A l'échelle mondiale (l'échelle de l'universel réel), des pratiques pourraient être défendues et employées par l'intégralité des nations au nom d'une potentielle adhésion à des valeurs humaines universelles ; cependant, ces pratiques ne pourraient être que le produit d'une époque déterminée et appelée, par la suite, à se modifier et à créer de nouvelles valeurs universelles correspondant à un autre contexte. Il s'agirait donc d'un universalisme *relatif* et non d'un universalisme *absolu*. Sauf que, cette fois-ci, il ne serait plus question de relativisme culturel (les valeurs [non-universelles] ne changeraient plus en fonction des espaces civilisationnels), mais de relativisme purement temporel, auquel toutes les civilisations seraient soumises de la même façon. L'universel ne serait plus limité par un espace géographique et politique donné inclusif et ouvert (nation), mais par un « esprit du temps » (terminologie employée par Hegel) condamné à évoluer et emportant, dans son évolution, l'humanité en tant qu'universel mondial.

Cependant, qu'en est-il concrètement d'une *valeur* ? Si nous voulons consulter un Dictionnaire juridique, prenons celui de Gérard Cornu : *Vocabulaire juridique* (1987). Il y est dit la chose suivante :

« VALEUR

N. f. – Lat. *valor*

> 1. (sens courant) *a)* (pour qqn). Ce qui, de son point de vue, est estimable, appréciable, désirable, valeur subjective. *b)* (plus objectivement). Bien en soi ; ce qui, en général, est considéré comme bon, utile, digne d'estime. »

En somme, la valeur (de laquelle se nourrissent les Droits coutumier et écrit) est un outil immatériel dont l'humain se sert afin de se grandir et de se démarquer d'autres groupes ou individus avec lesquels il souhaite, par sentiment aristocratique, prendre ses distances. Des valeurs universelles peuvent exister à l'échelle de l'humanité dans la mesure où elles peuvent avoir comme utilité le fait de se distinguer des autres espèces animales. L'humain défend des valeurs relatives à l'ordre, à l'harmonie civile ou encore à la spiritualité afin de faire honneur à sa condition d'espèce supérieure ; la raison étant que l'être humain ne serait pas tout à fait un animal comme les autres. Les valeurs paraissent, ainsi, pour les humains, nécessaires au revêtissement de leur dignité et à leur élévation individuelle et collective.

Mais les valeurs, afin de résister au temps et à ceux qui souhaiteraient les contester, doivent devenir des *principes.* Le principe, toujours si l'on se réfère au *Vocabulaire juridique* de Gérard Cornu, est une

> « règle ou *norme générale, de caractère non juridique d'où peuvent être déduites des normes juridiques. Ex. le principe des nationalités, celui de la souveraineté nationale. Comp. *valeurs fondamentales*. »

Et enfin, ces principes doivent prendre la forme de lois auxquelles tous les citoyens doivent être soumis à égalité – du moins si nous vivons en démocratie. Cette situation d'égalité des citoyens devant la Loi est alors nommée « État de droit ». L'État de droit, pensé par le philosophe anglais John Locke qui l'avait, dans sa langue anglaise, appelé *rule of law* (gouvernement de la Loi), est un type d'État dans lequel l'autorité législative constitue l'autorité suprême – et *tous* sont, à égalité, en-dessous de la Loi. Cependant, l'État de droit, du moins tel qu'il est pensé et configuré en Occident, est une mise en forme juridique de l'ensemble des valeurs universelles défendues par les démocraties [libérales] occidentales et qui sont basées sur la croyance dans l'égalité de tous les humains ainsi que dans la supériorité de la *raison* sur la foi. Pourtant, ces valeurs universelles sont-elles, pour autant, des valeurs scientifiquement valables ? Sont-elles des valeurs exclusivement anthropologiques – soit, véritablement universelles et valables en tout lieu et en tout temps – ou appartiennent-elles spécifiquement à un groupe culturel et à une époque spécifiques ? Carl Schmitt, dans sa *Théorie de la Constitution* (1928), disait que la conception que nous avions de l'État de droit était bien spécifique, en ce sens qu'elle était culturellement bourgeoise et libérale et reposait, en vérité, sur deux principaux piliers : la garantie des libertés fondamentales et la séparation des pouvoirs. Or, cette conception de l'Etat de droit est-elle le fruit d'un verdict scientifique et, donc, intangible ou est-elle, au contraire, une conception purement idéologique destinée, *in fine*, à être révisée et remplacée un jour ? L'idée générale selon laquelle elle serait le fruit d'une conclusion scientifique et qu'aucun autre point de vue donné sur l'Etat de droit ne serait admissible instaure, déjà, la certitude qu'il existerait une hiérarchie entre les pays disposant de la vérité au sujet de la configuration de l'Etat de droit démocratique et les pays ne la connaissant pas ainsi qu'entre les citoyens issus d'un même pays et classables sur la base de leur capital culturel ; et plus précisément, sur la base de leur connaissance ou de leur méconnaissance du Droit, voire du fonctionnement global de l'ensemble des institutions.

La hiérarchie sociale des sociétés modernes et démocratiques existe en dépit de l'égalité des droits et repose, de fait, sur la connaissance du Droit et de ses droits – et la familiarité avec la procédure administrative[71]. Dans une

[71]Les pauvres bénéficient, en cela, d'assistantes sociales. La procédure administrative tend, en effet, à être intimidante, y compris, d'ailleurs, pour les autres classes sociales. Un ancien secrétaire d'Etat (Thomas Thévenoud) au parti socialiste avait parlé, à ce sujet, en 2014, de « phobie administrative » après qu'il ait été accusé de ne pas avoir payé ses impôts pendant plusieurs années ; terme lui ayant à la fois valu les moqueries des autres politiciens et les compréhensions de personnes confessant être intimidées, elles-mêmes, par la « paperasse ». Ainsi, cette procédure administrative peut être d'autant plus intimidante pour les personnes issues de classes sociales populaires dans la mesure où, premièrement, celles-ci ayant un suivi un cursus éducatif peu élevé (pas de diplôme après le Brevet ou le Baccalauréat) se retrouvent devant des textes administratifs longs et complexes leur rappelant, fort probablement, les cours d'écoles auxquels elles étaient, par manque de capital social et culturel – pour être bourdieusien –, moins adaptées que les classes moyennes et supérieures et que, deuxièmement, ces dernières ont peur de s'engager. La procédure administrative sollicitant l'engagement est, en ce sens, effrayante. Vers quoi nous engageons-nous ? Et si nous décidons de nous rétracter, cela nous sera-t-il dommageable d'un point de vue pénal ou financier ? Aurais-je les moyens économiques d'assumer jusqu'au bout mon engagement ? Les pauvres souhaitent, à tout prix, « éviter les problèmes » car ils savent qu'ils ne pourront aisément les gérer. Cette peur de l'administration est visible, par exemple, dans le fait qu'une part non négligeable de Français ayant droit à des allocations sociales n'en bénéficient pas. Cela est le cas du RSA qui n'est pas touché par un tiers des Français étant en droit d'en bénéficier. Ce phénomène est explicable par l'ignorance (la méconnaissance de ses droits) ; et cette ignorance est explicable par le caractère intimidant des démarches administratives à respecter faisant, ainsi, fuir les pauvres de tout ce qui a trait à l'administration. La familiarité à l'égard du Droit est une affaire de connaissances (de ses droits), mais aussi de confiance en soi (dans sa capacité à entreprendre des démarches administratives en autonomie) ainsi que dans les institutions (dont nous pouvons penser qu'elles complexifient les procédures afin « d'embrouiller » les citoyens et de les maintenir sous domination). Le rapport au Droit, à ses droits et à l'administration n'est alors qu'une seule question sociale et économique.

démocratie fondée sur l'Etat de droit, cette prédominance du Droit implique, de fait, une séparation hiérarchique des citoyens, pourtant égaux entre eux dans les droits, entre les connaisseurs et les ignorants du Droit. Et cette hiérarchie, si elle ne prend pas la forme d'une hiérarchie officielle (comparable à celle de l'Ancien Régime), prend alors la forme d'une inégalité en termes de considération et de respectabilité sociales. Ceux qui ne connaissent pas leurs droits ou le Droit et qui semblent être totalement ignorants du domaine – et du jargon – administratif sont socialement perçus comme des « cas-sociaux » (ou plus vulgairement des « cassos » nécessitant d'être assistés) et font généralement parties des groupes sociaux-économiques classés, dans les enquêtes statistiques, dans la catégorie sociale des « non-diplômés » ou pour parler comme les anglo-saxons, des « not-educated ».

A- Droits humains et mépris

S'il est, désormais, souvent affirmé, dans les démocraties occidentales, que « les élites » d'aujourd'hui ne sont animées ni par des valeurs patriotiques, ni par des valeurs religieuses (ou que, si tel n'est pas le cas, il est assez récurrent de les voir être accusées, dans les sphères complotistes, de satanisme) ou tout simplement politiques (il est dit que les élites n'ont pas de vision et d'idéologie pour leur pays en raison d'un entre-soi social et d'une obsession pour l'argent les coupant du peuple ou d'un désir de construire un projet commun), il n'en demeure pas moins que les minorités dominantes sont et ont toujours été portées par des valeurs qui les rendent honorables et donc légitimes d'être « supérieures ». Même les grandes multinationales – que les petites entreprises ont ensuite imitées en invoquant, chacune d'entre elles, une « culture d'entreprise » – proclament le fait d'être porteuses de valeurs. Leur puissance économique et leur influence culturelle et politique tendent à leur donner une image d'entreprises prédatrices et motivées uniquement par l'argent qu'il est, ainsi, nécessaire de lisser en donnant un vernis d'humanité par le biais de l'affichage de valeurs portant sur le bien-être au travail, la proximité entre patrons et employés, la liberté des employés, la primauté de l'expérience sur le diplôme, etc. Or, ces valeurs d'entreprise sont bien sûr défendues afin de se distinguer de l'ancien monde dans lequel le marché du travail fonctionnait de façon rigide et peu productive (cette rigidité ne permettait pas de laisser le talent des individus s'épanouir) ; le nouveau modèle opposé et « supérieur » est celui défendant un système flexible et plus productif, c'est-à-dire plus intelligent dans le sens où il serait profitable à l'entrepreneur innovant et non plus au salarié conforme et immobile.

Concernant les droits humains, il en va de même ; valeurs défendues, à l'origine, par la bourgeoisie au XVIIe siècle, ils permettent, aujourd'hui, aux pays occidentaux de se distinguer des pays non occidentaux qui seraient des pays barbares en raison de leur refus de faire des droits humains un projet de civilisation. Et à l'échelle des sociétés, les bourgeois, comme leurs prédécesseurs nobles, ont procédé – et procèdent toujours – par *distinction* afin de démontrer leur supériorité morale et intellectuelle sur le peuple. Les nobles se distinguaient par leurs valeurs *chevaleresques*, tandis que les bourgeois d'aujourd'hui se distinguent par leurs valeurs *humanistes*. Défendre les droits humains permet de se distinguer à la fois de la *barbarie* des autres civilisations et de prendre de la hauteur par rapport à la prétendue émotivité de la masse qui se laisserait facilement séduire par les discours lyriques, autoritaires et démagogiques et qui tendrait à défendre une Justice vengeresse et la création d'institutions autoritaires, privilégiant ainsi les résultats [rapides] aux moyens [lents]. Défendre les droits humains, l'Etat de droit et des institutions démocratiques complexes nous range, dès lors, directement dans le camp du Bien, certes, mais plus spécifiquement dans « le camp de la raison ».

Une *valeur* est, pour celui qui la porte, un outil de distinction permettant, en toute logique, d'être ce que nous appelons une personne « distinguée ». Nous conservons des valeurs parce qu'elles nous permettent de nous sentir supérieurs aux autres qui seraient « barbares », « dégénérés », issus de la « populace », « dangereux » ou encore « incultes ». Nous disons couramment, à leur sujet, en prenant un ton très méprisant, que « nous n'avons pas les mêmes valeurs ». En Occident, si, sauf exception, tous les Occidentaux soutiennent la démocratie, la distinction – qui est une distinction éminemment sociale et non plus liée à une différence « d'Ordre » et de « rang » – existant entre eux, en termes de valeurs, se base sur la question des droits humains et de leur respect conditionnel ou inconditionnel. En d'autres termes, les droits humains doivent-ils être *sans* condition ou *sous* condition ? La défense des droits humains *sans* condition repose sur la stricte définition des droits humains définis comme « des droits et des facultés assurant la liberté et la dignité de la personne humaine et bénéficiant de garanties institutionnelles. ». La défense des droits humains *sous* condition repose sur l'idée que nous ne pouvons traiter humainement des individus qui, par leurs actes, se montrent inhumains – les droits humains, en somme, ne devraient pas s'appliquer aux « monstres ». Pour le cas français, par exemple, la *distinction* d'ordre intellectuel est très perceptible sur cette question ; elle ne s'opère plus entre les « civilisés » et les « barbares » ou entre les « raffinés » et les « vulgaires », mais entre les « cultivés » et les « beaufs » (comme elle se fait, aux États-Unis, entre les « educated » et les « not educated » appelés aussi bien « redneck », terme équivalent à celui de « beaufs » en français). Pour prendre un cas bien concret, la représentation que nous nous faisons du Français favorable à la peine de mort (c'est-à-dire de la non-garantie de ce droit humain qu'est le « droit à la vie ») est précisément celle du « beauf » dépeint par le caricaturiste Cabu (personnage qui a vu le jour en 1972 dans le journal satirique *Hara-kiri*). En d'autres termes, elle est, dans notre imaginaire collectif, celle du « beauf » inculte, pensant de manière non complexe et rapide, adepte de la loi du talion (loi que nous percevons comme barbare depuis la seconde moitié du siècle dernier) et habité par l'émotion pure (nous pensons instinctivement, en vérité, à la foule d'individus « barbares » criant, à l'audience, « *à mort, à mort !* »), tandis que l'image que nous avons de celui qui y est opposé est celle d'un intellectuel rationnel sachant résister à la logique talionesque du « il a donné la mort, à nous de la lui donner » et prenant conscience de la complexité d'une affaire judiciaire qui ne peut être résolue d'une manière aussi simple et rapide que le recours à la peine capitale (sans oublier que le risque de l'envoi d'un innocent à la mort est toujours présent). Pour le cas de la torture, l'affaire est la même. Un sondage Ifop sorti en 2016 dans un contexte, précisons-le, post-attentats (notamment ceux du 7 Janvier 2015 qui ont touché la rédaction de Charlie Hebdo et du 13 novembre de la même année au Bataclan) a démontré que 54% des Français soutiennent « l'envoi de décharges électriques par un policier sur une personne soupçonnée d'avoir posé une bombe prête à exploser » et que 57% considèrent justifié « l'isolement absolu pendant 10 jours d'un détenu » pour le faire avouer. Le rapport de l'Ifop sur la torture en avait conclu qu'il existait, chez les Français, une « acceptation du recours à la torture dans un cas d'extrême urgence »[72] . En somme, une petite majorité de Français sont pour les droits humains *sous condition* (les Français souhaitent voir être respecté le droit humain qu'est le droit au respect de l'intégrité physique, sauf en cas d'urgence extrême ; c'est-à-dire en cas de menace pour l'ordre public et la sécurité), opinion qui, justement, est très peu présente chez les politiciens, les journalistes, les juristes et les universitaires – ou, du moins, chez ceux qui, en ayant une visibilité dans les espaces médiatiques, se doivent, un minimum, d'être représentatifs de la population globale –, d'où l'existence d'un clivage exclusivement social sur la question des droits humains et de leur respect inconditionnel ou non. Pour la peine de mort, il est régulièrement asséné que François Mitterrand et Robert Badinter ont bien fait de ne pas consulter le peuple par référendum afin de trancher sur cette question, car, s'ils l'avaient fait, ce dernier aurait décidé de la maintenir. Badinter et Mitterrand auraient ainsi fait preuve de sagesse face à un peuple naturellement enclin à déraisonner.

Mais de façon plus complexe, le clivage politique, sur la question des droits humains *inaliénables* ou *non-inaliénables*, est un clivage opposant non pas les Français de classe supérieure et les Français de classes populaire

---

[72]source du sondage : https://www.ifop.com/publication/le-regard-des-francais-sur-la-torture-connaissance-et-acceptabilite/

et moyenne, mais un clivage classique et, semble-t-il éternel, entre « les élites » et « la masse ». L'opposition, *sans* condition, à la peine de mort, à la torture ou encore à la préférence nationale (voulant que les étrangers soient des humains qui disposent des mêmes droits que les citoyens) est une distinction bel et bien aristocratique relevant d'une espèce d'humanisme petit-bourgeois visant à défendre un droit-de-l'hommisme intégral dans l'intention de prendre ses distances avec la supposée barbarie autoritariste du petit peuple plus sensible à la répression qu'à la réhabilitation ou plus sensible à l'autorité qu'à la liberté (la « liberté » étant, dans le langage courant, associée au laxisme d'une société en pleine perdition dans laquelle « toutes les valeurs se perdent »). Le caractère « inaliénable » donne aux droits humains un caractère, finalement, sacré et tend même à en faire une sorte de religion politique que des intellectuels comme Jean Carbonnier, François Furet ou encore Jean-Louis Harouel qui sont critiques vis-à-vis du « droit-de-l'hommisme » appelaient : la *religion des droits de l'homme*.

Or, cette religion officieuse est, à l'image de toutes les religions, une institution [tacite] ayant ses clercs ou ses prêcheurs (pour le cas de l'État de droit démocratique garantissant les droits humains *sans* condition, il s'agit des juristes) et séparant la population en deux parties inégales : les élites qui auraient la totale connaissance de la « vérité révélée » et du bien et « la masse » qu'il faudrait éduquer en lui inculquant cette vérité révélée et cette morale. Le « peuple » doit ainsi être éduqué à la raison dont la preuve de sa détention est précisément cette adhésion philosophique aux droits humains *inaliénables* perçus comme les « fruits de la raison, présents dans la nature humaine. »[73]. De là vient ainsi cette idée sous-jacente qu'un refus d'adhérer à la philosophie de ces droits humains *inaliénables* (et à la démocratie) serait, précisément, explicable par une absence de rationalité et d'éducation. Si les gens étaient réellement connaisseurs de l'Histoire et des sciences juridiques et politiques, ils adhéreraient naturellement à la République et au libéralisme. De plus, si nous prenons, par exemple, l'adhésion progressive à la peine de mort, à la torture ou à l'accueil *sous* condition des immigrés (dans le cadre d'une « immigration choisie »), celle-ci est analysée comme étant une adhésion politique ne relevant que d'un simple manque de culture (de connaissances), d'éducation (de diplômes) et de maturité politique (les citoyens seraient dominés, politiquement, par leurs affects) ou encore d'une manipulation de ces « masses crédules » par des forces obscures à combattre (par le débat politique et intellectuel ou la judiciarisation), telles que les réseaux sociaux, les *fake news* de médias douteux ou la démagogie de partis politiques extrémistes. Cette adhésion est le reflet, semble-t-il, d'un jugement, « hélas », non éclairé par la lumière qu'incarne la vérité de la philosophie des droits humains *inaliénables*.

[73] Gregorio Peces-Barba Martinez, *Théorie générale des droits fondamentaux*, 2004, Ed LGDJ, Collection « droit et société », p.38

Si l'État de droit, qui s'oppose à l'État policier, est un État dans lequel la Loi exerce une autorité suprême sur tous les citoyens d'*égale* façon, alors l'autorité de celle-ci se doit d'être incontestable. Or, comment une loi peut-elle l'être ? Elle peut l'être si cette dernière est divine. Auquel cas, personne ne pourra remettre en question une loi émanant de Dieu. Cependant, si celle-ci ne vient pas de Dieu en raison du principe de laïcité sur lequel nos Républiques sont fondées, par l'usage de quel outil, donc, celle-ci pourra-t-elle être incontestable ? Et bien par la science ; par la raison. Toutefois, la science peut finalement créer – alors que c'est (en tant qu'elle s'oppose à l'obscurantisme) censé être son objectif initial opposé – une foi aveugle dans une loi « rationnelle » qui est analogue à une foi aveugle que nous aurions dans une loi divine. D'ailleurs, cette foi aveugle dans la science fut parfaitement étudiée par la psychologie expérimentale, durant la seconde moitié du XXe siècle, ainsi que par les travaux de la philosophe Hannah Arendt qui ont débouché sur la création de son célèbre concept de « banalité du mal ». L'étude de Stanley Milgram – retranscrite dans son ouvrage *Soumission à l'autorité* (1974) – démontra que n'importe quel individu, à partir du moment où une autorité scientifique lui demande d'effectuer telle action, y compris une action extrêmement inhumaine (en l'occurrence, envoyer des décharges électriques à un inconnu pour le cas de l'expérience de Milgram), peut agir avec inhumanité, et ce, parce qu'un scientifique en blouse blanche le lui demande. De même, dans son *Eichmann à Jérusalem* (1961), Hannah Arendt avait été stupéfaite d'observer qu'un individu (Eichmann) ayant *a priori* tout ce qu'il y a de plus banal, pouvait commanditer la déportation de millions de juifs au nom, comme c'était sa défense lors du procès, du simple « respect des ordres » ; propos qui avait conduit à une réflexion philosophique sur la légitimité de la loi et sur la nécessité, ou non, d'y consentir et d'y obéir.

Si la Loi constitue l'autorité suprême, c'est alors au peuple d'être constituant ; car s'il ne l'est pas, c'est-à-dire que si ces lois ne sont rédigées et votées que par le pouvoir *législatif* et que seul le pouvoir *judiciaire* peut être en mesure de les connaître dans leur totalité, alors un nouvel Ordre des clercs risque de naître sous l'État de droit démocratique (qui ne serait, en conséquence, plus tout à fait démocratique). Et cet Ordre des clercs moderne serait l'Ordre des juges. A ce propos, des penseurs comme le juriste Édouard Lambert parlaient du « Gouvernement des juges » qui est défini, selon le *Lexique des termes juridiques (D.* édition 2023-2024), comme une « dérive du contrôle de constitutionnalité par laquelle les juges, par une interprétation tendancieuse de la Constitution, parviennent à mettre en échec les institutions démocratiquement légitimes, titulaires du pouvoir législatif. ». Mais, au même titre que l'Ordre des clercs se distinguait des deux autres Ordres – et était, pour cette raison, le premier Ordre devant la noblesse et le Tiers-État – par sa connaissance des textes saints et sa compréhension de la volonté de Dieu, l'Ordre des juges et, plus globalement, de ce que nous appelons, dans un esprit fort globalisant, des « juristes », se légitimera en tant que premier Ordre de la démocratie, et ce, par sa connaissance de l'intégralité des lois et sa maîtrise de la complexité du Droit. Cette fracture entre les alphabétisés et les analphabètes du Droit fera le lit d'une oligarchie, non pas de droit, mais de fait. Une oligarchie de juristes qui seraient, ou bien politisés, ou bien corrompus, ou bien une élite auto-proclamée de « sachants » discréditant la parole du peuple en le renvoyant à sa méconnaissance du Droit, dès lors que ce dernier contesterait une décision de justice. Un citoyen qui critiquerait un avocat défendant un terroriste ou un juge ayant remis en liberté un policier qui a abusé de son pouvoir, sera renvoyé au fait qu'il n'est pas juriste, que « les choses sont un peu plus complexes que cela » et qu'il n'a pas, en somme, les facultés intellectuelles nécessaires pour comprendre l'objet de ce qu'il critique. Ce citoyen indigné n'est qu'un simple citoyen emporté par « l'émotion collective » et non par la rationalité. Ce que nous appelons, à l'échelle mondiale, « l'arrogance occidentale » existe, tout aussi bien, à l'échelle locale. Cependant, cette arrogance locale est appelée « mépris de classe ». Et ce « mépris de classe » s'apparente davantage à une « distinction » aristocratique (concept que vous étudierons plus tard) dont use la bourgeoisie en défendant [*sans condition*] la philosophie politique des droits humains. Mais cette lutte des classes idéologique va même plus loin. La raison étant qu'elle repose sur un combat politique et social entre la défense des droits humains des criminels par l'ensemble des élites intellectuelles et la défense exclusive des droits humains des victimes par l'ensemble de la population. La première défense se justifie par la raison ; la seconde se justifie par l'empathie et la morale.

En effet, nous pouvons défendre les droits humains en ne défendant, en somme, que les droits humains des victimes. Les associations, par exemple, défendant les droits des enfants exploités (par le travail forcé ou la prostitution), des femmes violées ou ne bénéficiant pas, par rapport aux hommes, d'une égalité de droits, des homosexuels persécutés ou encore des minorités ethniques ou religieuses (comme les Ouïghours en Chine), défendent des victimes de crimes et d'injustices. De nombreux individus, par exemple, tendent à défendre les droits humains des victimes en affichant un mépris considérable pour le sort réservé aux criminels (la question de savoir s'ils seront bien traités ou pas est le cadet de leur souci). Par exemple, lors de grandes affaires criminelles, il est courant de dire qu'il faut penser aux victimes avant de penser au criminel et à sa réinsertion (ainsi, la vie d'un criminel aurait moins de valeur que la vie d'une victime) ou encore qu'un terroriste français agissant en Syrie, dans les rangs de l'État islamique, se doit d'être jugé en Syrie, même si la peine de mort, dans ce pays-là, lui est promise. Nous acceptons alors que ses droits humains soient bafoués sur un sol étranger, ce qui constitue, déjà, un trait de désacralisation des droits humains censés, pourtant, être effectifs dans les quatre coins du monde et pour tous, sans exception. Cet état d'esprit a d'ailleurs eu son succès dans un pays d'Amérique du Sud, le Salvador, dans lequel Nayib Bukele a été élu en 2019. Ce dernier se présente comme un dictateur « cool » ne défendant que les droits humains « des gens honnêtes ». Sa déconsidération totale pour les mafieux et les trafiquants lui a fait mener une politique extrêmement répressive (inquiétant, d'ailleurs, l'ensemble des associations de défense des droits humains) qui, toutefois, a eu un succès grandissant auprès du peuple salvadorien (par lequel il a été réélu le 4 février 2024) qui a ainsi constaté la baisse drastique de la criminalité (91%). L'efficacité de cette lutte contre la criminalité (qui a permis au Salvador d'être le pays le plus sûr d'Amérique Latine) a également séduit dans les pays occidentaux, dont les populations sont pourtant traditionnellement acquises à la totale garantie des droits humains, même de ceux des criminels les plus atroces.

En effet, au regard de la condition des détenus dans les régimes nazi, fasciste et communiste ainsi que dans les colonies, la seconde moitié du XXe siècle a été, il est vrai, très féconde en matière de réflexions sur les droits humains tournant autour des « droits des détenus »[74]. Il était question d'accorder une importance cruciale au statut du détenu, voyant par là la nécessité absolue de le considérer comme un être humain à part entière. Sans compter que les désirs de vengeance d'Européens juifs qui souhaitaient que l'on traque les nazis fuyards dans les Amériques afin de le leur faire payer ont renforcé cette volonté de protéger les droits des coupables et des détenus (privilégiant ainsi le jugement des nazis plutôt que leur assassinat), ne serait-ce que des passions vengeresses des anciennes victimes ou de leurs descendants. La démocratie avait alors pour mission de garantir un traitement humain à ceux que la société regarde comme des monstres. Or, depuis le début du XXIe siècle, nous observons un phénomène nouveau : celui de l'émergence du crime organisé. Dans les travaux de Jean Ziegler, de Jean-François Gayraud ou encore de Michel Glenny, il est constaté que les mafias s'adaptent parfaitement au capitalisme et qu'elles deviennent de plus en plus influentes dans de nombreuses parties du monde (ainsi que dans de nombreux domaines, tels que ceux de la politique et de l'économie) et que l'ensemble des Etats peinent à les arrêter et à les juger. Désormais, il n'est plus question de parler de la protection des détenus, puisque les criminels (en l'occurrence, ceux issus du crime organisé) ne sont déjà pas condamnés. Ainsi, comment garantir les droits des détenus si, déjà, les criminels ne sont pas jugés ? Cette impunité change, finalement, tout à l'affaire quant à notre réflexion sur les droits humains. Cette mondialisation du crime organisé conjuguée à la défaillance des Etats engendre, évidemment, de la corruption (que cette corruption soit d'ordre économique ou moral) et, surtout, un affaiblissement des démocraties et des droits

---

[74]Voir Alice Maryvonne Yoro-Dadié, *La contribution de la commission africaine des droits de l'homme et des peuples à la protection des droits des détenus*, 2023, Ed LGDJ, Collection « Thèses »

humains. Il n'est plus aujourd'hui question d'affirmer que la démocratie doit protéger les criminels, puisque ce sont, aujourd'hui, les criminels mafieux qui menacent la démocratie et les droits fondamentaux. Cette réalité peut, alors, effectivement, nous inciter à résoudre ce problème d'une ampleur inestimable par des politiques répressives. Le criminel mafieux déstabilise la démocratie et menace les droits et les libertés de tous ; et les Etats peinent à mettre la main sur lui par l'usage de la voie légale. Ainsi, pourquoi ne pas entrer avec le crime organisé dans un état de guerre nous faisant, contre lui, abandonner tout respect des droits humains, à titre simplement exceptionnel ? En vérité, aurions-nous d'autres solutions ? Ce sont, là, des questions provocantes, certes, mais légitimes d'être posées dans la mesure où elles sont, en définitive, les questions-source de la défense de la légitimité de la conception *non-inaliénable* des droits humains.

A l'inverse, il existe d'autres défenseurs des droits humains. Ils sont les défenseurs des droits humains *inaliénables*. Parmi eux figurent ceux qui les défendent à la manière du héros DC Comics Batman. Batman, bien qu'il ait la possibilité, à un instant *t*, de tuer le *vilain* qui sévit à Gotham city, ne le fait pas et le livre à la police, afin qu'il soit jugé dans les règles ou même à l'institution psychiatrique (comme pour le cas du Joker dans le film de Christopher Nolan *Batman The Dark Knight*), et ce, pour la raison qu'il croit à la Justice et à l'ensemble des institutions. Ces derniers défendent cette conception des droits humains, parce qu'une Justice à la fois capable de protéger la société (les honnêtes citoyens, en somme) et de traiter dignement les criminels est une Justice forte par son humanité. Cette Justice traitant dignement les criminels s'ennoblit, car elle va au-delà des aspirations du peuple à mettre ses émotions au service d'une destruction cathartique – quasiment primitive, d'ailleurs – du criminel. Et une société dans laquelle une Justice est forte par sa noblesse est une société dans laquelle le citoyen n'a rien à craindre ; il n'a rien à craindre de la Justice (qui n'abuserait pas de son pouvoir) et rien à craindre, non plus, de sa société (qui serait pacifiée grâce à l'existence d'une Justice réelle). Parmi les autres défenseurs des droits humains *inaliénables*, figurent ceux qui les défendent par distinction sociale. « Le peuple » qui constitue, lors de grandes affaires criminelles, une sorte de tribunal populaire, souhaite, pour les accusés, la peine la plus impitoyable. Cela invite donc les défenseurs des droits humains inaliénables à prendre, par *distinction* toujours, la défense des droits humains des accusés et des criminels (en se gargarisant d'être les « avocats du diable »), et ce, dans l'intention de se distinguer socialement de ce « peuple » haineux et de montrer qu'ils sont les voies de la raison. Les droits humains *inaliénables* sont perçus comme une sorte de « garde-fou » nous protégeant de nos « bas instincts ». Ce regard nous installe, ainsi, directement, dans une [éternelle] opposition entre le peuple-enfant et l'élite-adulte ou encore entre le peuple-féminin (que l'on peut observer dans les écrits de Fichte) et l'élite-virile. Le « peuple » en étant, *a priori*, contre les droits humains *inaliénables*, est «

enfant » en ce sens qu'il ne comprendrait pas la complexité du Droit et est « femme » dans le sens où son émotion surpasserait sa raison.

Depuis les attentats du 11 septembre 2001, il est question, en Occident, de se demander comment concilier les notions de sécurité et de liberté. Et depuis les élections présidentielles de 2002 qui, en France, ont conduit le candidat d'extrême droite de l'époque, Jean-Marie Le Pen, au second tour face à Jacques Chirac (qui incarnait la « droite républicaine »), il est commun de se poser la question de la place légitime de l'émotion et des affects dans la politique et, plus précisément, dans le débat public. L'émotion, telle que la peur, par exemple, nous ferait, instinctivement, privilégier la sécurité à la liberté ; or, l'enjeu est plus exactement de savoir, finalement, comment rendre les deux notions complémentaires. En cela, la difficulté réside dans le fait de trouver un équilibre précis entre la nécessité de tenir compte des émotions du peuple sans sombrer dans la démagogie et le populisme le plus vil et celle de conserver une politique dite rationnelle (c'est-à-dire une politique basée sur la prise en considération des sciences et non de la subjectivité religieuse ou politique) sans pour autant sombrer dans un élitisme méprisant vis-à-vis du peuple – et d'être, ainsi, perçu comme « hors-sol » et « déconnecté des réalités ». Concernant la France, la colère et la haine du peuple français ont été perçues comme étant les causes de la montée de l'extrême droite française. La peur, elle, est davantage le résultat d'une incertitude quant à l'avenir démographique et identitaire de la France ; avenir qui est, lui-même, ancré dans une multitude d'événements internationaux dont même les spécialistes du monde entier peinent à interpréter les causes et les évolutions. Personne ne semble avoir de certitudes réelles sur la direction que prennent les différentes nations ainsi que le monde dans son ensemble. Par ailleurs, les haines populaires (mêlées aux ressentiments) dirigées contre une Justice « laxiste », une classe politique « corrompue », un service de santé inégalitaire ou encore une éducation nationale défaillante ne sont pas prises en considération, mais sont, au contraire, méprisées par des élites politiques, médiatiques et universitaires qui associent ces émotions à un manque de rationalité et à une incompréhension du fonctionnement complexe de l'Etat et des institutions. Le peuple exprime des opinions politiques dirigées par les émotions en raison du fait qu'il ne serait pas assez rationnel pour comprendre la complexité des véritables enjeux nationaux et mondiaux. Le peuple vivrait davantage selon la réalité fantasmée décrite par les chaînes de télévision et de radio et les réseaux sociaux sensationnalistes que selon la réalité scientifique décrite dans les travaux universitaires. Ce mépris élitiste tend, ainsi, à renforcer les convictions conservatrices, réactionnaires et radicales d'une partie de la population qui se sent méprisée comme il peut, de manière plus préoccupante, s'avérer contre-productif, étant donné qu'il peut, ainsi, conduire l'ensemble du peuple (acquis, à l'origine, aux valeurs de la démocratie) vers un rejet entier de la démocratie, de l'État de droit et des droits humains. Comme l'arrogance occidentale tend, à l'échelle planétaire, à rendre les peuples non occidentaux hostiles aux droits humains.

Si, en Démocratie, les citoyens sont tous égaux en droits dans la liberté de s'exprimer, la valeur accordée à l'expression politique des uns et non à celle des autres est, tout compte fait, déterminée par le diplôme en tant que nouveau titre de noblesse. Or, ce titre de noblesse n'est plus un titre hérité (comme dans la société aristocratique et traditionnelle), mais un titre acquis et certifié académiquement. La parole des *educated* (ou des diplômés, en français) est, socialement, davantage prise en compte que celle des *not-educated* (des non-diplômés) pour la raison que ces derniers n'ont pas la certification académique les rendant aptes à développer un raisonnement suivant une approche méthodologique. Cette différence de traitement inadaptée entre les citoyens égaux (notamment dans la liberté de s'exprimer) tend, alors, à conduire à un rejet haineux de tout ce qui a trait à l'*intelligensia*, c'est-à-dire au monde des « sachants ». Ce rejet s'exprime, dès lors, par un honnissement des diplômés en tant que détenteurs d'une marque de soumission (le diplôme) à une « vérité officielle » – une *doxa* – dont il faudrait s'affranchir en ayant recours à une vérité non-officielle (et non-vérifiable) qui est celle relative à ce que nous nommons le « complotisme ». Le « non-sachant », en démocratie, devient, dans son esprit, lorsqu'il conteste *la* vérité officielle et qu'il adhère à une vérité qui ira à rebours de la totalité du savoir académique duquel il est exclu, supérieur au « sachant ». Le complotisme est alors la *distinction* du non-sachant vis-à-vis du sachant.

En outre, les notions d'État de droit et de droits humains *inaliénables* ne sont plus défendues, aujourd'hui, au nom des sciences juridiques, mais au nom du principe et de l'honneur. Ce qui fait honneur à une nation, dans les pays occidentaux, est le fait de ne pas agir de manière aussi « barbare » que les pays appliquant la peine de mort, torturant des suspects pour obtenir des informations ou emprisonnant, sans preuves, des individus sur la simple base d'un soupçon. La lenteur de la procédure en démocratie est la preuve de sa rationalité et de sa faillibilité minimale. Si une personne est accusée de viol ou de meurtre, l'État de droit est ainsi fait qu'il ne peut aller en prison tant qu'il n'a pas été reconnu coupable par la Justice (*présomption d'innocence*). Et, même si des vidéos ou des enregistrements attestent qu'il a harcelé, violé, tué, ou commis tout autre crime, ce dernier doit, sans manquements, jouir de ce droit humain qu'est le « droit à un procès équitable » et voir, dans le cadre de son incarcération, sa dignité d'être humain respectée, et ce, *sans* condition. Cela peut, alors, dans certaines situations, scandaliser la population en raison du fait que les valeurs morales partagées par la société, dans sa majorité, tendent à entrer en contradiction avec les valeurs amorales

« universelles » érigées en lois par la Justice de l'État de droit démocratique et « rationnel ». À ce propos, l'une des autres valeurs démocratiques, à partir de laquelle l'État de droit se bâtit et se maintient, est l'amoralité dont l'origine philosophique est la naissance du rationalisme du XIXe siècle (appelé autrement « scientisme ») et dont la visée philosophique n'est pas tant la lutte contre la morale (immoralité), mais sa non-reconnaissance au moment de la construction des institutions et de la création des lois.

Des avocats, des juges et des politiciens proclament régulièrement que « lorsque l'on fait du Droit, on ne fait pas de la morale ! ». Le Droit naturel fait passer l'humanité du criminel avant l'acte criminel lui-même (ou simplement délictuel) commis, tandis que le Droit positif qu'est le Droit décidé par les humains tend, au contraire, à faire passer l'acte criminel avant l'humanité du criminel qui l'a commis. Le premier Droit est prétendument rationnel là où le deuxième est certainement moral. Or, des principes absolus garantissant la démocratie et la protégeant de l'irrationalité potentielle des êtres humains ne peuvent être maintenus que si les citoyens aspirent à singer la bourgeoisie en affichant un rationalisme prosélyte. Un rationalisme forcené que l'on emploierait dès lors qu'il s'agirait de discréditer toute proposition de modèle de société alternatif en la rendant, donc, irréaliste et irrationnelle. Cependant, certaines lois ou certains principes sont, immanquablement, rendus obsolètes par une révolution technologique ou une sensibilisation de l'opinion publique. Et contre cette sensibilisation, le rationalisme ne peut rien. Les progrès de la technologie ont donné lieu à la cybercriminalité – comprenant, notamment, le crime filmé. Cette nouvelle forme de criminalité donne, alors, au crime un caractère on ne peut plus officiel, ce qui change inéluctablement notre regard sur la façon dont devrait fonctionner la Justice. Le criminel ne peut pas mentir devant la caméra qui le montre en train de commettre son crime. Il ne peut pas affirmer qu'il n'a pas violé, qu'il n'a pas voulu faire mal ou qu'il ne savait pas que sa victime n'était pas consentante. Ainsi, le peuple qui peut voir les images sur les réseaux sociaux ou qui a une simple connaissance de la visibilité des crimes, se positionne alors en procureur et en juge. Il constate que le criminel agit en conscience et que la défense est, objectivement, impossible ; la seule ligne de défense possible étant « mon client a été victime pendant son enfance ». Ce bouleversement de société rendu possible par la technologie a été notable avec les Affaires Georges Floyd en 2020 et Pélicot en 2024. Ces deux Affaires qui ont présenté des crimes filmés ont ainsi été à l'origine d'une indignation mondiale. Les crimes en question sont incontestables et la remise en liberté des criminels serait indigne. Les manifestations populaires sur l'ensemble de la planète étaient, en quelque sorte, des soutiens massifs envoyés aux victimes et des mises en garde envoyées aux juges chargés des Affaires. La cybercriminalité oblige d'autant plus la Justice à être répressive, sans quoi elle perdrait une grande part de sa crédibilité.

Cependant, lorsque le crime est bel et bien filmé par son auteur et que l'opinion publique a, par là, déjà décrété que l'accusé était objectivement coupable et qu'il devrait « pourrir en prison » ou être condamné à la peine de mort, le clivage déjà installé entre le peuple habité par l'émotion et les élites qui sont supposées le raisonner tend à se renforcer, au lieu de disparaître. Les élites utilisent la « raison » pour dissuader le peuple de se détourner des droits humains *inaliénables* et prédisent la fin de la démocratie, si jamais certains droits commencent à être remis en question. Si nous enlevons à un homme qui s'est filmé, lors de son crime, le droit à la défense, la tyrannie et l'arbitraire nous sont alors promis. L'objectif, pour « les élites », est, une fois de plus, d'incarner la posture de la rationalité en ayant recours à la pédagogie, en méprisant explicitement la « Justice sur les médias et les réseaux sociaux » et en brandissant l'épouvantail de la dictature (les juges ne seraient plus soumis à la volonté d'un chef d'Etat, mais à celle d'une opinion publique arbitraire et émotive). Toutefois, le changement de paradigme que nous impose, par la force, la réalité de la cybercriminalité est à la fois ce qui renforcera les certitudes de ceux qui estiment, de plus en plus, que les criminels ont, dans certaines situations, des droits qu'ils ne devraient pas avoir et de ceux qui défendent le maintien catégorique des droits humains *inaliénables* en adoptant une posture de gardiens [républicains et démocrates] de la raison. Et cette différence de point de vue ne relève pas tant d'une opposition intellectuelle, mais d'une lutte des classes idéologique.

Or, cette lutte s'inscrit, là, plus spécifiquement, dans un conflit philosophique, juridique et idéologique relevant, en vérité, d'un clivage social entre des sachants légitimes de pouvoir s'exprimer sur des sujets politiques et juridiques (*patriciens*) et des non-sachants illégitimes (*plébéiens*) de pouvoir le faire. Le phénomène de la cybercriminalité renforcera alors cette fracture sociale dans la mesure où ceux qui diront qu'ils voient le crime de leurs propres yeux parce que ce crime est bel et bien filmé et que cela démontre l'évidente culpabilité de l'accusé verront des « élites intelligentes » droit-de-l'hommistes leur rappeler que ce qu'elles voient n'est pas nécessairement la vérité. Une opposition entre la réflexion basée sur le « bon sens » (la notion de « bon sens » est négativement associée au peuple qui s'imagine connaître la vérité à partir de ce qu'il voit ; elle est alors utilisée avec mépris par les élites intellectuelles et médiatiques pour désigner les idées dites simplistes des *non-diplômés* qui peinent, dans leurs réflexions, à aller au-delà du visible) et la réflexion basée sur le savoir et l'analyse critique (qui seraient, au contraire, le propre de l'élite cultivée qui ne se laisse pas tromper par ce qui paraît évident) aura donc lieu. Durant le visionnage d'une vidéo mettant en scène un viol collectif sur mineur, suivi de tortures, celui qui dira « Tout de même, ça se voit que ce sont des violeurs ! ça se voit qu'ils savent ce qu'ils font et que ce sont de gros vicieux ! Prison tout de suite ! pas besoin de trois ans de procédure ! » sera aisément catalogué comme émotif, primaire, rapide dans sa réflexion et même dangereusement impulsif. A l'inverse, celui disant « Prudence, laissons la justice faire son travail, je ne suis ni magistrat ni juriste ! Nous n'avons pas connaissance de tous les éléments » sera considéré comme tempéré, prudent, éduqué et rationnel[75].

Ce mépris de classe a, de toute évidence, des conséquences sur l'ensemble de la société. Il culpabilise ceux qui n'adhèrent pas au caractère inconditionnel des droits humains, les laissant penser qu'ils défendent un système inhumain et que, par là, ces derniers sont eux-mêmes inhumains. Dans d'autres cas, nombreux sont ceux qui refusent, par conformisme, d'accorder de l'importance à leurs émotions. L'injonction à se convaincre que ses émotions, en tant qu'ennemies inéluctables de la raison, doivent être mises de côté lorsqu'il est question de sujets judiciaires qui sont des sujets scientifiques et donc exclusivement rationnels conduit les citoyens à aller contre leur sensibilité (mêlant émotions, sentiments, intuition, morale, éthique et subjectivité) qui est pourtant nécessaire à la connaissance de ce qui n'existe pas encore ou de ce qui n'est pas encore connu. Lorsque nous ne connaissons rien d'un avenir, alors nous faisons un « saut dans l'inconnu » qui nécessite, non pas une rationalité (puisque nous n'aurions nullement la connaissance *rationnelle* des effets de notre entreprise), mais une foi guidée par l'amour et la morale (nous conceptualisons un avenir meilleur car nous y *croyons* et que nous *aimons* ce qu'il pourrait offrir). Le progrès social nécessite à la fois une haine (émotion) de l'injustice présente et la croyance (foi) dans une société future plus juste. Par ailleurs, dès lors que le citoyen lambda est envahi par la haine et la tristesse après avoir pris connaissance

---

75Il est question, dans cette Europe occidentale héritière de la civilisation des Lumières, de faire de la raison une nouvelle religion et des écrits scientifiques des sortes de nouveaux textes saints. Ici se trouvent alors le rationalisme et le scientisme. Et comme toute religion, le rationalisme et le scientisme ont leurs bigots et leurs prosélytes. Les premiers, disent-ils, ne croient qu'en la science et les seconds n'expriment que des points de vue politiques ou intellectuels les faisant passer pour les voies de la raison. Selon l'ère du temps, en fonction d'associations que nous faisons entre une opinion socialement conforme et la rationalité, ces derniers les adoptent et les affichent non pas par conviction réelle, mais par besoin de se convaincre et de convaincre autrui qu'ils sont, par ses opinions défendues, les incarnations de l'esprit rationnel. Ceux qui s'opposent à la peine de mort n'ont, en vérité, lu ni Beccaria, ni Camus, ni Koelster, ni Badinter. Ils ne connaissent pas non plus l'histoire de l'abolitionnisme, les différents contextes politiques dans lesquels se sont inscrites les condamnations à mort ou simplement l'année du premier projet de loi d'abolition (1906). En cela, lorsqu'ils se disent opposés à la peine de mort, ces derniers ne raisonnent pas en se basant sur de quelconques vérités scientifiques. Ils s'y opposent simplement parce que, depuis plusieurs décennies, l'opposition à cette sentence est un gage de rationalité. Ce que nous associons, de nos jours, à la rationalité n'est, en vérité, dans les sociétés rationalistes et scientistes, qu'un conformisme social. Nous n'adoptons pas d'opinion sur un sujet politique suite à une étude rigoureuse de celui-ci. Nous adoptons une opinion précise afin d'être perçu comme socialement respectable et ce, par une autorité académique et scientifique ; cette opinion ferait de nous un être rationnel et donc fréquentable. La blouse blanche du scientifique fait office d'autorité incontestable au même titre que la soutane de l'abbé. La science est comme devenue un dogme dans la mesure où nous ne la connaissons pas, mais que, pourtant, nous y croyons ; nous faisons le choix d'y croire non pas parce que c'est « bien », mais parce que c'est « rationnel » et que « ça fait bien ».

de la condamnation trop légère d'un pédocriminel, celui-ci est sommé, au nom de la rationalité, d'avoir confiance dans la décision de justice qui a été prise de manière rationnelle par un juge qui, cette fois-ci, ne l'a plus prise au nom de Dieu, mais au nom de la « Science juridique ». Au pays de l'État de droit, les lois, découlant de valeurs [humanistes], ne sont universelles que parce qu'elles s'appliquent à *tous* et que *tous* y sont soumis de façon égale et non en raison d'une quelconque volonté générale qui consentirait, unanimement, à leur création et à leur conservation.

Simplement, les valeurs universelles desquelles les lois découlent sont celles relatives à la défense des droits humains *inaliénables* ; et tout le caractère honorifique et valorisant des droits humains vient du terme *inaliénable* puisqu'il nous impose d'aller au-delà de nos affects et de notre morale, c'est-à-dire de respecter, bien que la tâche soit extrêmement difficile, la dignité humaine d'une personne, malgré le fait qu'elle soit, par ses actes criminels, la pire personne sur Terre. C'est d'ailleurs la raison pour laquelle, par exemple, certains avocats comme Eric Dupond-Moretti s'enorgueillissent de dire que, s'ils en avaient eu la possibilité, ces derniers auraient défendu Klaus Barbie ou Adolf Hitler. La défense *inaliénable* des droits humains est une affaire, quelque part, de mérite et de grandeur d'âme. Défendre les droits humains des enfants maltraités, des femmes violées, des minorités ethniques victimes de discriminations ou des homosexuels condamnés à mort est une défense évidente pour tous les citoyens adhérant à la démocratie ; il n'y a nul mérite à défendre ces droits humains. Cependant, défendre les droits humains des pédophiles, des tueurs en série, des trafiquants ou des criminels de guerre exigerait une force d'esprit (ou, plus précisément, une insensibilité) que la plupart des citoyens ne seraient pas en mesure d'avoir, tant la haine et la tristesse que les crimes de ces personnes suscitent chez eux. Défendre les droits humains d'un pédophile signifierait, incontestablement, que nous serions allés au-delà de nos émotions et de notre morale et que nous n'aurions que faire du regard des autres qui nous honniraient. La défense *sans condition* des droits humains est, ainsi, une négation (ou, plus, une déconsidération) de la sensibilité morale et de l'émotion naturelle des individus, voire de toute l'humanité. En ce sens, elle est un synonyme de force, de courage et de liberté pour la seule et unique raison que, même si elle ne nous expose pas forcément à une condamnation judiciaire (en bravant la morale majoritaire, nous ne serions pas condamnés pour « atteinte aux bonnes mœurs » ou pour comportement hérétique), celle-ci nous expose, fatalement, à une condamnation sociale, celle de l'impopularité. En démocratie, l'impopularité politique peut être un gage de rationalité ainsi que de lucidité. La majorité est, à l'inverse, considérée ou bien comme une « foule » barbare ou bien comme un ramassis de « moutons de Panurge » inaptes à la réflexion de fond. L'objectif de se distinguer du peuple est toujours présent, même en démocratie.

Toutefois, le caractère « inaliénable » des droits humains ne peut-il pas, en définitive, constituer un conflit intérieur entre les valeurs « universelles démocratiques » et le système démocratique lui-même ? L'État de droit devrait, à l'image de la démocratie qui se caractérise par son rejet de la certitude et du dogmatisme autoritaire, faire preuve de flexibilité et, par cette même occasion, céder sur ses valeurs lorsque les lois qui en découlent et auxquelles doit être soumise la totalité du corps social, voient leurs failles être dévoilées par une scientificité juridique nouvelle ou par une avancée technologique rendant ces lois obsolètes et, donc, objectivement injustes. Cependant, tant que les citoyens ne sont pas en mesure de savoir ce qui est objectivement juste, ils sont sommés d'obéir à de présentes lois injustes. Et à ce propos, cette obligation paradoxale a été expliquée par des penseurs comme Hayek et Rawls. Philippe Némo évoquait la pensée de Hayek en abordant la « tradition de l'ordre spontané » ; tradition nécessaire si l'on veut comprendre ce devoir d'obéir à une loi injuste. Dans *Histoire des idées politiques aux temps modernes et contemporains*, il l'a décrivait de la façon suivante :

> « Il s'agit d'une tradition intellectuelle opposée au cartésianisme, qui développe les idées ou intuitions suivantes : la raison est fondamentalement *limitée* ; le fonctionnement de la société repose sur des pratiques et des institutions *que nous ne pouvons comprendre intégralement*, mais qui sont néanmoins *extrêmement efficaces et fécondes* et expliquent même seules le degré de développement économique et scientifique atteint par les sociétés modernes ; ces pratiques et institutions ont pris forme à la faveur d'un processus évolutif, par initiatives multiples, essais et erreurs, et [...] stabilisation sélective des structures adaptées. »[76]

Friedrich Hayek, dans *Droit, Législation et Liberté*, expliquait, de son côté, que penser la justice ne pouvait se faire qu'à partir de la reconnaissance que nous avions de notre propre ignorance temporaire ou éternelle à propos de ce qui est véritablement juste. Il disait cela en ces termes :

> « Lorsqu'en convenant d'une règle de ce genre nous disons "il vaudrait mieux pour nous tous...", nous ne nous disons pas certains qu'elle profitera en fin de compte à chacun de nous, mais que, étant donné l'état actuel de nos connaissances, elle nous donne à tous une chance optimale, encore que certains se trouveront forcément, tout compte fait, en moins bonne situation

---

[76]Philippe Némo, *Histoire des idées politiques aux temps modernes et contemporains*, 1993, Ed Puf, Collection « Quadriges », 2013, p.337-338

que si l'on avait adopté une autre règle. »[77]

Et John Rawls l'expliquait, antérieurement, à sa manière dans sa partie : « devoir d'obéir à une loi injuste » :

> « Le doctrine du contrat conduit naturellement à se demander si nous pouvons jamais consentir à une règle constitutionnelle qui exigerait de nous d'obéir à des lois que nous pensons être injustes. [...] Quand donc ils choisissent une constitution et qu'ils adoptent une forme quelconque de gouvernement par la majorité, les partenaires assument le risque de souffrir de l'imperfection des connaissances et du sens de la justice des autres afin d'avoir les avantages d'une procédure législative efficace. Un régime démocratique ne peut pas fonctionner autrement. »[78]

Et à cela, il ajoutait :

> Le devoir de civilité impose d'accepter les défauts des institutions, dans une mesure raisonnable, et de ne pas chercher à trop en profiter. [..]. Cette conclusion n'est guère plus forte que celle qui établit notre devoir d'obéir à des lois injustes. Mais elle nous fait avancer d'un pas de plus, puisqu'elle porte sur un grand nombre de situations et, surtout, elle apporte quelques lumières sur les questions qu'il fut posé pour déterminer notre devoir politique. ».[79]

Pourtant, une loi peut être juste dans un certain contexte historique et devenir injuste plus tard, lorsque nous arrivons à une nouvelle époque dans laquelle cette même loi ne permet plus de rendre la justice. Les droits humains en sont des exemples concrets. En effet, les droits humains pensés, à une époque post-totalitaire, dans une intention d'assurer la protection des détenus – que nous avons associés, à l'après-Guerre, aux prisonniers dans les camps, dans les goulags et dans les territoires colonisés – sont socialement acceptés et considérés comme justes par une population désireuse d'en finir avec les politiques arbitraires du nazisme, du

---

[77]Friedrich Hayek, *Droit, Législation et Liberté*, 1973 pour le premier volume, 1976 pour le second et 1979 pour le troisième, Ed Puf, Collection « Quadriges », 2013, p.328-329

[78] John Rawls, *Théorie de la justice*, 1971, Ed Points, Collection « Essais », 2009, p.395

[79] John Rawls, *Théorie de la justice*, 1971, Ed Points, Collection « Essais », 2009, p.396

communisme, du colonialisme et du fascisme. Cependant, ils tendront à être de moins en moins acceptés socialement s'ils protègent la vie et la dignité des trafiquants ou des pédophiles. Les droits humains qui sont [nouvellement] accordés à d'anciens hors-la-loi que nous reconnaissons, au fil de l'évolution des mœurs, comme des victimes de l'histoire et des personnes légitimes de mener, aujourd'hui, leur vie comme elles l'entendent (nous pensons, ici, à des membres issus de groupes historiquement discriminés par la société et le Droit) ne sont plus acceptés dès lors qu'ils bénéficient, à terme, à de nouveaux hors-la-loi contemporains dont nous estimons justifié qu'ils n'aient pas les mêmes droits. Toutefois, la société doit nourrir une réflexion profonde, quant à cette inégalité de droits [d'agir]. Nous devons régulièrement nous demander si la présente inégalité des droits humains est nécessairement une injustice à résoudre ou si l'égalité de ces droits est nécessairement juste et à maintenir par principe. Par exemple, interdire à des pédophiles d'avoir des relations sexuelles avec des enfants est-il une interdiction comparable au fait d'avoir interdit, par le passé, à des homosexuels d'avoir des relations sexuelles avec des personnes de même sexe ? Si oui, devons-nous donc considérer les pédophiles comme des victimes de discriminations et d'injustices présentes et, ainsi, leur accorder le droit de vivre leur sexualité ? Et si la réponse est non, alors c'est que nous considérons que l'inégalité des droits humains peut, dans certains cas, être justifiée et incontestable. Il deviendrait donc rendu légitime (car socialement accepté) que tous les humains n'aient pas les mêmes droits et ne puissent pas jouir d'une même quantité de libertés. Les différences en termes de droits [humains] doivent ainsi être moralement tenables (comme pour l'exemple de la différence des droits entre ceux des pédophiles et des homosexuels) afin d'être acceptées. Or, l'égalité des droits – qui, pour être les mêmes pour tous, se doivent d'être *inaliénables* – doit également l'être (tenable moralement), sans quoi nous serions obligés d'admettre l'idée que les droits humains puissent être inégaux, c'est-à-dire ne plus être les mêmes pour tous.

A ce propos, devons-nous garder le droit humain *inaliénable* qu'est celui d'être défendu par un avocat, alors que nous nous sommes filmés en train de commettre le crime pour lequel nous sommes accusés ? Devons-nous continuer de respecter la vie privée des citoyens, sur le net, alors que la place publique virtuelle peut être le repaire de tous les crimes virtuels (mais aussi bien réels) ? Nous avons pris ici – à dessein – deux exemples très sensibles pour les peuples des pays démocratiques ayant trait au *droit à la procédure* et au *droit au respect de la vie privée et familiale*. Par ailleurs, la façon de résoudre cette contradiction entre le droit-de-l'hommisme rigide et amoral de nos démocraties [techniques] et les sentiments moraux de l'opinion publique est le simple changement des lois lorsque celles-ci ne sont pas ou ne sont plus en correspondance avec la nouvelle réalité sociale (générée par le bouleversement des mœurs et les progrès de la technologie). En effet, une loi doit être abrogée une fois que nous avons la preuve que celle-ci n'est pas juste (comme les lois discriminantes). Or, qu'en est-il des droits humains et des libertés fondamentales que nous estimons, pourtant, *inaliénables* ? Ceux-ci peuvent-ils être modifiés ou abrogés ? Ou sont-ils intouchables et, par conséquent, « gravés dans le marbre » ? Si la réponse à la dernière question est oui, alors l'État de droit, en ne faisant pas l'objet d'une évolution dans sa configuration, tend à devenir conservateur, injuste et, donc, anti-démocratique, car finalement en conflit avec le nouvel esprit du temps. En refusant de réviser certains (voire « les ») droits humains, nous refusons de nous adapter aux attentes évolutives de la société ainsi qu'à la nouvelle vérité du moment[80] qui est – pour celle qui nous concerne à notre

---

[80]Lorsque nous opposons émotion et raison ou encore morale et Droit, nous partons du postulat que le Droit est la raison et qu'en ce sens, l'émotion et la morale n'ont pas à avoir d'incidences sur le Droit. Pourtant, ces deux notions – d'émotion et de morale – sont affiliées à un phénomène étant à l'origine de tous les changements et qui est la sensibilisation. Lorsque nous sommes sensibilisés, une empathie et un esprit moral – modelé par notre époque – naissent soudainement en nous. Et nous voilà davantage enclins à souhaiter une justice de plus en plus répressive pour certains crimes dont nous ne saisissions pas, autrefois, la gravité. Et de cette sensibilisation progressivement acquise, des lois sont votées (comme sur le harcèlement scolaire, la maltraitance animale, les féminicides, etc.). Hélas, il ne semble pas suffisant de convaincre, à l'aide de la simple raison, la population et les représentants politiques que la pédocriminalité est un fléau, que les féminicides sont un fléau, que le réchauffement climatique en est un, et ce, aussi bien que le harcèlement scolaire ou le non-respect du bien-être animal pour que ces problématiques soient résolues. « La Révolution n'est pas un dîner de gala » disait Mao Zedoung. Dans les régimes autoritaires, nous savons que la liberté s'obtient par la violence ; qu'il faut se battre, voire prendre les armes, pour mettre fin à un régime injuste et persécuteur. Dans les pays démocratiques et « rationnels » où la dignité de chacun est respectée *en droit*, nous ne pouvons nous attaquer à la police, à l'armée ou au gouvernement pour qu'ils cessent de tuer les femmes, de tuer les enfants, de tuer les homosexuels, etc. L'Etat existe précisément pour protéger leurs droits et leur intégrité. Mais, pour autant, leur dignité n'est pas respectée *dans les faits*. Ainsi, le moyen de faire évoluer les lois afin de protéger les populations vulnérables est de faire le constat des morts (nombre de femmes tuées par leur mari, nombre d'enfants harcelés, augmentation du nombre de meurtres à l'encontre des gays, etc.). Il ne faut pas sacrifier sa vie pour la liberté du peuple en luttant contre le Pouvoir, mais faire le bilan des vies sacrifiées à cause de l'aveuglement des pouvoirs publics. Afin que les lois évoluent, des personnes doivent mourir ; et elles doivent être suffisamment nombreuses pour qu'il soit alors devenu irrationnel de ne pas éprouver d'émotion face à tant de souffrance ; dans ces moments-là, c'est l'émotion qui est rationnelle et l'absence d'émotion qui est irrationnelle. Cependant, pour ce qui est de l'émotion collective pouvant remettre en cause le « culte des droits de l'homme » (référence au titre du livre de Valentine Zuber *Le culte des droits de l'homme*), nous voyons cette émotion comme irrationnelle et dangereuse car celle-ci touche directement à l'essence même des institutions et au juridiquement connu et sacré depuis des siècles. Souhaiter, en raison d'une émotion qu'aurait suscité un fait divers atroce, le rétablissement de la peine de mort est regardé, dans les pays modernes, comme l'expression d'une émotion politique comparable à celles qui, souvent lorsqu'elles étaient l'expression d'un ressentiment populaire, ont donné naissance aux idéologies mortifères du XXe siècle. Remettre en cause l'existence des avocats de la défense dans des affaires de viols ou de terrorisme est regardé comme le début d'une dérive autoritaire. Or, ce rejet catégorique de l'émotion ne peut que conduire à une négation

époque – que les droits humains *inaliénables* ne sont plus la solution pour assurer la sécurité et la justice au sein des démocraties. Le principe de réalité et de responsabilité (nous poussant à l'adaptation qui conditionne la survie) perdrait donc peu à peu face au principe de conviction. Les institutions démocratiques ne seraient alors plus que défendues par idéologie et non plus par rationalité et la démocratie se transformerait en régime présentant des caractéristiques aristocratiques, voire oligarchiques[81]. Une démocratie qui refuserait d'évoluer dans son fonctionnement technique, au nom de l'obéissance à des valeurs et à des principes juridiques anciennement regardés comme intangibles, alors que le contexte social, intellectuel, philosophique et technologique l'y oblige deviendrait, de fait, un régime oligarchique avec à sa tête des *sachants* conservateurs qui n'ouvriraient pas

---

de la souffrance du peuple et à être dans un « déni de réalité » face à une émotion populaire exprimée ou à des mensonges d'Etat ou médiatiques visant à ne pas laisser de légitimes émotions populaires s'exprimer. Les élites, dans les pays occidentaux, sont accusées de nier les souffrances du peuple ; celles-ci défendraient leur idéologie, et ce, au détriment du bien-être de l'ensemble de la population. Les Français ont des inquiétudes quant à l'immigration et se méfient de la Justice et de la qualité de l'Éducation ; et le déni de réalités des « élites » se caractérise alors par un refus de prendre au sérieux ces émotions et de prendre les mesures nécessaires à la résolution des problèmes sociaux. Et pour le cas du mensonge, celui-ci est parfois nécessaire pour empêcher le développement d'émotions collectives susceptibles de causer des bouleversements sociaux et politiques trop importants (bouleversements si puissants qu'ils pourraient ébranler les fondements de la démocratie). Si le peuple prend connaissance d'événements qui susciteraient trop son indignation, alors celui-ci tendrait à exiger que l'on ne respecte pas les droits humains afin que justice soit faite le plus rapidement possible. Le peuple demanderait le rétablissement de la peine de mort pour les pédophiles, l'arrestation massive et musclée des trafiquants de drogues, la torture pour les terroristes ou encore le renvoi à la frontière d'immigrés délinquants ou criminels (même s'ils sont en danger de mort dans leur propre pays) qui mettent la vie des citoyens en danger. La garantie de l'Etat de droit et des droits humains passe, ainsi, par la nécessité d'empêcher de divulguer, dans les médias notamment, des informations susceptibles de réveiller les passions vengeresses du peuple. Par conséquent, protéger l'Etat de droit et les droits humains ne peut se faire que si nous mentons à la population à propos des inhumanités qui se produisent au sein même de la société. Refuser d'aborder des sujets tabous comme l'insécurité liée à l'immigration (en changeant, par exemple, dans la presse, le patronyme des criminels en les francisant), la pédocriminalité ou encore le narcotrafic devient une sorte de mensonge par omission visant à ne pas réveiller les instincts répressifs et vengeurs du peuple. Or, ce mensonge est-il un *pieux mensonge* ? Est-il un mensonge nécessaire, car préservant la vie et la dignité de tous les humains ainsi que l'État de droit ? Oui si nous plaçons l'Humain au-dessus de tout et non si nous plaçons les victimes au-dessus de tout. Être inhumain avec les criminels par humanité envers les victimes ou risquer d'être perçu comme inhumain à l'endroit des victimes du fait d'un humanisme à l'égard des criminels (dont l'humanité doit être rappelée malgré l'inhumanité de leurs actes qui doivent être expliqués sans être excusés) est un dilemme moral et philosophique que connaissent l'ensemble des démocraties. Les peuples constatent amèrement l'inefficacité de la mise en pratique juridique d'un humanisme inconditionnel qui semble, à bien des égards, ou bien n'être humaniste qu'envers les criminels et indifférents au sort des victimes ou bien n'être humaniste ni avec les agresseurs, ni avec les victimes.

[81] Voir Carl Schmitt, *Théorie de la Constitution*, 1993, Ed Puf, Collection « Quadrige », chapitre « *les éléments aristocratiques dans les constitutions libérales et bourgeoises modernes* »

au peuple les portes du nouveau monde, mais le bloqueraient dans l'ancien. Le peuple pour qui le système ne ferait plus sens se verrait freiner dans sa marche vers le progrès politique par une élite intellectuelle qui verrait l'ancien monde qu'elle maîtrisait et qui l'avantageait lui échapper.

Enfin, est-il possible de construire une authentique démocratie, sans s'inscrire, nécessairement, dans une perspective universaliste de dialogues interculturels entre les peuples ? Oui, si nous connaissons déjà cette fameuse nature humaine de laquelle il faut s'instruire. Or comment la connaître ? La science étant la connaissance de la nature et étant, comme le disait Karl Popper, par essence réfutable, la nature humaine est appelée à demeurer une éternelle inconnue sur laquelle, ainsi, la démocratie ne pourra jamais complètement se baser, moyennant quoi elle resterait, éternellement, incomplète. La démocratie, comme la République, ne devrait pas être une fin en soi ; elle est précisément un cadre, un moyen visant à conduire un peuple vers une finalité qui serait une spiritualité défendant des idéaux plus élevés que le peuple souverain lui-même. Or, pour cela, il faut déjà s'entendre, à l'échelle de l'humanité, sur une certaine idée de l'humain. Dans le langage courant, lorsque nous parlons de l'humain, il s'agit ou bien de l'accabler ou bien de l'encenser ; l'accabler pour son potentiel destructeur (de la planète, des espèces ou de ses semblables humains) et l'encenser pour ses inventions révolutionnaires d'utilité publique. « L'humain est capable du pire comme du meilleur » ; voilà, pour exemple, une approche de la nature humaine pouvant s'avérer consensuelle. D'autre part, les adverbes de temps au sujet de l'humain sont communément utilisés pour définir son comportement : « l'humain n'est *jamais* satisfait », « l'humain en veut *toujours* plus » ou encore « c'est systématiquement *après* une catastrophe que l'humain comprend *enfin* la gravité des enjeux ». La nature humaine réunificatrice, à l'échelle mondiale, pourrait être une nature pensée non pas d'un point de vue scientifique, mais d'un point de vue sentimentaliste et, en toute conséquence logique, spirituel. Ce qui tendrait à réunir l'humanité serait ou bien sa haine ou bien son amour de l'humain en lui-même. Pour exemple, le film *Sound of freedom* de Alejandro Monteverde – sorti aux États-Unis le 14 juillet 2023 et ayant eu un écho international – traitant du sujet de la traite sexuelle des enfants a suscité un émoi important au sein de l'opinion publique mondiale. Émoi dont se sont emparés, par la suite, des militants politiques de l'« alt right » américaine issus, pour certains, du groupuscule d'extrême droite QAnon dont les théories complotistes reposent sur l'idée selon laquelle l'État profond américain serait impliqué dans un immense réseau pédocriminel dont les crimes sont la pédophilie, le cannibalisme et la vente d'organes d'enfants kidnappés. Or, bien que le film n'ait aucunement évoqué de tels complots, les critiques dont il a fait l'objet dans la presse ont été à l'origine, même en France, de discours complotistes (sans compter que de nombreux Français se sont demandés pourquoi les médias ont passé ce film sous silence et que certaines salles de cinéma refusaient, en effet, de le projeter ; ces questionnements ont conduit à la supposition qu'il existait, également en France, un complot des élites « pédo-satanistes » n'ayant pas intérêt à ce qu'un tel film sorte) qui ont, toutefois, pu lever, progressivement, le tabou sur la question sensible de la pédocriminalité. *Sound of freedom* et les théories conspirationnistes portant sur ce sujet s'inscrivent dans une époque de plus en plus sensibilisée aux violences sexuelles et incestueuses faites aux enfants[82]. Simplement, les films et les théories du complot permettent à la population majoritaire (celle qui n'a pas le temps de lire des rapports publics universitaires nationaux ou internationaux sur les droits des enfants) d'avoir, au moins, une connaissance superficielle du problème avant d'en avoir une connaissance réelle et totale une fois que les travaux universitaires, portant sur ce domaine, serviront de base pour la création d'outils technologiques permettant d'améliorer les enquêtes et d'une harmonisation juridique mondiale. L'émotion collective que déclenche le sujet douloureux de l'exploitation sexuelle des enfants est, ainsi, sans doute, l'étape préalable à une nouvelle lutte politique capable de réunir les peuples du monde entier, celle des droits de l'enfant. L'interprète de Tim Ballard (le protagoniste du film *Sound of freedom*, tiré d'une histoire vraie) Jim Caviezel avait, d'ailleurs, affirmé que le trafic d'êtres humains était, en cela, « le plus grand mal que l'humanité avait à combattre ». Réflexion religieuse en rapport, évidemment, avec la phrase d'accroche inscrite sur l'affiche du film qui est « Les enfants de Dieu ne sont pas à vendre ». La morale religieuse ou politique attestant de l'existence d'un bien et d'un mal peut constituer la base de la [lente] construction mondiale de la démocratie des droits humains, comme elle peut constituer celle de n'importe quelle autre idéologie. Le manichéisme politique basé sur un certain mysticisme donne, alors, lieu à une désignation de l'ennemi constituant, selon Carl Schmitt dans *Notions de politique* (1932), l'essence même de toute politique. Ainsi, les théories complotistes autour du film, aussi délirantes et dangereuses soient-elles, ont eu, au moins, le mérite d'ouvrir le débat sur les droits de l'enfant à l'échelle internationale – ou du moins d'y participer. Ainsi, une lecture spirituelle et religieuse du monde (qui, semble-t-il, est binaire) et une émotion collective suscitée par un phénomène social heurtant la sensibilité du plus grand nombre peuvent, à leur manière, faire ouvrir la porte à de profondes réflexions nationales et internationales sur la répression et l'extension des droits. Comme peuvent le dire, dans des registres différents, les

82Sensibilisation perceptible, par exemple, en France, par la création de la CIVISE (Commission indépendante sur l'inceste et les violences sexuelles faites aux enfants) en 2021 dirigée par les juges pour enfants Edouard Durand et Nathalie Mathieu et de l'Ofmin (Office des mineurs) en 2023.

conspirationnistes et certains spécialistes du crime organisé, la lutte contre ces fléaux est avant tout morale et spirituelle.

B- Morale et Hiérarchie

Nous en arrivons, là, à un constat que la raison et l'émotion ne sont pas contraires, mais qu'elles peuvent tout de même se conjuguer, voire être intimement liées. La recherche scientifique, à propos d'un phénomène donné, ne peut exister que si, à l'origine, nous y sommes sensibles. La sensibilisation précède le travail scientifique. L'expression d'une émotion indique l'existence d'un problème et la raison nous fait tenir compte de cette émotion afin de lui apporter des réponses politiques, économiques, juridiques et spirituelles. Or, cela signifie-t-il que nous sommes appelés, dans un avenir proche, à renouer avec une politique des sentiments et des affects, à l'image d'une politique romantique ? Le sentiment, pour prendre une définition tirée d'un *Dictionnaire de philosophie* (celui de Noella Baraquin), est « un état affectif, distinct de l'émotion fugitive et ayant souvent des sources morales et spirituelles : sentiment esthétique, religieux, de la nature. ». De ce point de vue, la dimension morale, voire religieuse, d'une politique basée sur la prise en compte des affects implique, alors, une démarche de hiérarchisation (notamment à travers un jugement de valeurs) contraire à la démarche scientifique qui est celle de la neutralité, de la recherche du fait muet que, par la suite, des leaders intellectuels et politiques, voire religieux, vont faire parler afin de faire de ces faits *neutres* les justificatifs légitimes de leur cause subjective. Ainsi donc, la démocratie ne pourrait se construire sérieusement qu'à l'aide de la science, étant donné que celle-ci la rendrait continuellement inachevée en tant que régime scientifique éternellement ignorant de lui-même. En cela, elle est un régime nous poussant d'autant plus vers le spirituel, soit l'expression de la foi comme besoin naturel de l'humain et dont l'importance est la même que celle de l'expression des sentiments et des émotions. Un régime scientifique incitera, continuellement, le citoyen à rechercher un sens que la science ne lui donnera pas en raison du fait qu'elle ne lui enseignera que le fait neutre. Le citoyen sera d'autant plus appelé à faire la lecture spirituelle de tout un environnement social façonné par les sciences physique et technologique. Le spiritualisme devra compenser le matérialisme causé par la transformation de la nature. Tocqueville, dans *De la démocratie en Amérique II*, avait, d'ailleurs, déjà mentionné ce fait important (de l'importance de la spiritualité) en affirmant que les Américains, en démocratie, connaissaient un fort et nécessaire engouement pour la religion. La raison était que :

> « si l'esprit de la grande majorité du genre humain se concentrait jamais dans la seule recherche des biens matériels, on peut s'attendre qu'il se ferait une réaction prodigieuse dans l'âme de quelques hommes. Ceux-là se jetteraient éperdument dans le monde des esprits, de peur de rester embarrassés dans les entraves trop étroites que veut leur imposer le corps »[83]

D'autre part, l'éternelle construction de la démocratie et de l'universalisme qui sont des idéaux que nous devons toujours chercher à atteindre, malgré leur éternelle imperfection, nous installerait ainsi, nous citoyens, dans une société de la lenteur contrastant, alors, avec la rapidité dont font preuve les systèmes autoritaires. Pour que les faits soient en accord avec les *droits*, le chemin est long puisque cette liaison dépend d'évolutions matérielles, économiques et spirituelles surpassant la simple volonté tyrannique des humains. Ainsi, cette lenteur, de sorte à ce qu'elle soit supportable, devra alors être interprétée de manière mystique à l'aide d'une philosophie de l'histoire comparable à la théologie chrétienne médiévale et de sa philosophie historique du *millénarisme*. Or, il ne s'agit pas ici d'une croyance dans l'arrivée du Christ qui, un jour, arrivera et règnera pendant mille ans avant le Jugement dernier, mais de la croyance dans l'arrivée des « hommes libres et égaux » qui, un jour, règneront sur la Terre pendant des siècles et des siècles avant, sans doute, de la quitter pour les étoiles ou jusqu'à ce qu'il en soit, naturellement, fini de notre espèce. Le plus important étant que, une fois réellement existants, ces humains [libres et égaux] puissent vivre longtemps et heureux ; profitant ainsi réellement de la vie qui leur a été donnée.

L'émotion est la fille de la sensibilité et de la sensation ; et la foi est celle de la spiritualité. Mais, les deux états ne reposent, pourtant, sur rien de dit « rationnel » et, par là, de scientifique. La seule chose sur laquelle elles reposent est, finalement, l'instinct que nous reconnaissons comme étant l'origine d'une analyse juste et rationnelle, lorsque nous parlons des animaux, des enfants ou encore, à certains égards, du peuple. L'instinct peut, dans le langage courant, aussi bien être synonyme de raison naturelle en tant qu'il nous permet d'accéder à la vérité sans avoir besoin de passer par la réflexion de longue durée et inutilement fatigante pour l'esprit (l'instinct est l'opposée de la « prise de tête ») qu'il peut être synonyme de réaction irrationnelle « à chaud » et dont les conséquences politiques sur la vie sociale peuvent s'avérer tragiques. La tarentule mordant un humain le fait – selon un esprit ignorant de l'éthologie – « parce que son instinct le lui a conduit » ; l'enfant craignant un adulte au physique « particulier » se cache derrière ses parents « par méfiance instinctive » ; et le peuple dont certains populistes

---

[83]Alexis de Tocqueville, *De la démocratie en Amérique II*, 1835 ; Ed Flammarion, Collection « GF », 1993, p.170

disent « qu'il a de l'instinct » s'oppose à un projet gouvernemental ou à une nouvelle idéologie « parce qu'il sent que ce n'est pas dans son intérêt »[84]. Pour autant, ces instincts peuvent être son salut en tant « qu'instincts de survie » autant que son tombeau en tant que « bas instincts » mortifères. A ce propos, il est généralement admis, dans les démocraties « rationnelles », qu'il faille se protéger des instincts populaires en raison du fait que ces « bas instincts » [surgissant à la moindre difficulté sociale et crise économique] seraient la porte ouverte à toutes les violences sociales et politiques et à tous les comportements animaux et barbares. Cependant, c'est cette méfiance vis-à-vis du peuple et de ses réactions qui donne lieu à une fracture constatée et déplorée entre « les élites et le peuple ».

Il y a de plus en plus ce sentiment, au sein des démocraties, que les élites ne prennent pas en considération les attentes de leur peuple et ne prennent pas au sérieux leurs inquiétudes, quant à leur avenir et celui de leurs enfants, et ce, en raison du fait que le peuple ne penserait, *a priori*, que par réflexe primaire ou par méconnaissance de la politique et de l'économie. Cela suffirait, alors, à ne pas l'écouter et à ainsi décider de l'avenir du monde sans lui. Par conséquent, les partis politiques populistes tirent profit de ce « mépris des élites » en donnant raison auxdits instincts et ressentis du peuple qu'ils convoitent par électoralisme ; en d'autres termes, en ayant recours à une « rationalisation de la haine ». Et au sujet de ce rapport à l'instinct, la difficulté que soulève notre époque réside dans la nécessité de

---

84À ce sujet, au XIXe siècle, Victor Hugo utilisait la célèbre terminologie de « noble instinct ». En outre, il est évoqué, parmi les historiens des idées politiques, la grande querelle existant en Occident, depuis l'époque de Pascal et de Descartes, entre le cœur et la raison. Pascal privilégiait le cœur pendant que Descartes privilégiait la raison. En effet, la connaissance peut-elle n'arriver que grâce au raisonnement logique ou ne peut-elle éclore que grâce à l'instinct, à la sensibilité ? Autrement dit à tout ce qui touche à l'expérience sensible et au cœur. La réaction au modernisme et au rationalisme, au XIXe siècle, a ainsi fait revenir en force, chez les intellectuels, les poètes et les romanciers, cette idée selon laquelle l'importance devait être accordée au cœur davantage qu'à la raison qui était regardée comme une fausse intelligence ; l'intelligence véritable ne pouvant survenir que par la foi dans le christianisme. Et à notre époque, les effets néfastes de la rationalité économique du capitalisme moderne, du déclin de la spiritualité en Occident et de l'arrogance des élites économiques, politiques et même artistiques engendrée par le sentiment d'être les détentrices de la raison et du savoir (à l'inverse de la masse qui serait l'ignorance et l'émotion) rend la « raison » de plus en plus honnie (par exemple, cette même raison est perçue par les *wokes* comme un outil de domination au profit des « hommes blancs hétérosexuels riches » ainsi que, selon les traditionalistes, comme un outil idéologique [matérialiste] visant à discréditer, à déconstruire et, enfin, à détruire ce qui a trait à la religion) et tend, alors, à détourner progressivement les opinions publiques des institutions officielles (et le savoir qu'elles transmettent) comprenant, entre autres, l'Éducation nationale et le domaine de la Recherche au profit d'autres autorités, telles que les autorités religieuses ou les autorités politiques dites alternatives et versant dans le complotisme. Les gens, désormais, tendent à ne plus croire à ce qui leur est enseigné par les professeurs, présenté par les scientifiques ou montré par les médias. A l'inverse, ils tendent à croire et à ressentir. De ce fait, il est fort probable que nous assistions, aujourd'hui, à un retour du cœur (foi, spiritualité et émotion) et à un recul de la raison. Reste à savoir s'il s'agit d'un progrès ou d'une régression.

trouver un « juste milieu » entre la négation élitiste des ressentis populaires et leur approbation catégorique et démagogique. Pour cela, cette notion d'instinct doit être pensée sous tous ses aspects, y compris sous son aspect bienfaisant. De la même façon qu'il existe « l'inconscient bienfaisant » (C.G.Jung), en psychanalyse, il pourrait exister « l'instinct bienfaisant » ne pouvant être bénéfique que s'il est « encadré »

La démocratie, alors, ne pourrait se construire qu'à partir de l'instinct « encadré » (instinct = émotion/sentiment ; « encadré » = rationalité démocratique). L'instinct serait encadré par le strict respect de la coordination de la liberté et de l'égalité, l'une ne devant nullement exister sans l'autre. Cependant qu'entendons-nous par cet instinct ? Que signifierait-il ? L'instinct [démocratique] serait l'instinct impliquant le rejet de la toute-puissance de la rationalité. S'il est vrai que la science est, par essence, réfutable, alors tout peut être réfuté, y compris la vérité – ou, plus précisément, la « vérité d'aujourd'hui ». La faute politique – plus que la faute morale – des partisans du régime démocratique est de confondre les notions de « vérité » et de « rationalité » (ou encore les notions de « rationalité » et de « sanité d'esprit »). La rationalité est ce qui relève de la logique (*logos*) et non de la vérité absolue ; c'est-à-dire qu'elle consiste à mettre en lien des événements, des faits, des données qui, enchaînés les uns aux autres, vont donner lieu à un concept, à une théorie qui aurait, autant que faire se peut, l'apparence de la vérité (dans le sens où elle n'est que dans l'attente d'une démonstration rationnelle ultérieure qui la réfutera ou la consolidera à l'aide de connaissances supplémentaires acquises avec le temps) qui nous guiderait vers une société plus saine. Ainsi, il est possible de tout démontrer comme il est possible de tout réfuter ; et la morale [religieuse ou politique] et l'émotion servent ainsi, en ce sens, de barrage nécessaire au caractère dégénéré que pourrait prendre la rationalité. L'idéologie capitaliste qui use de sa rationalité pour imposer un monde dans lequel le marché guiderait la société dans son intérêt économique et social devra, afin de ne pas dégénérer sur des pratiques immorales (travail des enfants, exploitation des ouvriers, esclavage moderne, pollution de l'environnement, etc.), être freinée par une morale [religieuse ou sociale] qui tiendra compte de la nécessité de l'expression des émotions humaines (comme la joie pendant les loisirs ou la colère conduisant à des revendications sociales et politiques légitimes) et devra impérativement être respectueuse du vivant. Sans cette morale, la rationalité capitaliste tendrait vers la criminalité, c'est-à-dire vers une liberté qui, nécessairement, opprimerait. Pour autre exemple, l'idéologie sociétale, promouvant la libération sexuelle, utilise sa rationalité pour conceptualiser un monde dans lequel les humains pourraient librement jouir de leur sexualité en tant que besoin primaire qui, s'il est réprimé, poussera les humains à la violence – y compris à la violence politique à l'image du fascisme qui fut, selon Reich, causé par la répression des besoins et des pulsions sexuels – devra, afin de ne pas dégénérer sur une idéologie immorale (apologie de la pédophilie ou complaisance à l'égard de la zoophilie et de l'inceste), être freinée par une morale qui tiendra compte de la souffrance qu'elle pourrait infliger à des individus, si celle-ci n'était pas restreinte. La rationalité, en étant dépourvue de morale et de prise en compte des émotions humaines, n'est finalement plus raisonnable, puisqu'elle ne tend qu'à dégénérer et à détruire ou le vivant ou l'âme humaine.

De plus, il est admis, en Occident, depuis le siècle des Lumières, que la rationalité libère de l'obscurantisme religieux ou, encore, qu'elle libère des dogmes idéologiques et des cloisonnements identitaires. Or, si la rationalité émancipe, celle-ci peut aussi bien émanciper les individus des valeurs morales. Cependant, l'existence de la perversion (au sens de *d'inversion* des valeurs morales) implique que la véritable morale (que la perversion balaye) existe ; et l'existence de la vraie morale – ou de la « morale universelle » – implique le fait que la majorité des humains qui l'auraient inscrite dans leur nature détiendraient le bon sens populaire (entendons par là le « bon sens moral ») qui serait le garde-fou empêchant une *intelligentsia* « rationnelle » et dégénérée de mettre en place n'importe quel projet politique contre-nature. La « décence ordinaire » est le garde-fou empêchant la folie de la démesure des puissants. Mais, pour cela, ne faut-il pas non plus que le peuple soit rationnellement éclairé dans la revendication de sa (ou de la) morale et l'expression de ses émotions ? La rationalité sans la morale et la morale sans la rationalité conduisent, toutes deux, à la violence ; la première à la criminalité et la seconde à l'oppression. Ainsi, les deux ne peuvent, sous aucun prétexte, se séparer l'une de l'autre.

S'il doit être fait une distinction et une hiérarchie officieuses entre des individus réunis par la citoyenneté et la même culture, celles-ci doivent être faites sur la base de la morale ; et, *a fortiori*, dans une société démocratique. Dans une démocratie où la rationalité juridique implique une séparation entre le Droit et la morale, le caractère judicieux et vertueux de cette séparation réside dans la capacité qu'ont les citoyens à être moraux, et ce, de leur propre initiative. Si se montrer généreux envers les sans-abris n'est pas une obligation *légale*, ce comportement doit, néanmoins, devenir une obligation *morale*, afin que les sans-abris ne soient pas des citoyens dont la mort serait causée par l'indifférence générale. Si tel n'est pas le cas, alors l'État aura pour obligation de venir en aide à ces sans-abris en prenant des dispositions juridiques (comme le fait de rendre obligatoire la générosité) et en mettant en place des politiques publiques incitatives (comme la réduction d'impôts dans le cadre d'un don ou d'un versement de cotisation à la plupart des associations ou organismes d'intérêt général) dans l'objectif de compenser l'absence d'obligation morale (*devoir*) des citoyens par une obligation légale d'inspiration morale. La séparation du Droit et de la morale n'est possible et souhaitable que si les citoyens sont, naturellement, moraux ; la présence de la loi étant ainsi une fiable indication de l'absence de mœurs. Ainsi, la supériorité sociale ne devrait pas être garantie par l'esprit [bourgeois] amoral mais, au contraire, par l'esprit moral dont les citoyens devraient, par choix, se pourvoir malgré l'amoralité officielle du Droit par lequel ils sont régis. Le mérite du citoyen éclairé ne viendrait plus de sa capacité à se conformer à la neutralité et à la rationalité du Droit – ou à la froideur de l'État –, afin de démontrer sa rationalité, mais il viendrait, au contraire, de sa [noble] capacité à s'en distinguer, notamment par le biais de l'affirmation du sensible, du sentimental et du moral qui deviendraient alors la source de ses actions citoyennes et politiques. De cela, naîtrait une nouvelle hiérarchie sociale qui sonnerait le retour d'une culture de l'inégalité – contrastant alors avec la défense contemporaine de l'égalité – fondatrice d'un nouveau Droit et transformatrice des rapports sociaux.

La notion d'inégalité, ces vingt dernières années, est de plus en plus revenue dans le débat public. Cependant, il ne s'agit pas tant, cette fois-ci, des inégalités sociales, causées par des systèmes judiciaire, économique ou politique injustes, mais des inégalités de départ, à savoir des inégalités génétiques et innées. Le renouvellement du débat public au sujet de l'inégalité naît d'une espérance aussi bien que d'une inquiétude concernant l'avenir des relations humaines dont nous nous demandons si elles seront plus égalitaires ou plus inégalitaires. Les débats portant sur l'inégalité tournent, en vérité, plus concrètement autour du transhumanisme. Cette idéologie connaît de nombreux détracteurs qui affirment que son application sonnera l'apparition de régimes totalitaires encore plus violents que ceux qui ont précédé au XXe siècle. Ces nouveaux régimes, à l'aide de la science et de la technologie, remodèleraient l'humain selon un plan idéologique très défini et le contrôleraient dans sa pensée à l'aide de puces injectées dans son cerveau. L'avenir, selon les critiques du transhumanisme, ressemblerait à l'ouvrage dystopique *Le meilleur des mondes* (1932) d'Aldous Uxley. La rapidité des progrès technologiques déboucherait donc sur un accroissement des inégalités dans la mesure où le transhumanisme ne profiterait, en somme, qu'aux riches qui auraient les moyens d'augmenter leurs capacités physiques et intellectuelles, tandis que les pauvres seraient exclus du processus d'amélioration individuelle. Cependant, le transhumanisme connaît de fervents soutiens qui voient dans ce phénomène une aubaine pour la résolution du problème des inégalités, ce qui présuppose, d'emblée, que les êtres humains ne sont pas égaux. Si, en effet, le transhumanisme peut régler des inégalités physiques relevant du handicap (comme la cécité ou encore le handicap moteur) qui ne sont pas des inégalités dont il est sensible (ou « incorrect ») de parler (les inégalités intellectuelles sont, dans les sociétés égalitaires, un sujet sensible, car elles sont, entre autres, associées à des inégalités culturelles et civilisationnelles et qu'elles contredisent le récit *méritocratique* voulant que tous les citoyens puissent, à égalité, réussir leur vie), il peut, toutefois, régler les problèmes des inégalités intellectuelles et rendre, par exemple, des êtres non-talentueux aussi talentueux que des personnes dont le talent serait naturel. Les inégalités et les injustices de la nature pourraient être combattues efficacement par la technologie transhumaniste. Toutefois, cela nous forcerait à admettre que, dès le départ, les humains sont inégaux. Le débat sur le transhumanisme remet, au goût du jour, la focale sur l'inégalité ; sur l'inquiétude quant à son amplification par le transhumanisme aussi bien que sur l'espérance quant à sa fin. Mais dans tous les cas, le constat de départ duquel découle les débats politiques et philosophiques sur le transhumanisme est le suivant : les humains demeurent, entre eux, fondamentalement inégaux dans les capacités. La question morale pourrait, ainsi, intervenir afin de distinguer les êtres *capables* de ceux qui ne le sont pas (et de procéder par une hiérarchisation), en fonction de leur capacité à satisfaire, au mieux, l'intérêt général.

En effet, si la notion de liberté semble susciter une vive et unanime adhésion – reste à savoir ce que nous entendons par ce mot –, celle d'égalité semble, au contraire, créer les plus vives crispations. Si nous sortons de la notoire égalité des droits, l'égalité semble faire l'objet de rejet tant dans les courants de gauche que dans les courants de droite. À gauche, l'égalité – notamment *l'égalité de traitements* – y est combattue avec le glaive de la justice sociale qui exige que certaines inégalités continuent d'exister, mais dans l'intérêt unique de ceux qui, à l'origine, possèdent le moins (la défense de l'inégalité n'est nullement en contradiction avec la volonté de conserver l'égalité stricte des droits ; et ce mélange est précisément ce qui a donné naissance au concept d'*équité*). À droite, l'égalité – notamment *l'égalitarisme* –, y est combattue au nom de la défense de l'ordre naturel instaurant une supériorité des uns (celle des parents, du professeur, du policier, du dirigeant politique ou encore du patron) sur les autres (les enfants, les élèves, les civils, les représentés et les salariés). La droite défend la subordination et la légitimité traditionnelle. L'égalité est décriée en tant qu'elle serait ou bien une ruse des puissants visant à présenter aux pauvres une séductrice égalité des droits afin de leur faire oublier l'inégalité réelle [mais cachée], ou bien une pente glissante vers le triomphe des médiocres, étant donné que tout serait aménagé en fonction de leur niveau, et ce, afin d'être certains qu'ils se retrouvent dans une situation d'égalité avec les excellents. La solution est, donc, de faire bénéficier les *inférieurs* des talents des *supérieurs* – les *inférieurs* se serviraient d'eux comme référentiels sociaux – tout en protégeant ces derniers de la foule qu'ils pourront, par la vertu, tirer vers le haut. En somme, l'égalité est reçue comme étant une fausse bonne idée par les partisans de l'inégalité naturelle et de l'*équité*.

Par ailleurs, lorsque l'égalité est acceptée, c'est en tant qu'elle est comprise comme synonyme de *mêmeté*. En soi, « avoir des droits *égaux* » est l'équivalent d'« avoir les *mêmes* droits » ; *l'égalité* des droits implique que les droits sont les *mêmes* pour tous. En effet, le principe de *mêmeté* est toléré, lorsqu'il s'agit de la *mêmeté* des droits ; cependant, il ne l'est pas lorsqu'il s'agit de l'égalité des humains que l'on associe, souvent à tort, à la *mêmeté* des humains entre eux. Le concept d'égalité des sexes est, désormais, de plus en plus contesté au profit de celui de « complémentarité » des sexes ; les femmes n'étant pas égales aux hommes physiquement et les deux sexes ne pouvant être comparés entre eux, étant donné leurs différences radicales – ils ne sont pas les *mêmes*. Il en est de même pour le concept d'« égalité des civilisations ». Si le concept d'égalité a été défendu ardemment par les anti-impérialistes et les témoins des atrocités du nazisme et du fascisme, afin que les effets désastreux de la hiérarchisation des êtres humains et des peuples ne se reproduisent plus, il est aujourd'hui légèrement remis en question. Le relativisme culturel tend à laisser la place au retour d'une hiérarchisation des cultures qui, si elle n'est pas fondée sur un « bilan » post-colonial que l'on peut dresser des civilisations du monde (les civilisations africaines demeurant pauvres, même après l'indépendance, peuvent être considérées comme définitivement inférieures et inutiles à l'humanité, tandis que les sociétés asiatiques qui sont parvenues à se développer de manière significative suite à leur indépendance peuvent alors, en théorie et par soi-disant déduction logique, mériter la considération et l'estime du reste du monde en tant que civilisations valeureuses et capables d'apporter une plus-value au genre humain), est basée sur la façon dont sont traités les femmes, les homosexuels, les enfants ou encore les juifs dans certains pays non occidentaux. Les « sous-cultures » seraient les cultures non respectueuses des droits humains. En ce sens, la phrase de l'ancien ministre de l'Intérieur de Nicolas Sarkozy, Claude Guéant, en 2012 : « Contrairement à ce que prétend l'idéologie relativiste de gauche, toutes les civilisations ne se valent pas ; celles qui respectent la vie valent mieux que celles qui la nient. » est une citation qui, bien que polémique au moment où elle a été citée, résume plutôt bien l'esprit actuel des Occidentaux sur la manière dont ils renouent avec la hiérarchisation des civilisations (sur la base du respect des droits humains).

D'ailleurs, l'attachement aux droits humains semble, ainsi, aller de pair avec une complaisance à l'égard du discours raciste ; le racisme peut être légitimité par la défense du féminisme (nous pouvons l'observer avec l'appropriation du combat féministe par les mouvements politiques xénophobes européens utilisant la manière dont les femmes sont traitées dans les pays arabo-musulmans et subsahariens pour justifier un point de vue hostile à l'immigration) ou par la défense des LGBTQ+. Par exemple, Israël est un pays adepte du *pinkwashing*, procédé de manipulation politique et diplomatique visant à camoufler les violences commises en Palestine par le gouvernement israélien à l'aide d'une politique intérieure *gay-friendly* appelée à faire d'Israël (et surtout de Tel-Aviv) un paradis mondial pour les homosexuels – y compris les homosexuels palestiniens dont les droits seraient davantage respectés en Israël que dans leur propre pays. Le sujet fondamental du non-respect des droits des Palestiniens est soudainement occulté par le respect des droits des homosexuels[85]. Or, si l'égalité des humains et des peuples n'est plus autant une évidence qu'elle ne l'a été à la seconde moitié du siècle dernier, et ce, au nom d'une préférence pour les notions de « complémentarité » ou encore de « supériorité » (basée, elle-même, sur la propension de certaines civilisations à respecter la dignité humaine ainsi que sur le niveau de développement matériel de civilisations qui auraient comme « fait leurs preuves » en gagnant en richesses et en puissance, suite à leur indépendance), alors cela aura immanquablement une incidence sur la solidité de l'égalité des droits que l'on croit inébranlable. Une inégalité supposée des capacités déboucherait, logiquement, sur une inégalité des droits ; les « supérieurs » ayant, nécessairement, des devoirs envers les « inférieurs » qui se verraient, ainsi, restreints dans leurs droits en raison de leur incapacité supposée à en faire un usage rationnel ou tout simplement à en jouir. Dans le meilleur des cas, cette inégalité serait défendue pour des soucis de justice ; dans le pire des cas, elle serait défendue dans une optique de suprémacisme.

L'égalité perd alors en crédibilité en tant que concept lorsque, dans les droits, les citoyens et les groupes humains en ont bénéficié, mais qu'ils ne sont pas parvenus, pour autant, à obtenir des résultats égaux sur le long terme. L'inégalité de résultat, en dépit de l'inégalité de droits initiale, semblerait révélatrice d'une inégalité naturelle de départ dont il serait nécessaire de tenir compte ou bien en excluant les « inférieurs » ou bien en les prenant en pitié et en les assistant. Du moins, telles sont les déductions faciles qu'il est possible de faire. Si, par exemple, les femmes ont les mêmes possibilités que les hommes de choisir n'importe quel type d'étude, mais qu'elles continuent, malgré cette égalité de choix, de choisir des filières universitaires non scientifiques, le constat populaire sera que les femmes sont, dans le domaine de la raison, définitivement inférieures aux hommes. Si les noirs ont les mêmes droits que les blancs et que ces premiers

[85]Le lien entre l'extrême droite et les milieux *gays*, s'il est purement stratégique en Israël, l'est aussi en Europe. L'extrême droite *new age* connaît un certain succès auprès des homosexuels qui tendent, de plus en plus, à se sentir soutenus par des gouvernements populistes de droite qui leur promettent de les protéger de leurs nouveaux ennemis, les immigrés musulmans. L'homonationalisme est, en cela, une idéologie LGBTQ+ reposant sur l'idée selon laquelle les pays développés sont tolérants à l'égard des homosexuels tandis que les pays du Tiers-Monde, principalement, ne le sont pas et que cette réalité justifierait ainsi que l'on lutte contre l'immigration de personnes issues de pays homophobes et donc « barbares » car sous-développés matériellement et supposément « arriérés » du point de vue des mœurs. L'homophobie qui serait en lien avec le « sous-développement » serait, par syllogisme, en lien avec la « barbarie ». L'homonationalisme s'inscrit dans une logique d'exclusion légitimée par une hiérarchisation des peuples compatible, ainsi, avec le logiciel politique de l'extrême droite.

continuent d'être plus pauvres qu'eux, tandis que les populations asiatiques deviennent, quant à elles, aussi – voire plus – riches que les blancs, alors cela serait explicatif d'une infériorité définitive des noirs par rapport aux blancs, voire au reste de l'humanité.

Le relativisme paraît contraire à la nature humaine. L'humain ne semble pouvoir s'empêcher de voir dans la différence ou bien une aubaine ou bien un malheur. Il est dans sa nature de voir dans l'être humain *différent* soit un « demi-dieu » soit un « sous-homme ». En cela, les prétextes à l'infériorisation ne manquent pas. L'égalité ne semble être qu'un concept purement théorique dont l'objectif est de garantir la liberté d'individus ou de groupes historiquement opprimés par d'autres. Mais la difficulté [de cette croyance dans l'égalité réelle] réside dans le fait que cette égalité des droits n'est aucunement fidèle à une quelconque égalité de fait. Et cette contradiction entre le droit et le fait qui constitue le véritable talon d'Achille de toute démocratie désirant la stabilité politique (stabilité ne dépendant que de la confiance que les citoyens auront pour ce régime en tant que régime garantissant leurs droits et leur offrant toutes les opportunités en termes de réussite sociale) conduit ou bien à une égalité forcée illustrée par la discrimination positive et la parité ou bien à un fatalisme de l'inégalité conduisant à la fin du régime démocratique au profit d'un régime vertical. Une égalité [forcée] des chances entre les blancs et les non blancs dans l'accès à l'emploi se traduirait par des politiques de discrimination positive, tandis qu'un fatalisme de l'inégalité dans l'accès à l'emploi causée par le racisme persistant de certains employeurs conduirait les victimes de cette inégalité des chances à se communautariser, afin de se préserver de l'hostilité de la majorité blanche aussi bien qu'elle conduirait cette majorité blanche (qui persisterait à penser que les non blancs ne sont pas intégrables et sont, donc, condamnés pour toujours à être de moins bons citoyens français que les blancs) à exclure les citoyens non blancs de tous les pans de la société (ce qui pourrait se traduire par une ségrégation, un apartheid ou encore une politique de « remigration »). L'inégalité est, *de facto*, considérée comme un synonyme de justice. Donner plus à ceux qui en ont le plus besoin (justice sociale), qui *méritent* (méritocratie) ou dont nous estimons que l'inégalité qui avantage les uns au détriment des autres est une inégalité juste, naturelle et légitime (légitimité traditionnelle).

Mais le consensus, parmi les partisans des droits humains, repose sur l'idée que, *en tant qu'humains*, nous avons des besoins similaires et que nous méritons tous un même respect de notre dignité. De ce point de vue, l'égalité des droits semble être incontestable. Pour autant, avons-nous le fin mot de l'histoire à propos des fameux besoins inaliénables de l'humanité ? Il nous faudrait, en effet, connaître l'humain dans la totalité de sa nature. Or, est-ce, à notre époque, le cas ? Et, surtout, est-ce au moins une possibilité de la connaître un jour ? L'étude de la nature humaine est faite à l'aune de notre propre conception du monde. Marx affirmait que l'histoire de l'humanité était celle de la lutte des classes ; il est dans la nature de l'humain de lutter en faveur de ses intérêts matériels et économiques. Friedman affirmait que les grands progrès de la civilisation ont toujours été dus à la liberté ; l'humain ne peut exprimer son génie qu'au sein d'une société qui le rendrait libre. Huntington affirmait que l'histoire des humains était celle des civilisations ; la nature humaine est ainsi faite que les groupes humains se construisent en blocs civilisationnels dont les existences ne dépendent que de l'invention nécessaire d'un *eux* et d'un *nous*. Et nous pouvons également compter, depuis les années 1960, une ribambelle d'ouvrages délivrant des concepts portant sur des théories concernant l'*être* naturel de l'humain, telles que celles de l'*homo-œconomicus*, de l'*homo-hierarchicus*, de l'*homojuridicus*, de l'*homodeus*, de l'*homodomesticus*, de l'*homonumericus*, etc. Chacun a désiré donner de sa voix intellectuelle pour définir ce que nous appelons la « nature humaine ». Toutefois, qu'en est-il, réellement, de cette nature humaine sur laquelle la démocratie doit se reposer afin de se construire et fonctionner rationnellement ? D'ailleurs, la question pourrait, même, être : La nature humaine est-elle démocratique ? Drôle de question dérivée d'une question plus sensée et pertinente : « La démocratie est-elle un régime naturel ? » ; qualificatif que nous avions tendance à utiliser, pendant des siècles, pour décrire la monarchie héréditaire. Rendre naturel un régime politique est, de fait, nécessaire à son établissement ainsi qu'à son maintien.

Dans notre cas, il s'agit de questionner davantage l'égalité des droits ; égalité strictement démocratique. Est-ce dans la nature de l'humain de reconnaître et d'accepter une telle égalité ? Les démocraties modernes se sont construites, au lendemain de la Révolution de 1789, à partir de l'idée qu'*en tant qu'humains*, nous méritons une quantité égale de droits qui, de plus, seraient *inaliénables* quels que soient nos actes, notre personne et notre mérite. Or, cela impliquerait que nous nous reconnaissions tous comme des êtres humains, et ce, de manière inconditionnelle. Pourtant, nous observons que cela n'a jamais été le cas et que l'humanité a toujours été dans une logique de hiérarchisation. Cette hiérarchisation a pu se faire sur la base du genre, de la race, le l'ordre, de la caste, de la classe, de l'âge, etc. et a fait de la monarchie le régime le plus récurrent de l'histoire politique. Toutefois, il est commun, en démocratie, de parler d'inhumanité. Car, c'est justement parce que nous accordons une importance cruciale à la vie humaine et que nous avons une haute estime de l'humain (*humanisme*) que nous postulons que, lorsqu'il s'adonne à des actes de « barbarie » et de « cruauté », celui-ci renonce à son humanité. Dans les régimes égalitaires, les humains « égaux dans leur appartenance à une même humanité » sont perçus comme sortant, eux-mêmes, de l'humanité, comme s'ils s'en excluaient par volonté, tandis que dans les régimes inégalitaires, des individus sont exclus, contre leur volonté, de leur appartenance à l'humanité, notamment par une inégalité en termes de droits, dès la naissance. Ils ont beau être humains, ces derniers ne peuvent jouir des mêmes droits que leurs concitoyens ; leur humanité, par rapport à leur condition individuelle [ou communautaire], est mise au second plan.

A ce sujet, Aristote disait déjà, dans *Les politiques*, que seuls les Dieux et les bêtes pouvaient se passer de la vie en société, étant donné que l'humain était, par essence, un animal politique vivant au sein d'une *cité*. En effet, la société est comme un cadre dans lequel il faut se fondre, auquel il faut se conformer, afin de vivre en communauté ; communauté dont le bon fonctionnement ne repose que sur le respect de « conformismes » ou de « codes sociaux » et de laquelle il faut pouvoir, *a minima*, sortir afin d'inventer un système nouveau et bénéfique à la société. En ce sens, les êtres non sociaux sont ou bien les milliardaires qui peuvent se permettre de vivre comme des demi-dieux et se passer de la vie en société en adoptant une philosophie libertarienne et les marginaux qui vivent en dehors de la société en raison du fait qu'ils n'en ont guère les codes, qu'ils en sont exclus et qu'ils subissent leur situation. La société ne fonctionne que parce qu'une majorité d'individus respectent des conformismes, sans lesquels ces derniers ne pourraient se reconnaître (voire se comprendre) et, donc, vivre ensemble et qu'une minorité d'êtres « atypiques » apportent, par la transgression créatrice, une autre manière de penser la vie individuelle et collective.

Mais la hiérarchie faite entre les « surhommes », les « normaux » et les « sous-hommes » témoigne d'un mépris non pas pour l'humanité, mais pour l'idée qu'il serait suffisant d'y appartenir pour être considéré comme aussi digne de respect que les autres humains. Les conséquences de la croyance dans l'inégalité entre les êtres humains ou encore entre les peuples ont été, durant l'ère coloniale et la Seconde Guerre mondiale, si destructrices qu'elles nous ont rendus résolument hostiles à l'idée que les inégalités – et particulièrement les inégalités génétiques – puissent exister et faire l'objet de discussions et de débats philosophiques, politiques et scientifiques. Or, ce traumatisme n'est pas éternel et tendra à s'estomper au fil de l'oubli progressif des générations successives. Suite à la Seconde Guerre mondiale, l'idée qu'il puisse exister des êtres supérieurs ou des civilisations supérieures a été perçue comme l'une des pires abominations politiques que l'esprit humain ait été capable de faire germer. Cependant, s'il est vrai que l'égalité, en tant que concept, tend à être de plus en plus remis en cause et qu'il est, quasiment, dans la nature humaine d'espérer l'inégalité par souci de justice (inégalité juste = *équité*[86]), par conviction méritocratique ou encore par certitude qu'il est immoral de rendre égaux [en valeur et en dignité] des êtres bons et des êtres abjects ou des êtres talentueux et des êtres non talentueux, alors le discours politique favorable à l'inégalité – notamment, celle des droits – séduira de plus en plus de citoyens, au sein des démocraties libérales et égalitaires.

---

[86]Concept rawlsien développée dans *Théorie de la justice* (1971)

Toutefois, si la contestation de l'égalité ne peut pas être une contestation de l'égalité des droits *naturels*, celle-ci peut, en revanche, constituer une acceptation de la fin de l'égalité des droits *inaliénables*. En effet, les citoyens qui, en tant qu'humains, naîtraient avec les mêmes droits, se verraient, au fil de leur vie, en être déchus en raison de leurs actes inhumains ; les mettant ainsi, par leur volonté, en dehors de l'humanité. Cela leur vaudrait, donc, de ne plus être reconnus comme des humains égaux aux autres. La démocratie qui est un régime veillant à traiter l'être humain en fonction de ce qu'il est et non en fonction de ce que nous voudrions qu'il soit se voit, alors, sur son passage, être dressée une « nature humaine » qui ne semble pas si favorable que cela à l'égalité. Et en plus d'être inconnue dans sa totalité (ce qui ferait de la démocratie un régime condamné à l'imperfection politique et donc à la génération de la frustration citoyenne dont la conséquence logique serait l'abandon soudain de la démocratie), la « nature humaine » s'avère profondément encline à la promotion de l'inégalité entre les êtres humains. Ainsi donc, comment rendre souverains et égaux des humains qui semblent avoir besoin de se hiérarchiser sans cesse ?[87] Comment contrôler les pulsions inégalitaires, voire répressives, d'un peuple composé de citoyens pourtant égaux entre eux *en droits* ? Contrôler les instincts primaires des humains par la Loi les empêche d'être tyranniques entre eux. Or, reste à savoir si la

[87]Bien qu'il soit souvent énoncé que l'humain est, naturellement, enclin à rejeter la différence, il semblerait que cette affirmation ne soit vraie qu'en partie. L'humain semblerait, plutôt, ne voir dans la différence qu'un prétexte pour hiérarchiser. Victor Hugo avait, dans cet esprit, signalé que « égaux » ne signifiait pas nécessairement « identiques ». A la seconde moitié du siècle dernier, les communautés traditionnellement discriminées ont souhaité bénéficier des mêmes droits que les groupes majoritaires ainsi qu'être reconnus comme égaux par ces mêmes majoritaires. Égalité de droit et égalité de fait (ou sociale) étaient exigées. Et être perçu comme « normal » n'était possible que si nous apprenions aux majoritaires l'indifférenciation. Ne pas dire à un noir ce que l'on ne dirait pas à un blanc, ne pas dire à une femme ce que l'on ne dirait pas à un homme ou à un musulman ce que l'on ne dirait pas à un chrétien, à un juif ou à un athée. Un « juif con » est avant tout un con avant d'être un juif comme un chrétien aurait tout à fait pu l'être. Et ce « droit à l'indifférence » recherché par les minorités était justifié par la souffrance d'être déprécié *en tant que*, mais aussi d'être apprécié *en tant que*. Dans tous les cas, ils étaient assignés à une caractéristique qui, selon eux, ne les définissait pas ou, du moins, pas intégralement. Esther Duflo, dans *Repenser la pauvreté* (2011), avait fait remarquer que les pauvres étaient ou bien considérés comme des personnes dignes, travailleuses et méritant le respect ou bien considérés comme des personnes fainéantes, méprisables et méritant leur condition ; Frantz Fanon dans *Peau noire, masques blancs* (1952) parlait également des blancs qui ou bien détestaient les noirs ou bien les aimaient (les deux étant, selon lui, malades) – et l'écrivaine Tania de Montaigne dans son essai *L'assignation : les Noirs n'existent pas* (2018) avait, dans le même esprit, évoqué ce fait que les noirs étaient ou détestés et méprisés ou adorés et perçus comme géniaux. Nous ne pouvons, semble-t-il, être traités « normalement » lorsque nous sommes différents ; nous ne laissons, fatalement, pas indifférents. Des blagues ont aussi été faites au sujet des musulmans qui, en France, sont ou bien perçus comme « intégrés » (bons musulmans) ou bien perçus comme « intégristes » (mauvais musulmans). Notre différence fait de nous, dans une logique aristotélicienne, ou bien une « bête » ou bien un « Dieu ». Mais dans tous les cas, nous demeurons assignés à une condition identitaire unique et spécifique nous empêchant d'appartenir à un « nous » qui inclurait toutes les particularités.

totalité des instincts primaires sont néfastes, dès lors qu'ils s'expriment. L'humain est ainsi fait – en tant qu'il est un éternel ignorant – que s'il se voit nier, par les élites politiques, une émotion individuelle ou collective pourtant légitime (source de justice) convertie en revendication politique, au nom de la sainte gouvernance de la raison et de la croyance dans la prétendue médiocrité des affects, alors l'individu et le groupe se sentiront réprimés et victimes d'un système politique qui, non seulement, ne les entend pas, mais qui, en plus, est contre leur propre personne (la personne individuelle ou la personne du peuple). Le gouvernement et « les élites » auraient un problème direct avec les individus (développant, ainsi, le ressentiment) ou encore avec « le peuple » (*démophobie*). L'erreur que nous commettrions, au sein des démocraties « rationnelles » serait de discréditer chaque revendication politique fondée sur l'émotion exprimée par le peuple en rétorquant qu'il s'agit, ici, des « aboiements de la foule », de la « tyrannie des émotions » ou de la « politique des bas instincts », et ce, pour deux raisons. La première est que nous ne pouvons décréter avec certitude si toute expression d'une émotion dans le cadre d'une revendication politique populaire est illégitime. Il est parfois rationnel d'avoir des émotions lorsque nous constatons des violences, des ignominies et des injustices ; et, à l'inverse, irrationnel d'être insensible face à des ignominies et des injustices. Et la deuxième est que notre système politique – qui est sans doute rationnel – n'est toutefois ni parfait, ni infaillible. Le militantisme politique est, par exemple, une démonstration de la bonne direction des émotions politiques des citoyens. L'indignation qui anime le militant donne, en effet, à la société une indication de l'existence d'un problème politique et social auquel les hommes de science doivent apporter une solution rationnelle que les hommes politiques devront faire appliquer. L'émotion montre et la raison résout.

Des phénomènes sociaux, tels que, par exemple, l'atroce condition de la femme et l'insuffisante prise en compte des personnes en situation de handicap engendrent des émotions telles que de la tristesse et de la colère poussant, alors, des citoyens indignés à militer et à se battre pour l'extension des droits et le renforcement de la sécurité de *tous*. Et ce type de militantisme ne fait que, pas à pas, conduire la démocratie vers son possible achèvement et rendre rationnel et évident ce qui, auparavant, échappait à notre raison. Cependant, si de l'expression politique de nos émotions découle une remise en cause de l'essence même de nos démocraties modernes, à savoir la garantie des droits humains *inaliénables*, alors le peuple s'attaquera à ce qui constitue, *a priori*, le ciment de tout système politique moderne et rationnel. En cela, il sera jugé « fou » (car non rationnel) et sa parole ne sera, donc, jamais réellement prise en compte en dehors des événements électoraux. De ce point de vue, la démocratie traditionnelle *représentative* s'avérerait être contre le peuple, ce qui tendrait à pousser ce dernier à opter ou bien pour une démocratie *directe* permettant aux citoyens de faire la politique sans autorité supérieure ou bien pour un régime autoritaire dans l'espoir qu'il assure une gouvernance (un dictateur aurait au moins le mérite de faire ce qu'il dit) à la fois plus certaine et [sans doute] plus juste. Cependant, les deux propositions restent des sauts dans l'inconnu en plus d'être des choix de société radicalement différents, compte tenu de nos sociétés actuelles et de nos habitudes en termes de vie politique. S'agirait-il alors, sans qu'il soit question de nous soumettre à la logique rationaliste ainsi qu'au scientisme, de savoir « raison garder », y compris dans la théorisation d'un nouveau système en tant qu'il devrait être le plus rationnel possible ? La lutte contre la religion de la raison n'implique, de toute évidence, nullement la lutte contre la raison elle-même.

Ce faisant, lorsque nous parlons à foison de raison, de rationalité, voire de cartésianisme, un problème plus profond s'impose. Nous désirons être rationnels politiquement (et même dans la vie réelle), mais avons-nous au moins les moyens de nos ambitions ? Si, depuis l'apparition de la philosophie politique moderne, la démonstration de sa rationalité dans ses choix et ses analyses politiques passe par le fait de penser l'humain en fonction de ce qu'il est et non en fonction de ce que nous voudrions qu'il soit, connaissons-nous, déjà, la nature humaine ? Savons-nous réellement ce qui est rationnel compte-tenu de ce qu'elle est ? Le Tout-rationnel est-il nécessairement rationnel au regard de la part non rationnelle de l'humain à prendre en compte si nous voulons l'aborder et répondre à ses besoins spécifiques ? Et surtout, le rationnel est-il l'antonyme de l'émotionnel ? La méconnaissance de ce que nous appelons la nature humaine et la dichotomie purement spécieuse que nous établissons entre raison et émotion ont conduit à des politiques arrogantes et perçues par les populations comme les œuvres de gouvernements et de décideurs économiques et politiques[88] agissant à la place *des* peuples, mais contre leurs intérêts. L'opposition émotion/raison est ce qui a opposé peuple/élite. Et cette opposition conduit, peu à peu, à ce que nous appelons aujourd'hui, à une « déconnexion des élites » ou, plus encore, à une « sécession des élites ». Cette opposition se fonderait ainsi sur une arrogance de classe. Or, les uns attribuent cette arrogance des élites à une conspiration anti-démocratique qu'elles orchestreraient (motivée par la défense seule de leurs intérêts économiques et politiques) et les autres à une pure incompétence (causée par une idéologie directrice jugée hors sol ou par la méconnaissance totale de la réalité des peuples sur lesquels elles exercent

---

[88]Cette détestation des élites « arrogantes » qui se concertent sans tenir compte de l'avis et des préoccupations des différents peuples a été justifiée et amplifiée par l'existence de réunions annuelles d'élites mondiales à l'instar du Forum de Davos (réunissant les élites économiques – politiques, entrepreneurs, économistes – pour décider de l'avenir de la croissance économique mondiale) ou encore du Groupe Bilderberg (réunissant un cercle très restreint de décideurs économiques et politiques).

un pouvoir) qui, n'étant pas reconnue et assumée par elles, se convertit en mépris et en violence sociale destinés, en guise d'esbroufe, à cacher leur médiocrité. Quelle interprétation est la bonne ? Là n'est pas tant la question. La raison étant que l'enjeu réel sera alors de comprendre que la démocratie voit contre elle se dresser un fameux défi l'empêchant d'être « réelle » et exhaustive. Ce défi est celui de la nature humaine que nous ne connaissons pas dans sa totalité et qui pourrait, ainsi, faire défaut à la démocratie sur le long terme.

Le défi de la nature humaine

Le lien entre démocratie et nature humaine s'explique de deux façons. Premièrement, notre conception de la démocratie moderne s'inscrit dans une reconnaissance du Droit naturel (*jus naturale*) en tant que Droit supérieur et préexistant au Droit positif. Le Droit naturel existant depuis le XVIe siècle et sur lequel se basent nos démocraties concerne seulement l'Humain et est donc, par là, fondé sur sa nature. Deuxièmement, si le peuple seul est souverain et, ainsi, *tous* les individus-citoyens qui le constituent, alors aucun citoyen ne doit être désavantagé plus qu'un autre. Chacun, à égalité avec les autres, doit trouver son compte dans la politique de la *cité*. En cela, la politique de cette *cité* ne peut nullement être subjective. Elle ne peut imposer d'idéologie religieuse ou politique susceptible de susciter le contentement des uns et le mécontentement des autres. Ainsi, la seule politique capable de rallier l'intégralité des citoyens est une politique parlant à ce qu'ils ont en commun, à savoir leur humanité. Une politique subjective cliverait et favoriserait les uns au détriment des autres, tandis qu'une politique rationnelle et scientifique alignée sur l'humain tel qu'il est aurait la vertu de réunir tous les humains *en tant que tels*[89].

Pourtant, la difficulté de construire une démocratie réunissant l'intégralité des citoyens par la satisfaction de leurs besoins élémentaires *en tant qu'humains* réside dans le fait que l'humain est un être de nature, mais qu'il est aussi un être de culture. En effet, au regard de l'évolution de l'Histoire, il semblerait que le plus difficile ne soit pas, comme il y paraît, de découvrir, à l'aide d'une méthodologie scientifique rigoureuse, le fonctionnement de l'État et les lois idéales qui permettraient à la nature humaine de s'épanouir dans une société, non pas parfaite, mais simplement rationnelle et pragmatique dans sa prise en compte de la nature humaine. La construction de la démocratie est difficile pour la simple raison que les peuples restent sous l'emprise d'une culture traditionnelle caractérisée par une très longue hiérarchisation des rapports sociaux.

Le concept de *souveraineté* – pensé par Jean Bodin[90] au XVIe siècle (après qu'il ait été conçu au XIIIe siècle afin de remplacer le concept de

---

89Voir Leo Strauss, *Histoire de la philosophie politique*, 1963, Ed Puf, Collection « Quadrige », 2013, chapitre sur John Locke

90Mais également par Cardin Le Bret et Charles Loyseau au siècle suivant.

suzeraineté) dans *Les six livres de la République* (1576) – qui fut pensé sous l'angle de la souveraineté royale, est devenu un concept rattaché à la question nationale et populaire, seulement deux siècles plus tard, à la fin de l'Ancien régime. La culture aristocratique et absolutiste de la période moderne a été un frein au développement de la conception populaire de la souveraineté. Et même lorsque le concept de souveraineté fut clamé haut et fort par les Français de 1789, cela ne les a pas empêchés de voter, en 1848, pour un premier Président de la République, Napoléon III, qui marqua l'Histoire par son autoritarisme (autoritarisme caractérisé par son coup d'État en 1851[91]). Or, cet autoritarisme napoléonien n'était qu'une continuité de la culture monarchique prégnante durant l'Ancien Régime. La tradition de la verticalité politique ne semblait donc pas les avoir quittés. Cependant, les a-t-elle véritablement quittés aujourd'hui ? Telle est la question que continuent de se poser aussi bien des historiens que des observateurs politiques français (ainsi que des politiciens). Le peuple français aurait un rapport au Président et à l'Etat qui s'inscrirait dans un rapport qu'il entretenait, jadis, avec son roi sous l'Ancien Régime. Et ces interrogations sur la persistance de la tradition monarchique, en France, portent sur deux phénomènes : 1) la fascination que les Français ont pour la monarchie britannique qu'ils s'autorisent à aimer afin de ne pas avoir à avouer qu'ils aimeraient que la monarchie revienne en France et 2) l'attitude « jupiterienne »[92] d'Emmanuel Macron qui, depuis le début de sa première présidence en 2017, affiche l'ambition de renouer avec la figure du monarque. Malgré un culte voué à la démocratie et, surtout, aux droits humains, la France garde des traces, semble-t-il, indélébiles de son passé monarchique ; ce qui indique donc que, comme l'avancent de nombreux intellectuels français et étrangers, « le peuple français est foncièrement monarchiste ». Dans un autre cas, les diasporas turques, en Europe, font l'objet de beaucoup d'attention, parmi les politologues du continent. Celles-ci qui ont beau naître et vivre dans des pays qui chérissent les droits humains et la démocratie votent, pourtant, sans hésitation, en majorité, pour le parti politique autoritaire de Recep Tayip Erdogan (AKP : Adalet ve Kalkınma Partisi ou, en français, le Parti de la justice et du développement) lors d'élections ; et continuent même de le soutenir actuellement, alors qu'un homme politique démocrate et laïc, tel que Kemal Kiliçdargolu fait office, contre Erdogan, de proposition alternative[93]. Les diasporas turques votent à la fois à gauche lors d'élections politiques qui

[91]Voir Pierre Milza, *Napoléon III*, 2004, Ed Perrin, Collection « tempus », 2004, p.241-321

[92]Avant son élection à la Présidence de la République en 2017, Emmanuel Macron avait affiché l'ambition d'incarner une présidence jupitérienne.

[93]*Cf* Euronews, par Joshua Askew, Élections en Turquie : comment la diaspora a-t-elle voté ? (titre de l'article), 16 mai 2023. Dans cet article, il était question de chiffres provenant des études de Paul Levin, directeur de l'Institut d'études turques de l'Université de Stockholm, qui constatait bien que « *Erdogan est resté fort en Allemagne et en France, comme en 2018* »

concernent leur pays de résidence et à l'extrême droite lors d'élections politiques concernant leur pays d'origine. Un Allemand originaire de Turquie, bien que citoyen allemand depuis quatre générations, demeure imprégné par un traditionalisme religieux ayant des conséquences perceptibles sur ses convictions politiques. Ce dernier ne tend pas si facilement à rompre avec son traditionalisme islamique – issu de sa culture d'origine –, ce qui compromet ses chances de devenir, un jour, un Européen progressiste, démocrate et droit-de-l'hommiste au même titre qu'un Allemand dit autochtone. Enfin, les découvertes en biologie et en anthropologie depuis le XIXe siècle (qui ont participé à la construction de l'universalisme philosophique dont la démocratie dépend pour être effective) démontrant, scientifiquement, que l'humanité n'a qu'une seule et même origine territoriale, l'Afrique et un ancêtre commun, le singe ont été difficilement acceptées par l'ensemble des sociétés du monde étant donné que la théorie de l'Évolution a fait face à la résistance très vive de la théorie religieuse – et donc culturelle et traditionnelle – de la Création. À ce propos, rien de nouveau sous le soleil ; la tradition, comme avaient pu l'affirmer des Fukuyama et des Huntington, est, principalement, ce qui freine l'avancée de la démocratie dans le monde. En ce sens, la culture est ainsi le premier des obstacles que doit franchir la démocratie pour se fonder et évoluer.

L'étude de la nature humaine nous oblige à comprendre, d'emblée, que l'être humain a dans sa nature propre le fait de vouloir être au-dessus de sa propre nature, et ce, afin d'être reconnu par les autres *en tant que*. Nous en arrivons, là, à la fameuse trinité identitaire propre à l'humain et qui nous a été livrée par la phénoménologie : l'*en soi*, le *pour soi* et le *pour autrui*. L'être *en soi* est l'essence qui se définit de la façon [sartrienne] suivante : l'essence, « c'est ce qui est » ; l'être *pour soi* est l'être que l'individu décide de se créer, pour lui-même, par *choix* ; et l'être *pour autrui* est l'être qui nous a été imposé par *les autres*, en raison du fait que nous avons été perçus et reconnus par les autres *comme tel*. La phénoménologie, en somme, est ce que son fondateur Edmund Husserl, dans son ouvrage *Idées directrices pour une phénoménologie et une philosophie phénoménologiques pures* (1928), appelait « la science de l'essence » ; celle qui rendrait possible l'étude de toutes les autres sciences[94]. Mais cette essence qui, en étant « ce qui est », comprend la finalité pour laquelle un objet a été conçu, a été regardée par les phénoménologues comme étant celle des objets et non des humains. L'objet a une essence pour la raison qu'il a été conçu pour une finalité précise. L'être humain n'a pas de finalité prédéfinie, puisqu'il est dans sa nature de vouloir créer la sienne. Au sujet de l'être humain, la notion qui a été traitée, afin d'analyser les motivations de ses actions, est celle de la *reconnaissance*

94Edmund Husserl, *Idées directrices pour une phénoménologie*, 1928, Ed Gallimard, Collection « Tel », 1950, p.187. La phénoménologie y est présentée comme une « science des "origines" ».

(besoin de). En somme, la phénoménologie que Husserl avait présentée comme la science qui étudiait l'origine de tous les phénomènes (juridiques, historiques, sociologiques, etc.) existant, était davantage, chez Hegel dans *Phénoménologie de l'esprit* (1807), analysée sous l'angle de la reconnaissance. En effet, la phénoménologie est, selon Hegel, une discipline philosophique dont les études se basent sur le postulat suivant : la reconnaissance précède l'existence. Rien n'existe *en soi*, car toute chose existe à partir du moment où celle-ci est *perçue* ou *vécue* comme telle ; la reconnaissance d'une chose est à l'origine de son existence. Et dans le cadre de l'existence sociale, nous existons *en tant qu'humains* parce que nous sommes reconnus par les autres *en tant qu'humains*. Ce postulat, qui a valu à la phénoménologie un autre surnom, mais de Sartre, cette fois-ci, dans *L'être et le néant*, celui de « psychanalyse de l'existence », a abondamment nourri les études sociologiques, notamment les études concernant les groupes discriminés. Pour quantifier, par exemple, les discriminations de certains groupes sociaux comme les noirs, nous parlons de « personnes noires » et de « personnes *perçues* comme noires ». Le vécu d'un individu n'a rien à voir avec ce qu'il est réellement, mais il a, en vérité, à voir avec la réalité que lui impose la majorité sociale du fait de la perception que cette dernière a de cet individu. A ce propos, Sartre dans *Réflexions sur la question juive* (1946), disait bien que ce n'est pas le juif qui fait l'antisémite, mais l'antisémite qui fait le juif en le regardant et en le traitant uniquement comme tel. Un juif peut être généreux, pauvre et loyal, il sera tout de même traité comme une personne avare, riche et déloyale par les antisémites qui le percevront comme tel ; sa réalité ne sera pas en concordance avec sa nature, mais avec le regard que porteront sur lui les antisémites. Ainsi, nous serons ce que les autres nous obligent à être de par leur « regard mental ». Et à ce propos, dans *Phénoménologie de la perception* (1945), Merleau-Ponty affirmait, de manière assez parlante, que l'individu, jusqu'à ses vingt-cinq ans, est déterminé par un regard extérieur et constructeur dont il doit, tôt ou tard, prendre conscience de l'existence afin de pouvoir s'en libérer. Son propos était le suivant : « C'est à présent que je comprends mes vingt-cinq premières années comme une enfance prolongée qui devait être suivie d'un sevrage difficile pour aboutir enfin à l'autonomie. »[95]. Ce phénomène du regard des autres façonnant notre *être* est ce que Paul Ricoeur (qui était philosophe et phénoménologue) avait nommé *l'assignation identitaire*.

Ainsi, une personne ou un groupe de personnes sont-ils ainsi parce qu'ils *sont* (essence) ou parce que la perception que les autres ont de leur *être* les a rendus ainsi ? En soi, *sommes-nous*, car telle est notre nature ou car tel a été le regard porté sur nous ? Si l'humain, en tant qu'espèce, *est*, alors cette espèce *est* parce qu'elle prend conscience d'elle-même en observant le non-

[95]Maurice Merleau-Ponty, *Phénoménologie de la perception*, 1945, Ed Gallimard, Collection « Tel », 1976, p. 403

humain. Or, l'espèce humaine *est-elle* en tant qu'elle est reconnue par les autres, *en tant que* ? Si oui, par quels autres ? Si l'humain a pu se percevoir comme un « prédateur » ou comme « le maître du monde », est-ce pour la raison que cette prédation est ancrée dans sa nature, ou est-ce en raison du fait qu'il est reconnu par les autres espèces qui le craignent comme étant la proie inatteignable et, donc, le potentiel prédateur ultime ? Ce que nous *sommes* est déterminé par le regard que nous portons, de manière comparative, sur celui qui n'est pas nous ainsi que par le regard que celui qui n'est pas nous porte sur nous.

Le mythe de « l'humain prédateur » est, en soi, un mythe appartenant à l'épopée moderne ; il ne correspond aucunement à la réalité de l'humain primitif vivant au crochet de la nature. Les mondes primitif et moderne sont, ainsi, si éloignés qu'il serait impossible de dire « telle est la nature humaine » sans objecter que « non, car les primitifs ne fonctionnent pas ainsi ! ». Mais l'analyse phénoménologique pourrait nous aider à comprendre que la nature humaine n'est pas tant ce qui guide l'histoire humaine si nous nous fions, non plus à la phénoménologie de Hegel basée sur la reconnaissance, mais sur celle de Sartre dans *L'être et le néant*, ouvrage dans lequel il est présenté que le *pour soi* n'existe que par la négation originelle de l'*en soi*. L'humain sait qu'il *est* humain dès lors qu'il se retrouve au contact d'un stylo dont l'*en soi* consiste à écrire à l'aide d'un encrier et qui lui envoie l'information qu'il n'*est-pas* un stylo ; et donc, s'il n'en est pas un, alors qu'est-il ? Et « qu'est-il ? » signifie, plus explicitement : « Qu'est-ce qui fait que, contrairement à ce stylo, l'humain n'en est pas un, et donc est un humain ? ». Ainsi, il n'est pas tant question de confirmer la célèbre phrase de Fichte tirée de son court ouvrage *Destination de l'homme* (1799) : « L'homme se pose en s'opposant » – phrase qui, d'un point de vue psychologique, s'avère pointer du doigt une réalité inscrite dans les rapports interpersonnels aussi bien que dans les rapports géopolitiques entre des nations qui se sont culturellement opposées, dans l'histoire, les unes aux autres du fait de leur proximité géographique, de leurs conflits ou du simple « narcissisme des petites différences » (concept psychanalytique que nous devons à Freud). En revanche, il est notable que ce que nous appelons la « nature humaine » n'est autre que la nature moderne qui s'est construite bien moins sur des fondements anthropologiques que sur la négation du mode de vie primitif s'étant, au XVIIe siècle, traduite par la création de la notion d'état civil distincte de celle de l'état de nature et, au XVIIIe siècle, par la création, en France, du terme « civilisation » (la raison des *civilisés* s'est construite par opposition au mysticisme des *primitifs*). L'*en soi* primitif (que l'on pourrait, même, qualifier d'*en soi* purement humain) a donné naissance à ce *pour soi* moderne auquel nous accolons, aujourd'hui, le nom de « nature humaine ».

Pour définir brièvement cette nature [humaine], ou cette essence, Saint-Thomas d'Aquin disait, dans *L'être et l'essence* (1254-1256), que l'essence de l'homme est « signifiée par le nom d'humanité, car 'humanité' signifie ce par quoi l'homme est. ». Toutefois, de cette nature humaine, qu'en est-il plus concrètement ? La phénoménologie peut aider à étudier l'essence humaine en tant qu'elle est une essence (une nature) distinguée des autres natures qui apparaissent à sa conscience, telles que les natures de l'environnement ainsi que des espèces animales non humaines. Mais, si nous nous en tenons à la thèse évolutionniste de Darwin attestant que l'humain est soumis à un processus d'évolution, nous pouvons alors prétendre que, comme le disait déjà Hegel avant lui, la nature humaine n'est donc pas immuable ; elle peut changer au fil du temps. Ainsi, la démocratie n'aurait, en somme, qu'à attendre que la nature humaine puisse si bien évoluer qu'elle deviendrait adaptable à un régime démocratique de libertés et d'égalités. Daniel. C. Denett, dans sa *Théorie évolutionniste de la liberté* (2004), avait expliqué que l'humanité voyait sa nature évoluer et qu'elle était de plus en plus encline à faire de l'humain un être doté d'un véritable libre-arbitre (et en prenant bien soin de préciser que le libre-arbitre n'était pas incompatible avec la question du déterminisme et qu'il fallait cesser cette opposition faite entre la religion associée au libre-arbitre et la science associée au déterminisme). En ce sens, la démocratie ne serait, finalement, plus un régime politique tenant compte de la nature humaine – de l'humain, tel qu'il est –, mais un régime politique rendu possible par une nature humaine dont le libre-arbitre (liberté réelle) ferait partie, désormais, de ses composantes. Et le professeur en psychologie d'Harvard Steven Pinker – qui s'inspirait lui-même de Daniel. C. Denett –, dans *La part d'ange en nous* (2011), observe, au regard de l'évolution historique de l'espèce humaine, un déclin significatif de la violence qui serait, alors, annonciateur de l'émergence d'une nature humaine moins encline à celle-ci. Ainsi, nous ne pourrions plus, selon sa théorie, affirmer, comme nous avons régulièrement tendance à le faire, que « l'être humain est cruel » – comme s'il était dans sa nature de l'être –, car sa nature, en bien comme en mal, serait inéluctablement appelée à changer.

Pour revenir à la conception juridique et étymologique de la démocratie, il ne serait pas inutile de nous demander si l'une est plus porteuse de rationalité qu'une autre. Au premier abord, il semblerait que oui dans la mesure où les mouvements politiques se réclamant de la conception juridique de la démocratie ont toujours agi au nom du Droit et de la raison, bien plus qu'au nom du peuple et de ses réactions immédiates guidées par l'émotion et l'importance accordée au « bon sens ». Cette conception juridique repose sur un désir sincère d'adopter une rigueur scientifique afin de percer ce mystère qu'est le fonctionnement définitif et immuable du régime démocratique et s'accompagne également de cette volonté éternelle de l'humain de fonder la société pouvant rendre tous les citoyens heureux – car épanouis dans leur écosystème politique adapté. Mais en vérité, les différents points de vue au sujet du fonctionnement naturel – ou de l'essence – de l'être humain s'inscrivent dans une opposition ancienne entre la raison et l'expérience.

Pouvons-nous connaître la nature humaine par l'usage de la logique ou par les leçons de l'expérience que nous offrent l'histoire et les comportements individuels et collectifs de nos contemporains ? Les révolutionnaires qui ont souhaité « faire table rase » du passé monarchique et fonder une République, dont les bases seraient radicalement différentes de celles des monarchies médiévales et modernes ont décrété qu'il fallait, par l'usage de la raison, théoriser un nouveau régime convenant aux êtres humains tels qu'ils sont – ou seraient –, c'est-à-dire des êtres naturellement bons (et non habités, depuis l'origine du monde, par un « péché originel »). A l'inverse, leurs détracteurs philosophiques anti et contre-révolutionnaires ont davantage soutenu l'idée qu'il fallait être attentif à ce que nous disait l'Histoire qui restait, selon de Maistre, une « politique expérimentale » nous indiquant quel régime est le plus stable et, donc, le plus naturel pour tous les hommes. Cinq dynasties en 1300 ans d'histoire de France rendraient-elles la monarchie plus légitime que la République française qui a connu cinq Républiques en 230 ans d'histoire ? Entre la phrase de Rousseau « commençons donc par écarter tous les faits »[96] et l'adage réaliste antimoderne « un fait est un fait »[97], la bataille entre le rationnel et le sensible, le fait et l'hypothèse, le réalisme et l'idéologie, le savoir académique dit robuste (en ce sens qu'il résiste aux élucubrations idéologiques et fantasmatiques de ceux qui souhaiteraient le remettre en question) et le bon sens est une longue – si ce n'est éternelle – affaire intellectuelle. Or, cette longue guerre démontre que l'un n'est pas encore parvenu à avoir – sans jeu de mot – raison de l'autre et n'est, donc, pas le conducteur naturel vers la vérité. En ce sens, le travail scientifique universitaire emploie, justement, les deux méthodes (travail académique [rationnel] et enquête [expérimentale] de terrain) afin d'accéder à la connaissance la plus complète d'un phénomène. Par « la plus complète », nous entendons évidemment le fait que la qualité d'un universitaire se mesure, ainsi, à sa prise de conscience qu'il est un éternel ignorant et qu'il ne peut, dès lors, avoir la connaissance intégrale de son objet d'étude ; le contraire indiquant qu'il est un idéologue dogmatique. Le savoir qu'il délivrera restera, fatalement, incomplet. Ainsi, il n'existe pas de « fin de l'histoire » en politique ou de « débat clos » en science et ni la démocratie, ni les droits humains *inaliénables,* ni même la « nature humaine » n'échappent à cette règle.

En effet, par le passé, les scientifiques ont toujours, pour une écrasante majorité d'entre eux, fait des recherches ayant conclu sur des découvertes qui, quelques décennies, voire quelques siècles, plus tard ont été révisées, voire contredites, pour la raison que ces recherches scientifiques étaient, finalement, biaisées pour des raisons idéologiques, parce qu'elles

---

[96]Voir *Discours sur l'inégalité* de Jean-Jacques Rousseau (1755)

[97]Voir Antoine Compagnon, *Les antimodernes*, 2005, Ed Gallimard, Collection « folioessais », p.57

comportaient des erreurs de calculs et de raisonnements tardivement identifiées ou parce que les connaissances de l'époque n'étaient pas assez étendues. En revanche, lorsque nous nous intéressons à la manière dont les humains fonctionnent lorsqu'ils réagissent de manière primaire (en cela, nous pouvons même parler de manière « primitive ») à des événements inédits, nous pouvons réellement connaître la manière dont ils fonctionnent *en tant qu'humains* et si cela peut être modifiable par la culture. Pour être aussi réaliste que faire se peut, il est nécessaire de connaître officiellement toutes les façons primitives dont l'humain réagit lorsqu'il se retrouve devant un phénomène nouveau. Tant que toutes ces connaissances ne sont pas à sa portée, l'humain peut effectuer n'importe quelle étude scientifique sur l'humanité et ce qui l'entoure, son raisonnement final sera, dans le meilleur des cas, victime d'un manque de connaissances – c'est-à-dire que son raisonnement sera partiellement vrai – ou, dans le pire, tout simplement faux. Cette réalité nous oblige, fatalement, à gérer les affaires humaines à partir d'éléments factuellement faux. Ainsi, la conception juridique de la démocratie se basant sur une étude rationnelle, technique et scientifique des institutions démocratiques – et dont la rationalité se doit, une fois encore, d'être supérieure aux désirs instinctifs du peuple – serait, quelque part, sans une connaissance totale des caractéristiques et du potentiel de l'humanité, une rationalité apparente : une rationalité basée sur des vérités scientifiques (anthropologiques), certes, mais sur des vérités incomplètes. C'est alors que toute politique – ou philosophie politique – basée sur des découvertes scientifiques doit, tôt ou tard, être révisée ou abandonnée, et ce même si les principes qu'elle a énoncés sont considérés comme *inaliénables*.

Les actions précèdent la réflexion et nous donnent une bonne indication de la manière dont il faut agir et de ce qui est vrai. Les réflexions nous donnent le sentiment que nous maîtrisons une situation et que nous aboutirons, *in fine*, à la plus sage des décisions. Mais la réflexion nous rend naïfs lorsque nous n'avons pas tous les outils matériels et intellectuels adéquats, alors que l'action traduit notre naïveté, mais nous permet d'y remédier. Nous agissons, échouons et nous corrigeons. Toutefois, la réflexion pure ne peut en effet s'effectuer qu'à partir du moment où toutes les connaissances nécessaires à acquérir sont devant nous. Or, lorsque nous ne les avons pas toutes, alors que faire ? Trouver la solution implique que nous essayions, avec persévérance, jusqu'à ce que le problème soit résolu. En essayant, nous accédons à la connaissance. C'est effectivement grâce à l'échec suite à l'essai que nous prenons connaissance et conscience de ce que nous ne devons pas faire. Et c'est en sachant ce que nous ne devons pas faire que nous nous rapprochons de ce que nous devons faire et donc, du savoir définitif. En politique, les idéologies ont toujours eu tendance à imposer, à la société, des valeurs qu'ils perçoivent comme des valeurs fidèles à une vérité éternelle inscrite dans une philosophie de l'histoire, alors qu'il ne s'agit, en réalité, que de principes purement subjectifs qui, par conséquent, ne sont pas définitifs. L'autocratie et la monarchie défendent, ainsi, des idéaux politiques et religieux provisoires qui ne naissent que d'une subjectivité culturelle apparue au sein d'un contexte historique précis, et qui, au fil des siècles, finissent par ne plus correspondre au nouveau contexte naissant, celui-là les rendant progressivement périmés et désuets. La démocratie se caractérise précisément par le fait qu'elle constitue, elle-même, un idéal à atteindre – et non uniquement un cadre technique de base. Nous sommes désireux, en démocratie, de détenir la connaissance de la vérité *absolue* concernant la nature humaine ainsi que d'acquérir la liberté réelle et de jouir d'une véritable « égalité des conditions ». Cette connaissance définitive démontrera que nous n'aurons plus à nous poser de questions sur ce qu'est l'humain dans sa nature aussi bien en tant qu'animal qu'en tant qu'être social ; de la même manière que l'avènement de la société [définitivement] libre et égalitaire annoncera l'arrivée d'une « fin de l'histoire » constituant un point final aux luttes menées par les humains pour la reconnaissance de leur humanité et de leur valeur. La démocratie sera, donc, le régime politique promis à une humanité en totale et pleine connaissance de ce qu'elle est tant sur le plan biologique que sur le plan spirituel. Elle est le régime politique de la science et de la connaissance totale de l'humanité ; en d'autres termes, elle est, une fois complète, un système politique incontestable et définitif.

Les recherches sur la nature humaine s'inscrivent dans un désir d'ancrer l'étude de la politique dans une démarche scientifique. Or, la volonté d'apporter aux sciences humaines – et pas seulement aux sciences politiques – une crédibilité scientifique n'est pas une affaire récente, car elle remonte, en vérité, au XVIIe siècle qui marqua l'émergence de la métaphysique et la fin de l'appropriation des sciences par la religion, durant la période médiévale. Descartes (philosophe et mathématicien rationaliste) utilisa la rationalité que pouvait procurer l'usage de la philosophie afin d'élaborer, dans *Discours de la méthode* (1637), une méthode intellectuelle destinée à accéder à la vérité ; et cette méthode ne pouvait être fonctionnelle que s'il existait un doute préalable nécessaire à la destruction des fausses connaissances que nous avions et que sont les préjugés. Un siècle plus tard, Kant et Bentham firent de la morale une science (la science de la morale est la déontologie) alors qu'elle fut, antérieurement, l'affaire des hommes d'Église qui étaient les seuls habilités à dire ce qui relevait du bien ou ce qui relevait du mal. Et par la suite, chacun dans leur domaine, Hegel exprimait dans ses *Principes de la philosophie du droit* et dans sa *Phénoménologie de l'esprit* son désir de rendre la philosophie aussi crédible scientifiquement que les mathématiques et Marx, dans *Le Capital*, revendiquait, dans son introduction, le fait d'analyser le système capitaliste d'une manière scientifique (et dans un objectif, également, de faire rattraper à l'Allemagne le retard qu'elle pouvait avoir sur la France, la Grande-Bretagne et la

Hollande en termes d'études des sciences économiques). En effet, afin de ne pas être ébranlé, un système politique doit voir son installation être légitimée par la science ou la religion. Pour ce qui est de la religion, Bertrand Russel soulignait bien, dans *Science et Religion* (1935), que la capacité qu'une religion avait de durer dans le temps venait de son aptitude à ne pas être contredite par la science. Et pour ce qui est de la science, Durkheim pouvait, dans *Les formes élémentaires de la vie religieuse* (1912), nous éclairer sur sa fonction en affirmant que c'était

> « un postulat essentiel de la sociologie qu'une institution humaine ne saurait reposer sur l'erreur et sur le mensonge : sans quoi elle n'aurait pu durer. Si elle n'était pas fondée dans la nature des choses, elle aurait rencontré dans les choses des résistances dont elle n'aurait pu triompher. ».

Pour autant, la question de la nature humaine, puisqu'elle est notre sujet, peut prêter à confusion et, à certains égards, s'avérer problématique. Premièrement, si, par exemple, une société estime que l'homosexualité, dont la pratique ne permet pas de faire des enfants, va contre, biologiquement, la loi naturelle de procréation, le risque est que nous pouvons nous sentir être en droit d'affirmer que l'homosexualité est globalement contraire à la nature humaine et que, par conséquent, celle-ci peut être prohibée, même en démocratie. L'interprétation de la nature peut, en ce sens, déboucher sur une politique contraire à la liberté. Deuxièmement, Aristote avait déjà signalé, en son temps, à la fin de son *Éthique à Nicomaque*, que ce que nous appelons la nature peut, en fait, être notre culture. Parfois, la règle sociale et la loi sont tellement ancrées dans notre esprit que nous tendons, rapidement, à les associer à des comportements naturels – alors qu'elles n'en sont tout bonnement pas. Et troisièmement, le contexte actuel nous informe, d'une certaine façon, que lorsque la nature nous fait défaut, la technologie, si celle-ci parvient à résoudre ce à quoi la nature nous empêche d'accéder, peut alors rendre toutes les revendications collectives ou individuelles possibles et légitimes et, en ce sens, rendre la nature humaine – aussi bien biologique que spirituelle – sans importance (elle pourrait, à tout moment, être remplacée) et, donc, peu digne d'être étudiée, car aisément substituable. Les progrès technologiques pourraient rendre la question de la nature résolument obsolète, puisque la technologie ferait office de compensation.

Mais une fois que nous avons en tête cet objet d'étude qu'est la nature [humaine], la difficulté de la définir clairement réside dans le changement perpétuel de l'autre notion à laquelle nous l'opposons ou la distinguons. Au XVIIe siècle, la distinction fut faite entre la loi *divine* et la loi *de nature* ; au XIXe siècle, siècle qui a connu le développement de l'anthropologie, de la biologie et de la reconnaissance officielle et scientifique de l'humain en tant qu'espèce animale soumise, au même titre que les autres espèces, à un processus d'évolution, cette distinction fut faite entre *nature* et *culture.* Au XXe siècle, l'arrivée de l'éthologie et de l'ethnologie (dans un contexte post-colonial de *relativisme culturel*) a fait que la nature humaine pouvait être analysée ou bien par rapport à la nature des Animaux non-humains (c'est en connaissant les autres espèces que nous pouvons prétendre connaître la spécificité humaine) ou bien comme étant la distinction, mais dans le même temps l'addition, de la nature primitive de l'humain et de sa nature traditionnelle et moderne : la nature humaine se trouve ainsi dans l'addition de ces trois natures à analyser séparément afin de comprendre les contextes environnementaux et culturels dans lesquels celles-ci tendent à naître. Et durant notre XXIe siècle, désormais, la nature humaine semble être analysée par rapport à la technologie : Qu'est-ce qui fait que, *nous, humains*, sommes des non-robots et donc des humains ?

Toutefois, la nature humaine peut, en substance, être analysée de deux manières : philosophique et anthropologique. La méthode philosophique consiste à étudier les caractéristiques humaines communes à l'humanité, quels que soient le temps et l'espace ; par exemple, la solidarité qui existe chez les Indiens aussi bien que chez les Chinois, les Gabonais, les Péruviens, etc. et qui exista chez ces mêmes peuples, d'une égale manière, il y a deux siècles, trois siècles, etc. est une démonstration de son caractère naturel et profondément humain. L'étude anthropologique consiste à interpréter conjointement la nature physique de l'être humain et son fonctionnement psychique. L'humain est, aujourd'hui, ce qu'il est, car des conditions environnementales l'ont conduit à être ainsi en modifiant, avec le temps, sa physionomie et, par la même occasion, sa psychologie. La psychanalyse a également joué un rôle déterminant dans la mise en lien de la psychologie et de la biologie des êtres humains. Notre présente psyché serait, en vérité, atavique. Par exemple, des psychanalystes ont mené des travaux anthropologiques ayant donné naissance à des notions comme « inconscient archaïque » (notion que nous devons à Carl Gustav Jung) ou à des théories sexuelles, telles que celles de Wilhelm Reich, dans *Psychologie de masse du fascisme* (1933). Et il en a été, d'ailleurs, de même pour une discipline récente appelée « psychologie évolutionniste », celle-ci étudiant le lien entre l'évolution physique de l'humanité et son évolution psychologique.

Cependant, l'anthropologie, comme le disait l'anthropologue Philippe Descola dans *Par-delà nature et culture* (2005), dresse, souvent, dans les savoirs qu'elle délivre, une étude ethnographique :

> « Les convictions intimes qu'un anthropologue se forge au sujet de la nature de la vie sociale et de la condition humaine résultent souvent d'une expérience ethnographique très particularisée, acquise auprès de quelques milliers d'individus

> qui ont su instiller en lui des doutes si profonds quant à ce qu'il tenait auparavant comme allant de soi que toute son énergie se déploie ensuite à les mettre en forme dans une enquête systématique. »[98]

Et ces études ethnographiques consistent précisément à analyser les civilisations primitives, c'est-à-dire les civilisations vivant au plus près de la nature, afin de savoir quel est le fonctionnement originel de l'humain lorsque celui-ci n'est pas « corrompu » par une société culturelle qui, pour reprendre Rousseau, le rendrait mauvais (« l'homme est né bon, c'est la société qui le corrompt »). Le primitif, ou l'être à l'état de nature, est regardé par les Modernes comme étant l'humain le plus naturel qui soit, car le plus proche de sa nature animale. Ainsi, ce dernier est détenteur de toutes les caractéristiques bonnes ou mauvaises de la nature humaine. Ou bien il s'avère être l'incarnation du partage, de la solidarité, du respect de la nature et de l'égalité politique (Braudel avait remarqué, dans *Grammaire des civilisations* paru en 1961, que les civilisations primitives se distinguaient des civilisations modernes par le fait qu'elles s'inscrivaient dans des rapports sociaux égalitaires, tandis que les modernes connaissaient la division du travail et la hiérarchie sociale ; raison pour laquelle les communistes et les anarchistes louaient ce modèle) ; ou bien il s'avère être l'incarnation de la violence, de la barbarie, du rite sacrificiel et de l'anthropophagie. Du moins, nous sommes obligés de l'observer afin de savoir quelles caractéristiques devons-nous conserver – Locke évoquait la solidarité et l'amitié – et desquelles nous devons nous prémunir. Or, comment parvenir à créer une société complexe combinant les qualités des primitifs et celles de la modernité ? Cette question-là est, finalement, celle que se sont posées tous les penseurs (philosophes, sociologues, politologues, économistes, anthropologues et ethnologues) ayant profondément réfléchi sur la nature d'une société qui, sans être parfaite, serait en harmonie avec l'humain dans son *être*. Ce désir de concilier les qualités primitives et modernes s'est, bien souvent, illustré par la croyance dans un mélange vertueux de la *raison* moderne et de la *sagesse* primitive.

Enfin, la nature humaine peut, de manière aristotélicienne, être analysée par le biais non pas de la réunion des caractéristiques communes à chaque civilisation, mais par le biais de la séparation des caractéristiques particulières propres à chaque civilisation et dont la spécificité serait une preuve de son éventuelle universalité. L'universel, disait Aristote, se trouve dans le singulier. Si une tribu du fin fond de la Guinée Bissau parvient à vivre en harmonie avec la nature, alors l'humanité tout entière en est capable

---

[98]Philippe Descola, *Par-delà nature et culture*, 2005, Ed Gallimard, Collection « folioessais », p.26

; si une tribu indonésienne reconnaît l'existence de trois genres et non de deux, alors l'humanité tout entière peut s'accorder sur la reconnaissance de l'existence de trois genres, reconnus, par la suite, civilement. Cependant, il se peut que certaines civilisations aient « raison » d'agir comme elles agissent et que d'autres aient « tort ». Or, qu'est-ce que cela signifie ? Avoir tort ou avoir raison. Si nous nous fions au caractère positif de l'impact de certaines pratiques culturelles sur l'esprit humain, alors nous pouvons nous fier légitimement à la rationalité de l'art de vivre d'une civilisation relative à une pratique culturelle particulière (en cela, nous pourrions nous inscrire dans une étude de la valeur des civilisations qui soit spécifiquement utilitariste). Si des études ont démontré que le yoga a des effets bénéfiques sur le corps et l'esprit humain, alors l'Inde a raison de le pratiquer et le monde, dans son entièreté, aurait raison de le pratiquer également. En revanche, nous vivons dans une ère – libérale, en l'occurrence – où le jugement que nous pouvons faire, quant à la rationalité d'une civilisation, se fonde sur le principe suivant (propre à la pensée de Bastiat dans *La loi*) : l'humain a deux besoins, celui de se conserver et celui de se développer. Telle semble être sa nature dont il faudrait ainsi libérer le potentiel à l'aide du libéralisme. Et toute entorse culturelle faite à la possibilité pour l'humain de se développer et de se conserver paraît être une pratique culturelle irrationnelle. Ainsi, l'Inde qui « a raison » sur le yoga semble, toutefois, « avoir tort » en ce qui concerne le mariage des petites filles qui n'auront aucunement la possibilité de se développer individuellement (elles seront enchaînées par la tradition).

Mais, dans certaines circonstances, ces différences de pratiques culturelles ou ces lois empêchant les individus de se développer ne relèvent nullement d'une culture « inférieure », « irrationnelle » ou « dégénérée » ; car elles s'inscrivent plus justement dans une adaptation nécessaire et pragmatique – et donc, quelque peu rationnelle – à une contrainte naturelle qu'est la contrainte environnementale. Par exemple, le travail des enfants, s'il empêche ces 160 millions d'enfants d'étudier et donc de se développer intellectuellement, celui-ci est rendu légal dans les zones géographiques (d'Afrique, d'Asie du Sud et du Moyen Orient) majoritairement rurales et où le travail manuel n'est pas accompagné par des machines perfectionnées améliorant la productivité. En cela, ce contexte matériel défavorable à l'épanouissement et au développement personnels oblige les familles à être nombreuses (le nombre élevé d'enfants permettant, également, de parer le risque de mortalité infantile élevé) et à ne pas envoyer les enfants là où ils pourraient s'émanciper et se développer (l'école) afin que ces derniers puissent les aider à la ferme ; cette aide s'apparentant à un impératif de survie dans une civilisation rurale dans sa quasi-totalité. Imposer la démocratie par l'abrogation d'une loi liberticide, dans un autre pays, doit passer par la généalogie de cette loi, en ce sens que nous devons nous demander si cette loi est en vigueur du fait du maintien d'une tradition culturelle non vitale pour la collectivité (comme le mariage des enfants) ou si elle l'est du fait d'une adaptation à un environnement matériel, hélas, contraignant. S'il s'agit de la deuxième raison, bâtir la démocratie dans les pays pauvres exige ainsi une coopération internationale fondée sur l'aide au développement dont la contrepartie, exigée des pays qui en bénéficient, serait le développement des libertés individuelles et de l'égalité des droits[99].

Ainsi, la différence trop grande de contexte géographique, politique, religieux, culturel et historique entre les diverses civilisations empêche l'existence d'une stricte et scientifique définition du mot « nature » et, qui plus est, de « nature humaine ». Sans compter que, quand bien même des civilisations agiraient avec raison et d'autres avec déraison, aucune civilisation, par fierté, n'accepterait de recevoir des ordres ou des conseils de la part de civilisations qui, pourtant, auraient raison de les engager à prendre une direction politique particulière. Et aucune civilisation n'adopterait la coutume rationnelle d'une autre civilisation, préférant, aussi par attachement, conserver sa pratique, même si cette dernière n'est pas rationnelle. L'autre problème est que la nature, suivant la théorie de l'évolution, peut évoluer, ne jamais rester la même ; et la démocratie supposée la respecter de manière stricte, pareillement. Comment obéir à une nature qui, dans quelques siècles, changera à nouveau ? La nature humaine, en définitive, ne serait qu'un concept qui n'existerait que parce que les humains admettraient qu'il existe. Nous ne pourrions analyser cette nature que de façon *conceptualiste.* Les deux autres analyses, en dehors de l'analyse conceptualiste, sont, pour reprendre les travaux de l'historien de la philosophie médiévale Alain de Libéra dans *La querelle des universaux* (1996), l'analyse *réaliste* et l'analyse *nominaliste.* Analyser en réaliste consiste à n'analyser une chose que sous un angle global, tandis qu'analyser en nominaliste consiste à ne l'analyser que sous un angle individuel. Au sujet des humains et de leur nature, penser en *réaliste* consiste à partir du postulat qu'il est pertinent d'affirmer qu'il existe *les* humains et penser en nominaliste consiste à dire qu'il n'existe que *des* humains. Et l'analyse conceptualiste consiste à partir du postulat qu'il n'existe pas réellement d'humains, puisque ces derniers n'existent que comme purs concepts. Ils ne sont que de pures conceptions de l'esprit et non des réalités objectives. L'humain n'a d'existence que celle que l'on lui donne.

Mais cette querelle philosophique qui exista, comme c'est écrit dans le sous-titre du livre d'Alain de Libéra (*La querelle des universaux*) : *De Platon*

---

[99]Sachant que les économistes libéraux de la seconde moitié du XXe siècle à l'image de Hayek, Friedman et Fukuyama partaient du principe que la démocratie et le libéralisme étaient deux notions indissociables ; qui ne nourrissent nécessairement l'une l'autre. La liberté économique engendre la croissance économique qui, elle-même, déclenche un progrès technique mis au service du développement du bien-être (santé, confort, réduction de la pénibilité au travail) et d'une modernité matérielle débouchant, par la suite, sur une modernité philosophique favorable, inéluctablement, à l'éclosion de la démocratie et des droits humains.

à la fin du Moyen Age, laissa la place à un nouveau, mais comparable, clivage qui fut, de l'Europe des Lumières à nos jours, celui qui opposa l'universalisme et le différentialisme. Concernant l'analyse de la nature humaine, ces deux philosophies sont nécessaires pour savoir si, oui ou non, l'étude de la nature humaine en tant que science auxiliaire de la vie politique démocratique a son sens ou non, est concrète ou non. L'universalisme, comme nous le savons, est une philosophie tenant compte des différences existant parmi les individus et les peuples et parvenant à les inclure dans un commun culturel, politique, religieux ou juridique appelé *universel.* Son opposé, le *différentialisme* est, au contraire, la négation d'un commun *universel* pouvant rallier l'humanité en raison de conditionnements historiques, culturels et traditionnels trop profonds faisant des individus et surtout des peuples des entités dont la culture est, par son histoire, trop solidement ancrée pour être soluble dans un universel. Un universaliste dira, par exemple, qu'un Ghanéen et un Allemand pourront se rejoindre sur des bases culturelles et politiques communes, tandis qu'un différentialiste affirmera que, leur liaison étant impossible à cause de différences culturelles et historiques trop profondes, ces derniers ne pourront s'entendre que s'ils respectent leurs différences respectives. Les Occidentaux universalistes affirment qu'il est de leur devoir de mettre en place « la diplomatie des droits de l'homme » (pour reprendre le titre de l'ouvrage *La diplomatie des droits de l'homme : Entre éthique et volonté de puissance* de Bertrand Badie paru en 2002) là où les [ethno]-différentialistes affirment qu'il faille, à l'inverse, traiter avec les non Occidentaux en fonction de ce qu'ils sont et ne, surtout, pas leur faire de remontrances sur la manière dont ils traitent, par exemple, leurs femmes ou leurs minorités. Ils sont ce qu'ils sont parce qu'ils n'ont pas la conception de l'homme que nous avons en Occident.

L'universalisme étant – dans le monde où nous vivons –, une impossibilité en raison de contextes politiques, économiques, environnementaux, historiques ou encore diplomatiques trop différents, le différentialisme est ce qui prime dans les relations internationales – et ce, bien souvent au nom de la *realpolitik* – ainsi qu'au sein même des sociétés où nous privilégions ce qui différencie les citoyens par clientélisme électoral ou par logique marketing. Nous en avons, ici, une parfaite illustration avec la querelle idéologique entre les *libéraux* et les *réalistes* ; les premiers croyant à l'inéluctable mondialisation de la démocratie libérale et les seconds croyant à l'éternelle différence des civilisations et des régimes politiques différents qui leur conviennent. Le différentialisme fait, désormais, office de réalisme pendant que l'universalisme fait office d'idéalisme. Existante ou non, la nature humaine, si nous la pensons dans un esprit universaliste, est un concept trop vaste pour pouvoir déboucher sur une politique mondiale concrète. Cependant, si nous la pensons d'un point de vue différentialiste, nous partons donc du principe qu'il existe plusieurs natures humaines, auquel cas, cela traduirait ou bien un non-sens ou bien un sens, mais qui relèverait d'une réaction scientifique très conséquente, puisque « les natures » impliquerait donc qu'il existerait *des* espèces (soit, des natures) au sein de l'humanité et non pas *une* espèce humaine, comme cela semble être le consensus scientifique depuis, maintenant, la découverte de Lucy, en 1974.

Et, enfin, si tant est que l'étude de la nature humaine soit une étude à vocation scientifique, nous pouvons nous référer aux propos de Marc Ferro qui, dans *Histoire des colonisations*, avait bien identifié l'effet pervers que la science pouvait engendrer, lorsque celle-ci est utilisée par le monde politique.

Il prenait l'exemple de la colonisation en disant :

> « La médecine avait toujours été l'alibi du pouvoir scientifique un peu comme l'Institut Pasteur était l'alibi de la colonisation française. C'est au nom du corps humain, de sa bonne santé, que le pouvoir scientifique a souvent pu agir. Ce sont des chimistes- médecins et des médecins-chimistes qui ont couvert bien des inventions utilisées à d'autres fins que le bonheur de vivre... À l'aube du XXe siècle, l'autorité du médecin et du savant n'était pas contestée ; mais aujourd'hui cette situation s'est modifiée et, en premier lieu, parce qu'avec la démocratisation des soins, au moins en Occident, le praticien a perdu grande part de son pouvoir symbolique. »[100]

Cela va, alors, de soi que, si nous agissons selon une stricte fidélité au fonctionnement de la nature humaine, alors nous agissons pour le bien spirituel de l'humanité. Mais quand bien même nous serions parvenus à détecter l'essence absolue de la nature humaine et que, par conséquent, nous connaîtrions le fonctionnement commun et éternel de tous les êtres humains, ne serait-il pas non plus dans leur essence commune de tendre vers la distinction de sorte à acquérir la reconnaissance et la conscience de soi par la nécessité de la présence d'un autre-que-soi ? Les humains sont, de fait, fait pour tendre vers plus de distinction, afin de permettre l'existence de soi par soi. Et de nos jours, bien que nous n'ayons pas mis le point final sur ce qu'est l'humain, une lueur d'universel est apparue, celle de la reconnaissance de l'autre en tant qu'égal et en tant que semblable. Mais, l'effet de cela serait, en toute logique, un retour à la distinction de l'autre. L'humain se distinguerait des humains en tant qu'être culturel (et non plus naturel) – tout en respectant des fondamentaux relatifs au respect de la liberté et de l'égalité. Et il se

[100]Marc Ferro, *Histoire des colonisations : des conquêtes aux indépendances (XIIIe-XXe siècle)*, 1996, Ed Points, Collection « Points histoire », p.511-512

distinguerait des humains en s'accaparant non pas la planète comme « village mondial », mais un territoire réduit lui offrant une identité distinctive. Cependant, quel type de territoire pourrait se distinguer du plus grand territoire qu'est la planète ? Au Moyen Age, il était question de l'existence du village, de la ville, de la province, du Royaume et du monde (de l'*universel*) ; il n'était pas encore mentionné l'univers spatial en tant qu'espace habitable (tandis qu'aujourd'hui, nous parlons d'habiter la Lune et Mars et de coloniser les « planètes habitables »). À notre époque, l'univers étant appelé à être occupé, la ville pourrait remplacer le village en tant que plus petit territoire sur lequel l'humain pourrait vivre, comme la planète pourrait continuer d'incarner à notre époque le territoire-universel. Or, cette fois-ci la planète constituerait l'universel bel et bien connu et concret et non plus l'universel inconnu, fantasmagorique et connu uniquement à partir de ce que la *Bible* pouvait nous en dire et à laquelle nous apporterions une « démocratie universelle » et non plus une monarchie « universelle » ayant à sa tête un « Empereur universel » comme cela put être pensé, au XIIIe siècle, sous la plume de Dante. Toutefois, si penser la gouvernance démocratique est ce qui nous intrigue dans cet ouvrage, parlons plus spécifiquement et concrètement du territoire le plus propice à celui de la liberté qu'est la ville.

Troisième partie

Pour un féodalisme démocratique

L'échelle de la liberté

La démocratie étant le gouvernement du peuple souverain, celle-ci ne peut être réelle sans être le gouvernement des individus souverains. Or, qu'est-ce que la souveraineté des individus ? À quoi se résume-t-elle ? L'analyse que nous faisons de la démocratie depuis la Révolution française est, en réalité, une analyse dite existentialiste, c'est-à-dire une analyse basée sur l'idée selon laquelle la liberté de l'individu serait rendue concrète par ses capacités réelles d'effectuer des choix et, *a fortiori*, des « choix rationnels » (T.C.R : théorie des choix rationnels) pour parler comme John Rawls et son héritier Amartya Sen. L'individu aurait une existence avant d'avoir une essence (celle qu'il se crée lui-même). La liberté individuelle n'est ainsi possible que si, comme le disait Jean-Paul Sartre dans *L'être et le néant*, l'individu a la possibilité de « choisir sa vie ». Mais pour évoquer le phénomène de l'émancipation qui n'est réelle que si nous sommes émancipés de la société à laquelle nous avons été assignés, la liberté de choisir sa vie n'est, avant tout, effective que si nous pouvons choisir la société dans laquelle nous voulons vivre. Dans notre cas à nous, nous parlerons plus spécifiquement de la notion de « territoire ».

Toutefois, que se passerait-il, si nous demandions à chaque citoyen de la nation sur quel territoire il souhaiterait vivre ? Sans avoir besoin de mener d'enquêtes statistiques pour savoir quelle serait la réponse des interrogés à la question : « Sur quel territoire souhaiteriez-vous vivre ? », il est fort probable qu'ils répondent tous « La France seule me suffit ». Et tous les humains du monde feraient, évidemment, de même. Or, cela témoignerait d'une acceptation [de sa société] bien plus que d'un choix réel, même s'il s'agirait d'une acceptation plus que compréhensible et légitime. Cependant, nous pouvons, semble-t-il, concilier acceptation et choix. En France, les Français accepteraient d'y rester, mais pourraient choisir leur territoire au sein de cette même France qu'ils continueraient d'accepter et de reconnaître comme leur patrie et leur nation. Et ces territoires pourraient constituer des sociétés à part entière en ce sens qu'ils disposeraient de lois originales. Mais la particularité – et même l'avantage – de ces territoires est que chaque humain pourrait entièrement les parcourir du fait de leur petite superficie.

Or, si ces terres étaient choisies par ceux qui souhaiteraient les habiter, nous pouvons imaginer qu'un jour, tous les citoyens – par exemple, français – décideront de choisir la société qui leur convient le mieux (étant donné que le choix leur serait permis) et que chacun choisisse, finalement – par conformisme –, la société la plus prestigieuse ou encore celle de ses ancêtres – par attachement et tradition – et que cela se produise dans une totale anarchie. Cette conquête des territoires serait guidée par des motivations sociales (entendons, par là, la quête du prestige social) ou identitaires, soit des motivations qui s'apparentent à des revendications et des démonstrations de supériorité et de légitimité souvent, hélas, sources de conflits. Nous rentrerions alors dans une situation de retournement à l'état de nature caractérisé par la guerre de *tous contre tous*. Chaque individu, à l'aide de ses méthodes, s'arrogerait le droit d'habiter la société qu'il aurait choisie, et ce, au détriment de l'intérêt des autres.

Ainsi, ce choix de société – consubstantiel à la concrétisation la plus aboutie de la liberté dans une démocratie – doit-il se faire de manière encadrée ? Et si oui, qui doit l'encadrer ? L'État étant censé avoir un positionnement neutre face à la pluralité sociale, celui-ci serait-il le plus apte à décréter qui est légitime de vivre au sein de telle société ? À la limite, afin d'être égalitaire, l'Etat pourrait remettre, au hasard, à chaque citoyen, une société attitrée dans laquelle il devrait vivre. L'État garantirait l'égalité des citoyens, mais dans une absence totale de liberté [de choisir leur société]. Car, si les citoyens choisissaient leur société sans que ce choix ne soit régi par un quelconque ordre, alors le pays tout entier se retrouverait dans une anarchie (permettons-nous, exceptionnellement, d'employer ce terme de façon péjorative, soit comme nous le faisons régulièrement dans le langage courant) barbare et significative d'une existence de libertés, mais d'une absence d'égalité – le pays serait ainsi en proie à la volonté arbitraire de chacun. Et cela implique qu'il n'existerait, dans la situation présente, que la liberté des forts, c'est-à-dire l'inégalité dans la possible jouissance de la liberté. Or, si l'État choisit, de façon arbitraire ou par tirage au sort, la place de chaque citoyen dans telle ou telle société, celui-ci, sans porter atteinte à l'égalité, viole la liberté.

L'égalité sans la liberté permise par la toute-puissance d'un seul (de l'Etat ou d'un seul homme) sur *tous* et la liberté sans l'égalité permise par la toute-puissance de *tous* sans cadre légal nous condamnent, de fait, à exiger que certains êtres supérieurs doivent par nécessité, sous la direction d'un Souverain suprême et unificateur – un nouveau suzerain que serait un roi ou un empereur –, agir dans l'intérêt de tous. Le propos est ainsi de dire que le stade suprême de la société libre est la capacité à choisir sa propre société dotée de ses propres lois et de sa propre spécificité esthétique. Or, nous pourrions opposer à cette idée le fait que la possibilité de choisir sa société est déjà une réalité étant donné que nous pouvons aujourd'hui, par exemple, faire le choix de vivre à Montpellier et pas à Strasbourg, à Munich et pas à Francfort ou à Turin et pas à Cagliari. Les villes, y compris au sein des pays, sont déjà si différentes les unes des autres que vivre dans une ville et non dans une autre peut, de fait, être un choix de vie et de société. Cependant, la différence que propose le féodalisme démocratique réside dans le fait que les villes appartiendraient à des individus et auraient des juridictions différentes les unes des autres. Ces individus possèdent ces villes grâce à un roi qui les leur a léguées. Une fois acquises, ces derniers auront pour mission de les reconstruire, selon leur créativité. Et une fois possédées et rebâties d'une façon esthétique, les citoyens les occuperont après les avoir choisies. Ainsi, l'enjeu sera de faire en sorte que l'absence de propriété foncière des citoyens ne soit pas une entorse à leur capacité à être politiquement acteurs, juridiquement égaux (du moins, le plus possible) et intellectuellement libres.

La question qui taraude le plus les personnes qui défendent la démocratie est : A partir de quelle échelle une société devient réellement démocratique ? Le village est obsolète ; le monde n'est pas aussi désirable et sécurisant que ce à quoi nous pouvions nous attendre ; la nation montre ses insuffisances en termes de protections des droits humains et de garantie de la souveraineté populaire ; et la région est contestée en raison du fait qu'elle constitue une forme d'égoïsme local contrevenant aux intérêt nationaux – la région peut, lorsqu'elle en a les moyens économiques, faire sécession avec la nation. Si nous prenons le cas du continent, la démocratie est également rendue compromise, étant donné que la souveraineté continentale ne protège aucun peuple de la domination sans partage du pays le plus puissant économiquement et militairement du continent. L'échelle restante est ainsi la ville. Or, elle peut, elle aussi, faire l'objet de nombreuses réticences. Tout d'abord, elle est une forme de capitalisme mondialisé à échelle réduite (le monde, par la présence des commerces, se retrouve dans les villes). Et, de plus, elle est une incarnation de ce modèle urbain avec lequel nous devons rompre au regard des crises écologiques que nous connaissons et qui nous forcent à renouer avec la nature.

« A quelle échelle la *cité* peut-elle être régie par une vie politique démocratique ? » est alors une question qui nous invite à réfléchir sur la possibilité pour *tous* les citoyens de s'exprimer et de participer aux affaires publiques et sur la possibilité, pour eux, d'être protégés par un Etat dont nous aimerions qu'il soit le plus infaillible possible. Car, c'est désormais la fragilité des Etats-nations qui est pointée du doigt et qui suscite le plus nos préoccupations actuelles, notamment sur le terrain de la sécurité et de la souveraineté. La mondialisation, grâce à Internet, du crime organisé et des sphères d'influences – notamment religieuses – ainsi que l'enrichissement colossal des firmes multinationales renforcent le pouvoir de personnalités économiques [milliardaires] et de groupes, d'entreprises et d'organisations privées. Cette montée en puissance du *privé* nous force, en effet, à nous demander si, premièrement, les entreprises transnationales ainsi que certaines organisations communautaires politiques ou religieuses n'auraient pas d'influence [dissimulée] sur les décisions prises par les élus politiques ainsi que sur les gouvernements des démocraties ou si, deuxièmement, les organisations criminelles ne sont pas mêlées aux pouvoirs politiques et économiques. D'autre part, les influences étrangères politiques, culturelles et économiques affaiblissent l'autorité et la crédibilité des gouvernements nationaux et peuvent, même, finir par disloquer les sociétés.

Toutes ces problématiques nous dirigent tout droit vers la question centrale de l'allégeance. L'allégeance à la Loi (à notre Droit) et l'allégeance à la nation, voire à la patrie. Le non-respect de ces allégeances constitue ce que l'opinion publique appellerait de la corruption ou – plus connoté encore – de la « collaboration ». Toutefois, le terme « corruption » est-il bien choisi ? En effet, la corruption peut s'avérer être une notion très relative, dans la mesure où nous pouvons l'employer pour désigner un fonctionnaire soudoyé, comme nous pouvons l'employer pour déplorer une faillite morale de l'ensemble de la société. Par exemple, les députés européens ayant voté, en 2018, le renouvellement du glyphosate (dont les études ont pourtant démontré que cet herbicide était nocif pour l'environnement) ont été, par de nombreux citoyens, considérés comme corrompus par des compagnies agricoles (issues de « l'agro-business ») qui avaient intérêt à l'autorisation de ce produit. Le « wokisme » en France est perçu, par ses détracteurs, comme une offensive culturelle américaine visant à corrompre la jeunesse française ; à l'américaniser. Les élus municipaux « achetant la paix sociale » dans les banlieues en mettant en place avec des musulmans radicaux des « accommodements raisonnables » jugés incompatibles avec la laïcité [à la française] sont bien perçus par les fervents républicains comme corrompus par l'islamisme radical – nourri par les réseaux français des « Frères Musulmans » ainsi que par les pays financeurs de l'islam radical, tels que le Qatar et l'Arabie Saoudite. Nous constatons alors la faiblesse de nos Etats, la fragilité de nos nations et l'incapacité des pouvoirs publics à répondre aux attentes et aux besoins de la société. Cette défaillance face aux problématiques sociales, économiques, environnementales et climatiques suscite alors notre angoisse et conduit, peu ou prou, à la remise en question de l'efficacité de l'État, de la probité du gouvernement (voire de l'ensemble des élus) et de la fiabilité des institutions.

Ces remises en question s'inscrivent dans une quête d'esprit critique qui a été d'autant plus affichée durant la pandémie de la Covid-19. Cette période à été, politiquement, un point de bascule, dans la mesure où le fait que les citoyens aient été forcés de rester confinés, de prendre un vaccin et de se soumettre à un certain nombre de mesures contraignantes a exigé d'eux une confiance sans faille dans leur gouvernement. Or, cette confiance nécessaire s'est, *a posteriori*, progressivement transformée en défiance sans précédent à leur endroit. Cet esprit critique tend alors à se traduire aussi bien par un scepticisme sain que par le complotisme le plus délirant. En effet, le questionnement incessant de la compétence et du sens moral des autorités *légitimes* est très salutaire si l'on analyse cette remise en cause comme le sursaut d'un éveil intellectuel populaire. Cependant, elle peut, en vérité, être très inquiétante si l'on s'entend sur le fait qu'aucune société ne peut être viable en étant fondée sur la défiance.

Afin de garantir la stabilité des institutions ainsi que la cohésion sociale, tout scepticisme doit être soigné par de la certitude. Toute mollesse du pouvoir en place doit être corrigée par une fermeté. Toute faiblesse doit être remplacée par une nouvelle force. Et c'est ainsi que les désillusions successives causées par les promesses non tenues de la démocratie ont donné lieu, à notre époque, au retour des « hommes forts ». La droite entend par les hommes forts les êtres d'exception. Mais la gauche, quant à elle, entend par là le retour des peuples forts. Or, pourtant, les deux ont semblé, dans l'Histoire, constituer des impasses politiques dans la mesure où, en défendant ces deux forces, nous défendons une conception de l'humain relativement angélique, c'est-à-dire trompeuse. Le peuple fort pourrait donner naissance à une société idéale si les citoyens, en tant qu'humains, étaient naturellement enclins à être solidaires les uns envers les autres ; et l'homme fort pourrait faire de même si ce dernier était naturellement enclin – parce qu'il serait fort (au sens de *noble*) – à défendre les intérêts des vulnérables. Pourtant, la réalité politique s'est, dans sa pratique, montrée beaucoup plus sombre si nous regardons l'histoire des humains. L'homme fort n'est, *a priori*, « fort » qu'au regard de la violence dont il fait preuve envers un adversaire étranger ou un ennemi de l'intérieur[101]. Et le peuple fort n'est fort que lorsqu'il effectue une Révolution, mais à laquelle succède, pourtant, l'arrivée de nouveaux dirigeants antipopulaires, comme les bourgeois, suite à la décapitation des aristocrates en France ou les cadres du parti communiste en URSS. Les premiers ont exploité les prolétaires avec le système capitaliste et les seconds ont bel et bien mis en place une dictature, mais qui n'avait rien à voir avec celle du prolétariat. Ainsi, cette réalité politique est-elle liée à un fatalisme explicable par l'horreur de notre nature humaine ? L'humain est-il définitivement condamné à la politique du « moins pire » ? Ou tout cela n'est-il lié qu'à une question d'échelle ? Le peuple ne peut être véritablement souverain, s'il est trop nombreux sur un trop vaste territoire et l'homme fort ne peut être respectueux des intérêts du peuple, si la domination qu'il exerce s'applique sur un trop vaste territoire et sur une population trop importante. Ainsi, quelle solution pourrait-elle être la moins pire ? La réponse peut, tout simplement, être « ni le peuple fort ni l'homme fort » ou « et le peuple fort et l'homme fort ». La politique qui a

---

101 La recherche de « l'homme fort » qui a été, pour nous Occidentaux, suite à la seconde moitié du siècle dernier, l'apanage des nations non-démocratiques, devient désormais un objet d'études en Occident. Des personnalités autoritaires telles que Trump, Meloni, Willders ou Kurz témoignent du fait que les peuples occidentaux, eux aussi, peuvent aspirer à l'arrivée d'une personnalité de poigne au pouvoir. L'autoritarisme ne serait, donc, pas réservé au monde non-occidental.

été la plus appliquée depuis l'après-guerre a été la première ; celle du « ni l'homme fort, ni le peuple fort ». Or, le « Droit fort » ne semble pas non plus répondre aux attentes et aux besoins des populations. Comme le disait, à ce sujet, Marcel Gauchet, dans *La démocratie contre elle-même* (2002), « les droits de l'homme ne sont pas une politique ». En cela, qu'en serait-il de l'option inédite postulant que, non seulement les peuples et les hommes peuvent être forts à une petite échelle, mais qu'en plus, ils peuvent être forts ensembles, et ce, chacun dans leur domaine, sur un territoire commun ? Les citoyens d'un peuple fort, au sein d'une *cité* de grande taille, ne pourraient pas tous communiquer et se connaître et, donc, se lier. Ainsi, cette liaison entre les citoyens ne pourrait être qu'artificielle, car créée de toutes pièces par une éducation scolaire et un système médiatique propagandiste qui installeraient, dans l'esprit des citoyens, la croyance dans une union populaire pourtant fictive et fantasmée. Cette union irréelle serait alors forcée d'être incarnée charnellement par un homme derrière lequel tous les citoyens se retrouveraient et nécessiterait, pour être solide, d'entrer dans une logique belliqueuse avec un autre peuple qui servirait d'ennemi commun.

Ainsi, le « peuple fort » vivant sur un vaste territoire fait nécessairement naître l'homme fort. Toutefois, qu'en est-il de la situation politique au sein d'un petit territoire ? Il est vrai que le « peuple fort », à une petite échelle, risque, hélas, d'affaiblir l'individu et, par là, de l'opprimer. Et un « homme fort » exerçant une domination sur un petit territoire peut s'avérer autoritaire s'il possède, comme à l'époque féodale, les hommes et leurs biens. Cependant, dans une perspective plus libertaire, l'homme fort peut exercer une forme d'autorité sur un petit territoire en raison du fait que le peuple, en le connaissant plus ou moins personnellement, peut avoir de la sympathie (l'autorité du chef viendrait de son capital sympathie) pour lui et que, en cas d'abus de son pouvoir, le peuple peut le renverser puisque, géographiquement, cet homme fort est à sa portée. Or, par quels moyens cet homme pourrait-il être rendu fort, sans que cette force ne soit synonyme de servitude du peuple qui dépendrait de lui ? De là, viendra notre nouvelle question qui occupera toute cette dernière partie sur le « féodalisme démocratique ». Cette question est alors la suivante : « Comment rendre opérationnel un système politique qui ferait cohabiter le pouvoir d'un peuple et le pouvoir d'un homme, et ce, au sein d'une société commune à échelle réduite ? ».

La ville néo-féodale

Pourquoi la ville ?

Tout d'abord, pourquoi la ville ? Ou plutôt, en quoi la ville est-elle un territoire dont l'échelle est propice à la liberté ? La ville est un territoire suffisamment petit pour que l'habitant puisse le parcourir dans son entièreté et, ainsi, maîtriser la totalité de l'environnement dont il dépend administrativement et politiquement et suffisamment grand pour que le nombre conséquent d'habitants puisse rendre l'individu anonyme. C'est, de fait, cet anonymat qui permet à l'individu d'agir comme bon lui semble sans être inquiété par la pression sociale – comprenant l'ensemble des autres habitants qui auraient la possibilité de se mêler de ses affaires privées. L'anonymat permis par la ville rend possible la liberté individuelle. Le village tend, au contraire, pour la raison inverse, à être répressif ; le peu d'habitants qui le composent rend l'individu vulnérable devant la connaissance que le petit groupe pourrait avoir de sa vie personnelle ; le village donne naissance à un voisinage oppressant pour la liberté humaine. Et la nation – et encore plus le monde – est une illusion de liberté dans la mesure où l'humain, à son échelle, ne peut maîtriser la totalité de son territoire et, donc, avoir un pouvoir – soit une souveraineté – réel sur lui. La ville est, ainsi, politiquement, l'échelle la plus épanouissante pour la société libre.

L'apparition de la ville, au XIIe siècle, a été observée, par les médiévistes, comme le germe de la démocratie médiévale. La ville s'est, tout d'abord, construite dans un contexte d'affirmation de ce qui est appelée la « seigneurie castrale », soit la seigneurie dont la puissance était déterminée par la possession d'un château. De la construction des châteaux, au Xe siècle, au développement des cités médiévales, deux siècles plus tard, il a été constaté une succession de phénomènes sociaux ayant trait à la construction d'une communauté politique et à l'intérêt pour le bien public[102]. En effet, la « seigneurie castrale » a enraciné et renforcé le pouvoir seigneurial. Et cela a alors été à l'origine de diverses interrogations, au XIIIe siècle, concernant la notion de *souveraineté*. Il semblait devenu pertinent de réfléchir à cette

[102]Voir *Féodalités – 880-1180* de Florian Mazel (2019)

question, en raison du fait que le renforcement du pouvoir du seigneur pouvait susciter des interrogations quant au devoir d'allégeance des habitants de la ville. Devaient-ils prêter allégeance au seigneur ou au roi ? Et si le pouvoir du seigneur se voyait renforcé, comment faire en sorte que ce pouvoir ne dégénère pas sur de la tyrannie ? D'autre part, la vie urbaine avait donné lieu à une forte densification ; les gens vivaient proches les uns des autres et avaient, alors, conscience de l'existence d'un espace commun à tous et de la proximité qu'ils pouvaient avoir entre eux. C'est alors que la notion romaine d'*universitas* (signifiant, en latin, la communauté) et le proverbe – lui aussi romain – « ce qui concerne tout le monde doit être discuté et approuvé par tout le monde » (*Quod omnes tangit ab omnibus tractari et approbari debet*) devenaient, à leur tour, médiévaux et que l'installation d'une démocratie en Occident faisait ainsi partie des possibilités politiques. Le XIIIe siècle en étant ainsi le siècle de l'apparition de la notion de *souveraineté* (mais aussi, de celle de *parlement*) a marqué un tournant dans l'histoire de la vie politique occidentale. La naissance de la ville a conduit à l'élaboration d'une communauté d'intérêts au sein d'un espace commun.

Par ailleurs, une question continue de diviser les médiévistes au sujet de la période féodale : La société féodale était-elle autoritaire ou démocratique ? Deux visions de la société féodale sont nées à la seconde moitié du siècle dernier, l'une dépeignant une société autoritaire et pyramidale et l'autre dépeignant une société démocratique et égalitaire. La politique de la société féodale fut, semble-t-il, aussi fascinante et complexe que la politique de la cité grecque. Tous les connaisseurs s'en réclament, mais pour des raisons opposées. La Grèce Antique peut aussi bien enthousiasmer les nostalgiques de la cité aristocratique que les promoteurs de la démocratie directe. Et la société féodale présente un cas de figure analogue ; elle peut enthousiasmer aussi bien les anti-révolutionnaires nostalgiques de la monarchie féodale [inégalitaire et théocratique] que les anarchistes promoteurs d'un modèle de société basé sur l'autogestion. Le système féodal a été regardé comme l'exemple type d'un système hiérarchique et, par là, injuste, mais aussi comme un exemple de système démocratique, voire proche de l'idéal anarchique. Le regard des historiens, sur l'histoire féodale, est double, si ce n'est opposé. Toutefois, la question n'est pas, là, de savoir si le féodalisme était ou démocratique ou autoritaire, mais plutôt comment, lorsqu'il était, dans certains fiefs ou certains villages, démocratique, celui-ci parvenait à s'organiser. Au sujet de cette démocratie médiévale rendue possible par l'esprit communal, celle-ci fut abordée, plus récemment, en 2017, par Francis Dupuis-Déri (et par Monique Bourin) qui parlait, dans sa publication *Démocratie médiévale, Assemblée d'habitants, commun et utopie*, de la « communauté d'habitants », qu'il définissait en ces termes : « terme juridique désignant une collectivité autonome – aussi appelée « université » – qui gérait le « commun » et prenait ses décisions dans « l'assemblée d'habitants ».

Et à propos de cette assemblée – appelée aussi « communauté » –, celle-ci était présentée de la façon suivante :

> « La communauté existait par et pour le commun, à savoir, des propriétés communes à l'usage de la communauté (les « communaux »). Il s'agissait le plus souvent de terres comme des champs, vignes et forêts, un étang ou un marais, parfois de bâtiments comme l'église, un moulin, un lavoir, un four, un séchoir, la forge, la plâtrerie, le comptoir de pain et de viande, ou encore un puits ou une fontaine. [...] Selon la saison, c'est-à-dire généralement quand le propriétaire en avait fait usage pour la saison où l'année, on pouvait y faire paître des bêtes et ramasser des fruits, des herbes et le bois mort, entre autres choses. »[103]

Pour autant, la société féodale exista dans un contexte social qui ne laissa encore la place ni à l'individu ni à l'idée de propriété privée ; c'est-à-dire deux notions qui ont pris sens à partir de l'époque moderne. L'individualisme rend difficile l'émergence d'un régime autoritaire et hiérarchique, voire simplement collectiviste, et la propriété privée rend l'hommage féodal (qui consiste à être l'homme d'un autre) ainsi que l'appropriation d'un territoire par un seul souverain difficiles, si ce n'est impossibles. Le contexte moderne rend, ainsi, inopérant le féodalisme médiéval qui, comme l'avait affirmé Montesquieu, ne reviendra, sans doute, jamais. Pourtant, le contexte politique, écologique et économique actuel tend à rendre possible un néo-féodalisme compatible, contre toutes attentes, avec l'épanouissement du respect de l'individualité et la garantie de la propriété privée. La société féodale était caractérisée par la double souveraineté, celle du seigneur (la souveraineté terrienne, puis castrale) et celle du roi (la souveraineté royale, appelée *suzeraineté*), le pouvoir sur les hommes, la possession des terres et l'Église en tant qu'institution dominante. Si la dernière caractéristique semble ne pas être une possibilité renouvelable (quoi que !) pour les sociétés occidentales contemporaines en phase terminale de déchristianisation, les précédentes peuvent faire leur réapparition en raison de l'arrivée d'une nouvelle ère favorable à un renouveau d'une culture politique aristocratique et féodale.

Le morcellement des royaumes et des terres, au milieu du IXe siècle, est apparu dans un contexte purement anarchique, et ce, à tel point qu'il a été évoqué, dans le langage de certains médiévistes, la notion « d'anarchie

---

[103]François Dupuis-Déri, *Démocratie médiévale : Assemblées d'habitants, commun et utopie*, 2017 Revu « Tumultes », Ed Kimé, p. 143. Lien de la publication : https://shs.cairn.info/revue-tumultes-2017-2-page-139?lang=fr

féodale » pour qualifier ce climat. Et à cette « anarchie féodale »[104] devait être opposée une verticalité politique nécessaire que nous connaissons sous le simple nom de « pyramide féodale ». Mais, reste à savoir si ce contexte anarchique ayant généré la féodalité est revenu à notre époque. En effet, il est bien souvent constaté, par les économistes et les politologues, le déclin, voire la fin, de l'État-nation ainsi que du sens même de la notion de « nation ». Ce changement de paradigme politique serait, donc, la porte ouverte et naturelle à une globalisation [anarchique] inéluctable, mais à laquelle s'opposeraient, par instinct de survie identitaire, des nationalismes renaissant dans les quatre coins du monde. Or, la résurgence des nationalismes est-elle une réponse adaptée au « globalisme » ?

En effet, nous sommes, que nous le voulions ou non, dépendants les uns des autres. Notre consommation a un impact sur des millions de vies humaines et animales, l'absence de Droit du travail dans certains pays faisant que des travailleurs étrangers sont payés à bas-coûts est la raison directe de l'accessibilité des produits que nous consommons, le réchauffement de la planète ne peut sérieusement être pensé d'un point de vue nationaliste et Internet rend mondial le crime organisé (ce qui nécessite, par là, des coopérations internationales entre les différentes polices). De ce point de vue, la nation en tant qu'Universel réduit n'a qu'une faible influence sur les citoyens en comparaison avec celle qu'exercent sur eux des civilisations étrangères (et dont, pour certaines, la puissance est montante) ; et l'État dévoile progressivement ses difficultés à garantir la sécurité et les droits des citoyens dont la vie dépend, désormais, de plus en plus de circonstances extranationales. Les humains du XXIe siècle seront alors tiraillés entre leur impossibilité temporaire de construire une citoyenneté globale et leur nécessité de mettre un terme à leur identité nationale (et, par la même occasion, à ôter de leur esprit l'idée même d'Etat-nation). L'Etat ne peut leur garantir de protection véritable face à l'instabilité d'un monde en perpétuelle mutation et la nation, en plus d'être affaiblie dans sa capacité à remplir son rôle de protection des citoyens et du territoire, ne peut, concrètement, réunir des millions de citoyens autour de valeurs communes. Les individus sont de plus en plus soumis à des influences internationales et, *a fortiori*, dans les nations cosmopolites qui sont les nôtres. Ainsi, aucune identité collective ne peut se constituer à une échelle mondiale où à une échelle nationale.

Il se pourrait alors que l'équilibre à trouver soit la fondation d'une identité à échelle géographique moyenne. Nous observons, par exemple, des blocs continentaux se constituer en Afrique (avec le *panafricanisme*), en Europe (désireuse de créer, notamment, une harmonisation fiscale afin de lutter

---

104 Concept employé par la majorité des médiévistes pour aborder les commencements de la féodalité qui, parce qu'ils étaient, précisément, anarchiques, ont rendu possible la hiérarchie pyramidale qui a suivi et caractérisé le féodalisme. Le système très hiérarchisé du féodalisme a existé parce qu'une « anarchie féodale » lui avait préexisté.

contre la toute-puissance des GAFAM, une indépendance énergétique vis-à-vis de la Russie, etc.) ou encore en Asie (avec des communautés économiques telle que la CEEE : Communauté économique d'Extrême-Orient), c'est-à-dire des blocs dont l'échelle se situe entre l'échelle nationale et l'échelle mondiale. Ces blocs continentaux peuvent aussi bien se constituer sur la base de compétitions à l'esprit plutôt amical et « bon enfant », comme des compétitions sportives (CAN, Copa America, Euro, etc.), musicales (Eurovision) ou encore esthétiques (relatives à des concours de beauté continentaux) que sur la base de communautés d'intérêt comme des alliances économiques, diplomatiques et militaires (OTAN, CSP, OCS et Conseil de défense de l'Amérique du Sud). Le monde dilue les particularités et les nations sont devenues trop faibles pour les protéger et les faire s'exprimer. La protection de la nation ne peut ainsi s'effectuer que dans le cadre d'une délégation d'une partie de sa souveraineté à une organisation politico-économique ou bien plus étendue ou bien plus réduite, mais aussi plus puissante en termes de concentration du pouvoir.

L'économie internationale connaît une grande mutation en ce sens qu'elle n'est plus une économie industrielle, mais numérique. La numérisation de l'économie internationale favorise, ainsi, les territoires concentrant les richesses découlant de ce nouveau type de création d'emplois et de modes de production. Or, au sein des pays, il est observé des écarts sociaux et économiques grandissant entre les perdants et les gagnants de la mondialisation. Cette disparité n'existe pas qu'entre les individus « gagnants » (les entrepreneurs à succès et les diplômés ayant l'opportunité de travailler à l'étranger) et les individus « perdants » (les salariés dépendants de la conjoncture économique mondiale et pouvant faire les frais du *dumping social*). Elle existe, également, entre les « villes mondiales » (Peter Hall) – ou « villes-mondes » (Fernand Braudel) – adaptées à la mondialisation et les territoires urbains et ruraux s'apparentant à des déserts technologiques (au sein desquels les gens sont, davantage que la moyenne nationale, en proie à l'*illectronisme*, soit l'incapacité de maîtriser les outils numériques et technologiques). Ces inégalités territoriales ont encore plus été constatées au regard de l'évolution des pays émergents comptant certaines villes mondiales naissantes (Sao Paulo et Rio de Janeiro au Brésil, Bombay et Calcutta en Inde ou Lagos au Nigéria) et dont la richesse contraste avec la misère et le sous-développement desquels ne sont pas encore parvenus à sortir une bonne partie du reste des pays dont sont issues ces villes. Ce phénomène s'inscrit, dès lors, dans une hausse mondiale des inégalités entre les territoires et les hommes et qui existait, déjà, autrefois, entre les pays industrialisés et les pays en voie d'industrialisation. Ainsi, le développement des villes, en tant que pôles économiques d'une mondialisation fondée sur la technologie et l'information[105]conduira au développement d'autres villes voisines qui souhaiteront, légitimement, avoir leur part du gâteau de cette économie mondialisée ainsi que démontrer, par narcissisme identitaire, leur prestige culturel et, sans doute même, imposer leur modèle politique et économique.

Au XIXe siècle, dans le cadre d'une course à la domination mondiale, l'Europe unie par une philosophie [des Lumières] rationnelle et « universelle »/« universaliste » (ce grand projet des « Etats-Unis d'Europe » vanté par Victor Hugo) s'est vue être fragilisée par la montée des nationalismes européens. Cette inégalité mondiale, née de l'époque coloniale, notamment entre les nations « avancées » et les nations « arriérées » (c'est-à-dire non industrialisées), a été dénoncée et combattue, à la seconde moitié du XXe siècle, par des mouvements de décolonisations ayant pris la forme de nationalismes non européens chinois, indien, algérien, etc. Dans le contexte qui est le nôtre, la situation est inversée. Dans le cadre de la domination mondiale déjà installée d'un système capitaliste mondialisé et des pays qui y sont parfaitement adaptés (les pays anglo-saxons protestants, en premier lieu), les nations, au contraire, faiblissent et nécessitent, en cela, si elles veulent survivre, des coopérations internationales. Cependant, il est important de souligner que, si ces nations faiblissent à cause d'un système économique mondialisé, leur faiblesse est à la fois la cause et l'effet de la montée en puissance de l'influence économique, politique, culturelle et diplomatique des villes. Sans compter que ces villes seront suivies par d'autres villes qui souhaiteront les concurrencer et, surtout, se protéger de leur potentielle domination. La protection sollicite l'esprit d'union et la concurrence sollicite l'affirmation de la singularité (en tant qu'elle serait la « meilleure »). Chaque ville sera ainsi appelée à affirmer l'identité singulière qui la caractérise.

Le monde contemporain est un monde vivant le déclin de la puissance des États devant celle des multinationales ; le domaine du politique s'efface peu à peu au profit du domaine économique. L'économie de marché – en somme, le libéralisme – est, surtout en Occident[106], jugé comme ayant donné

---

[105]Voir *Economie internationale* (12e édition) de Paul Krugman, Maurice Obstfeld et Marc Melitz, 2022, Ed Pearson, Collection « Pearson éducation »

[106]Les pays occidentaux ayant plébiscité la mondialisation libérale, à partir de la seconde moitié du siècle dernier, sont désormais sceptiques quant à ses bienfaits au regard de la situation écologique, du respect du droit des « travailleurs », de l'inexistence de la justice sociale ou d'une harmonisation fiscale, et ce, à l'inverse des pays non-occidentaux comme les pays africains, sud-américains et asiatiques qui, selon les sondages internationaux traitant de la confiance que les individus peuvent avoir quant à la mondialisation capitaliste, sont optimistes à propos du bénéfice qu'elle peut leur apporter. Sans compter que les injonctions occidentales

lieu à un « capitalisme débridé » ou, plus précisément, à une « mondialisation sauvage ». L'adjectif « sauvage » est, d'ailleurs, très pertinent si l'on cherche à bien insister sur le fait que, dans ce *néo-libéralisme*, seuls les plus forts économiquement sont les maîtres du jeu. Et dans le même temps, ces grandes puissances financières exercent leur influence, leur pouvoir et leur contrôle sur les gouvernements dont les représentants politiques seraient les marionnettes. De ce constat sont donc nées des théories du complot aussi crédibles qu'ubuesques et ayant conduit à une ère de grande défiance envers les institutions, les médias et les intellectuels. Le résultat le plus préoccupant de cette défiance envers « l'officiel » est le développement de la « post-vérité », c'est-à-dire de la domination de la croyance sur les faits. Les « riches », dans leur intérêt personnel ou dans l'objectif de créer un monde nouveau [et contraire à l'ordre naturel], conspireraient contre le peuple. Certaines théories conspirationnistes affirment, par exemple, que Georges Soros finance des ONG humanitaires militant en faveur de l'accueil des migrants dans les pays occidentaux, afin, tout d'abord, de métisser les peuples européens (et d'affaiblir, par là, la race blanche en la « négrifiant ») et de rendre possible, *in fine*, un « Grand Remplacement ». D'autres encore ont pu prétendre que Bill Gates, pendant la pandémie de la COVID-19, cherchait à contrôler l'ADN de la population mondiale en imposant un faux vaccin contre le virus (le vaccin était présenté comme un moyen de tracer et de contrôler tous les humains de la planète à l'aide d'une puce injectée dans leur organisme) ou encore que les grandes fortunes juives cherchaient à protéger les intérêts d'Israël, tant en garantissant son existence qu'en favorisant son expansion territoriale dans un objectif, non pas uniquement économique, mais aussi religieux, et ce, au détriment de la vie des Palestiniens et du respect de la souveraineté territoriale des pays voisins (Iran, Jordanie, Irak, Égypte et Liban). Il est alors possible de prédire que le remplacement de la puissance politique et publique par la puissance économique privée générera, si cela fait partie du sens de l'Histoire, une extinction de l'État et, donc, une émergence de la société anarchiste (*action* d'une idéologie anarcho-syndicaliste ou anarcho-capitaliste) ou bien, au contraire, une société des plus autoritaires avec un renouveau de la totale puissance de l'État (*réaction* de l'État qui réaffirmerait sa puissance en étant omniprésent).

Mais, en guise de troisième voie, le féodalisme démocratique pourrait,

à la décroissance ou à la réduction nécessaire des émissions de GES sont très mal perçues par les puissances non-occidentales qui estiment que ces leçons d'écologie sont faciles d'être données lorsque l'on est un pays déjà industrialisé, tandis qu'elles ne collent pas à la réalité économique des pays en voie d'industrialisation. La conscience écologique des populations occidentales est regardée comme une conscience « de riches » que certains pays non-occidentaux ne peuvent pas se permettre d'avoir. Ces pays qui sont obligés de polluer pour s'enrichir voient, ainsi, d'un mauvais œil la culpabilisation des Occidentaux.

alors, vanter les mérites d'un retour, non pas de l'État tout puissant, mais d'une aristocratie qui dirigerait dans l'intérêt des *inaptes* ainsi qu'anticiper la conséquence logique de cet universalisme vers lequel l'humanité semble tendre : le retour au particularisme, faute de l'existence d'un Autre non-humain qui pourrait faire prendre à l'humanité conscience d'elle-même en tant que véritable communauté universelle. L'enfer que pourrait générer une communauté universelle d'un *nous*-humain sans un Autre *eux*-non-humain pousserait les humains vers le local et, ainsi, disloquerait les différentes nations en les transformant ainsi en mosaïques de sociétés distinctes, mais rattachées, toutefois, à une autorité réunificatrice que serait une autorité royale, ayant comme pouvoir supérieur une Constitution démocratique fondée sur le respect inconditionnel de l'égalité et de la liberté. Ainsi, nous serions prêts à envisager l'apparition de plusieurs micro-sociétés au sein desquelles, dans un esprit tout à fait démocratique, les citoyens seraient constituants, mais seraient les locataires – et non les propriétés – d'un seigneur propriétaire d'une ville – et non plus d'un fief – et dont le pouvoir sera limité par une même Constitution démocratique. Sa seule puissance proviendra de sa possession de la ville et de son droit de renvoyer de celle-ci les citoyens qui chercheraient à changer l'esthétique de la ville ainsi que de nommer celui qui lui succédera, après sa mort. Ce féodalisme démocratique restera alors, par certains aspects, une continuité de la féodalité médiévale dans la mesure où les relations entre les citoyens et les seigneurs pourraient être les mêmes relations qu'il y eut entre les seigneurs et les vassaux, c'est-à-dire des relations fondées sur une paradoxale « hiérarchie entre égaux » (description que Jacques LeGoff faisait des relations entre les seigneurs et les vassaux). Les citoyens - comme les vassaux avant eux - demeureront les égaux des seigneurs en valeur et en dignité. Et concernant les néo-seigneurs *aristocrates*, ils continueraient, comme les seigneurs féodaux, de servir des valeurs morales (qui ne seraient plus celles de l'Eglise, mais des droits humains) et de secourir et assister les « humbles ». La prédation du « monde de l'argent » dans lequel « tout se vend » pousserait ainsi les individus à rechercher un pouvoir extrêmement fort de l'État (et, *in extenso*, la centralisation) ou un pouvoir extrêmement fort du politique, mais à une échelle locale sans pour autant que cela n'empêche la jouissance de droits et de libertés fondamentaux. L'enjeu serait, donc, de protéger les valeurs humanistes comme nous protégions les valeurs de l'Eglise au Moyen Age. Or, cette protection de ces valeurs [démocratiques] égalitaires et libertaires serait l'affaire d'aristocrates qui, de toute évidence, seraient des êtres officiellement reconnus comme *supérieurs*. La question est alors de savoir comment il serait possible de rendre ce système aristocratique (et féodal) compatible avec son régime opposé : la démocratie.

La seigneurie nouvelle

Si la connaissance de la nature humaine ainsi que la construction d'une politique à partir de sa prise en compte sont les caractéristiques propres à la démocratie, alors cette connaissance – bien que non exhaustive – pourrait conduire l'humain, par désir de distinction, à une recherche, cette fois-ci, de la nature singulière qu'est la nature propre à chaque individu. *La* démocratie se construirait politiquement et juridiquement à partir de la prise en compte du fonctionnement de la nature humaine, et ce, dans l'intérêt de tous les humains. Et *les* différentes démocraties-singulières seraient tenues de respecter *les humains en tant qu'êtres distincts par leur nature individuelle*, soit en se construisant matériellement et spirituellement à partir de la prise en compte de la nature individuelle d'un seul être – le seigneur – et dans l'intérêt de tous les citoyens *en tant que collectif* constitué d'individus étant en accord avec la singularité de la société créée par l'individu-seigneur. En d'autres termes, il existerait une juridiction démocratique universelle dont la Constitution s'appliquerait, de ce fait, à toutes les démocraties singulières qui, elles-mêmes, seraient esthétiquement construites par des individus, et ce, en fonction de leur nature singulière et à laquelle des citoyens seraient sensibles. Un individu déciderait, par exemple, de construire une cité compatible avec son *pour-soi* de « créateur [dans l'âme] de nouvelles technologies » ; il fonderait une cité intégralement technologique. Et les citoyens résidents de cette ville auraient, toutefois, choisi d'y vivre en raison du fait qu'elle entrerait en connexion avec leur propre sensibilité à eux – leur *en soi* ressenti – *en tant que* « technophiles dans l'âme ». Or, la création de villes-sociétés démocratiques – par des néo-seigneurs – au sein desquelles certains citoyens viendraient vivre développerait, de fait, une hiérarchie basée sur l'accès à la propriété. Seulement, cette hiérarchie s'installerait entre le fondateur de la ville qui possèderait la *cité* et ses habitants qui possèderaient leurs créations privées.

La longue période médiévale a été, comme le disait le médiéviste William Blanc, regardée sous le prisme d'« un médiévalisme doré » ou d'un « médiévalisme sombre »[107] . Le médiévalisme sombre est celui ne mentionnant que les maladies, la religiosité, l'inégalité, le servage en tant qu'esclavage féodal, l'infanticide, les tortures, etc. et le médiévalisme doré, dont les origines remontent aux romans historiques de Walter Scott et de Victor Hugo (il est généralement évoqué, dans les livres d'histoire traitant de la description du Moyen Age dans la littérature historique occidentale, de « moyen âge scotiste » et de « moyen âge hugolien »), est celui retraçant

107 Pour un contenu plus exhaustif, voir l'entretien youtube sur la chaîne « Storiavoce, un podcast d'Histoire & Civilisations » avec le médiéviste William Blanc le 5 Décembre 2022. Le titre de la vidéo est : « Revisiter le Moyen Age avec William Blanc ».

l'histoire d'un Moyen Age où les gens étaient proches de la nature et avaient des valeurs chevaleresques ; qualités fantasmées dont, d'ailleurs, les écrivains et les concepteurs de jeux vidéo se sont abondamment inspirées pour créer des univers fantastiques (aussi bien dans l'*heroïc fantasy* que dans la science-fiction) à la nature féerique et dans lesquels évoluent des personnages dont le parcours est épique. Sans compter que les festivals médiévaux connaissent, de nos jours, un succès populaire significatif. Et il en va, d'ailleurs, de même pour les parcs d'attractions à l'image du Puy du fou (dont l'attraction principale est le tournoi) et de Disneyland (parc d'attraction connu pour prendre la forme d'un château médiéval suscitant l'émerveillement des enfants).

Mais le fantasme que suscite le Moyen Age dans les esprits contemporains n'est pas le même que le fantasme que pourrait susciter l'ère féodale. La raison étant que le Moyen âge est une période très vaste (la période féodale n'est qu'un épisode – certes, long – de l'ère médiévale) et hélas sujette aux généralisations, aux approximations et aux idées reçues, tandis qu'à l'inverse, la période féodale est une période trop peu connue et trop abstraite pour susciter, chez le commun des mortels, la moindre idée reçue débouchant ou bien sur de la nostalgie fantasmagorique ou bien sur un rejet catégorique. À la question : « Etes-vous attiré par le modèle féodal ? », les Français répondront par la question : « Qu'est-ce que le modèle féodal ? ». Or, si nous posons la grossière question : « Etes-vous attiré par le modèle médiéval ? » (en sachant, évidemment, que les mots « modèle » et « médiéval » n'ont aucun sens mis ensemble), ces derniers répondront par l'affirmative ou par la négative, selon les idées reçues et les fantasmes qu'ils ont de cette longue période.

Par ailleurs, le regard global que nous portons en Occident sur le Moyen Age n'est ni relatif à un rejet catégorique, ni relatif à un désir irrépressible de son retour. La réalité est bien plus complexe et n'est, ainsi, pas aussi binaire. Elle est, à certains égards, relativement brouillée. En vérité, nous exprimons pour cette époque une forme d'excitation quasiment enfantine tout en appréhendant, dans le même temps, de la voir revenir un jour. Nous nous déguisons en chevalier lors de festivals (comme nous « jouions au chevalier » lorsque nous étions enfants), remplissons, avec le même enthousiasme que les adolescents, les salles de cinéma pour visionner des films d'*héroics fantasy* dont les intrigues se déroulent au Moyen Age ou restons toujours attachés à des valeurs chevaleresques, lorsque nous estimons devoir défendre l'honneur de notre épouse, d'une vieille dame, d'un enfant, d'une femme inconnue dans la rue ou d'un membre de notre famille par l'usage de la violence physique. Dans un esprit *noble*, nous estimons légitime de diriger notre violence [physique] contre celui qui aurait lâchement agressé une « personne sans défense ». Le Moyen Age est alors perçu, dans les valeurs, comme étant l'antithèse du monde moderne ; ce qui le rend à la fois séduisant – pour les traditionalistes et les anticapitalistes de droite comme de gauche qui vantent les vertus du localisme, du terroir, de la spiritualité et de la morale – et repoussant – pour les libéraux, les rationalistes et les défenseurs des droits humains *inaliénables* qui vantent les vertus de l'individualisme, de la propriété privée, de l'égalité et de la primauté de la science sur les croyances religieuses.

Concernant les appréhensions que nous pouvons avoir quant, au retour de cette époque, nous évoquons, entre autres, la résurgence inquiétante de maladies médiévales comme la gale, la peste ou le scorbut. Le retour du Moyen Age ne sonnerait pas uniquement comme une régression politique, mais elle sonnerait aussi comme une régression sanitaire et médicale. D'autre part, les migrations forcées vers l'Europe provenant du Moyen-Orient et de l'Afrique sont analysées comme un retour aux « invasions barbares » nous faisant directement revenir à la chute de l'Empire romain (qui serait, aujourd'hui, occidental) ; ce qui nous inscrirait dans une conception cyclique grecque de l'Histoire humaine – qui romprait, par là, avec la théorie linéaire occidentale moderne – postulant alors que, si nous sommes dans une situation comparable à celle de la chute de Rome, alors l'avenir qui nous est promis serait un nouveau Moyen Age. Ce serait un Moyen Âge au visage différent (technologique et numérique), certes, mais qui ne serait pas moins violent et injuste socialement, pour autant. Et enfin, nous percevons le regain du « phénomène religieux » comme un retour au Moyen Âge et à l'obscurantisme que nous pensions, pourtant, être l'apanage de pays musulmans que nous regardons, depuis l'ère de la décolonisation, comme des pays culturellement retardataires (et réfractaires à la démocratie et aux droits humains) et condamnés à évoluer, à leur grand dam, vers notre modèle démocratique, moderne et progressiste. Le Moyen Age est alors merveilleux lorsqu'il est dépeint dans les œuvres de fiction, mais ténébreux, dès lors qu'il s'ancre dans la vie réelle.

D'autre part, le retour du féodalisme – davantage que celui du Moyen Âge – peut faire naître beaucoup de nouvelles interrogations politiques et sociales. En effet, les questionnements relatifs au système féodal et à son possible retour à notre époque sont nombreux. Qui sera le roi ? Un descendant de Louis-Philippe ou un nouveau roi élu ? Comment le faire revenir dans le cœur des Français ? Qui sont les seigneurs ? Comment les rendre légitimes auprès d'un peuple attaché à sa souveraineté et à sa liberté ? Comment faire revenir la question de la hiérarchie dans nos sociétés égalitaires ? De toute évidence, dans un mélange parfait d'autogestion démocratique et de hiérarchie monarchique, les citoyens continueraient d'être égaux du point de vue des droits. Devant la Loi, ils y seraient soumis à égalité. Tous les citoyens feront, en somme, ce que bon leur semblera tant que leurs actions et leurs paroles n'entravent pas la liberté d'autrui et ne portent pas atteinte au rapport égalitaire entre leurs concitoyens et eux-mêmes. Cette culture démocratique devra, sans concession, régir la vie des individus et des sociétés. Cependant, si le concept de démocratie *libérale* s'inscrit dans l'idée selon laquelle la liberté ne peut exister sans l'accès à la propriété privée, dans la mesure où celle-ci serait le principal rempart face à un État centralisateur qui, de façon totalitaire, tendrait à asservir une population en la privant de sa liberté de propriété, le féodalisme démocratique pourrait constituer une alternative intéressante, car il pourrait conjuguer l'aspect libéral de la démocratie et la dimension protectrice du système féodal.

Pour revenir à la notion de « nature individuelle » à partir de laquelle les nouvelles sociétés se construiraient afin de se distinguer des autres, nous pourrions entrevoir l'idée suivante selon laquelle les lois [démocratiques] suprêmes et universelles fondatrices d'une Constitution internationale auront pour obligation d'être minimales pour la raison que ce que nous pourrions nommer des « lois [démocratiques] adaptées à la nature humaine » pourraient ne pas tenir compte de la réalité matérielle, culturelle ou historique de certaines civilisations. Par exemple, si la solidarité est un trait de la fameuse nature humaine et que celle-ci se traduit par un droit tel que le « RSA universel » (RSA : Revenu de solidarité active), celui-ci n'aurait aucunement lieu d'être dans des sociétés extrêmement pauvres au sein desquelles travailler dur est une nécessité absolue afin de faire vivre des familles et de développer matériellement et économiquement le pays. Le RSA pourrait constituer une « trappe à l'inactivité » (pour reprendre le vocabulaire des libéraux) et, donc, être un frein à la progression du pays qui ne serait possible que par un travail acharné et le sacrifice de générations. D'autre part, pour le cas de l'homosexualité qui est une sexualité existante dans l'ensemble du règne animal – comprenant les humains – et depuis toujours, celle-ci fait partie, en toute logique, de la nature des humains et n'est donc pas contre-nature. Or, si, comme le souhaitent ardemment certains militants des droits humains, nous procédions à une « dépénalisation universelle de l'homosexualité », nous voterions une loi démocratique respectueuse de la nature humaine, mais qui serait vaine dans certains pays pour qui l'homosexualité reste, selon leur religion, une abomination. La loi serait « belle », dans l'esprit, mais inopérante dans certaines sociétés où la tradition prend le pas sur la science.

Parler d'une « nature humaine » *en soi* et « toute seule » est ainsi insignifiant dans la mesure où nous ne la connaissons pas encore dans sa totalité et que des « lois de natures humaines » ne seront jamais applicables sur des humains vivant dans des réalités quasiment parallèles. Et si nous entendons par « nature humaine » la nature guidant, par des « lois naturelles » et universelles, l'humanité tout entière, nous entendons par « nature individuelle » la nature guidant, par des lois singulières, une société particulière, mais devant être conformes à l'esprit démocratique d'harmonisation de la liberté et de l'égalité. Ainsi, « nature individuelle » impliquerait le fait qu'un individu – un néo-seigneur, donc – fasse preuve de créativité dans l'intérêt d'une société particulière en créant une ville-société. Pour être plus concret, nous pouvons prendre l'exemple d'un roi français qui conférerait à des individus-aristocrates (qui feraient office de seigneurs) des villes qu'ils refonderaient à leur façon, c'est-à-dire selon ce qu'ils estiment être leur nature. Ainsi, ils seront libres de permettre aux citoyens qui estiment que cette ville est en harmonie avec leur nature individuelle d'y élire domicile. Nous avons déjà, dans le monde, un exemple de ville de ce type comme la Sylicon Valley. Cette ville est faite pour ceux chez qui il est naturel d'entreprendre et, qui plus est, dans le domaine des nouvelles technologies. Ceux qui y résident partagent la même nature de créateur. De plus, il existe sur le compte Instagram de la marque de parfum Guerlain une « story » nommée « AI » (artificiel inteligence) désirant montrer un aperçu de ce à quoi ressemblerait une ville spécialement Guerlain avec des monuments qui auraient la même forme que leur nouveau flacon de parfum (appelé « le flacon aux abeilles »). Le résultat est très fascinant ; il s'agit d'une ville (en l'occurrence, celle-ci est déjà existante et est Paris, mais revisitée) dont les monuments [parisiens] sont conformes à l'esthétique des parfums Guerlain (une story présentait également, dans un registre plus futuriste, une station spatiale dont l'esthétique est aussi bien celle des flacons de parfum). Nous pourrions ainsi imaginer qu'un roi puisse offrir à un parfumeur – dont il estimerait que son travail est la quintessence du raffinement – une ville qu'il construirait à l'image de sa nature de parfumeur. Ce dernier posséderait cette ville comme un seigneur possédait, jadis, une seigneurie. Il posséderait la ville et les individus, qui souhaiteraient l'habiter parce qu'ils seraient séduits par son ambiance, auraient comme obligation de servir, tels des néo-vassaux, le seigneur en possédant une entreprise vendant des produits en rapport avec l'esprit de la cité du seigneur ou en occupant une profession d'utilité publique. Si le parfumeur Guerlain fonde sa ville dont l'esthétique est celle de son parfum, alors les habitants qui auraient choisi sa ville pourraient créer des boulangeries spécifiques avec des pâtisseries qui pourraient rappeler l'esthétique de la ville, des bibliothèques dont l'architecture serait fidèle au design des parfums, etc. Les habitants verraient, par le seigneur, leur créativité, leurs libertés fondamentales et leur droit de propriété [sur leurs créations] être garantis en échange de leur fidélité à l'ambiance esthétique de la ville.

Le seigneur, à qui le roi remet une ville, la construit à son image sans que personne ne contrevienne à son projet. Par la suite, des habitants choisiront d'habiter cette ville et seront ainsi protégés par le seigneur-propriétaire en échange d'entreprises qu'ils devront créer. Et sur le terrain politique, les citoyens de ces villes feront les lois qui seront approuvées ou non par des juristes en fonction de leur compatibilité avec la liberté et l'égalité. Et si ces dernières le sont, mais que leurs effets sur le long terme s'avèrent, finalement, néfastes, alors le roi aura, seul, le pouvoir de censure et d'abrogation ; le seigneur, lui, ne l'aura pas. Il ne pourra qu'interdire les projets qui seront contraires à l'esthétique de sa cité et exclure les citoyens qui, dans leurs créations d'entreprises, d'œuvres ou d'événements festifs et récréatifs, ne s'y conforment pas.

Cependant, si chaque seigneur possède une ville, il est aisément concevable que chaque ville ait son unicité et que chaque citoyen soit contenté dans le choix d'une ville qui correspondrait, selon sa sensibilité, à sa nature individuelle. Par exemple, un seigneur pourra créer une ville médiévale parce que sa sensibilité le porterait vers le Moyen Age, et ce, depuis l'enfance. Il créerait une ville en rapport avec l'esthétique médiévale ; et les Français qui souhaitent renouer avec les traditions et rompre avec la technologie moderne que nous connaissons, pourraient élire domicile cette ville et créer des entreprises en rapport avec l'univers médiéval. Et de même, un seigneur pourrait décider de créer une ville purement technologique et d'autres, une ville d'Ancien Régime, une ville écologique, une ville L.G.B.T.Q+, une ville en rapport avec l'univers d'un écrivain français, une ville militaire, une ville napoléonienne, une ville chrétienne, une ville totalement inventée, etc. toutes ces villes seront réunies par le fait qu'elles seront soumises à la volonté suprême d'une juridiction objectivement démocratique et mondiale qui sera en mesure de condamner des sociétés qui ne respectent pas, en leur sein, les valeurs de liberté et d'égalité ainsi que celle d'une juridiction arbitrale royale qui aura le choix, en toute souveraineté, d'interdire un projet ou d'abroger une loi dont il estimera, à l'aide d'un Conseil, qu'ils peuvent fragiliser, sur le long terme, la société.

Mais qu'en sera-t-il, au juste, des serfs ? Dans la société démocratique et féodale, personne ne serait [ou ne naîtraît] serf, manant ou vilain. Personne ne serait la propriété d'un seigneur puisque personne, en démocratie, ne pourrait être *non-libre*. En démocratie, si tous les citoyens sont libres et égaux en droits, alors ces derniers sont poussés à vouloir le devenir dans les faits. Et cette volonté est d'autant plus perceptible par la montée en puissance de l'attraction qu'exerce l'activité entrepreneuriale ; l'indépendance économique qu'elle rend possible offre à ceux qui en jouissent la liberté d'agir comme ils l'entendent et peut être acquise par tous à égalité (puisque tout le monde pourrait générer des revenus colossaux en créant son « business »). Or, si tous les citoyens devenaient, un jour, des entrepreneurs indépendants et des patrons de leur propre société, où seraient donc les employés censés exécuter leurs ordres ? Si tous les citoyens devenaient architectes, où seraient les responsables du gros œuvre s'assurant du bon déroulement des travaux afin que les chantiers mènent, *in fine*, au résultat attendu par l'architecte ? En effet, les exécutants ont toujours été nécessaires. La démocratie grecque n'était pas sans esclaves et la démocratie française, à la seconde moitié du XXe siècle, n'était pas sans les immigrés sans papiers ou régularisés – mais inadaptés aux codes sociaux et culturels de la société –, qui effectuaient les tâches ingrates que les Français (qui aspiraient à mieux) ne voulaient plus faire. Le désir de liberté d'un peuple implique, par conséquent, la nécessité de l'oppression d'un autre peuple pour qui la liberté n'est, en fait, qu'un idéal inaccessible. Mais, si tous les peuples de la Terre, de par une juridiction démocratique universelle, devenaient appelés à être libres, l'exploitation ne serait, non seulement, pas possible d'un point de vue moral, mais elle ne le serait pas non plus d'un point de vue pragmatique, étant donné que tous les humains aspireraient à se saisir de la liberté qui leur est octroyée par le Droit ; et que, de surcroît, ils prendraient conscience de leur égalité avec les autres humains de la Terre en raison de l'égalité des droits dont ils jouiraient réellement. Égalité qui leur offrirait une conscience de leur légitimité à être respectés au même titre que les autres humains partout sur la planète. Ainsi, aucun humain n'aurait l'idée de quitter sa terre pour servir dans une autre, car tous jouiraient déjà de la liberté sur la leur.

Mais, en cela, plus concrètement, qui seraient les serfs des sociétés nouvelles ? Qui seraient les nouveaux serviteurs nécessaires ? Si « l'homo-democraticus » ne peut avoir de serviteurs ou encore en être un, alors il devra l'inventer ; d'autant plus si le serviteur non-humain traditionnel qu'est l'animal est de plus en plus reconnu – par le Droit et les humains sensibilisés à leur condition – comme un être sensible dont la dignité doit être respectée et la vie, protégée par des lois (situation nouvelle qui rendrait leur exploitation dénoncée et, *in fine*, interdite). Et ce serviteur non-humain pourrait alors être l'opposé de l'humain qu'est l'intelligence artificielle. L'intelligence artificielle qui est une humanisation des machines sur le terrain de la réflexion (conscience de soi, créativité, autonomie) serait le moyen, pour l'être humain libre qui, pour bénéficier davantage, dans les faits, de la liberté qui lui est due par le Droit, se robotise physiquement à l'aide de prothèses – et qui, même, tendrait à s'artificialiser à l'aide du transhumanisme, dans le but d'augmenter ses capacités physiques et intellectuelles –, d'être son opposé lui permettant de prendre conscience de lui-même en tant « qu'être-humain-non-robot-libre » et de tendre vers l'état de liberté qu'est la destinée humaine. L'artificialisation de l'être-humain par le transhumanisme et l'humanisation de la machine par l'intelligence artificielle seraient alors les deux conditions de la liberté humaine réelle.

Le « non-libre » de l'Antiquité romaine (*servus*) et de l'époque féodale (*serf*) – et nous pouvons même y ajouter le prolétaire *aliéné* de l'ère industrielle, au XIXe siècle, décrit par Marx – était celui qui ne possédait pas. Sa servilité venait du fait qu'il n'avait pas accès à la propriété, y compris celle de sa propre personne. Depuis l'avènement de l'ère du capitalisme industriel, au XIXe siècle, le non-libre, aussi bien dans l'esprit des communistes que dans celui des libéraux, est l'employé (*salarié*). Ce dernier est « employé » et dépend financièrement de celui qui l'emploie ; ainsi, il ne peut se révolter et jouir de la vie à laquelle il aspire réellement, ne travaillant que pour le compte de celui qui a « choisi sa vie » en entreprenant. Des militants de gauche opposent au salariat (phénomène capitaliste) un *revenu universel* (étant comparable à un salariat citoyen) et des militants de droite lui opposent un modèle ultra-libéral adapté à l'entrepreneur (l'être financièrement libre), à l'image de Dubaï qui est, actuellement, la destination rêvée des « nouveaux riches » (et, notamment, la destination promue par les « influenceurs » sur les réseaux sociaux) en tant que ville dans laquelle l'impôt sur le revenu est inexistant. Cependant, ce système économique capitaliste générant le salariat (que beaucoup perçoivent comme un esclavage *soft* ou « moderne ») semble, pourtant, nécessaire au bon fonctionnement de la société. Sans hôtesse de caisse, sans agent d'entretien, sans enseignant, sans boulanger, sans mécanicien, la société n'est rien ; il est strictement impossible d'être une société uniquement composée de patrons et de créateurs.

Tout bien réfléchi, le « non-libre » contemporain n'est pas « non-libre » à cause d'une caste, d'un Ordre ou d'une classe sociale supérieure qui le priverait, *via* un Etat et des institutions crées par les dominants et leur étant favorables, de la propriété ; il n'a, d'ailleurs, même plus besoin d'elle pour subir cette privation. Le « non-libre » contemporain est simplement « non-libre » en raison d'un contexte économique contraignant l'écrasante majorité à ne pas être libre, et ce, dans l'intérêt pur du fonctionnement vital de la société. L'état de « non-liberté » est, quelque part, un « mal nécessaire » nous ramenant encore et toujours à la désagréable réalité qu'il existe (et existera, sans doute, toujours) une classe laborieuse majoritaire et une classe élitiste minoritaire composée de privilégiés qui ne travaillent pas, comme les rentiers, les héritiers ou encore les politiciens auxquels, notamment, de nombreux Français reprochent de ne jamais avoir travaillés avant d'entamer une carrière dans la politique. Le monde, tel que nous le connaissons, ne peut pas fonctionner sans une écrasante majorité de personnes effectuant des tâches « ingrates ».

En somme, dans une société régie par un système féodo-démocratique, si le travail subordonné est inéluctable, celui-ci – même lorsqu'il n'est pas le fait d'une exploitation indigne – doit, en contrepartie, déboucher sur une reconnaissance qui ne soit pas uniquement un salaire destiné à conserver la vie humaine, c'est-à-dire la reconnaissance salariale permettant, comme le disait Marx dans son *Capital*, simplement de manger et de se soigner afin de vivre suffisamment pour être productif et d'être utile à l'entreprise qui nous rémunère. Cette reconnaissance indiscutable que le travail subordonné doit délivrer devra permettre à l'humain d'être reconnu socialement par les autres. En d'autres termes, ce travail devra le rendre respectable aux yeux des autres et ne pas, alors, être « ingrat ». Ainsi, est une profession ingrate et non-propice à rendre l'individu qui l'exerce respectable socialement une profession détruisant (physiquement et moralement) et salissant sans offrir la possibilité de créer ou de faire *du* ou *le* bien. Il existe des activités professionnelles faisant souffrir moralement les individus qui les exercent, mais qui leur permettent, tout de même, de faire *le* bien, comme les activités professionnelles rattachées à la Justice et à la sécurité. Ces activités, du fait qu'elles mettent des professionnels au contact de la misère et de la violence, parfois la plus inhumaine, tendent à affaiblir leur moral. Toutefois, la cause est bonne ; ces derniers font *le* bien en rendant la justice et en garantissant la sécurité. Quant aux activités salissant ceux qui les exercent, certaines ont le mérite de faire *du* bien aux individus, comme les activités professionnelles rattachées à la santé. Ces activités, du fait qu'elles mettent des professionnels au contact du sang et de la saleté engendrée par la maladie, peuvent être « salissantes ». Néanmoins, la cause est bonne, l'objectif étant de soigner et de sauvegarder la vie humaine. Et il existe aussi des activités professionnelles faisant souffrir physiquement (exigeant, ainsi, une grande résistance à la pénibilité du travail) et salissant les individus, mais qui débouchent sur une créativité, comme les métiers artisanaux dont le mérite est de rendre la vie plus commode, plus pratique, plus agréable et plus esthétique ou qui font *du* bien aux humains, comme les métiers agricoles dont le mérite est de conserver la vie du peuple en le nourrissant. En cela, la distinction doit alors être faite entre les métiers désagréables et ingrats qui ne doivent plus jamais exister et les métiers désagréables et honorables qui doivent continuer à exister.

Les professions ingrates détruisant et salissant les individus sans leur offrir la possibilité de créer ou de faire *du* ou *le* bien autour d'eux sont, habituellement, réservées à des individus qui, *via* un maigre salaire, ne pourront qu'exister physiquement grâce à la nourriture et aux soins qu'ils pourront se procurer ; ils ne pourront jamais bénéficier d'une reconnaissance sociale. La démocratie devra donc trouver les moyens de remplacer ces humains par une main d'œuvre non-humaine. Les utilités que le monde économique, par le biais de l'entrepreneuriat dans le domaine technologique, devra promouvoir seront alors destinées à opérer ce remplacement. Comme chez les Romains, les êtres nés libres (les *ingénus*) auront, dans les sociétés démocratiques, comme signe évident de leur liberté la propriété. Non pas de terres comme du temps de l'Antiquité romaine et du Moyen Age, mais d'entreprises que celles-ci soient très petites ou très grandes. Pour les professions fondamentales, celles que nous associons aux domaines d'utilité publique, tels que ceux de la santé, de la Justice, de la sécurité et de l'enseignement, celles-ci devront impérativement être occupées. Ainsi, ceux qui les occuperont n'auront pas le temps de s'adonner à des travaux (scientifiques, artistiques ou entrepreneuriaux) qui feront d'eux des propriétaires et des créateurs. Ils n'auront nullement la possibilité d'être à la fois policiers, enseignants, infirmiers, juges, etc. et propriétaires d'une entreprise, créateurs d'une œuvre d'art ou encore chercheurs. Et afin de compenser cette quasi-impossibilité, pour ces derniers, de devenir propriétaires, un titre honorifique devra alors leur être conféré. La sacralisation de leur fonction serait un moyen de compenser le fait qu'ils ne pourraient pas, par manque de temps, bénéficier d'une reconnaissance populaire (sociale) et seigneuriale (officielle). Ils n'auraient ni le temps de créer (et, donc, d'être propriétaires), ni le temps d'accomplir des actes de bravoure (et, donc, de se voir être récompensés par le seigneur). Le Droit devra, dès lors, leur accorder des privilèges officiels en guise de compensations.

Pour récapituler, une juridiction universelle démocratique régirait toutes les nations, car elle serait fidèle à l'humain *en tant qu'être de nature*. Cela impliquerait un système de santé, un marché du travail, une éducation et une Justice communs à tous les pays du monde. Or, au sein de ces pays régneront différents peuples vivant selon des lois à la fois universelles et particulières. Cependant, afin que cette diversité des sociétés, existant au sein d'un même pays, ne compromette pas l'unité nationale, ces peuples devront avoir à leur tête un roi à la fois régulateur et unificateur. Ce roi délivrera des territoires à des néo-seigneurs qui créeront des villes-sociétés que des individus choisiront librement. Ils les choisiront selon la correspondance de ces villes à leur sensibilité individuelle. Cette division des nations en villes seigneuriales serait une réaction nécessaire (car anthropologique) à l'uniformisation politique et juridique des nations démocratiques par une Constitution démocratique universelle. Toutefois, avant de prédire un tel chamboulement politique et de spéculer sur les bienfaits que pourrait apporter la création de multiples villes-sociétés néo-féodales que les individus seraient libres de choisir, réfléchissons tout d'abord sur ce qui nous empêche de rendre possible cette réalité politique et sociale. Pour cela, nous nous pencherons sur les obstacles qui, encore aujourd'hui, nous empêchent de vivre dans ce que de nombreux démocrates convaincus et idéalistes appellent une « démocratie réelle ».

Les obstacles concrets à la liberté

En effet, l'apparition et l'imposition d'une juridiction démocratique universelle ne semblent pas être pour maintenant. Nous sommes actuellement coincés entre le « ce qui devrait être » et le « ce qui est ». Reste à savoir si le « ce qui devrait être » est envisageable ou non. La fameuse Constitution universelle pourrait-elle, un jour, devenir un « ce qui est » ? Les États unitaires semblent démontrer que oui. La France, par exemple, parvient à faire respecter la loi républicaine sur l'ensemble de son territoire, alors que son passé nous a plutôt démontrés qu'elle était une nation aux territoires extrêmement divers et, *a priori*, inconciliables. D'autre part, les États fédéraux, comme les USA ou l'Allemagne, comprennent plusieurs États distincts et séparés par des frontières qui ne contestent pas, pour autant, la légitimité d'un unique gouvernement agissant dans l'intérêt de tous les citoyens et de tous les États. Et nous pouvons également observer que lorsque des peuples divers sont mus par des intérêts communs, ces derniers peuvent constituer des alliances solides. Nous en avons des exemples avec les pays de l'Union Européenne – dont certains partisans souhaitent qu'elle devienne une Europe unitaire et d'autres, une Europe fédérale – ou les 54 pays africains qui sont sur le point de constituer une alliance panafricaine. Si les Alsaciens et les Occitans ont pu faire nation en tant que Français et que les Français et les Slovènes ont pu faire communauté en tant que membres de l'Union européenne, il est à peu près certain qu'un jour, tous les pays du monde trouveront des intérêts suffisamment communs pour répondre à l'autorité d'un gouvernement mondial. Or, ces alliances évoquées ne se sont constituées que contre une force extérieure. Les pays de l'OTAN se sont unis contre l'Union soviétique. L'Union européenne s'est construite contre une idéologie – le nationalisme – qui a fait des ravages sur le continent et parvient, même après sa disparition, à se maintenir étant donné qu'il est dans son intérêt économique, politique et militaire de conserver l'unité face aux États continents ou émergents que sont les États-Unis, la Russie, la Chine et l'Inde. Les Panafricains, de leur côté, se sont constitués contre la tentation, chez certains Africains, de rejoindre l'Occident (et ce dans l'objectif de créer une culture et une fierté identitaire communes basées sur un sentiment d'appartenance à la *race* noire comprenant l'ensemble des noirs du monde, y compris ceux qui se trouvent à l'extérieur du continent, comme les Afro-latinos, les « Afropéens » et les Afro-américains) ainsi que contre la prédation des Occidentaux et de celle de futures puissances comme la Chine. Et quant au gouvernement mondial, il pourrait tout aussi bien se constituer contre un ennemi intérieur menaçant pour la stabilité du monde comme, par exemple, le crime organisé[108] (comprenant différents trafics, comme les trafics de drogues, d'humains, d'armes, d'animaux et d'organes) que contre un ennemi extérieur, telle qu'une civilisation prédatrice étrangère à celle de l'humanité que serait une civilisation extra-terrestre.

Mais ce jour n'étant pas arrivé – estimons qu'il pourrait ne jamais arriver de manière naturelle, c'est-à-dire suivant lesdites lois de l'histoire humaine conduisant, inéluctablement, l'humanité vers le gouvernement mondial et la

---

108Cela a d'ailleurs déjà commencé avec la création de la Convention de Palerme le 15 Novembre 2000 (Convention des Nations unies contre la criminalité transnationale organisée) « visant à prévenir, réprimer et punir la traite des personnes, en particulier des femmes et des enfants»(source: https://www.ohchr.org/fr/instruments-mechanisms/instruments/protocol-prevent-suppress-and-punish-trafficking-persons). Cette convention a été ratifiée par 147 États.

paix perpétuelle –, comment créer les conditions favorables à l'émergence d'une réalité politique nouvelle que serait une politique universelle fondée sur des institutions mondiales s'imposant à *tous*, en tous lieux et en toutes circonstances ? Pour cela, nous devons, tout d'abord, répondre à deux questions fondamentales : « Comment la démocratie pourrait-elle s'imposer politiquement à l'échelle mondiale, sans impérialisme anti-démocratique ? » et « Quels sont les freins qui nous empêchent d'accéder à cet objectif de démocratie *réelle* ? ».

Pour la première question, l'anarchiste Robert Nozick avait suggéré, dans *Anarchie, État et Utopie* (1974), que chacun puisse créer sa propre société avec son propre système et que les sociétés non-viables disparaîtront d'elles-mêmes, tandis que les sociétés viables perdureront et que, comme une sorte de sélection naturelle (Nozick parlait du « processus de filtrage »), nous serions progressivement en mesure de savoir quelle société représente de façon véritable la société idéale[109]. Il s'agit de laisser les individus agir afin de savoir qui a la solution et qui ne l'a pas. En effet, il serait judicieux de refuser de convaincre les autres États d'adhérer à une politique démocratique commune qui les pousserait à rompre avec leurs valeurs traditionnelles non-démocratiques. Certains peuples primitifs et traditionnels ne sont pas encore mûrs pour la démocratie moderne, tandis que d'autres qui sont modernes (et donc *a priori* mûrs pour la démocratie) ne sont pas, pour autant, démocratiques. D'ailleurs, c'est même cette rationalité économique propre au capitalisme accompagnée de cette modernité philosophique et technologique qui a permis à des pays comme la Chine et Singapour de connaître une croissance économique et des performances académiques[110] démontrant, au reste du monde, à quel point le chemin de la démocratie n'est pas le seul chemin politique crédible à emprunter pour vivre dans une société prospère. Et enfin, d'autres peuples refuseront, par fierté anticoloniale, que les pays occidentaux leur suggèrent d'opter pour la conception moderne de la démocratie basée sur l'égalité des droits entre tous les humains et la primauté de la raison sur la foi. Ainsi, tenter de convaincre les autres États de tendre vers les droits humains et la démocratie aurait un effet nul, si ce n'est contre-productif. Il serait alors bien plus judicieux de « montrer la voie » au reste du monde en démontrant par son propre système que son idéal politique fonctionne.

Toutefois, il se peut, en revanche, que le fonctionnement d'une politique ne soit pas suffisant pour convaincre l'humanité tout entière d'agir de manière similaire. Par exemple, la Finlande, la Norvège, la Suède et le Danemark ont, selon de nombreuses études internationales spécialisées dans les indices de

---

109 Voir Robert Nozick, *Anarchie, Etat et Utopie*, 1974, Ed Puf Collection « Quadrige », 2008, 2e édition, p.365-366

110 La « méthode Singapour » est, désormais, devenue une référence dans le domaine de l'apprentissage des maths au sein des pays occidentaux.

démocratie, les systèmes les plus démocratiques qui existent. Leur système scolaire est très performant, très juste et très égalitaire, la liberté de la presse y est parfaitement respectée et leurs réflexions sur le « bien-être au travail » sont remarquablement approfondies. Pourtant, à l'exception de certains militants occidentaux qui souhaiteraient que leur pays ressemble davantage au fameux « modèle social scandinave », la majorité des pays du monde ne souhaitent pas devenir des nations scandinaves sociales-démocrates. Ce qui explique la faible influence des politiques scandinaves sur le monde est le fait qu'elles ne répondent pas au désir traditionnel de grandeur aristocratique existant dans l'intégralité des sociétés humaines. En ne s'avérant guère traditionalistes, mais progressistes, les nations scandinaves perdent, semble-t-il, de leur attractivité ; attractivité qu'elles regagnent, toutefois, dès lors qu'elles mettent en avant leurs racines vikings avec un esprit guerrier (notamment lors des matchs de football). Et de la même façon, en France, les touristes ne viennent pas pour ce qu'est « la France de nos jours » (c'est-à-dire la France cosmopolite et héritière de Mai 68), mais pour ce que fut la France, avant le XXe siècle, c'est-à-dire pour la France des rois (que l'on retrouve en grande partie en Touraine[111]) et la France impériale napoléonienne (que l'on retrouve à Paris).

La tradition est alors davantage encline à privilégier ce qui est aristocratique, en ce sens qu'elle installe, d'emblée, une hiérarchie entre les hommes du passé et les hommes du présent ; les premiers étant supérieurs aux seconds qui doivent ainsi les imiter et s'approprier leurs grandeurs afin de les léguer à leur descendance. Si les Scandinaves étaient parvenus à mélanger progressisme démocratique et tradition aristocratique – promotion des « grands hommes » et des traditions –, le monde, probablement, serait devenu désireux d'être scandinave. Tel fut d'ailleurs le génie de la France qui a été, pendant deux siècles, mise sur un piédestal en tant que nation combinant à la fois grandeur royale et impériale (autorité et hiérarchie) et incarnation des deux valeurs cardinales de la démocratie : liberté et égalité. À l'inverse, la Chine pourra, à l'avenir, être de plus en plus influente à l'échelle internationale étant donné qu'elle parvient, dans le présent, à fondre son traditionalisme aristocratique (caractérisé par le mandarinat) dans la modernité technologique. Comme elle est également, d'ailleurs, parvenue à combiner l'autoritarisme du communisme et l'esprit de conquête économique du capitalisme libéral. Les pays scandinaves, quant à eux, bien qu'ils incarnent des pays où il fait « bon-vivre » et où l'on est heureux, ne sont aucunement perçus comme des pays fertiles pour l'émergence d'une grandeur aristocratique. Raison pour laquelle leurs détracteurs européens les considèrent comme « gauchistes », excessivement tolérants et préparant, dès lors, la destruction de leur propre société et de leur propre peuple. La démocratie, en ce sens, ne sera attractive que lorsqu'elle permettra le difficile

111 A l'exception du Château de Versailles où vivait Louis XIV en Île de France.

mariage de la garantie de la liberté humaine et du prestige aristocratique ; de l'égalité *juste* et de la *juste* inégalité.

Et pour la deuxième question « Quels freins nous empêchent d'accéder à nos objectifs politiques et individuels ? », ces derniers sont les suivants : la structure professionnelle qui empêche la liberté réelle et l'égalité philosophique qui compromet l'existence d'une grandeur aristocratique. Tout d'abord, qu'entend-on, au juste, par « structure professionnelle » ? Nous entendons, par là, que le marché du travail est tel, que nous avons besoin d'individus exerçant des tâches ingrates qu'ils n'ont pas choisies d'exercer. Ces tâches sont celles qui les subordonnent à d'autres (inégalité) et qu'ils n'auraient jamais exercées s'ils en avaient eu le choix (absence de liberté). La démocratie, pensée d'un point de vue existentialiste, serait une démocratie dans laquelle chaque citoyen aurait, à égalité avec autrui, la liberté de choisir sa vie. Or, qui a réellement choisi sa vie, dans les sociétés où nous vivons ? Très peu de personnes, en réalité. Et si la société ne peut se construire et se maintenir que si les citoyens qui la composent sont contraints de dire, par réalisme, « adieu » à leur idéal de vie professionnel, alors le choix de vie, s'il existe, n'existe que pour une partie spécifique de la population ; cette partie comprend les héritiers, les audacieux et ceux qui sont issus d'une famille pauvre dans laquelle l'éducation donnée aux enfants a été caractérisée par une importance très forte accordée à la valeur travail. Les trois caractéristiques nommées de ceux qui parviennent à choisir leur vie, à savoir la bonne naissance, le courage et la vertu (éthique de travail, notamment) sont des caractéristiques purement aristocratiques. En effet, si la démocratie est réelle dans le Droit, l'aristocratie, elle, l'est dans les faits. Or, cette aristocratie continue d'exister non pas parce qu'une conspiration des élites aurait lieu au détriment des pauvres, mais en raison de la force des déterminismes matériels et de l'éternelle répartition inégalitaire des talents naturels. En cela, nous en revenons à l'idée que, afin de vivre dans une démocratie réelle, toutes les professions que personne ne souhaiterait exercer de son plein gré devraient nécessairement être remplacées par des machines intelligentes. Or, cette ère est-elle arrivée ? Non. Voici notre premier frein.

A propos de l'égalité philosophique, celle-ci, sans être semblable à l'égalitarisme, est un type d'égalité qui repose sur un principe selon lequel tous les humains sont, en tous lieux, en toutes circonstances, égaux en valeurs et en dignité. Si cette égalité n'est pas réelle dans les faits, en ce sens qu'elle n'est pas naturelle, celle-ci doit à la fois être juridique et érigée en valeur morale et politique, dans la mesure où la croyance dans l'égalité entre les humains est l'unique croyance empêchant la tyrannie exercée par certains individus sur d'autres et les abus des puissants sur des êtres vulnérables. L'égalité philosophique – qui conduit à l'égalité juridique – est le garde-fou contre les abus des « plus forts » qui souhaiteraient, dans leur intérêt propre, imposer leur loi. Cette égalité n'implique nullement qu'il faille éliminer les hiérarchies institutionnelles – familiale, professionnelle, scolaire, etc. – qui sont reconnues par l'ensemble des citoyens comme légitimes. Toutefois, elle est une égalité qui nous impose la considération de toutes les vies humaines en tant qu'elles sont d'égale valeur. Ainsi, chaque être humain, à égalité avec les autres, doit, quelles que soient ses actions et ses pensées, voir ses droits fondamentaux être respectés. Un pédophile ayant une centaine de victimes à son actif doit être traité, par l'État, avec autant d'humanité – au sens de respect de sa dignité d'homme – que n'importe quel autre citoyen « honnête » ou ayant commis des délits ou des crimes de gravité moindre. L'un des droits fondamentaux comme le « droit à la vie » est garanti, quel que soit le crime commis. Ainsi, les citoyens, *en tant qu'humains*, verraient leur vie avoir la même valeur. Et cette égalité s'inscrit dans ce que nous appelons la légitimité démocratique et moderne – s'opposant à la légitimité traditionnelle – qui repose sur le principe selon lequel les droits fondamentaux doivent être accordés à tous les humains d'une cité ou d'un monde, et ce, sur la base suffisante de leur appartenance à l'espèce humaine. À l'inverse, la légitimité traditionnelle, selon Philippe Lauvaux et Armel Le Divellec dans *Les grandes démocraties contemporaines*, repose « sur l'idée que la seule qualité d'homme ne constitue pas en soi un titre à la jouissance de la liberté et des droits politiques. »[112]. Cet attachement à l'égalité philosophique s'explique par le fait que, même si nous la jugeons insupportable et inaudible au moment où nous prenons connaissance d'actes commis par des criminels abominables dont nous jugeons unanimement qu'ils n'ont pas la moindre valeur et qu'ils ne sont pas humains, nous devons, sans condition, les reconnaître, d'un point de vue juridique, comme étant légitimes d'appartenir à l'espèce humaine puisque cette nécessité d'aller au-delà de ses passions, de ses émotions et de sa morale nous permettra, à terme, de ne pas voir nos émotions – irrationnelles – nous dominer et nous conduire, justement, vers des comportements futurs s'apparentant à des comportements inhumains généralisés et banalisés. L'idée générale est qu'une réponse judiciaire inhumaine à un comportement criminel jugé inhumain normaliserait, ainsi, le comportement inhumain à l'endroit d'individus que, subjectivement, nous jugerions logique de ne pas considérer comme humains. Un système judiciaire répressif et « inhumain » réduirait, certes, la criminalité des individus. Or, celle-ci ne serait plus que remplacée par la criminalité de l'Etat ; ceux qui commettraient les crimes ne seraient plus les citoyens mauvais et pervers, mais la police. L'inhumanité deviendrait, ainsi, une *norme* rendue légitime par l'État *via* la Justice publique – les policiers et les citoyens pourraient donc se sentir légitimes de commettre des actions inhumaines à

112 Philippe Lauvaux et Armel Le Divellec, *Les grandes démocraties contemporaines*, 1990, Ed Puf, Collection « Droit fondamental », 2015, 4e édition, p.16

l'endroit d'autres citoyens jugés inférieurs et indésirables. L'égalité philosophique – telle est sa vocation – nous protégerait, justement, de la déshumanisation dont l'être humain est, hélas, capable.

Pour autant, cette égalité demeure problématique en raison du fait qu'elle part d'un postulat qui est purement fictif et idéologique. La fiction sur laquelle l'égalité philosophique repose est celle ayant trait à l'égale valeur de tous les membres de l'espèce humaine au nom du seul fait qu'ils sont humains. En effet, est-il suffisant d'être un *humain* pour être considéré comme un *être humain* ? Le mot *être* change, en vérité, beaucoup de choses, étant donné qu'il offre à cet humain une caractéristique d'animal-social (il *est* parce qu'il est reconnu comme *existant* par « les autres » constituant « la société ») ainsi qu'une caractéristique d'individu (il *est* parce qu'il choisit, en toute autonomie, d'être ou parce qu'il dispose d'une essence singulière le rendant différent d'autrui). L'*être* de l'humain permet à l'humain (simple animal) d'élever sa condition par le processus sociologique de *distinction* (vis-à-vis de l'animal, d'autrui ou d'un autre groupe social). Dans le Droit, *l'être* humain est reconnu en tant qu'il appartient, de par son corps fait « de chair et d'os », au *genre humain*. L'humain est un « être humain » pour la simple raison qu'il est reconnu par la Loi comme « humain » ; il *est* un « humain » (être humain), car il est reconnu comme tel – ainsi, l'*être* [humain] est mis sur un pied d'égalité avec l'*humain*. Mais dans la morale, *l'être* humain est supérieur à l'humain parce que cet *être* humain, en tant *qu'être* distinct d'un *non-être* (animal, végétal, minéral), disposerait d'une morale qui échapperait à l'intelligence des espèces non-humaines. Or, cette morale n'étant pas universelle, l'*être humain* doté d'une morale le rendant supérieur aux non-humains et distincts des autres membres du genre humain, doit, pour rendre celle-ci crédible en tant que « morale du vrai bien », être supérieure à la morale des autres qui constituerait, ainsi, une « non-morale », c'est-à-dire une barbarie.

Dans le domaine de la morale, l'*être* est supérieur à l'*humain* – l'humain est différent du non-humain, mais l'être humain est différent du non-humain par le fait que, s'il est un *être*, celui-ci, pour parler en aristotélicien, se définit afin de donner naissance à une vérité concernant ce qu'est la nature de son humanité (le « humain » signifie « *être* humain » dans le langage courant). Mais l'égalité philosophique consiste, justement, à penser, même dans un cadre non juridique, que l'être humain et l'humain sont interchangeables, puisqu'ils signifieraient la même chose. Or, pour quelle raison procédons-nous par une telle absence de hiérarchisation ? Tout d'abord, la raison est, de toute évidence, la volonté de rompre, définitivement, avec la notion de supériorité que les démocraties occidentales perçoivent comme la porte ouverte à toutes les oppressions et injustices. Aucun individu n'est supérieur à un autre, aucune civilisation n'est supérieure à une autre ; et aujourd'hui, l'antispécisme fait office de nouveau combat contre l'idée de hiérarchie (celle des humains sur les « animaux » à qui nous reconnaissons de plus en plus un *être*, c'est-à-dire une personne et une individualité). D'autre part, l'égalité, lorsqu'il ne s'agit pas de l'égalité des droits, n'illustre pas nécessairement une peur de la supériorité en elle-même, mais plutôt une haine de la supériorité aristocratique conduisant à cette ambition malsaine de « couper les têtes qui dépassent » (expression datant de la Rome antique). Cependant, cette destruction de toute référence à la supériorité (humaine, morale, culturelle, etc.) au nom de l'égalité a pour conséquence l'abaissement du niveau d'exigence [académique et morale] afin de satisfaire les « mauvais » (le projet étant que ces « mauvais » puissent réussir autant que les « bons »). Dans cette situation d'égalité, les « moyens », faute de modèles « supérieurs », se retrouvent dans l'impossibilité de s'élever et sont donc soumis à ce que nous appelons un « déclassement » (ils deviennent, ainsi, « mauvais ») et les « inférieurs » demeurent, ainsi, confinés dans leur condition de derniers, le niveau étant abaissé pour les inclure.

L'égalité des droits ne nie pas l'existence de la supériorité de certains êtres sur d'autres. Mais, « l'égalité philosophique » décrétant que tous les humains auraient une valeur égale puisque « une vie serait une vie » ou que la dignité serait sacrée empêche l'excellence intellectuelle (ou académique) et morale. Pour le cas de l'excellence académique, celle-ci, en France, a fortement baissé, selon des experts de l'éducation et des études de classement PISA[113] (Programme International pour le Suivi des Acquis des élèves). L'une des raisons de cet affaiblissement du niveau intellectuel et académique est, d'après certaines analyses, l'apparition du Collège unique, suite à la loi Haby de 1975, mettant fin à l'organisation de la scolarité en filières (générales et professionnelles) afin de « démocratiser l'enseignement » et de « doter les collégiens d'un bagage scolaire identique »[114] . Les critiques faites au Collège unique reposent, justement, sur sa logique « égalitariste » (égalitarisme illustré par ce que nous appelons, dans un esprit péjoratif, la « massification scolaire ») faisant que des élèves excellents sont dans la même classe que des élèves moyens et des élèves dits « en échec ». Cette hétérogénéité scolaire aurait contraint l'Éducation nationale à abaisser le niveau d'exigence scolaire (à « niveler vers le bas »), et ce, afin de permettre aux élèves « mauvais » d'obtenir plus facilement des examens nationaux comme le Brevet des collèges ou le Baccalauréat et les professeurs à se concentrer principalement sur les élèves ayant des retards scolaires. Tout cela, au prix d'un déclin d'une stimulation intellectuelle, pourtant nécessaire, des élèves déjà très performants (stimulation intellectuelle rendant ces élèves, ainsi, « très bons », voire « excellents) ». Le résultat de cet

---

[113]https://www.vie-publique.fr/eclairage/19539-resultats-des-eleves-la-france-et-le-classement-pisa-2022

[114]https://www.vie-publique.fr/eclairage/38483-le-college-unique-de-la-loi-haby-au-choc-des-savoirs

égalitarisme antiélitiste qu'a permis la « massification de l'éducation » est, certes, une hausse de l'obtention des diplômes (y compris, des diplômes universitaires, comme il est aisé de l'observer avec la montée du nombre de Master 2 et même de « double-master »), mais un déclin notable des « très bons élèves » et un appauvrissement de la langue et des références culturelles des personnes obtenant un diplôme (y compris dans les grandes écoles). L'un des moyens trouvés pour conjurer ce déclin serait le retour des « classes de niveaux » et la diversification de l'enseignement, dès le collège.

Et pour ce qui est de l'excellence morale, le désir de faire des humains des êtres de valeurs égales (et ce, sans condition) est arrivé, sans surprises, à la suite de la Seconde Guerre mondiale et en plein milieu de l'ère anticolonialiste et anti-impérialiste. Or, cet égalitarisme moral, rendu possible par une « morale égalitaire », visant à reconnaître, entre chaque être humain, la même valeur a conduit à un intérêt, voire à un engouement, chez les psychiatres, les philosophes et les penseurs du Droit, à partir des années 1960, pour les marginaux (les personnes dotées d'une maladie psychiatrique ou en rupture avec les règles et les codes de la morale sociale), les « déviants » ainsi que les « sociopathes » (entendons, par là, les criminels). En d'autres termes, ceux qui sont considérés comme indésirables par la société. Mais cet intérêt pour les déviants et les sociopathes – car ce sont eux qui, par leurs actes, s'éloignent de la morale –, s'il se combine avec un refus catégorique d'envisager le fait qu'il puisse exister une supériorité morale chez certains individus ou certains peuples sur d'autres conduit, de fait, à un *relativisme moral* favorable aux individus moralement « mauvais ». Le *relativisme moral* ayant l'utilité de protéger les individus dont la « morale » est, socialement, perçue comme mauvaise, celui-ci leur accorde, ainsi, le droit de forger, librement, leur propre conception de la morale. Le relativisme a toujours pour fonction de garantir à celui qui est infériorisé socialement, et donc supposément « moins [moral] », le droit d'exister et de confiner l'arrogance de celui qui se croit supérieur au point d'imposer sa conception [morale] du monde à autrui et de la rendre officielle.

En cela, le relativisme culturel, pour autre exemple, a confiné l'arrogance des Européens et a permis de rehausser la dignité des non Européens, en tant que peuples dont la morale ne serait pas moins respectable que celle des Européens. Cependant, ce relativisme moral conduit, inéluctablement, au respect de toutes les conceptions subjectives de la morale, y compris les pratiques immorales qui en découlent. Celles-ci sont considérées, selon la logique relativiste, comme des morales à respecter au nom de l'égalité (dire que « la pédophilie est bien » est une morale égale à celle consistant à dire que « la pédophilie est mal » et pratiquer l'excision au nom de la morale religieuse est une morale aussi respectable que celle consistant à défendre l'émancipation des petites filles au nom de la morale civile républicaine). En France, par exemple, deux morales « supérieures » ont été remises en question au moment des manifestations libérales-libertaires de Mai 68 ; celle de l'Église et celle de la République. Dans un contexte social de libération sexuelle, durant les années 1960 et 1970, les discours publics ainsi que les écrits très favorables à la pédophilie ont été prononcés et rédigés au nom d'un rejet catégorique de l'existence d'une morale supérieure qui permettrait certaines pratiques sexuelles et non d'autres (il s'agissait ainsi de « jouir sans entraves »). Ou encore, des discours « politiquement incorrect » racistes, antisémites, homophobes, transphobes, sexistes, grossophobes, etc. sont, dans le contexte actuel, tenus au nom de cette même idée qu'il ne devrait pas exister de morale politique (appelée « politiquement correct » ou encore « pensée unique ») visant à instaurer des règles de *bienséance* politique. Le politiquement incorrect fait tenir des propos offensants, insultants, incitant à la haine, et ce, au nom de cette idée qu' « aucune morale n'est supérieure à une autre » ; en cela, affirmer, qu'« il faudrait renvoyer les migrants chez eux, même s'ils sont appelés à se faire massacrer par le gouvernement du pays de provenance ou à mourir noyés dans la Méditerranée » vaudrait, moralement, autant que le fait de dire qu'« il faudrait sauver les migrants à la dérive, car cela serait le Bien ». L'égalité, en tant que valeur, décrétant que rien ni personne n'est supérieur, conduit, de fait, au triomphe de l'infériorité (académique ou morale) et, donc, d'une certaine manière, à la supériorité de l'infériorité.

Si l'égalité totale (existante dans tous les domaines) empêche, de fait, la supériorité officielle, celle-ci trouve, tout de même, le moyen (insidieux) de s'exprimer, mais dans l'usage (abusif) de la liberté, c'est-à-dire dans la possibilité qu'ont les individus de s'imaginer supérieurs aux autres - ce qui rend la supériorité non pas officielle, mais subjective. Les individus chercheront à prouver leur supériorité sur les autres en montrant (de façon ostentatoire) ce qu'ils peuvent se permettre de faire (liberté) dans le mépris total de la morale. Si la loi *juridique* et la loi *morale* existent, les individus craindront d'enfreindre la loi juridique par peur des sanctions et refuseront d'enfreindre la loi morale par compassion pour autrui et par peur de culpabiliser, ensuite. La loi est une imposition et une interdiction venant de l'extérieur ; la morale est une imposition et une interdiction venant de l'intérieur. Pourtant, certains souhaiteront démontrer leur puissance et leur supériorité en brisant toutes ces impositions et ces interdictions, afin de ne voir aucune limite à leur liberté d'agir. Ce que les « honnêtes gens » s'interdiront de faire comme le vol, le viol, le meurtre, la torture, le trafic, etc. au nom de leur morale et de leur éthique (au nom des barrières qu'ils décident de se mettre), d'autres décideront de briser ces interdits moraux ou anthropologiques afin de ne voir, au-dessus d'eux, ni un humain ni un quelconque principe les empêchant d'agir selon leur volonté. Ils seraient totalement *libres* à la manière des tyrans que les Grecs décrivaient comme des êtres entièrement libres et dont la liberté serait fidèle à la définition que

Hobbes, dans son *Léviathan*, donnait de ce concept : « la liberté, c'est l'absence d'opposition ». Le mal serait, alors, la marque de leur liberté et de la supériorité de leur puissance sur les autres qui, au nom du ou d'un bien, se restreindraient dans leurs libertés. Les méchants auraient, dès lors, une conception purement sadienne, voire sataniste, de la liberté. Ils seraient supérieurs par les droits qu'ils s'octroiraient eux-mêmes – s'ajoutant aux droits fondamentaux qui leurs sont accordés –, de façon purement subjective.

Toutefois, cette égalité philosophique est légitime dans le sens où, après tout, « qui serait habilité à dire qui est supérieur ou qui est inférieur ? ». Sur quoi, en somme, se baserait-on ? Il est vrai que, jusqu'à nos jours, il n'a pas encore été trouvé de critères légitimes sur lesquels nous pourrions baser la supériorité de quelques individus sur d'autres (le critère le plus légitime restant le critère religieux). Or, si la notion de supériorité est, certes, complexe à définir, son existence est, pour autant, nécessaire. La hiérarchie doit alors être rendue officielle. Mais, ces Êtres supérieurs, qui seraient-ils ? Des *aristocrates*. Et ces *aristocrates*, quelle serait leur fonction primaire ? Elle serait déjà d'incarner la supériorité officielle afin qu'aucun citoyen n'ait la dangereuse arrogance de se croire, au nom de sa subjectivité propre, le « supérieur » d'un autre. Car c'est cette supériorité autoproclamée qui le dispenserait de toute forme d'obligation morale d'être *noble* dans ses actions, c'est-à-dire digne – par son sens de la vertu et de la morale – d'occuper un statut officiel de « supérieur », d'*aristocrate*. En cela, il serait enclin à agir comme bon lui semble, selon ce qu'il estime, lui, être la permission que lui donne cette supériorité autoproclamée. Supériorité qui ne serait, donc, légitimée que par la simple subjectivité de l'individu qui croirait en être pourvu et qui, par conséquent, ne reposerait que sur une morale individuelle et subjective qui, en s'éloignant d'une morale dont l'aspiration [naturelle] est d'être universelle, tendrait à être une morale perverse, puisque ne répondant qu'aux intérêts de celui qui la porte.

La supériorité officielle incarnée par des aristocrates ferait qu'une reconnaissance *officielle* de la *juste* supériorité (que des *aristocrates* incarneraient, en disposant d'un titre officiel) de quelques Êtres rende impossible (ou très difficilement possible) le fantasme délirant d'une supériorité officieuse de laquelle certains individus mégalomanes se réclameraient au nom de la conception purement subjective qu'ils se font de la notion de supériorité et qui, étant à la fois esclaves de leurs désirs et maîtres – auto-proclamés – de leur objet de désir, ces derniers, dès lors qu'ils convertissent leur fantasme en passage à l'acte, deviennent les tyrans de leur propre monde. Ainsi, si un Être supérieur est officiellement reconnu comme tel par le Droit, alors l'individu qui s'estime supérieur (et qui s'offre tous les droits) ne peut exister – sauf si ce dernier fait déjà partie du groupe d'aristocrates, comme ce fut le cas du Marquis de Sade. L'individu mégalomane officieusement supérieur ne peut, ainsi, naître que dans un contexte d'absence d'officialisation de la supériorité. Cependant, ce titre d'*aristocrate*, afin d'être sûr qu'il soit remis *justement* à la *bonne* personne, doit être un titre remis, suite à une action « noble » (néo-adoubement) et non un titre acquis dès la naissance.

Faire consentir la population globale à l'arrivée d'une aristocratie seigneuriale exerçant une domination minimale sur le peuple ne pourra fleurir que lorsque l'égalité philosophique, qui est un principe et une valeur bien plus qu'une égalité reposant sur un constat scientifique de l'égalité réelle des hommes [en valeur et en dignité], disparaîtra. Mais cette égalité philosophique ne pourra disparaître que lorsque les citoyens accepteront que la nature les ancre dans une réalité hiérarchique devant être domestiquée par un juste système aristocratique. La « Loi du plus fort » régissant l'état de nature est, en un sens, une Loi aristocratique faisant du *meilleur* non pas le plus ingénieux ou le plus moral, mais bel et bien le plus fort physiquement ; il s'agit, ici, d'une aristocratie sauvage.

Ce que nous pourrions appeler la « Loi du supérieur » régissant l'état civil est une Loi tout aussi aristocratique, mais faisant du *meilleur*, cette fois-ci, celui qui est le plus apte à réunir tous les citoyens sous un Droit commun (Droit religieux, positif ou naturel), à guider le peuple vers la perfection humaine et sociale, grâce au progrès technique et technologique ainsi qu'à faire rompre temporairement les humains avec la monotonie de la réalité et du réel, grâce à la dimension esthétique et spirituelle de la création. Le premier aristocrate est le politique (accompagné et légitimé par le milieu universitaire ou religieux), le second est l'entrepreneur et le troisième est l'artiste. La survie du groupe social dépend ainsi de son obéissance nécessaire à une aristocratie, sans quoi le groupe en question subirait tout de même une aristocratie, mais qui, n'étant pas composée de « meilleurs » légitimes par leur connaissance scientifique de l'humain et de son environnement, leur autorité spirituelle ou idéologique, leur courage ou leur inventivité, serait une aristocratie de la « brute » et de « l'abruti », et ce, de la même façon que la souveraineté d'un peuple non encadrée dégénérerait rapidement, comme nous le disons depuis le XIXe siècle, sur la souveraineté de la « populace ». L'égalité des droits ne peut effacer l'inégalité de fait. Et nous mesurons la maturité d'un citoyen à sa capacité à accepter cette dissonance entre le droit et le fait ; le citoyen mature est celui qui est apte à gérer sa frustration, suite au constat que la réalité de son infériorité n'est pas conforme au Droit le rendant égal aux autres citoyens. Cependant, l'acceptation de son infériorité sera, aussi et inéluctablement, la porte ouverte à un nouveau modèle politique, sans doute plus réaliste, mêlant à la fois la recherche de la démocratie « réelle » et la conservation d'une tradition aristocratique.

Égalité ou aristocratie : que choisir ?

La persistance de l'aristocratie

L'aristocratie

L'aristocratie, pour exister, a, certes, besoin d'un peuple duquel elle peut se « distinguer », mais elle a également besoin d'un roi sans qui elle serait une *oligarchie* et non plus une aristocratie. L'aristocratie ne peut exister, en somme, que dans le régime politique de la monarchie. Ainsi, toute la question reste à savoir si les principes de la démocratie sont solubles ou non dans un système aristocratique et, plus globalement, dans un régime monarchique.

Étymologiquement, « aristocratie » signifie « gouvernement des meilleurs ». Or, « aristocratie » est un terme générique pouvant s'avérer parlant pour n'importe quelle partie du globe ayant connu un système vertical. En Inde, il s'agit de la caste des brahmanes, en Chine, de la caste des mandarins et en France, de celle des nobles. Dans les livres d'histoire traitant de l'Ancien Régime, il n'est jamais question de la notion d' « aristocratie ». Même si nous cherchons cette notion à l'index, celle-ci n'y est pas et devons, ainsi, chercher au mot « noble » ou « noblesse ». En France, l'aristocratie est définissable par la définition que l'on donne de la noblesse. Ainsi, le noble est d'abord celui qui se bat (*bellatores*), à la différence de celui qui prie (*oratores*) et de celui qui travaille (*laboratores*). Cette définition fait référence à la tripartition traditionnelle du Moyen Age. Sous l'Ancien Régime, le noble était davantage défini comme celui qui n'était pas roturier. Mais au-delà de cette définition du noble en fonction de ce qu'il n'est pas, la noblesse est à la fois une vertu, un mode de vie, un prestige et un statut juridique. Le noble a des valeurs chevaleresques (son rôle était, en cela, d'assurer la défense et la protection du royaume), un mode de vie raffiné et est vertueux de par son sens aigu de la justice et de l'honneur. De cette supériorité morale s'ensuivent ainsi des privilèges, comme la dispense de l'impôt, le fait de ne pas travailler et le gain de la rente que paient les paysans qui labourent leurs terres.

Mais à notre époque, l'aristocratie continue d'exister, notamment dans les sociétés démocratiques. Seulement, son nouveau visage s'explique par le fait qu'elle n'est plus une aristocratie de la naissance (les *meilleurs* sont ceux qui le deviennent), que les néo-aristocrates continuent, jusqu'à preuve du contraire, d'avoir les mêmes droits que les autres citoyens (ils ne sont pas dotés de privilèges) et que leur domination n'est pas locale (comme l'aristocratie féodale, mais aussi moderne, qui, selon les mots de Florian Mazel, était « forte d'une emprise sur les sociétés locales [et] qui repose avant tout sur sa puissance foncière »), mais mondiale. Pourtant, ils continuent de partager avec l'ancienne aristocratie des caractéristiques communes, comme la possession des terres, la puissance foncière et la domination [économique] sur les hommes. Or, ces différences entre l'ancienne et la nouvelle aristocratie nous interrogent. Comment devons-nous l'étudier ? Comment pourrions-nous limiter sa puissance ? Qu'est-il préférable entre avoir une aristocratie officielle dont nous pourrions encadrer légalement la puissance et les privilèges et avoir une aristocratie officieuse (qui ne dit pas son nom), mais dont nous ne constaterons les abus qu'une fois que son pouvoir sera trop important, trop étendu et, ainsi, très difficile à confiner ? Une aristocratie réelle, visible, mais tenue par un Droit et un roi, serait-elle, finalement, pire qu'une aristocratie réelle, invisible, mais dont nous nions l'existence avant d'en constater la puissance véritable [et progressive] une fois qu'il est trop tard pour l'Etat et la nation d'y faire face ? Questions légitimes qui nous forcent alors à repenser la légitimité du système aristocratique après, évidemment, l'avoir décrit dans son essence et sa diversité.

Les aristocraties (anciennes et modernes)

Il existe deux types d'aristocraties : l'aristocratie sociale et l'aristocratie naturelle. La première s'apparente à un Ordre auquel nous appartenons dès la naissance, quel que soit notre talent ou notre absence de talent et la deuxième s'apparente aux talents naturels dont les porteurs se doivent de les faire fructifier (en donnant naissance à des inventions d'utilité publique, comme des œuvres d'art, des entreprises ou des révolutions politiques) afin de tirer vers le haut le reste de la population composée de « gens ordinaires », c'est-à-dire de gens sans talents. Mais bien que leur visage change, au fil des époques, leur nature en tant qu'aristocrates reste la même. Il est inscrit dans leur nature la recherche de la *distinction* (que Pierre Bourdieu avait aussi bien remarqué chez la bourgeoisie méritocratique dont nous parlerons par la suite). La notion de *distinction* a été, en ce sens, clairement décrite en ses termes par Jérôme Baschet dans *La civilisation féodale* paru en 2018 :

> « Être noble est avant tout une prétention à se distinguer du commun, par un mode de vie, par des attitudes et par des signes ostentatoires qui vont du vêtement aux manières de table. La noblesse est d'abord cette distinction, cette séparation

établie entre une minorité qui affiche sa supériorité et la masse de la population rejetée dans l'existence vulgaire et sans lustre. »[115]

Toutefois, comment deviendrait-on aristocrate en démocratie ? L'égalité, dans les régimes démocratiques, implique le fait que, logiquement, nous pourrions tous le devenir, quelle que soit notre appartenance à telle ou telle famille ; et la liberté est censée être permise par un libéralisme économique et politique dont la vertu serait justement de nous offrir la possibilité de libérer notre talent. Or, le principe même du talent est que nous ne sommes pas égaux dans la possibilité d'en détenir un (si c'était le cas, nous parlerions simplement de « compétence » que l'on pourrait acquérir). Ainsi, la question serait : « Qu'est-ce qui ferait que nous serions égaux dans la possibilité d'être des aristocrates, c'est-à-dire des êtres dont le talent a été objectivable par une création ? ». La réponse à cette question, si elle n'est pas « la famille noble de laquelle nous descendons », est « le hasard ». Mais dans quel sens pouvons-nous aborder cette notion de hasard ? Le hasard peut être interprété de façon divine, comme chez les Grecs anciens qui procédaient par tirage au sort durant les élections en partant du postulat que, de cette manière, seuls les Dieux agiraient dans le scrutin. Mais il peut aussi être interprété comme quelque chose de strictement insignifiant qui n'est ni juste, ni injuste et sur lequel nous n'aurions finalement aucun pouvoir. Être né avec un Q.I de 160 et soutenir une thèse de doctorat à l'âge de 9 ans fait de nous un aristocrate (un talentueux) sans avoir de mérite particulier ou que la société y soit pour quelque chose. Ainsi, l'État démocratique a simplement pour mission de garantir l'épanouissement de son talent dans un environnement libéral. La liberté invite au sens des responsabilités (et donc la gestion de sa vie ; la notion de gestion étant, alors, incompatible avec la notion de hasard) et également à l'acceptation de l'incertain et de la chance (ou de la malchance), à l'inverse des régimes non-démocratiques et non-libéraux dans lesquels tout est planifié.

En somme, l'aristocratie est en lien avec la notion de hasard en plus de l'être avec la notion de hiérarchie. L'aristocrate se distingue par le fait qu'il est en mesure de gérer le hasard dont l'individu-lambda, justement, se méfie dans la mesure où ne sachant pas ce qu'il lui réserve, ce dernier l'associe au risque d'une mort potentielle. Nous en revenons, ainsi, à la fameuse dialectique hégélienne du maître et de l'esclave ; l'esclave est esclave en raison de sa peur de la mort et le maître est le maître, parce qu'il n'en a pas peur et qu'il est, d'ailleurs, prêt – afin que sa valeur soit reconnue – à se livrer à une bataille de lutte pour le prestige. L'aristocrate, en ne craignant pas la mort et en composant avec le néant, crée les conditions d'un espace nouveau

---

[115] Jérôme Baschet, *La civilisation féodale*, 2018, Ed Flammarion, Collection « Champs histoire », p.140

et viable pour lui et la communauté. Le cuisinier dit talentueux, par exemple, saura inventer une recette sans livre de cuisine pour l'assister. Or, cela pourrait, tout compte fait, davantage relever de l'expérience et de la pratique que du talent pur, car ce cuisinier sachant cuisiner à la perfection sans livre de cuisine – à l'inverse de la majorité des individus qui, ou bien ne savent pas cuisiner, ou bien nécessitent d'un manuel pour cela –, serait-il pour autant capable de créer un livre de recettes de cuisine parvenant à guider ceux qui en auraient besoin ? Pas si sûr. L'aristocrate serait, justement, ce dernier ; il serait l'être capable d'élaborer une idée suffisamment importante pour rendre plus commode la vie des individus. Notre cuisinier capable de cuisiner sans livre de cuisine, mais incapable de créer des recettes, est un *compétent*, mais nullement un créateur-aristocrate ; il lui manque cette caractéristique de Créateur pouvant faire de lui un *demi*-dieu, c'est-à-dire un *aristos* « au sang bleu ». Les *aristos* ont cette mission, justement, de créer (leur différence avec Dieu réside dans le fait qu'ils ne créent pas *ex nihilo*) et de guider les hommes vers de nouveaux horizons politiques, spirituels et sociaux. En ce sens, les Etats-Unis sont un exemple très parlant d'aristocratie naturelle. Leur libéralisme économique libère les talents de tous genres et fait germer des Américains talentueux, issus de tous les milieux sociaux (car aux USA « tout est possible »), qui, grâce à des d'inventions, telles qu'Internet, les réseaux sociaux, les nouvelles technologies, l'Intelligence artificielle, etc. ont révolutionné les rapports humains, fait évoluer le milieu juridique contraint de s'adapter à la réalité technologique conduisant à des délits et des crimes nouveaux (cyber-harcèlement, cyber-sex, arnaques en ligne, etc.) ainsi que bouleversé les façons, chez les citoyens, de pratiquer leur citoyenneté sur le plan politique (notamment avec l'exercice de la politique sur les réseaux sociaux). Ce sont ces nouveaux aristocrates qui ont créé ce monde nouveau et non les présidents et les gouvernements. Pour être nietzschéen, ces néo-aristocrates ont créé de nouvelles valeurs.

En outre, l'aristocrate d'une société démocratique est un être mythologique étant parvenu à ses fins sans avoir eu besoin de se conformer aux codes de la société ; il est « hors-société », donc à l'image de Dieu qui, lui, est « hors-monde ». Il est celui n'ayant reçu ni l'aide de sa famille, ni celle de l'école pour réussir son entreprise. L'autre nom de l'aristocrate est, plus couramment, l'autodidacte. Du temps de l'Ancien Régime, les aristocrates étaient caractérisés par le fait que, contrairement aux laborieux, ces derniers ne travaillaient pas ; ils appartenaient, pour reprendre Thorstein Veblen dans *Théorie de la classe de loisir* (1899), à une « classe de loisir ». De nos jours, les aristocrates – appartenant toujours à une classe de loisir nommée *jet-set* – sont caractérisés par le fait qu'ils sont des *self-made men* et, plus encore, des génies ayant « réussi » malgré leur absence de diplômes ; l'aristocrate moderne est honorable parce qu'il est devenu milliardaire sans avoir davantage que le Baccalauréat[116].

Le succès que connaît, actuellement, le développement personnel en Occident témoigne de ce goût qu'ont les Occidentaux pour le prestige aristocratique. Des coachs en développement personnel ainsi que des *influenceurs* vantent les mérites de faire partie des 1% de la population mondiale et méprisent le mode de vie « classique » des 99% du reste de la population qui, prisonniers des griffes du salariat et aliénés par lui, seraient trop aveugles à la réalité (cette réalité serait que, depuis que nous sommes enfants, nous serions conditionnés à obéir « comme de bons petits soldats » à un « système » liberticide, afin que nous devenions, une fois adultes, de bons salariés soumis à de libres patrons – le développement personnel fonctionne bel et bien sur cette opposition entre un *nous*-éveillés et un *eux*-endormis) pour comprendre que leur salut se trouve dans l'entrepreneuriat et l'indépendance financière. Seuls ceux qui oseront prendre le chemin de l'indépendance par l'entrepreneuriat ont de la valeur, dans la mesure où ils font, d'emblée, partie des élus qui sont parvenus à comprendre la manipulation du salariat visant à faire des individus des esclaves modernes ; ils feraient partie des 1% qui ne se laissent pas manipuler par « le système ». Et pour accéder à ce mode de vie (*life style*), une éthique de travail est exigée ; les manuels de développement personnel recommandent une hygiène de vie irréprochable (usage régulier de la salle de sport, pratique du yoga ou le commencement de sa journée par une douche glacée), une planification stricte des mois qui viennent (en ne manquant pas, d'ailleurs, de parler de l'importance cruciale de la *discipline* à privilégier à la *motivation*) et une instruction quotidienne (par exemple, lire 30 pages par jour). En somme, le développement personnel a promu le phénomène de la *hustle culture*[117] originaire des États-Unis qui valorise le culte du travail acharné en tant que seule source d'accès au succès financier. Ce phénomène fait alors de celui qui suit cette routine vers la réussite un individu non seulement différent des autres (il est ce fameux 1% qui, pour sa réussite future, est prêt à renoncer aux « plaisirs de l'immédiat », comme les fêtes, le

---

[116]Bill Gates avait, en cela, affirmé avoir compensé son absence de diplômes par un nombre important d'échecs avant d'atteindre le succès. Il avait cette phrase culte : « l'échec est un diplôme ». Depuis l'émergence des « géants de la tech », l'échec est devenu acceptable dans la mesure où il est admis, désormais, que la réussite ne dépend que de lui. Les inventeurs de la Silicon Valley ainsi que de nombreux entrepreneurs ont rendu l'échec admissible, voire honorable (car il serait la preuve que nous avons eu le courage d'essayer ou que nous avons atteint une énième étape vers le succès).

[117]« La culture de l'hyperproductivité ou culture de l'effort (en anglais hustle culture, soit culture de l'activité intense) est un mouvement social et professionnel qui encourage une mentalité axée sur le travail acharné en vue d'atteindre le succès. Cette culture valorise l'idée que le temps libre devrait être consacré à des activités productives et orientées vers les objectifs professionnels, plutôt qu'à des loisirs ou à des activités récréatives. Elle promeut une mentalité où le travail est placé au premier plan. ». Définition de la « culture de l'hyperproductivité » (Wikipédia)

sexe ou encore les amis et la famille), mais est en plus supérieur à l'Humain dans sa nature et ses capacités ; il devient, par sa capacité de travail forcenée et hors-norme, une « machine de guerre » imperturbable. L'objectif est toujours de prouver sa supériorité (« travailler toujours plus que les autres » est le mantra le plus populaire chez les coachs en développement personnel américains) par le refus du « commun » (qu'est, en l'occurrence, la vie salariale qui ne permet pas à l'individu d'être libre financièrement) et la volonté de s'écarter de ceux qui ne partagent pas les mêmes ambitions (et qui, donc, nous ralentiraient dans notre course effrénée vers le succès tant ils ne nous comprendraient pas), à savoir ceux qui se contenteraient de l'activité salariale et qui constitueraient, pour nous [personnes ambitieuses], un entourage « toxique ».

Le succès du développement personnel repose ainsi sur deux réalités : le goût prononcé de la population pour la grandeur aristocratique (qui prend la forme, aujourd'hui, de l'héroïsation de l'entrepreneuriat qui avait déjà, d'une certaine façon, commencé avec Adam Smith) et le sentiment, chez cette même population, de pouvoir devenir, un jour, un aristocrate [capitaliste] ; et ce, au prétexte que chaque individu serait un être spécial ayant la capacité d'accomplir de grandes choses. Pour autant, le moteur de ces ambitions populaires n'est autre que matériel ; l'ambition démesurée de la personne souhaitant « créer son business » n'est motivée que par la vulgaire volonté de gagner 10 000 euros par mois la première année, 100 000 euros, la deuxième et, *in fine*, « de devenir millionnaire avant 30 ans ». Nous avons, là, un exemple typique de culture matérialiste et individualiste paroxystique qui envahit les individus affichant l'ambition de devenir « grands » et « supérieurs ». Ils ont la prétention de pouvoir être aussi grands que les êtres talentueux qu'ils admirent (au nom de leur croyance dans l'égalité) et ne sont nullement animés par une quelconque spiritualité, mais par un grossier appât du gain. Le peuple ambitieux, tel qu'il se révèle être avec le développement personnel (dont les théories connaissent un fort succès en librairie), est, sans ambiguïté, une illustration concrète de la description que les anti et contre-révolutionnaires se faisaient du peuple, en démocratie, c'est-à-dire celle d'un peuple vaniteux (les individus seraient désireux d'être des aristocrates) et vulgaire (le peuple ne serait attiré que par le luxe et non par la spiritualité et le raffinement). Ainsi, les anti et contre-révolutionnaires avaient-ils raison ? La démocratie conduit-elle nécessairement à l'émergence d'un peuple de vulgaires citoyens vaniteux prétendant pouvoir incarner les aristocrates dont ils estiment ne pas avoir besoin pour les guider ? Le peuple, à lui tout seul, peut-il alors aspirer à être l'élu de Dieu et, d'une certaine manière, devenir un « Peuple-roi » ?

Les rois et les autocrates sont continuellement vantés pour leur statut divin. Le roi peut tout entreprendre si l'envie lui prend (et surtout s'il en va de la volonté de Dieu) – y compris des miracles – et pour l'autocrate, il en va de même. La raison est qu'ils possèdent des attributs divins en eux. En démocratie, le citoyen pourrait tout aussi bien obtenir ce statut divin, c'est-à-dire ce statut de Créateur. Or, la culture égalitaire – et antiaristocratique – qui prédomine en Occident depuis deux siècles a conduit à l'idée selon laquelle « quand on veut, on peut » et dont la logique contredit la nature même de tout système aristocratique. Par exemple, si l'on se réfère à la mythologie de l'*american dream*, tous les Américains peuvent, « à partir de rien », devenir milliardaires. Cela sonne, paradoxalement, comme une universalisation de l'aristocratie. Nous naîtrions tous aristocrates (aristocratie universelle) et seuls les méritants peuvent être reconnus comme tels grâce à leur travail acharné (méritocratie individuelle). Pourtant, si tout le monde est aristocrate (au prétexte que nous serions tous, comme le proclament les coachs en développement personnel, des exceptions ou des « êtres extraordinaires »), alors l'aristocratie n'existe pas et si nous pouvons tous confirmer le titre d'aristocrate, grâce à un talent donnant lieu à une création extraordinaire, alors il s'agit bien, là, de méritocratie et non d'aristocratie. Certains ont eu le mérite de travailler dur pour faire fructifier leur talent, tandis que d'autres ont, semble-t-il, été trop fainéants pour faire jaillir la lumière qui est en eux.

Dans un sens, bien que le conflit entre démocratie et aristocratie existe depuis deux siècles, nous ne parvenons pas encore, en Occident, à éradiquer totalement l'esprit aristocratique de nos sociétés récemment démocratiques. Aux États-Unis, nous universalisons le statut d'aristocrate, ce qui conduit, finalement, à la méritocratie (si nous sommes tous spéciaux, alors ceux qui réussissent méritent et ceux qui ne réussissent pas le méritent aussi puisqu'ils n'ont pas fait fructifier leur talent, alors qu'ils en avaient les possibilités) ; tandis qu'en France, par exemple, nous avons une conception de la méritocratie qui est extrêmement réductrice, dans la mesure où seuls les diplômés sont considérés comme méritants (et non les autodidactes). La situation française est, en ce sens, illustratrice d'une persistance de l'esprit aristocratique voulant que certains statuts sociaux (ceux que confère le diplôme) soient supérieurs à d'autres. Aux États-Unis, quelle que soit notre manière de réussir et de démontrer notre talent, seule la fortune personnelle est la preuve de notre grandeur, et ce, indépendamment de quelconques critères élitistes que ce soient. Et en France, quelle que soit notre manière de réussir, seul le diplôme remis par une grande école est un fiable indicateur de notre appartenance à un groupe officieusement aristocratique, celui des hauts-fonctionnaires. Entre une conception méritocratique [américaine] de l'acquisition du statut d'aristocrate et une conception aristocratique [française] du mérite, il est judicieux d'analyser le regard quelque peu ambigu que l'Occident porte sur l'aristocratie. Cette ambiguïté nous force à nous poser diverses questions. Ce qui est aristocratique est-il fondamentalement injuste ? Le système aristocratique n'est-il pas, tout compte fait, un système naturel auquel aucune société humaine n'échappe ?

L'aristocratie et la démocratie sont-elles des systèmes s'annulant nécessairement l'un l'autre afin d'être crédibles et tenables ? Ces questionnements nous invitent à nous pencher un peu plus en amont sur nos contradictions politiques, en Occident, à propos de notre rapport à l'aristocratie qui est caractérisé par un goût mêlé à un dégoût pour celle-ci.

Regard contemporain sur l'aristocratie

Depuis la Révolution, il existe l'idée très répandue que l'aristocratie et la démocratie sont deux systèmes résolument opposés. Les partisans de la démocratie souhaitent effacer toute trace de l'aristocratie – qu'ils perçoivent comme un régime injuste et liberticide – et les partisans de l'aristocratie souhaitent empêcher tout développement de la démocratie – qu'ils perçoivent comme un régime contre-nature et dégénéré.

Parmi les partisans de l'aristocratie, figurent, tout d'abord, les nietzschéens qui reprennent le concept de Nietzsche de « morale aristocratique », dans *La généalogie de la morale* (1887), qui s'oppose au concept de morale de l'esclave. Cette morale de l'esclave conduit, semble-t-il, à l'esprit égalitaire et démocratique qui tend au « danger » et à la « fatalité » du « rapetissement et l'égalisation de l'homme européen »[118] . Pour Nietzsche, la « morale d'esclaves » s'apparente à la morale d'une « race d'hommes du *ressentiment* » qui estiment « mauvais et méchants » les hommes de « race noble » chez lesquels « il n'y a rien à mépriser et *énormément* à honorer ! ». La « morale d'esclaves » qui est, à l'origine, une morale de dominés disant « non » à la race des aristocrates prend la forme d'un « ressentiment » exigeant l'avènement d'une politique de justice égalitaire et démocratique. La « morale d'esclaves » exige une égalité entre le faible (qui juge « méchant » celui qui est fort) et le fort (qui juge « mauvais » celui qui est faible). Ce que l'esclave juge « bon » (ou, du moins, « moral »), c'est-à-dire la suppression du pouvoir et du privilège des supérieurs au nom de la justice et de l'égalité, n'est, en vérité, qu'un subtil moyen de camoufler le fait qu'il est une « âme ratée » (Louis-Ferdinand Céline disait quelque chose d'assez analogue, lorsqu'il parlait de l'ouvrier comme d'un bourgeois qui n'a pas réussi). Amer de l'inégalité dont il n'est pas le bénéficiaire – sans que cette inégalité soit injuste pour autant –, l'être habité par cette « morale d'esclaves » exigera l'égalité en prétextant qu'il lutte contre une injustice sociale. À l'inverse, le fort, quant à lui, disposerait d'une morale aristocratique, dans le sens où il générerait une positivité lui permettant de créer de nouvelles valeurs – il « conçoit le concept 'bon' par avance et

118Friedrich Nietzsche, *La généalogie de la morale*, 1887, Ed Livre de poche, Collection « Les classiques de la philosophie », 2000, p.95

spontanément se crée une représentation de 'mauvais' »[119] . Sans compter que ce noble s'avère, également, habité par une audace « insensée, absurde, brusque dans son expression » lorsqu'il mène son entreprise « incalculable » et « invraisemblable » (nous avons là une description avant-gardiste de la prise de risque en tant que vertu dont nous faisons l'éloge dans nos sociétés libérales qui érigent l'entrepreneur en héros moderne). Or, pour cela, il doit, tout de même, faire preuve d'« indifférence », de « dédain pour la sécurité, le corps, la vie, le confort » et éprouver un « profond plaisir » pour « toute destruction, dans toutes les voluptés de la victoire et de la cruauté ». La morale aristocratique de Nietzsche est une morale du *fort* qui n'est nullement compatible avec l'idéal démocratique égalitaire et libertaire ; elle en est, d'ailleurs, l'antithèse.

D'autre part, du côté des anti et des contre-révolutionnaires, l'aristocratie est nécessaire dans la mesure où elle serait la tête du corps social, pendant que le peuple serait ses pieds. Plus concrètement, sa présence servirait à offrir au peuple un exemple de perfection en termes de moralité, d'intelligence et de raffinement ; sans elle, le peuple se retrouverait sans modèle et serait, ainsi, en proie à de fausses idoles, à de faux prophètes (à l'image de l'antéchrist), et se verrait, donc, tiré vers la médiocrité [intellectuelle et morale] qui est l'apanage de la *populace* barbare. Quant aux penseurs libertariens (ou anarcho-capitalistes), bien qu'ils souscrivent à des lectures beaucoup moins religieuses du monde et des rapports sociaux, ces derniers ont, toutefois, une pensée comparable. Bien qu'ils rejettent une quelconque forme d'autorité en défendant ardemment les droits, les libertés et l'individualisme, leur point commun avec les anti et les contre-révolutionnaires est celui de la croyance dans l'inégalité naturelle ou, plutôt, pour reprendre Albert Schatz dans *L'individualisme économique et social* (1907), dans la fatalité de l'inégalité. Cette croyance dans l'inégalité fatale et naturelle avait, justement, dans les écrits d'Albert Schatz, donné naissance au concept d'individualisme aristocratique qui, par opposition à l'égalitarisme démocratique et dans une optique nietzschéenne de protéger « les individualités fortes menacées par les passions envieuses des faibles »[120], repose sur l'idée selon laquelle l'inégalité étant une fatalité, les individus supérieurs devront voir, dans une société libertarienne, leur talent être développé à l'aide d'une politique libérale [jusqu'au boutiste], et ce, dans l'intérêt des êtres inférieurs qui, non seulement, en bénéficieront, mais qui, une fois encore, auront des modèles à suivre afin de s'élever dans la mesure du possible.

Plus précisément, le constat d'origine légitimant le concept «

---

[119]Friedrich Nietzsche, *La généalogie de la morale*, 1887, Ed Livre de poche, Collection « Les classiques de la philosophie », 2000, p.87

[120]Albert Schatz, *L'individualisme économique et social*, 1907, Ed Belles lettres, Collection « Bibliothèque classique de la liberté », 2013, p.508

d'individualisme aristocratique » était que :

> « Le progrès de l'humanité est dû aux individus d'élite, les *héros*, qui marchent en avant de l'humanité, éclairant sa route du reflet de l'idée divine qu'ils incarnent. Intermédiaires entre l'homme et Dieu, ils ont des droits exceptionnels comme leur mission. Ils ont le droit de diriger et de gouverner les autres hommes, d'exiger leur soumission et leur obéissance ; au besoin, d'employer la contrainte. Et ce droit despotique, ils en sont investis dans l'intérêt même de ceux sur lesquels ils l'exercent. »[121]

Toutefois, l'égalité et l'aristocratie peuvent, paradoxalement, s'associer. Le libéralisme économique nous l'enseigne bien. L'égalité enfante le mérite, mais surtout la compétition ; compétition loyale décidant, ainsi, de qui est le meilleur (à savoir l'*aristos*). Alexandre Kojève, mort en 1968, qui a fait partie de ces intellectuels ayant participé au développement de la théorie de « la fin de l'histoire »[122] dont le postulat est que l'humanité est promise à un Etat libéral et démocratique universel et homogène (signifiant, par là, la libération définitive – suite à des siècles de Lutte – de l'Esclave du Maître) avait, dans *Esquisse d'une phénoménologie du droit*, parlé du Droit aristocratique qui conduisait, de fait, à une justice de l'égalité. Son propos était que :

> « L'être humain se crée donc dans et par une interaction entre deux agents égaux, voire interchangeables, c'est-à-dire placés dans les mêmes conditions par rapport à la Lutte et au Risque. Et l'existence humaine qui se réalise ainsi est l'existence du Maître. En se plaçant du point de vue aristocratique, c'est-à-dire en admettant que l'existence vraiment humaine est celle du Maître et elle seulement, on doit donc admettre que l'existence humaine présuppose l'*égalité* : à savoir l'égalité du risque. L'être humain ne peut se constituer que dans et par une interaction entre deux êtres humains [...] placés dans des conditions rigoureusement *égales* quant au risque qu'ils courent. Sans cette égalité primordiale, il n'y aurait pas d'être humain : l'humanité se crée dans l'égalité. »[123]

121Albert Schatz, *L'individualisme économique et social*, 1907, Ed Belles lettres, Collection « Bibliothèque classique de la liberté », 2013, p.506

122Kojève a d'ailleurs été un vulgarisateur de *La phénoménologie de l'esprit* (1807) de Hegel avec son ouvrage *Introduction à la philosophie de Hegel* (rédigé entre 1934 et 1939 et paru, *post mortem*, en 1980). Kojève était un des successeurs de Hegel concernant sa théorie de la fin de l'Histoire. Il reprenait la Dialectique hégélienne du Maître et de l'Esclave et prédisait l'avènement d'un État universel et homogène régi par le libéralisme.

123Alexandre Kojève, *Esquisse d'une phénoménologie du Droit*, 1943, Ed Gallimard,

Ce postulat de Kojève est, finalement, celui de tout libéral économique classique défendant les vertus de la concurrence au sein d'une économie libre. Afin qu'il y ait concurrence, il faut qu'il y ait une égalité, certes. Mais cette égalité des conditions, si elle se suffisait à elle-même, n'inscrirait ceux qui en bénéficient que dans un contexte politique et juridique bourgeois. Or, il est, ici, question de l'aristocratie. Le *meilleur* n'est pas seulement celui qui travaille ; il est aussi celui qui se bat (esprit chevaleresque) contre d'autres qui sont aussi des *meilleurs* ou des « champions » (à l'image, ainsi, d'une compétition sportive). N'importe qui (*égalité* et *liberté*) peut entreprendre – même des enfants peuvent le faire, comme nous pouvons l'observer sur les réseaux sociaux, sur Youtube et dans l'industrie musicale – et doit, alors, avec vaillance et persévérance, faire face à la concurrence féroce de laquelle il devra se *distinguer* et contre laquelle il ne devra jamais abandonner. La mort (que refuse de fuir le Maître aristocrate) devra alors être le seul frein au travail de l'entrepreneur. L'entrepreneuriat capitaliste favorisé par le libéralisme économique donne lieu à une innovation – fruit de la créativité de l'entrepreneur – qui exige que l'on se batte pour lui donner naissance, dans la mesure où, aux yeux de n'importe quel entrepreneur, la création et la maturation d'un projet jusqu'à sa finalisation sont une affaire de vie et de mort. La création a pour moteur une obsession passionnée. Afin de créer, nous devons être animés par un amour inconditionnel pour une certaine activité artistique. Bien que cet amour soit inéluctablement accompagné d'une grande souffrance engendrée par la difficulté sous-estimée du travail créatif. La création, pour aboutir, nécessite l'acceptation de l'échec, la persévérance et la patience ; elle est un véritable chemin de croix. Ainsi, abandonner son projet par manque de combativité et de persévérance sonnerait donc comme le début d'une vie remplie de regrets et dans laquelle nous demeurerions sans honneur (autre notion typiquement aristocratique). Pour le créateur, le pire n'est pas l'échec (qui est d'ailleurs valorisé par les entrepreneurs), mais le regret de ne pas avoir eu le courage de tenter ou d'avoir eu la faiblesse d'abandonner. L'égalité concurrentielle confère dès lors aux porteurs d'une morale aristocratique un avantage compétitif grandiose.

Le désir d'égalité dans une optique aristocratique est étonnamment défendu par les pauvres des sociétés libérales ; et ce cas est, d'ailleurs, criant aux Etats-Unis où les pauvres estiment eux-mêmes (davantage qu'en Europe) que la pauvreté est le résultat de la fainéantise et que bénéficier des aides de l'Etat s'apparente à un manque de volonté de créer des richesses par son propre travail. Le libéralisme – dans une logique à la fois égalitaire et aristocratique – fait miroiter aux pauvres les mêmes chances que le fils de riche d'être fortuné à son tour. Et le pauvre ayant la mentalité aristocratique ne semble, donc, pas vouloir bénéficier d'un traitement de faveur par rapport

---

Collection « Tel », 2007, p.274

au riche pour cette raison qu'il ne souhaite pas être traité comme un humble nécessiteux. En France, d'une certaine façon, ce phénomène est également visible avec le nombre relativement important de Français qui refusent de bénéficier d'aides sociales auxquelles ils ont pourtant droit, et ce, par volonté honorifique (ou par ignorance de leurs droits tout simplement) de ne pas dépendre de l'Etat, au même titre que les non-nécessiteux. Ils sont au même niveau que le « Maître » jouissant d'une liberté. En effet, en étant traités – lorsque nous sommes pauvres – de la même manière, par l'Etat, qu'un milliardaire (sans bénéficier, donc, d'une quelconque justice sociale), nous éprouvons assurément le sentiment que nous pourrons, finalement, réussir, d'*égale façon*, à être milliardaire un jour. Et, ainsi, notre fierté peut être alimentée, dans la mesure où nous ne serions pas reconnus officiellement comme des « pauvres » nécessitant l'assistance de l'Etat. En étant traités comme les riches, nous oublierions que nous sommes pauvres et nous nous percevrions, en plus, comme un riche potentiel. Mais dans des situations un peu plus parlantes, touchant aux expériences vécues par le commun des mortels, l'exemple des enfants est évocateur. L'enfance est même, pour nous tous, notre première expérience de justice de l'égalité dans une optique aristocratique. Les enfants qui, pour se prouver à eux-mêmes qu'ils sont grands et dignes de respect, souhaitent être traités à égalité avec les adultes ; ils désirent manger à leur table, essayer leur alcool, regarder les mêmes films qu'eux, etc. et refusent d'être traités comme des « petits » ; s'autorisant, d'ailleurs, eux-mêmes, à dire d'enfants plus jeunes qu'ils sont des « petits » ou encore des « bébés ». Le libéralisme économique, en prônant le droit égal pour tous à la jouissance de la liberté, pousse, à l'aide d'une *main invisible*, les individus à pencher vers des fantasmes aristocratiques ; ce qui tend, alors, à confirmer la conception que les anti et les contre-révolutionnaires se faisaient de la liberté, à savoir d'un totem dont les modernes se sont servis pour s'affranchir de Dieu, de toutes les créations naturelles qu'il leur a léguées et de la hiérarchie traditionnelle entre les humains qu'il est nécessaire de maintenir dans l'intérêt de toute la société. Le pauvre en désirant *l'égalité aristocratique* ne saurait, comme l'enfant, rester à sa juste place et est, donc, finalement, appelé à perturber l'ordre naturel de la société et l'équilibre du monde.

D'autre part, un grand paradoxe philosophique et politique existe en Occident depuis la Révolution française et qui est illustré par notre opposition et notre adhésion à l'aristocratie. L'Occident est tiraillé entre sa recherche de la démocratie et son maintien de la tradition aristocratique. Tantôt nous désirons des élites, tantôt nous les rejetons ; tantôt nous exigeons leur légitimité (reposant sur la reconnaissance de leur supériorité), tantôt nous rejetons leurs privilèges. En effet, lorsque le peuple souhaite des élites, il souhaite, dans le même temps, qu'elles soient traitées comme les citoyens lambda. Les citoyens, bien qu'ils recherchent des élites supérieures (car légitimes), souhaitent tout de même, de façon très contradictoire, s'identifier à elles ; ils souhaitent se voir en elles et ne pas se sentir inférieurs (et, plus précisément, se sentir complexés). Pourtant, même lorsque ces élites ressemblent au peuple, l'insatisfaction semble persister. Nous pouvons observer cet étrange phénomène avec le cas présent des « influenceurs », des coachs en développement personnel, des personnalités de télé-réalité ou encore des youtubeurs qui aspirent, sur les réseaux sociaux, à rendre leur vie privée [luxueuse] publique et à montrer à leurs *followers* qu'ils seront tous capables, un jour, d'acquérir le même train de vie s'ils travaillent dur pour réaliser leurs rêves. Cet intimisme avec les *followers* semble générer, chez eux, encore plus de mal-être et d'envie. Les citoyens lambdas tendent, en effet, à leur vouer une forme de grande hostilité teintée de jalousie et de mépris. Et cette hostilité existe, paradoxalement, en raison du fait que c'est précisément parce qu'ils peuvent s'identifier à eux qu'ils les haïssent de gagner autant d'argent. Ils sont en effet leurs égaux en tant que non talentueux, mais vivent comme des élites, grâce aux sommes d'argent astronomiques qu'ils peuvent gagner par mois et par année. Cette contradiction réelle entre cette proximité mise en place entre les *followers* et les créateurs de contenus web et la distance réelle entre leurs modes de vie parallèles rend ces influenceurs indignes de leur succès et de leur fortune. Par exemple, les Français ne remettent pas (ou plus) en cause la légitimité d'un footballeur international gagnant des millions d'euros par an, mais contestent celle d'un influenceur dont ils se demandent de quel talent a-t-il pu bien faire preuve pour mériter les sommes qu'il gagne. Nous reprochons, cette fois-ci, à cette élite économique (appelée, plus communément, un « modèle de réussite ») le fait qu'il soit possible de s'identifier ; et trouvons alors anormal le fait de ne pas être comme elle, c'est-à-dire riche et célèbre.

Mais plus étonnant encore, le peuple, en démocratie, semble avoir besoin d'une aristocratie, mais d'une aristocratie cette fois-ci malfaisante et faisant office d'oligarchie tyrannique contre laquelle il faudrait se battre pour recouvrer sa liberté. Et à ce propos, la multiplication des théories du complot, dans le monde occidental, l'atteste. L'incapacité des peuples à comprendre l'étendue de la complexité du monde qui les entoure conjuguée à leur désir et besoin de la comprendre dans son entièreté en raison du fait qu'ils sont des peuples souverains légitimes d'être informés de ce qui concerne leur nation aussi bien que leur monde les conduit à imaginer des stratagèmes [menés par des puissants] qui seraient élaborés contre l'ensemble de l'humanité. Ces derniers peuvent être les reptiliens, les Illuminati, les élites pédo-satanistes ou encore plus simplement les membres de « l'État profond ». Ne pouvant cumuler l'ensemble des informations pertinentes en politique, en économie, en finance, en écologie, en géopolitique, etc. et étant frustrés de cela, nous imaginons nous-mêmes l'existence d'une élite aristocratique agissant en oligarchie et dans un secret total. Si nous ne savons pas tout, c'est alors que l'on nous cache tout. En somme, si l'aristocratie n'existait pas, il faudrait l'inventer. Et lorsque le peuple l'invente, dans un esprit complotiste, c'est, finalement, pour mieux la rejeter et s'en libérer. Il espère ou fantasme son existence souterraine afin de donner une justification à son ignorance et à son impuissance politique et de se convaincre qu'il possède un esprit critique. D'ailleurs, cette liberté d'esprit serait, *a priori*, acquise grâce à une connaissance de cette Vérité dissimulée dont la connaissance fait de ceux qui la possèdent des êtres libres ou, plus spécifiquement, si l'on s'en tient au jargon complotiste, des êtres « éveillés ». Notre incapacité à acquérir l'intégralité du Savoir conduisant à la maîtrise de son environnement national ou mondial développe, dans l'esprit du peuple, un certain mysticisme dont la conséquence est la croyance dans une divinité ou dans l'existence d'une puissance occulte ; la méconnaissance du réel devant être compensée par une interprétation religieuse ou superstitieuse de celui-ci.

Mais quelle est la raison de cette ambivalence intellectuelle et politique au sujet de la démocratie et de l'aristocratie ? Tout d'abord, il semblerait que cette confusion mentale soit, d'emblée, liée à l'incapacité de définir les termes dont nous parlons. Qui sait réellement ce qu'est la démocratie ? Qui sait réellement ce qu'est l'aristocratie ? La connaissance, possédée par tous les citoyens, de la définition scolaire de la démocratie (« le pouvoir du peuple, par le peuple, pour le peuple ») n'est pas, pour autant, le signe d'une compréhension de la démocratie dans sa complexité ; et la définition de l'aristocratie qui n'est pas non plus comprise dans sa complexité, n'a même pas le privilège d'être connue dans sa stricte étymologie même. Pour l'aristocratie, nous ne sommes que dans des stéréotypes grossiers. Si nous demandons aux Français à quoi leur fait penser l'aristocratie, la population globale – éduquée ou non – pensera à une caste dotée d'une perruque blanche et d'une manière de parler très précieuse que les Français tentant de passer pour des individus raffinés et cultivés emploient, faisant preuve d'un mépris conséquent pour les « gueux » et étant des « bien nés », autrement dit, des privilégiés sans mérite et haïssables. Or, cette vision très négative de cet Ordre qui a tout de même connu une longévité très notable paraît être un jugement de valeur qui nous empêche de comprendre que son existence était utile, voire nécessaire, à la société. Au sujet du rôle nécessaire de l'aristocratie, Philippe Nemo, dans *Histoire des idées politiques dans l'Antiquité et au Moyen Age*, écrivait :

> « La gestion de l'Etat dépasse les capacités naturelles d'un seul ; mais elle est également trop complexe pour que la foule y comprenne quelque chose. L'aristocratie (le pouvoir des *optimates*) est donc un juste milieu entre l'insuffisance d'un

homme et l'aveuglement de la foule. ».[124]

Pour autant, ce rejet de l'aristocratie n'efface pas - et ne le peut - la dette immense que nous avons pour le système aristocratique et l'inégalité dans sa globalité. Lorsque nous voyageons – à l'étranger, comme dans notre propre pays –, les monuments que nous visitons sont principalement les lieux de culte. Les temples bouddhistes ou hindouistes, les grandes mosquées, les églises ou les cathédrales sont les monuments qui suscitent le plus notre émerveillement. Bien qu'étant dans cette idée très anticléricale, voire antireligieuse, que la religion est à l'origine des guerres et de l'asservissement, nous nous rendons bien compte qu'elle est également à l'origine des plus grandes merveilles de l'humanité - et la raison de toute cette beauté est, précisément, le fait que ces édifices religieux ont été construits en l'honneur d'un être supérieur et suprême : Dieu. Pour l'aristocratie, l'affaire est la même. Si nous ne visitons pas les lieux de culte, nous visitons les châteaux. Ainsi, les choses pour lesquelles nous nous émerveillons sont majoritairement le fruit de la noblesse et du clergé. D'ailleurs, les critiques acerbes faites en direction de l'Art contemporain sont, en ce sens, des critiques témoignant d'un rejet assumé de l'égalité, dans la mesure où les critiques dirigées contre l'Art contemporain (et surtout des arts picturaux et plastiques) reposent sur l'idée selon laquelle « tout le monde pourrait le faire » et que son appréciation ne relèverait que d'un pur snobisme (les amateurs d'Art contemporain se forceraient, pour se distinguer de la majorité, de voir dans les œuvres des subtilités qui, en vérité, n'existeraient pas ; juste pour paraître raffinés). Concernant le regard que nous portons sur l'Art, l'acceptation de l'inégalité est des plus visible. La nostalgie que nous pouvons avoir d'un monde aristocratique s'illustre par la nostalgie que nous avons de la primauté de l'esthétique sur l'utile perceptible dans l'architecture traditionnelle. Cette nostalgie de l'esthétique et le rejet de la laideur de l'architecture contemporaine des villes occidentales bétonnées s'inscrit dans une opposition faite entre la tradition et la modernité.

En démocratie, nous devons, dans la mesure du possible, satisfaire tous les citoyens en optant alors pour une impersonnalité maximale tant d'un point de vue politique (au nom de la défense et de la satisfaction du plus grand nombre) que législatif (par le caractère impersonnel de la règle de droit) et esthétique. Les bâtiments publics construits doivent être neutres, c'est-à-dire qu'ils doivent être dépourvus de choix esthétiques spécifiques ou d'inspirations idéologiques et religieuses. Même les couleurs neutres, telles que le blanc, le gris et l'écru sont celles qui sont utilisées. Et l'interdiction des motifs et des pierres taillées à des fins de représentations

---

[124]Philippe Nemo, *Histoire des idées politique dans l'Antiquité et au Moyen Age*, 1998, Ed Puf, Collection « Quadrige », 2007, p.484

de personnalités politiques ou religieuses est la démonstration de l'intérêt que portent nos démocraties pour la nécessité de rendre neutre tout ce qui touche au bien public. Pour autant, les peuples, eux, demeurent attirés par l'esthétique des maisons et des bâtiments traditionnels du passé. Cet émerveillement n'a, d'ailleurs, d'égal que le mépris affiché pour les bâtiments et les maisons « sans âme » de l'Occident d'aujourd'hui[125]. Et nous associons régulièrement cette évolution architecturale à un signe évident de la décadence occidentale. Cependant, nous ne prenons pas conscience à quel point cette esthétique des sociétés traditionnelles dont nous sommes nostalgiques n'était, en vérité, que le reflet d'une esthétique historique imposée, à une époque spécifique, par une élite religieuse et politique et donc, le reflet d'une hiérarchie que nous refuserions, aujourd'hui, de revoir. En cela, nous aimons, paradoxalement, dans le passé, ce que nous haïrions, si jamais les caractéristiques de ce même passé revenaient dans notre présent.

Suite à la Révolution, il a été, notamment par les anti et les contre-révolutionnaires, constaté avec mépris que les bourgeois tentaient de singer l'aristocratie, mais sans parvenir à être aussi *noble* qu'elle ; la bourgeoisie a longtemps eu la réputation d'être une classe sociale ayant une jalousie haineuse vis-à-vis de l'aristocratie (rêvant d'acheter, dès que possible, des titres de noblesse) et un mépris ignoble pour le petit peuple (mépris qui exprimait, au fond, une envie de prendre une distance [aristocratique] vis-à-vis de lui, et ce, afin de se rapprocher le plus possible de l'aristocratie). Et au sujet de ce même peuple, il a souvent été défendu, toujours par ces anti et contre-révolutionnaires, que celui-ci avait besoin d'une aristocratie ; mais qui le protégerait et le guiderait et non le mépriserait. Le goût pour l'aristocratie est inscrit, semble-t-il, dans la nature même des sociétés humaines. Et il l'est si bien qu'au sein même de la démocratie qui sanctuarise la liberté et l'égalité, nous observons, chez l'ensemble des citoyens (et non plus seulement chez les bourgeois), le désir d'être aussi nobles qu'un aristocrate et d'avoir un niveau de vie apparent similaire. D'ailleurs, ce mode

---

[125]Ce regret de la perte du sens du beau que les époques antérieures avaient conduit, d'ailleurs, les architectes contemporains à rechercher le mélange de la tradition et de la modernité. Le constat de l'absence de beau dans l'architecture [neutre] contemporaine nous force à prendre conscience de la nécessité de la beauté dans l'espace public (le public étant associé à la neutralité consensuelle). Sans compter que l'importance de plus en plus accrue accordée au bien-être nous invite à penser les vertus d'un environnement naturel (dans une perspective écologique de réconciliation de l'humain avec son environnement naturel) et esthétique afin que l'individu soit dans un environnement agréable à regarder et ayant, ainsi, une influence positive sur son bien-être psychique. L'humain doit se réconcilier avec la nature, mais aussi avec le beau qui donnerait, dès lors, une touche de merveilleux à ces bâtiments « dépourvus d'âme » (référence aux propos tenus par François Mitterrand lors de son allocution aux assises de « Banlieues 89 » à Enghien-les-Bains, sur les projets de rénovation urbaine, samedi 7 décembre 1985).

de vie aristocratique du luxe discret (contrastant avec l'affichage grossier des logos de grandes marques sur les vêtements et les accessoires qui caractérise la culture *bling bling* – ou, en français, « m'as-tu-vu ? » – des nouveaux riches issus des banlieues) et de l'héritage familial fait, actuellement, l'objet d'une grande mode ; mode que l'on peut aisément constater sur les réseaux sociaux. Il s'agit de la mode *old money* (signifiant littéralement « vieil argent » en français, mais signifiant réellement « fortune ancienne » en référence à la fortune héritée et d'une appartenance à un milieu social plus que bourgeois, c'est-à-dire noble) qui, depuis le début des années 2020, remplace la culture *street*. Le mode de vie aristocratique – de l'élégance, de la discrétion, du raffinement et de l'appartenance à une identité culturelle spécifiquement occidentale (l'idée de l'appartenance à une famille noble française très ancienne ou de posséder un domaine terrien au sein d'une région française depuis plus d'un millénaire rend la culture *old money* d'autant plus séduisante et élitaire tant sur le plan social qu'économique et civilisationnel) – devient alors populaire auprès des roturiers qui s'identifient de moins en moins à la vulgarité du *bling bling*, mais de plus en plus au *chic* et au raffinement incarnés par la famille occidentale traditionnelle cultivée, adepte des polos, du golf, du tailleur et vivant dans un manoir très ancien.

Dans la démocratie de « l'égalité des conditions », les citoyens ne sont plus inférieurs ou supérieurs à des citoyens d'une autre caste ou d'un autre Ordre par le simple hasard de la naissance. En revanche, ils sont appelés à devenir - par leur volonté et leur travail - supérieurs *socialement* à leurs égaux ou, à l'inverse, à reconnaître et à accepter leur infériorité sociale par rapport à eux. En démocratie, la légitimation de cette hiérarchie sociale est uniquement le travail (et, par là, le *mérite*) en tant que source de l'accomplissement personnel et de la démonstration publique de sa propre valeur. Nous devons, dès lors, accepter que si l'autre est supérieur à nous, cela est uniquement dû à sa quantité supérieure de travail dont nous devrions nous inspirer afin de devenir comme lui en tant qu'il est notre égal en termes de capacités [à réussir sa vie] et de chances.

*

La souveraineté nationale protège le peuple d'une ingérence ou d'une domination étrangère et la souveraineté individuelle protège l'individu d'une possible tyrannie de la majorité. La souveraineté (populaire et nationale) est défendue car nous partons, d'abord, du présupposé que les nations, les peuples et les individus sont avant tout égaux. Cependant, si cette liberté ne peut être entièrement acquise, étant donné les déterminismes multiples qui nous brident, celle-ci doit ainsi être démontrée. Et elle ne peut l'être qu'en étant, finalement, ostentatoire par le biais de cet outil bien connu qu'est la *distinction.* Cette *distinction* doit être, non pas motivée, mais alimentée et maintenue par un sentiment de supériorité légitimant, ainsi, un choix de vie individuel par le fait qu'il serait « mieux que celui des autres » ; sans ce sentiment de supériorité, nous douterions constamment de notre vie, tenterions toutes les combinaisons possibles (en termes de choix d'existence) et ne ferions, finalement, aucun choix définitif donnant un sens minimal à notre vie. Ainsi, cette *distinction* visant à démontrer sa liberté vis-à-vis d'autres nations et d'autres citoyens desquels nous nous sentirions supérieurs peut alors exister, même au sein des démocraties. Le peuple et les citoyens qui le composent gardent un fond aristocratique ; ils peuvent, avec succès ou non, chercher à se distinguer et, en cela, espérer toucher du doigt une relation hiérarchisée (qui leur serait alors favorable) avec les autres citoyens desquels, pourtant, ils estiment être leurs égaux en droits et en dignité. L'attachement à l'égalité est proclamé, mais le goût sulfureux pour l'inégalité entre autrui et soi reste alors un fantasme qui relève encore de l'inavouable. Pourtant, ce fantasme s'avère, toutefois, perceptible dans le fait que les individus cherchent – afin de démontrer leur valeur – à se distinguer, non pas du peuple ou de « la masse » (comme c'est le cas des aristocrates et des « élites »), mais « des autres » et de ce que nous appelons grossièrement « la société ».

La *distinction* chez le peuple

Pour introduire, le terme « distinction » a été popularisé par le sociologue Pierre Bourdieu dans son essai *La distinction* paru en 1979. Dans cet ouvrage, la thèse défendue est que le goût est, d'une certaine manière, comme l'opinion ; il n'est pas omniscient. Il s'inscrit dans tout un déterminisme social et culturel complexe ayant constitué, au fil du temps, ce que Bourdieu appelle un *habitus* qui est la manière inconsciente dont un individu se comporte en fonction de son appartenance à une classe sociale (le sous-titre, en cela, est très évocateur dans la mesure où il s'intitule : « critique sociale du jugement » ; tout l'intérêt du livre figure dans le terme « sociale »). La distinction, selon le sociologue, se basait sur trois types de consommation : « alimentation, culture et dépenses de présentation de soi et de représentation (vêtements, soins de beauté, articles de toilettes, personnel de service) »[126]. La classe bourgeoise *méritocrate* – cette « noblesse d'État », pour reprendre le titre d'un autre livre de Pierre Bourdieu *La noblesse d'État* paru en 1989 – , se distingue par ses « goûts de luxe » qui s'opposent aux « goûts de nécessité » des classes populaires et des classes moyennes inférieures. Et cette *distinction* correspond bien, en effet, au simple « fait d'être distinct, d'être

---

126 Pierre Bourdieu, *La distinction*, 1979, Ed de Minuit, Collection « Sens commun », p.204

séparé » dans la mesure où, lorsqu'elle s'inscrit dans un phénomène socio-économique global, cette réalité sociologique permet à une classe sociale supérieure d'avoir accès à une culture « légitime » (que nous appelons « culture académique » et qui est une culture à laquelle les autres classes sociales n'ont pas accès pour des raisons économiques, de codes sociaux et de références culturelles), développant, chez elle, un goût pour le « distingué » et non pour le « commun » et le « vulgaire », et ce, principalement, grâce à deux marqueurs culturels que sont le savoir et le « sens esthétique ».

Mais le peuple peut-il aussi chercher à se *distinguer* ? Nous avons vu, précédemment, qu'il pouvait, à propos du regard que nous portions sur les droits humains, y avoir, en démocratie, une scission entre une aristocratie officieuse favorable à une démocratie garantissant, *sans* conditions, les droits humains et une plèbe favorable à une démocratie garantissant ces droits, mais *sous* condition. La défense des droits humains *sans* conditions est une défense purement aristocratique, dans la mesure où nous choisissons de ne pas répondre à un acte criminel par des actes tout aussi criminels (logique égalitaire du *talion*), la raison étant que nous aspirons à être au-dessus des criminels, et ce par notre éthique anti-meurtrière et non-violente (logique de supériorité). Il y a dans cette logique la notion sous-jacente de *supériorité* ; nous refusons, par exemple, de tuer des terroristes parce que nous ne sommes pas *eux* et que « *nous valons mieux* ». Non seulement, « nous valons mieux » que les êtres violents, mais en plus « nous valons mieux » que ceux qui estiment légitime de leur répondre d'une manière tout aussi violente. Selon cette logique, ces derniers seraient, finalement, aussi barbares que les criminels. Mais pour ce qui est du rapport que l'individu entretient avec la société, le sentiment aristocratique existe aussi bien. Il ne se manifeste pas par l'objectif d'adhérer à une caste de « prestigieux », mais par la certitude que se démarquer des autres – autrement dit, de revendiquer son unicité – serait une façon d'affirmer sa supériorité. Le désir « de ne pas être comme tout le monde » est le désir purement aristocratique propre à l'individu au sein de la démocratie moderne. Dans nos démocraties occidentales, bien que celles-ci soient, depuis maintenant deux siècles, basées sur l'*a priori* évidente opposition entre « aristocratie » et « démocratie », la distinction aristocratique qui semble, comme nous l'avons vu plus en haut, perdurer tend, à notre plus grand étonnement, à atteindre le peuple qui, à l'image du peuple japonais décrit par Kojève, est atteint, dans sa majorité, d'un « individualisme snobe ».

La démocratie peut être empreinte d'un fond aristocratique qui s'illustre par la distinction, non pas tant d'un Ordre, comme la noblesse ou d'une classe sociale, comme la bourgeoisie, mais des individus eux-mêmes vis-à-vis de leurs concitoyens. Le « droit à la différence » qui est apparu avec l'idéologie différentialiste des années 1970 s'est inscrit dans l'idéologie libérale qui, en ayant donné lieu à un système libérateur des talents naturels de tous les individus, fut, d'une certaine façon, un libéralisme aux allures aristocratiques. Or, une fois encore, le libéralisme est double : politique et économique. Pour le premier (le politique), il s'est aussi bien enraciné à gauche qu'à droite, même si l'idée reçue veut qu'il soit l'apanage de la gauche. Seulement, la gauche et la droite y ont adhéré dans un esprit radicalement différent. Pour le cas de la droite, celle-ci tend à défendre les droits humains dans un esprit d'indifférenciation, tandis que pour le cas de la gauche, il est davantage question de défendre ces droits humains avec une tendresse très marquée pour les différences propres à chaque individu. Pour le libéral politique de droite, les droits des homosexuels doivent être respectés, en raison du fait que « les homosexuels, après tout, font ce qu'ils veulent de leurs fesses et que cela ne regarde personne ; l'État ne peut intervenir » ou encore celui-ci sera enclin à se dire « blind color » (aveugle à la couleur) et donc immunisé contre les tendances discriminantes, alors que pour le libéral politique de gauche, les droits des homosexuels doivent être respectés en raison du fait que les homosexuels, en tant qu'êtres porteurs d'une différence [sexuelle] et minoritaires, ont, quelque part, une valeur ajoutée à apporter à la société, et ce, au même titre que les noirs ou les arabes qui, en tant que Français ayant une couleur et une culture, différentes sont « une chance pour la France » (expression tirée de l'ouvrage de Bernard Stasi *L'immigration : une chance pour la France* paru en 1992). En ce sens, le libéral politique de droite, dans son indifférence, s'inscrit dans une idée qu'il faille regarder « tous les citoyens de la même manière » (indépendamment des différences de contexte) et, donc, en soi, dans une logique purement égalitaire et démocratique ; et le libéral politique de gauche, dans son exaltation de la différence en tant qu'elle apporterait un « plus » à la société, s'inscrit dans une logique aristocratique puisqu'il instaure une hiérarchie entre le différent (supérieur) et l'ordinaire (inférieur). Et pour le second (libéralisme économique), il s'est, lui aussi, tant enraciné à gauche qu'à droite et n'est pas, contrairement à l'autre opinion répandue, l'apanage de la droite. Cependant, c'est à la gauche, cette fois-ci, de s'inscrire dans un esprit purement démocratique. Lorsque le libéral de gauche défend le libéralisme économique, il le défend dans un esprit social-démocrate de compromis entre le capitalisme libéral et le socialisme, système permettant que les richesses accumulées grâce à l'économie de marché soient redistribuées en faveur des plus modestes afin de permettre l'*égalité* [démocratique] des chances ; dans l'objectif que tous les citoyens aient les chances égales d'accomplir leur vie. Or, pour le libéral [économique] de droite, ce type de libéralisme est une nécessité en ce sens qu'il permet la libération des forces vives de la société qui, à l'aide de leur talent et de leur créativité ainsi que de leur capacité de travail, seront en mesure de créer, en toute liberté, des richesses et des services, dans l'intérêt de ceux qui n'en sont pas capables. Le libéral économique de droite s'inscrit, ainsi, dans une perspective aristocratique de libération des forces vives, dans l'intérêt des *inaptes*.

Mais pour ce qui est du peuple et des individus qui le composent, nous pouvons observer le fait notable qu'aucun individu n'a, dans une société individualiste, le réel sentiment d'appartenir au peuple. Au contraire, chacun paraît ou bien vouloir s'en distinguer ou bien avoir le sentiment de le subir. Mais dans tous les cas, l'individu éprouve le sentiment et la volonté de ne pas être associé à lui ; les raisons étant aussi bien le snobisme que la volonté d'être reconnu en tant qu'individu doté d'une identité particulière. Identité rendant ainsi l'individu qui en est porteur émancipé des identités globales et génériques que sont, par exemple, les identités populaire et nationale. Et l'illustration la plus évidente de ce combat entre l'identité particulière et l'identité globale est la création de ce bouc-émissaire qu'est « la société ». Lorsque nous disons « c'est la société » (suivi d'une description péjorative), « les gens sont... [méchants, bêtes, intolérants] » ou que nous parlons de la « connerie humaine », nous oublions que nous sommes nous-mêmes une incarnation de cette fameuse société aux yeux de quelqu'un d'autre pour qui nous ferions parti, nous aussi, de ces « gens qui jugent » ou de « ces gens qui sont bêtes » et que lorsque nous parlons de la « connerie humaine » au moment où nous voyons des personnes qui nous affligent, nous oublions, à ce moment précis, que nous appartenons nous-mêmes à cette même humanité « conne ». Et, d'ailleurs, lorsque nous évoquons, avec indignation, la violence du « regard des autres », c'est aussi, dans un certain sens, de notre regard [toxique] sur les autres dont il est question. Nous nous croyons, avec beaucoup d'arrogance, séparés de la société, lorsque nous la critiquons.

Avec le développement des combats sociétaux, à partir des années 1960, tels que les combats antiracistes, féministes, LGBTQ+, etc. il est devenu plus que commun de lutter contre les clichés et les stéréotypes sur lesquels se basent ces haines et ces intolérances. D'ailleurs, ces divers « rejets de l'autre » qui sont observés comme le fruit de l'ignorance poussent les individus à adopter un snobisme visant à démontrer une intelligence supérieure à celle d'une majorité (purement théorique) qui serait restée coincée dans ces clichés idiots (« les autres » sont intolérants et ignares, « tandis que moi, jamais ! »). La femme ayant des amis homosexuels, le blanc ayant des amis « colorés » ou encore l'intellectuel fréquentant des paysans et autres travailleurs manuels affirmeront qu'ils sont ouverts d'esprit et que, contrairement à la majorité des Français qui resteraient encore empêtrés dans leurs clichés éculés, ces premiers ont dépassé, par leur intelligence (que nous associons à l' « ouverture d'esprit ») et leur culture, les idées reçues qui ont fait lois pendant des siècles et desquelles ils se sont libérés (alors que la majorité en serait restée prisonnière). Le « moi, je suis [tolérant, éduqué, etc.] » est alors implicitement suivi d'un propos dégradant à l'endroit de l'ensemble de la société ; le « moi, je suis » signifie, de fait, « moi, je ne suis pas comme les autres [qui sont intolérants, imbibés de clichés et ignares »].

Toutefois, le citoyen ne cherche pas seulement à se sentir supérieur à « la société », il cherche également à s'en éloigner, voire à s'en affranchir. L'individualisme démocratique fait que le citoyen d'un pays démocratique, lorsqu'il se retrouve à l'extérieur de son pays, ne se vit ni comme un membre de ce pays ni comme un membre du peuple qui le compose. Si un Français va en Inde et que les Indiens lui disent du bien ou du mal de la France, ce citoyen français ne se sentira visé personnellement ni par les compliments, ni par les insultes. Il se sentira « lui-même » et, dans cette mesure, au-dessus et en dehors de toutes ces considérations que l'on peut avoir pour son pays, tandis qu'à l'inverse, le Bangladeshi – vivant, au Bangladesh, dans une société collectiviste – se sentira aussi bien flatté si l'on lui dit du bien de son pays (il répondra clairement « merci ») qu'insulté personnellement si jamais nous en disons du mal. D'ailleurs, les sociétés démocratiques individualistes sont les sociétés dans lesquelles la culture aristocratique des citoyens se traduit par le mépris du collectif national et l'adhésion à la citoyenneté mondiale. Le barbare contemporain n'est plus le barbare du XIXe siècle qui n'était pas parvenu à passer de l'état de nature à l'état de culture. Le néo-barbare est celui qui est resté à l'état de culture et qui, donc, n'est pas parvenu à passer à l'état *universel* ; le civilisé contemporain, quant à lui, est le citoyen se sentant appartenir à une « citoyenneté mondiale ». Et ce clivage, présenté par le sociologue Christopher Lasch, est celui entre les *somewhere* (les citoyens qui sont de quelque part) et les *anywhere*[127] (les citoyens qui sont de partout, c'est-à-dire du monde). La particularité de la revendication de la « citoyenneté mondiale » est qu'elle est, en tant qu'identité pouvant être proclamée par *tous*, la démocratisation d'une habitude sociale, à l'origine aristocratique et bourgeoise, qu'est la *mondanité*. Le citoyen d'un pays démocratique, qui qu'il soit (pauvre ou fortuné), peut, pour se démarquer des autres et démontrer son honorabilité, se proclamer « citoyen du monde » sans avoir besoin d'intégrer un cercle privilégié d'élites mondaines. Bien que l'autoproclamé citoyen du monde soit pauvre et n'ait, donc, pas des moyens économiques compatibles avec ses idées politiques (il ne peut, par exemple, pas voyager et se constituer ne serait-ce qu'une communauté amicale mondiale et, encore moins, une communauté d'intérêts politiques et économiques [mondiale]), ce dernier peut gagner en considération sociale. Il devient, par cette identité revendiquée, un citoyen reconnu comme « éduqué », « tolérant », « ouvert d'esprit », « modéré » (les patriotes et les nationalistes étant perçus comme des individus fermés sur le monde et extrémistes) et, par la même occasion, « fréquentable » ; du moins, selon les critères de la « bonne société ». Se distinguer du peuple, en tant qu'individu et/ou citoyen, est à la fois comparable à un acte de bravoure (dans la mesure où nous risquons d'être critiqué et impopulaire) et à un acte de raffinement (dans la mesure où l'incompréhension « des autres » signifierait qu'ils ne seraient pas assez émancipés et fins [intellectuellement], voire avant-

---

127 Voir *La révoltes des élites et la trahison de la démocratie* de Christopher Lasch (1995)

gardistes pour accepter notre identité complexe ou encore saisir notre pensée profonde). L'individualisme snobe s'inscrit dans la démarche de déplaire pour se plaire et se convaincre que notre différence n'est pas un signe de marginalité, mais bien de supériorité.

Le goût pour la distinction populaire est, finalement, illustré par le désir ou l'autosatisfaction d'être minoritaire. Cette condition sociale de minoritaire devient alors, aux yeux du citoyen, la démonstration de sa supériorité intellectuelle sur la masse « ignorante » de laquelle il doit se protéger. L'individu doit être protégé de la majorité socialement discriminante par un État *légalement* inclusif [au nom de l'égalité des êtres humains], mais cherche à se distinguer de la majorité en se créant une manière d'être ou de penser qui, parce qu'elle ne sera pas encore connue du reste de la société, provoquera de l'incompréhension, voire de l'hostilité. Et cette hostilité doit, *in fine*, logiquement conduire à une protection juridique (à l'aide de lois protégeant les noirs, les juifs, les trans, les gays, etc.) et à une « sacralisation des victimes ». Le rationalisme et le scientisme dans lesquels baigne l'Occident moderne depuis, maintenant, deux siècles, nous inscrivent dans une grille d'analyse favorable à la tyrannie de la minorité et, par extension, à la sacralisation de la victime. En effet, n'étaient-ce pas des hommes de science comme Copernic et Galilée qui ont été persécutés par le pouvoir du fait de leur opposition aux croyances religieuses de leur époque ? Les homosexuels ou encore les femmes n'ont-ils pas non plus été victimes de discriminations légitimées par la tradition religieuse ? La religion, face à la science, a, semble-t-il, eu tort de nombreuses fois. Tout groupe qui a été opprimé par le passé est, aujourd'hui, regardé comme un groupe dont le combat a été héroïque et admirable – les parias du passé sont les exemples du présent. Ainsi, tout groupe minoritaire (ancien ou nouvellement créé) pourrait légitimer sa présence et revendiquer ses droits au nom du fait que le rejet dont il serait victime de la part de la société serait comparable au rejet dont ont été victimes d'autres groupes sociaux par le passé. De plus, le scientisme culturel, en Occident, conduit à la disqualification des idéologies politiques et, même, des courants esthétiques dominants. Des personnalités politiques contemporaines voient dans l'ostracisation dont elles sont victimes – notamment au sein des médias – la preuve qu'elles disent la vérité et qu'elles bousculent l'idéologie dominante, comme l'ont pu faire, par le passé, des dissidents soviétiques comme Sakharov ou antifascistes comme Gramsci. Et de grands artistes qui ont pu être méprisés et non reconnus, de leur temps, par une élite artistique qui, finalement, n'a pas été assez avant-gardiste pour identifier leur talent, deviennent des références rassurantes pour tout artiste contemporain ne jouissant pas de la gloire dont il estime être méritant ; cet artiste contemporain n'est pas reconnu, de son vivant, comme ce fut, après tout, le cas, par exemple, de Van Gogh à son époque. La condition de minoritaire opprimé par la majorité - pour des raisons religieuses, politiques ou sociales - est, alors, dans la « société libre et ouverte », la preuve que l'on est dans le camp de la vérité et de l'avant-gardisme. A l'inverse, les oppresseurs seraient dans le camp du simplisme, de l'aveuglement idéologique et religieux et dans l'incapacité à penser plus loin que leur époque. En d'autres termes, la totale autorité de la science, dans notre Occident scientiste et rationaliste, nous invite à ne reconnaître aucune autorité légitime et compétente pour contester notre talent et notre prétention à être « au-dessus du lot ». La science faisant ainsi Loi, si celle-ci n'est déjà pas en mesure de déterminer (de manière définitive) qui a du talent artistique et qui détient la vérité politique, alors personne d'autre que nous ne pourrait prétendre savoir qui nous sommes et quelle est notre valeur. Même les spécialistes et les élites ont perdu tout crédit. La valeur d'un individu est ainsi déterminée (et déterminable) par la simple appréciation de ce même individu en tant que seul et unique concerné[128].

La *distinction*, chez le peuple, ne traduit pas l'existence d'une classe populaire qui serait, à l'origine, supérieure [à d'autres peuples, sûrement] pour des raisons d'élection divine ; seulement, elle traduit l'existence d'une classe nationale-populaire au sein de laquelle tous les membres seraient, à l'origine, égaux, mais tendraient à rechercher, individuellement, une supériorité officieuse sur le reste du peuple. Ce persistant rejet de l'égalité semble s'exprimer ou bien par une recherche de l'homme fort ou bien par une affirmation de sa prétendue supériorité sur le reste du peuple par le biais d'une *distinction* de l'*être* et de la *pensée* vis-à-vis de la société dans laquelle, par snobisme, nous refuserions de nous reconnaître.

128 Dans les pays occidentaux où la pensée *woke* se développe, un principe est défendu de manière récurrente, celui de donner la parole aux « concernés ». Alors que, pendant longtemps, les « hommes blancs hétérosexuels riches » avaient le monopole de la parole et qu'ils étaient les seuls à pouvoir s'exprimer, et ce, sur tous les sujets, y compris sur ceux qui ne les concernaient pas directement et qu'ils ne maîtrisaient pas, des mouvements communautaires ont jugé juste que les minorités parlent d'elles-mêmes et pour elles-mêmes. L'avortement ne doit pas exclusivement être débattu par des hommes, mais aussi et surtout par des femmes ; des personnes blanches n'ont pas à dire ce qui relève du racisme et ce qui n'en relève pas – seuls les non-blancs seraient habilités à le faire – ; et il est objectivement indécent que des non-musulmans parlent de l'islam, du voile, de la *charia* sans que des musulmans ne soient là pour leur expliquer leur religion et la signification de leur accoutrement vestimentaire. Cette idée a donné lieu à des réunions « non-mixtes » dans lesquelles seuls les concernés (les femmes, les noirs, les musulmans, les homosexuels) pouvaient parler de leur souffrance au sein de la société avec des personnes qui, de fait, seraient susceptibles de les comprendre. En cela, la notion de « concerné » est une notion fondamentale si nous voulons comprendre l'individualisme contemporain

Le refus de l'égalité

Être l'inférieur d'untel à condition d'être le supérieur d'untel autre

Pour revenir à la question : « Comment rendre la supériorité légitime et donc juste ? », nous devons déjà nous mettre d'accord sur ce à quoi nous renvoyons la notion de supériorité. À la naissance ? À la richesse ? Au diplôme ? Or, que faire du bien-né bon à rien dont on sait qu'il doit toute sa carrière à son père ? Que faire de l'homme qui a fait sa richesse sur le trafic de drogues ? Et que faire du citoyen surdiplômé apte à gérer la nation de par sa maîtrise de la science administrative, mais incapable de la gouverner et de la guider en lui ouvrant les portes d'un futur qu'il aurait le génie de conceptualiser en tant que leader ? La supériorité, en somme, ne peut être légitimée que par la religion ; sans la rendre légitime par la volonté de Dieu, celle-ci serait trop aisément contestable. En ce sens, la supériorité la plus légitime serait celle consistant à devenir un Créateur moral. Est supérieur l'être qui, en plus d'être ingénieux, est doté d'un sens moral extrêmement fort ; il est à la fois créateur et brave. L'être supérieur est destiné à faire régner le bien en assistant les humbles, dans l'objectif d'améliorer leur condition, voire de les sauver. Il est, par ces caractéristiques, humain et divin.

Or, s'investir de la mission de sauver autrui est un engagement aristocratique naissant du constat que les autres ne peuvent se sauver eux-mêmes et qu'ils nécessitent de notre détermination [morale et désintéressée] à changer le monde pour le bien de tous. Mais si les humains, dans leur majorité, ne peuvent se sauver eux-mêmes, comment imaginer qu'ils puissent, alors, prendre leur propre vie en main et être aptes à prendre des décisions pour l'ensemble de la *cité* ? Les Dieux, les empereurs, les rois, les autocrates ou encore les leaders religieux ont constitué, dans l'histoire, la quasi-totalité des guides des sociétés humaines. Aucune société à grande échelle ne s'est construite sur le pouvoir du plus grand nombre. En ce sens, la démocratie libérale qui a constitué, à la seconde moitié du XXe siècle, un bouleversement politique majeur dans l'histoire de l'Occident (mais aussi du monde) est appelée, à notre époque, à disparaître progressivement et à laisser la place à un ancien régime politique et à un nouveau système. Suite à 70 ans de libéralisme, d'égalitarisme et d'individualisme, les peuples occidentaux expriment, aujourd'hui, le désir de retrouver, dans la politique, les bienfaits de la hiérarchie.

Dans un contexte d'immigration « de masse », le sentiment qu'il serait plus louable de privilégier sa patrie au reste du monde ou bien ses concitoyens aux étrangers progresse. Dans un contexte de baisse de la natalité européenne, les idéologies natalistes contraignant les femmes à être des ventres destinés à la procréation refont surface. Les droits des étrangers passent après les droits des nationaux et le droit à la vie (de nouveaux-nés en l'occurrence) passe avant les droits des femmes à disposer de leur corps. Et l'analyse peut aussi bien être faite sur les questions socio-économiques ; l'appauvrissement des populations européennes (que nous constatons au regard, notamment, du déclin des classes moyennes) dégénère, comme en France, sur une hostilité grandissante à l'égard des aides sociales qui permettraient à des « assistés » d'avoir, finalement, le même train de vie que des travailleurs pauvres. Les citoyens qui ne travaillent pas ne devraient plus qu'avoir le choix entre devenir des « machines à produire » contraintes d'occuper les premiers emplois qui leur sont proposés, et ce, dans le but d'être « utiles à la société » et vivre en dehors de la société, c'est-à-dire se retrouver sans-abris. Le système des allocations sociales est de plus en plus contesté au profit d'une culture du *marche* (vers l'emploi) *ou crève*. Les droits [humains] économiques et sociaux relatifs, en France, à *l'égalité et à la non-discrimination* et, plus spécifiquement, à *la lutte contre la pauvreté et les exclusions* voient leur existence être contestée et menacée, en cas de crise économique.

Ainsi, le retour de la hiérarchisation des individus, des communautés et des peuples s'opère par l'infériorisation de groupes par d'autres, mais également par le fait de fantasmer l'arrivée de l'homme fort. Notre ère est alors plongée dans une idéologie de la réaction. Et cette affirmation de la réaction semblerait ou bien sonner comme la réapparition d'une nature autoritaire et hiérarchique – propre à l'humain – qui, après avoir été chassée par la démocratie libérale, reviendrait au galop avec la démocratie illibérale ou bien par ce que certains intellectuels occidentaux appellent « *l'âge de la régression* »[129]. L'humain, par ce retour politique, reviendrait à son essence ou serait en pleine régression intellectuelle, morale et philosophique. Pour autant, ce constat de la perte d'enthousiasme pour la démocratie signifie-t-il que toutes les valeurs de la démocratie seraient appelées à disparaître intégralement ? La démocratie illibérale qui, semble-t-il, nous est promise ne pourrait-elle pas, toutefois, nous pousser vers une autocratie qui soit *a minima* libertaire ? Ou une démocratie illibérale n'est-elle condamnée qu'à être une non-démocratie menaçante pour la garantie des droits et des libertés

[129] Titre de l'ouvrage collectif *L'âge de la régression* dirigé par Heinrich Geiselberger et paru en 2018. L'objectif de cet ouvrage de recherche est d'étudier la montée en puissance des partis autoritaires et nationalistes dans le monde entier. Le mot « régression » fait référence au fait que ce retour de l'autoritarisme serait, en somme, un retour en arrière.

? [130]En somme, la démocratie a-t-elle le monopole du respect de la dignité humaine ?

En effet, sans envisager la vertu d'un nouveau régime totalitaire faisant du pouvoir politique un pouvoir exerçant une puissance totale sur tout ce qui touche à la vie sociale, il s'agirait d'envisager une domination des êtres supérieurs créateurs-moraux reposant sur la propriété. Et par propriété, nous entendons l'appropriation de toute une cité dans laquelle les citoyens seraient locataires, mais pas dépourvus de libertés pour autant. Ce qui fait que notre conception de la propriété romprait avec la philosophie libérale qui repose sur l'idée selon laquelle la liberté ne serait réelle que grâce à la propriété privée. En effet – si nous prenons un exemple –, des habitants vivant dans un immeuble (appartenant à un seul et même propriétaire) seront-ils contraints de choisir la même décoration, de regarder les mêmes programmes-télévisuels, de prier le même Dieu ou encore d'avoir les mêmes valeurs ? La réponse est non. Le propriétaire, s'il est par exemple un adhérent du parti communiste, a-t-il le droit, dans une société libre, d'interdire à ses locataires de voter pour un parti politique capitaliste et libéral, d'acheter des *nike* ou d'aimer les États-Unis ? A-t-il le droit, même, d'imposer à ses locataires une pensée unique ? Une fois encore, non. Et la raison est qu'une loi au-dessus du propriétaire existe et qu'elle garantit une protection au locataire. Toutefois, cela pourrait-il être de même pour le citoyen au sein de sa cité ? Si la réponse est oui, la société démocratique pourrait, nous pouvons l'imaginer, être aussi libérale que l'appartement dont la location est encadrée par des lois (issues du Droit du logement et du *Code des baux*) limitantes pour le propriétaire et protectrices pour les locataires. Enfin, si des aristocrates reconnus socialement et juridiquement n'ont comme possibilité que d'être propriétaires de villes – les maisons des citoyens, comprises – alors il sera possible pour les citoyens de s'assurer que, d'un point de vue

---

[130]Par exemple, au Salvador, la répression des mafieux par le Président plébiscité Nayib Bukele (Président depuis 2019) a été justifiée par le fait que ces criminels portaient atteinte à la dignité des citoyens salvadoriens. Ainsi, cette dignité des honnêtes gens ne pouvait être respectée que par le bafouement de la dignité des mafieux dont les droits humains ne peuvent pas être respectés si l'on veut mettre fin au narcotrafic. Cette répression a été faite au nom des droits humains, mais seulement des droits humains des honnêtes gens. Cependant, à partir de 2021, le Président Bukele a annoncé qu'il n'y aurait ni avortement ni mariage gay, sans compter que les personnes transgenres continuent d'être victimes de discriminations, de répression sociale et d'inégalité de droits. Ainsi, Nayib Bukele aurait-il menti en affirmant son attachement aux droits humains (exception faite aux criminels, selon lui) ? Ou son traditionalisme et son conservatisme faisant des minorités sexuelles et des femmes des personnes étant exclues de l'universalité des droits humains ne seraient, finalement, que la pente naturelle de tout régime autoritaire ? Après tout, les trans, les gays et les femmes ne sont-ils pas en soi des « honnêtes gens » ? Ce phénomène pourrait alors renforcer l'idée que tout régime, à partir du moment où il touche à la bouteille de l'autoritarisme – même à l'égard des monstres les plus inhumains – continuera, progressivement et naturellement, à sombrer dans l'alcoolisme le plus glauque de l'autoritarisme à l'égard de personnes pourtant qualifiables de moralement humaines et dignes de respect.

matériel, le minimum vital leur sera garanti. Ainsi, ils ne seront détournés d'aucune autre question que celle du libre choix de leur existence. Leurs bonnes conditions matérielles étant assurées et leur vie conservée, les citoyens pourraient, dès lors, s'attarder à ce qui pourrait leur permettre de se développer. Et de par ce bien-être acquis, ils deviendraient d'autant plus libres de choisir leur vie et leur existence.

Le problème fondamental de la démocratie : le narcissisme

Le fléau de nos sociétés démocratiques et libérales que nous dénonçons n'est plus le collectivisme menaçant de brider la singularité des individus, mais, au contraire, l'individualisme du « *moi, je* ». En effet, il est question désormais de dénoncer les revendications des minorités et des individus qui, au nom de leur quête d'indépendance et d'unicité, choisissent de se distinguer le plus possible de la société en prenant, pour prendre l'exemple de Jérôme Fourquet dans *L'archipel français* (2019), des prénoms très originaux n'ayant aucun lien avec l'histoire et la culture françaises – voire avec leur propre histoire familiale[131] –, en déclarant ne pas avoir de genre prédéfini (en s'identifiant comme *trans* ou « non-binaire ») ou encore en décidant de rompre avec toute attache patriotique, et ce, au profit d'une citoyenneté mondiale. La rupture avec les codes, les traditions, les conventions et, par là, les conformismes sociaux est un trait spécifique du narcissisme des sociétés démocratiques et libérales, en Occident. Narcissisme suscitant le mépris en dehors de l'Occident aussi bien que l'inquiétude au sein de l'Occident lui-même.

Le narcissisme a comme conséquence, lorsque celui qui le porte n'obtient pas le résultat qu'il mérite compte-tenu de ce qu'il estime valoir, le développement de ce que nous nommons en psychanalyse : la « blessure narcissique ». C'est d'ailleurs le propos de Cynthia Fleury dans *Les pathologies de la démocratie* (2005) de faire de cette notion psychanalytique la question centrale de toutes les pathologies démocratiques. En effet, il est principalement question du fait que ce qui ronge la démocratie est la vexation narcissique suivie du ressentiment de citoyens peinant à gérer leur frustration dont l'origine est le grand écart qu'il y a entre la vie à laquelle ils s'attendaient et leur vie réelle. Son propos était précisément le suivant :

> « Si l'individu des démocraties naissantes a dû, pour

131 Jérôme Fourquet, *L'archipel français*, 2019, Ed Points, Collection « Points essais », 2020, p.85-86

> s'émanciper, s'imaginer 'génial', il doit désormais accepter de ne pas l'être, sans en éprouver de choc traumatique. En d'autres termes, ce qui 'émancipe' l'individu dans les démocraties adultes, c'est le détachement qu'il opère vis-à-vis du fantasme de l'artiste. Se penser 'génial' participe davantage, aujourd'hui, d'une dynamique entropique de la société que de son élan réel. Pour l'individu, s'émanciper passe donc par le deuil de son génie et l'invention non artistique de son épanouissement. »[132]

En effet, le mal, semble-t-il, inhérent à la démocratie qu'est le narcissisme est, en réalité, un mal foncièrement anti-aristocratique. La présence d'une aristocratie est même un antidote au développement du narcissisme néfaste à la cohésion sociale. En effet, même lorsque nous ne sommes pas des aristocrates, nous pouvons espérer l'existence d'une telle caste (à la seule condition qu'elle soit légitime) dans la mesure où l'existence de « supérieurs » satisferait l'intérêt du citoyen « inférieur » et suffisamment humble pour se reconnaître comme tel. L'acceptation de la hiérarchie nous invite à accepter notre infériorité et à admirer la supériorité d'êtres d'exception. Si nous sommes inférieurs, nous ne pouvons nous imaginer plus grands que nous ne sommes et nous ne pouvons non plus jalouser ceux qui *ont* ou *sont* plus que nous, puisqu'ils sont officiellement supérieurs à nous et qu'il ne servirait à rien de les envier. Ainsi, nous ne pouvons être narcissiques et mégalomanes que dans la mesure où nous prétendons être capables d'être, un jour, supérieurs à ceux qui sont, à l'origine, nos égaux. En cela, nous prétendons à la gloire et à la richesse. Nous avons la possibilité de nous estimer capables de dépasser nos concitoyens qui sont au même niveau que nous. Et la jalousie destructrice n'arrive, bel et bien, que lorsque nous estimons anormal que nos égaux *aient* ou *soient* davantage que nous. Nous nous estimons légitimes d'être supérieurs aux autres par narcissisme et croyance dans le mérite, mais estimons les autres illégitimes d'être supérieurs à nous par égo et, donc, par égalitarisme.

Cependant, cette impossibilité de s'admettre « non-doué » par jalousie, égo et surtout narcissisme engendre, alors, cette vexation narcissique génératrice d'un ressentiment ayant des implications politiques concrètes, comme, par exemple, la montée du vote d'extrême droite (qui est un vote signifiant explicitement un consentement à la mise en place d'une politique inégalitaire) durant les élections politiques occidentales actuelles. La démocratie [libérale] dans laquelle nous vivons, comme l'avait affirmé Michel Clouscard, enfante une société où « tout est permis, rien n'est possible » – du moins, tout est permis, rien n'est possible si nous ne faisons

---

132 Cynthia Fleury, *Les pathologies de la démocratie*, 2005, Ed Lgf, Collection « Biblio essais », 2009, p.235

pas partie de la classe bourgeoise.

Cette inégalité dans la jouissance a été très perceptible lorsque la libération sexuelle et le libéralisme économique se sont imposés. En effet, la libération sexuelle a bénéficié à des élites privilégiées et non aux « gens du quotidien » sujets, eux, à une grimpante « misère sexuelle »[133]. Sans compter que la libération sexuelle des uns – en l'occurrence des hommes qui ont versé dans l'abus sexuel en abusant, ainsi, de leur liberté – a conduit à l'oppression sexuelle des autres – en l'occurrence des femmes et des enfants. D'autre part, l'exposition de plus en plus généralisée, avec les réseaux sociaux, de modes de vie idéaux par des influenceurs dont la vie est rythmée par les voyages et les fêtes conduit au même effet. Ce mode de vie [luxueux] étalé sur la place publique virtuelle officialise les inégalités des modes de vie entre les influenceurs et leurs « *followers* », conduisant certains de ces derniers à mépriser leur vie (et, par là, à se mépriser eux-mêmes) et d'autres à chercher à obtenir une vie similaire. Or, la réalité économique de nos sociétés finit toujours par nous rattraper et à nous enseigner que nous ne pouvons tous être des chanceux voyageant douze mois sur douze, faisant la fête régulièrement et vivant agréablement grâce à des salaires à 5 chiffres et des créations de plusieurs business dont nous serions les patrons. Cette prise de conscience de l'impossibilité d'avoir un mode de vie similaire à celui de personnes que nous voyons et qui, paraît-il, nous ressemblent, génère une frustration dont les conséquences ont pour risques d'être politiques. Les libérations sexuelle et financière (libération, donc, de ces deux jouissances potentiellement maléfiques que sont le sexe et l'argent), en ne profitant pas à tous, sont alors vécues comme des oppressions subies auxquelles les citoyens seraient

---

[133]Un phénomène relatif au thème de la « misère sexuelle » a beaucoup fait parler de lui ces derniers temps. Ce sujet traite, plus particulièrement, de l'injustice ressentie par de nombreux hommes à propos de la libération sexuelle qui aurait servi à certains et non à tous. Ce phénomène est celui des « incels ». Terme étant une contraction de deux mots : « involuntary » et « celibate ». En d'autres termes, un « incel » est un célibataire involontaire. Ce célibat subi a alors engendré une haine des femmes s'apparentant à une misogynie pathologique ayant par la suite donné lieu au développement d'une idéologie masculiniste promouvant le retour d'une époque antérieure à celle de la libération sexuelle. Ainsi, les incels souhaitent une société dans laquelle chaque homme doit avoir, de manière acquise, une femme et où le divorce ainsi que l'adultère doivent être interdits. De plus, cette haine des femmes a été justifiée par cette idée selon laquelle les femmes préféraient les hommes beaux et méchants (les *chad*) aux hommes moins beaux, gentils et attentionnés. Cette injustice supposée rendrait, dès lors, les femmes indésirables et indignes de respect. Mais en plus d'avoir développé une logique réactionnaire, patriarcale et misogyne, cette idéologie incel surfant sur la misère sexuelle s'est même convertie en passages à l'acte, notamment lors de fusillades comme celles d'Isla Vista (6 morts et 14 blessés) en 2014 et de Plymouth au Royaume-Uni en 2021. Ce sentiment d'injustice qu'ont développé ces libérations dont certains ont bénéficié et non d'autres est alors susceptible de créer des ressentiments se convertissant en idéologies politiques haineuses, voire en passages à l'acte criminels. Les fragilités psychologiques qui sont, assurément, la source de bons nombres de dérives religieuses, le sont aussi celles de dérives idéologiques et politiques.

appelés à répondre ou bien par une quête de l'égalité totale (puisque la liberté engendre l'inégalité et la maintient, de par l'impossibilité pour cette liberté d'être égale chez tous les citoyens) quitte à réduire la liberté ou bien par des oppressions [consenties par le peuple] dont la conséquence serait une politique répressive à l'encontre de groupes minoritaires particuliers, et ce, en faveur de la majorité populaire que, par antiélitisme et démagogie, nous placerions au rang de groupe supérieur devant mettre au pas la fourbe ou indésirable minorité. De fait, ce ressentiment démocratique n'est plus, comme pouvait le dire un Nietzsche, à l'origine de ce qu'il appelait la « morale de l'esclave » dérivant, ainsi, sur l'égalité démocratique, mais il est, au contraire, la conséquence de cette même morale égalitaire et démocratique. C'est parce que tous les citoyens se sentent également aptes à devenir grands qu'ils deviennent, lorsqu'ils réalisent que ce n'est pas le cas, aigris et pétris de ressentiment. Le ressentiment conduit à la démocratie aussi bien que la démocratie y conduit.

De là réside le principal problème. Dans une société démocratique où personne n'est supérieur à un autre au nom de l'égalité, la réussite d'un concitoyen supérieure à la nôtre est alors perçue comme une injustice faisant naître, en nous, une jalousie honteuse que la société jugera injustifiée en raison de cette croyance collective dans la « responsabilité individuelle » et dans l'égale capacité que nous avons à réussir notre vie. Car, si nous contestons la légitimité de cette inégalité dont nous n'avons pas bénéficié, nous serons donc renvoyés à ce fameux principe de responsabilité individuelle voulant que nous soyons tous libres d'agir comme bon nous semble, égaux devant la possibilité d'atteindre nos objectifs (si nous adoptons, toutefois, une attitude responsable par l'éthique de travail) et que, par conséquent, notre échec ne relève que de notre responsabilité propre. D'après la philosophie de la responsabilité individuelle, ne pas reconnaître la responsabilité de notre échec nous rendrait, d'office, médiocre et ferait, dès lors, de nous un « raté » qui serait trop faible [psychologiquement] pour assumer ses torts et ses échecs ainsi que pour persévérer et obtenir, *in fine*, la gloire que nous sommes en mesure d'obtenir au même titre que celui que nous jalousons. Le citoyen ne prenant pas acte de la responsabilité de ses échecs et jalousant ses égaux qui auraient réussi est celui que nous appelons communément le « raté », ce nouvel homme sans honneur qui, dans la société libérale, est la plus parfaite incarnation de la honte sociale. D'autre part, cette jalousie qui existe du fait d'une réussite de l'autre supérieure à la nôtre, existe aussi lorsque nous apercevons des personnes travaillant dur dans l'objectif d'atteindre la liberté et la réussite sociale ; ce travail est le travail entrepreneurial comprenant aussi bien le travail artistique que celui de la création d'entreprise. Les entrepreneurs peuvent faire l'objet de jalousie de la part de leur entourage, puisqu'ils font ce que les autres estiment, également, être capable de faire (ces entrepreneurs et les non-entrepreneurs étant égaux en termes de capacités à réussir leur vie sur le plan personnel, économique et social), mais qu'ils craignent tout de même de faire en raison de leur peur d'échouer leur entreprise et que cet échec soit stigmatisé socialement. Ainsi, cette jalousie se traduit par de la malveillance et des rabaissements dirigés contre les personnes ambitieuses désireuses de goûter à l'indépendance financière grâce à ce même travail entrepreneurial.

Mais la donne ne serait, évidemment, pas la même dans une société aristocratique au sein de laquelle, par exemple, il n'y aurait pas, nécessairement, d'individus officiellement supérieurs, mais des individus qui assumeraient leur infériorité, c'est-à-dire leur absence de créativité et de talent tant artistique que politique et scientifique. Dans cette société aristocratique, chaque individu aspirant à créer de la grandeur ne se verrait pas jalousé, mais au contraire soutenu par des « inférieurs » inaptes et voyant dans cet être créatif ou ingénieusement engagé un potentiel sauveur qui les éloignerait de leurs malheurs quotidiens. Ainsi, ils ne lui diraient pas « tu ne réussiras pas, tu n'es pas capable ! N'imagine pas que tu puisses devenir grand », mais « tu dois réussir pour tous ceux qui ne le peuvent pas ! ». Cette conception hiérarchique de la société serait une autre façon de responsabiliser l'individu créatif qui se verrait soudainement avoir le devoir *moral* d'aider ceux qui ne peuvent s'aider. S'il existe des supérieurs et des inférieurs, les inférieurs doivent encourager les supérieurs à agir pour le bien de tous et les supérieurs doivent se sentir investis d'une mission de sauvegarde de l'humanité – et de son salut.

À la rigueur, l'un des remèdes au narcissisme est l'esprit communautaire. C'est-à-dire que notre individualité appartenant à un collectif, la réussite d'un membre de cette collectivité est vécue par tous les membres du groupe comme une réussite personnelle. Des jeunes noirs heureux de voir un chanteur noir être célèbre dans le monde, des Serbes heureux de revendiquer que l'inventeur Nikola Tesla vient de leur pays ou même des membres d'une même famille heureux que l'un des leurs soit le premier diplômé de la lignée – et donc, « l'honneur de la famille » – démontrent à quel point les liens fraternels peuvent rendre impossibles la jalousie, l'aigreur et le ressentiment, puisque si nous ne réussissons pas, alors quelqu'un d'autre réussira pour nous. Cependant, cet esprit fraternel ne peut exister que dans une situation où les membres d'une communauté vivent une condition d'opprimés. Ils ont été humiliés politiquement, diplomatiquement, historiquement ou socialement (s'ils sont une famille issue d'une classe inférieure et méprisée) et voient dans la réussite sociale d'un de leur membre une façon de venger le groupe tout entier. Cela n'est pas possible dans une situation où tous les groupes sont égaux, c'est-à-dire dans une situation où plus aucun groupe n'est opprimé par un autre et envers lequel le désir de vengeance serait un facteur de solidarité.

Dans une situation d'égalité, le ressentiment serait appelé à croître puisque, justement, comme nous l'avons dit plus haut, le cas d'échec individuel, en situation d'égalité avec nos concitoyens qui n'auraient pas échoué, conduirait à percevoir le fait que nous ayons moins que l'autre comme automatiquement une injustice développant ainsi un sentiment de frustration. L'inégalité causée par l'oppression subie (oppression passée ou présente) développe la joie (certes, vengeresse) d'assister à la réussite d'une personne issue de notre communauté, même si nous avons échoué individuellement (absence de ressentiment, de haine et de jalousie). Or, nous devons tout de même espérer que cette oppression n'existe plus – même si l'égalité des conditions, par la jalousie qu'elle suscite en cas d'inégalité de résultats, est vectrice de tensions malsaines au sein du collectif. Cependant, dans tous les cas, l'inégalité existe. Ou bien elle est le commencement – et a pour origine une cause extérieure à l'image d'un pouvoir oppressant détenu par une autre classe sociale, une autre communauté privilégiée ou une puissance étrangère – et pousse à la combativité d'une communauté solidaire, puisque cette inégalité-là est illégitime et injuste ou bien elle est le résultat. Et en cela, cette inégalité (en tant que résultat) s'avère une bien mauvaise surprise pour les citoyens croyant dans la promesse démocratique (ou dans la « promesse républicaine » pour ce qui est du cas républicain français) d'une « égalité de fait » rendant possible cette « égalité des chances ». Si l'inégalité est une fatalité, mais qu'elle est illégitime lorsque ceux qui la subissent, la subissent au profit d'un étranger oppresseur ou qu'elle est insupportable en raison du fait qu'elle est la preuve d'une inexistence de l'égalité de fait, alors l'inégalité légitime semblerait être l'inégalité rendue officielle (légale, donc) au sein même d'une société.

L'évidence de l'inégalité, au sein de nos sociétés, nous invite à réfléchir sur l'inégalité en termes de *possibilités* ou de *capacités*. Nous savons que le problème de l'inégalité des possibilités (inégalité des chances) ne peut être résolu par l'égalité des droits ; elle ne peut l'être qu'à l'aide d'une autre inégalité qu'est celle profitant à celui qui *a* le moins afin de compenser les inégalités entre ce dernier et celui qui *peut* ou *a* le plus. Mais pour ce qui est de l'inégalité des capacités, nous reconnaissons tous, désormais, que celle-ci est existante, voire éternelle et que c'est ainsi. Pourtant, nous restons attachés au concept de méritocratie et résolument hostiles aux notions de « supériorité » et d' « infériorité ». Or, si les individus n'ont pas les mêmes capacités, alors le mérite ne peut exister et la frontière entre le constat que « les humains ne sont pas égaux » et la déduction que « certains humains sont supérieurs et d'autres inférieurs » s'avèrera, à l'avenir, être de moins en moins étanche. En effet, comment penser l'inégalité de capacités sans être obligé de prononcer les deux gros mots que sont « supériorité » et « infériorité » ? Des réflexions portant sur ce type d'inégalités nous inviteraient à nous pencher sur la création de moyens de réussir *autant, mais autrement*, comme nous le démontre l'exemple des jeux paralympiques, permettant – finalement – pour les personnes handicapées une égalité de possibilités de réussir (par rapport aux personnes valides), indépendamment d'une égalité de capacités à pratiquer un sport suivant des règles identiques. Les humains, selon leurs spécificités, ne peuvent réussir pareillement. En revanche, ils peuvent réussir différemment, mais avec autant de talent.

Cependant, la question des capacités est également relative à celle de cette capacité à vivre, dans la société, de manière épanouie ; en toute harmonie avec les *autres* [individus ou catégories sociales]. Sommes-nous tous capables, à égalité, de bien vivre notre vie sociale ? La réponse est plus ou moins grise. En effet, les « moins capables » resteront toujours dépendants, par le fait qu'ils sont minoritaires, des majoritaires. Cela est vrai pour les élites minoritaires dont le train de vie dépend du travail productif de la majorité du peuple (ou des « travailleurs ») ; mais il l'est aussi pour les minoritaires subissant une inégalité politique et sociale. Pour être plus précis, le sort des minoritaires dépend nécessairement du bon-vouloir des majoritaires qui auront, ou non, la « bonté » de les inclure au groupe de la « normalité ». Cette inclusion nécessite une reconnaissance ; une reconnaissance de l'existence d'un groupe par les sciences médicales et juridiques et une reconnaissance sociale par la médiatisation ainsi que par une tolérance accrue de l'entourage social à l'endroit du groupe social, à l'origine, non toléré. Or, ce processus – et nous le constatons de plus en plus – est lent. Il l'a été pour les personnes handicapées, les femmes (les femmes qui ne constituent pas un groupe minoritaire, constituent toutefois un groupe de personnes considérées comme « mineures »), les homosexuels, les enfants, les animaux, etc. Il est un processus dont la rapidité relative ne dépend que des évolutions philosophiques, culturelles et, parfois même, technologiques. Pour autant, le problème reste à savoir si, un jour, toutes les minorités seront reconnues de la même façon (égalité) que les différentes majorités, c'est-à-dire dans un esprit d'indifférenciation ou si, au contraire, les sociétés humaines étant, par nature, hétérogènes, celles-ci seront nécessairement composées de majorités et de minorités et que ces minorités seront, de fait, regardées par les majorités en tant qu'elles seront identifiables par leur différence ; et que ce regard porté sur elles conduira soit à une divinisation [du groupe minoritaire] soit à une animalisation – dont la conséquence serait une maltraitance institutionnelle et/ou sociale.

Nous observons, aujourd'hui, notamment en Occident, une reconnaissance de certains groupes minoritaires ou traditionnellement opprimés comme, par exemple, ceux des homosexuels ou des femmes qui bénéficient d'une égalité de droits ne semblant, pour le moment, plus être remise en question. Pourtant, d'autres communautés, au sein de ces mêmes communautés, déclarent avec indignation être des « minorités dans la minorité ». En effet, si les homosexuels sont de moins en moins discriminés, *quid* des homosexuels noirs, obèses, handicapés, etc. qui sont discriminés, à leur tour, par la majorité de la communauté LGBTQ+ normée ? Et pour le cas des femmes, le « féminisme blanc » est-il un féminisme parlant pour l'ensemble des femmes du monde ? Ou est-il, au contraire, excluant et ignorant des problématiques des femmes non-blanches ? Les problématiques sont-elles les mêmes pour l'ensemble des membres issus d'un même groupe social minoritaire ? L'oppression ressentie par des groupes minoritaires au sein des sociétés ou des minorités de groupes minoritaires semble être infinie pour la raison que la *différence* (en tant que phénomène social) et la condition de minoritaire seront toujours une réalité. Penser à la possibilité d'une société future parfaite – comme ce fut le cas sous la plume des penseurs français des Lumières, au XVIIIe siècle – au sein de laquelle toutes les singularités seront reconnues, respectées – ou même « célébrées » – nous oblige à accepter la cruelle lenteur de l'évolution des droits humains et de leur effectivité dans la vie quotidienne des gens. Nous devons accepter, avec la maturité d'un citoyen adulte gérant la frustration de l'attente, que la lenteur du processus d'acceptation et de protection de tous les groupes humains soit le prix à payer pour toucher du doigt – un jour – l'Etat universel et l'effectivité ainsi que la suffisance des droits fondamentaux – et par là, la démocratie.

Cependant, rompre avec cette utopie politique (qu'est la démocratie des droits humains universels et inaliénables) reviendrait à rompre avec la démocratie sans pour autant rompre avec son esprit. Nous devrons rompre avec la démocratie en tant que régime formel car le principe de réalité veut que nous prenions conscience que *tous* les citoyens ne pourront jamais voir leurs droits essentiels humains et spécifiques être pleinement garantis. Et deux raisons tendent à l'expliquer. Premièrement, la création de nouveaux droits accompagnant la reconnaissance sociale et/ou médicale de groupes humains spécifiques marginalisés est une longue affaire (souvent de plusieurs siècles) et rendra, par sa lenteur, la démocratie fragile face aux idéologies politiques et sectaires se nourrissant des frustrations populaires dont le fondement est le fait de ne plus croire dans l'égalité des droits et l'égalité réelle. La lenteur de la démocratie – dans sa marche vers l'universel réel – est, potentiellement, ce qui la perdra. Et deuxièmement, dépendre de l'évolution morale de la majorité (qui, en plus de cela, reconnaîtrait avoir été, dans l'histoire, dominante et oppressante), lorsque l'on est le membre d'une minorité engendre chez les personnes concernées un sentiment d'insécurité quasi-constant (un *stress minoritaire*) pouvant rendre la démocratie difficilement tenable. Les minorités sauront qu'elles sont vulnérables en dépit de l'égalité des droits dont elles jouissent. Cette peur pourra ainsi se transformer en anticipation de la discrimination et de l'oppression et dont la conséquence sera le fait de regarder le majoritaire comme un ennemi potentiel ou naturel. Et probablement, même, que ce majoritaire pourrait devenir, aux yeux du minoritaire, le responsable de son échec ; le majoritaire servirait d'excuse au minoritaire qui n'a pas réussi socialement. La peur des minoritaires se traduisant par une sorte de psychose sociale dont les symptômes seraient la méfiance et la paranoïa n'attendra alors qu'une crise économique, politique et identitaire – ainsi qu'une réaction des majoritaires qui n'accepteraient plus d'endosser le rôle d'oppresseurs historiques et de faire leur *mea culpa* à la société – pour que la société se fracture, s'embrase et redevienne violente, divisée et, même, discriminatoire.

La question qui devra ainsi nous être posée au sujet de la pleine inclusion des personnes et des groupes « différents » (entendons, par là, des personnes et des groupes désignés par l'entourage social comme « autres ») est : « Comment protéger les 'différents' vivant au sein même d'un peuple qui, du jour au lendemain, pourrait décider qu'une minorité ne bénéficie plus des mêmes droits dont jouit, elle, cette majorité ? ». En effet, le risque, pour chaque minorité, serait que, par exemple, les hétérosexuels décident, un jour, que les homosexuels n'aient plus le droit de vivre leur sexualité librement ou de se marier ou que les blancs décident, pareillement, que les non-blancs aient l'obligation de « retourner dans leur pays ». Concernant cette éventualité, les minorités sexuelles, les femmes ainsi que les non-blancs ont, très vite saisi, dans les années 1980, que l'évolution des mœurs dont ils ont pu bénéficier et qui était illustrée par l'acquisition de nouveaux droits ou le bénéfice d'une tolérance de plus en plus accrue et ostentatoire envers leur visibilité dans l'espace social et même médiatique, pourrait, hélas, être remise en question tôt ou tard. Les femmes pourront connaître une période de « backlash[134] » (c'est-à-dire un retour de bâton conservateur), les homosexuels pourront connaître une hausse fulgurante de l'homophobie dans les décennies à venir et les noirs et les arabes ne devront alors pas oublier qu'ils sont sur un « siège éjectable », c'est-à-dire qu'ils pourront, soudainement, quitter le pays si la majorité blanche le décide. D'ailleurs, quand bien même ces droits seraient intangibles, il suffirait que, par exemple, des juges soient, à l'image de la société, habités par une homophobie revenante pour qu'ils ne condamnent pas – ou rarement – les actes homophobes commis. Même si des minorités socialement opprimées ont des droits, ces derniers ne seront sans doute même pas respectés par ceux qui sont censés faire appliquer la loi. Les droits ne sont, dès lors, pas acquis et sont, en ce sens, fragiles. En vérité, les droits humains ne sont pas protégés et garantis par l'Etat et le Droit, mais par la société tolérante.

---

134 Référence au titre de l'ouvrage de Susan Faludi *Backlash : la guerre froide contre les femmes* (1993) expliquant la brutale réaction des conservateurs à l'affirmation politique, sociale et économique des femmes. Cet ouvrage tend à démontrer que les droits des femmes ne sont pas acquis et qu'à n'importe quel moment – y compris au moment où nous croyons le progrès continu et inarrêtable – les forces réactionnaires peuvent ressurgir et constituer un danger pour les droits des femmes. Et cette réalité vaut pour toutes les communautés se battant pour leurs droits et leur insertion dans tous les pans de la société.

Ainsi, comment accélérer le processus de reconnaissance des personnes et des groupes « différents » par la société ? Le développement du transhumanisme et la rapidité des progrès de la technologie pourraient aisément permettre à de nombreuses personnes de modifier leur apparence physique ainsi que leur génétique (à l'aide de la technologie CRISPR) et, ensuite, de ressembler aux autres (les majoritaires) en ayant une apparence physique et des prédispositions génétiques comparables. Toutefois, certaines différences – visibles ou non – peuvent être les incarnations d'une histoire qui continue de conditionner les rapports sociaux présents. Un homosexuel qui n'est pas visible en apparence et une femme qui l'est sont pourtant regardés et traités à l'aune de croyances séculaires, voire millénaires. Ainsi, l'indifférenciation ne sera jamais une possibilité, puisqu'elle ne dépend ni de la visibilité ni de l'invisibilité de la différence ; ce qui condamnera la personne « différente » à un sort ou bien de personne vénérée ou bien de personne méprisée. La personne différente ne laissera jamais indifférent que ce soit en bien ou en mal. La solution, à ce propos, qui a été trouvée dans les années 1980, pour le cas des rapports hommes-femmes, était la féminisation des hommes et la masculinisation des femmes (créant, par là, une uniformisation – relative à une androgynie – et une indifférenciation logique des rapports) ainsi qu'une reconnaissance de la bisexualité en tant que sexualité de base. Et pour supprimer le racisme, le métissage était perçu comme une solution en ce sens que, s'il était généralisé, celui-ci effacerait, selon les antiracistes, toute différence et, ainsi, toute discrimination.

Pour autant, la réalité du monde dans lequel nous sommes n'est, semble-t-il, pas favorable au mélange et à l'acceptation de tous les groupes sociaux – minoritaires comme majoritaires. Bien qu'en principe, ceux-ci partagent, finalement, une même essence et que cette dernière ne ferait de leur identité particulière (de femme, de gay, de noir, de musulman, de Français) qu'une simple identité sociale secondaire construite – de manière fictive – par un passé à dépasser. Le retour de la désignation de soi en tant qu'être biologique ou membre d'une communauté à laquelle nous serions attachés sans condition (et qui s'apparente donc à un processus fictif de filiation communautaire légitimée et renforcée par le traditionalisme) tend à aller à rebours de l'évolution vers le mélange et de l'indifférenciation que nous espérions et prévoyions à la fin du XXe siècle. Cette évolution de notre époque vers une hausse de la misogynie, du racisme, de la transphobie, de l'islamophobie, de l'antisémitisme, etc. est sujette à une analyse que seuls des anthropologues, des sociologues et des biologistes pourront, à la rigueur, mener puisqu'elle nous informera si ce phénomène de rejet et d'altérité est un phénomène social ou bien un phénomène biologique et anthropologique, c'est-à-dire purement explicable par le caractère têtu d'une nature humaine sur laquelle nous n'avons aucun pouvoir.

Pour revenir au sujet principal de notre partie, le narcissisme, il est régulièrement affirmé que le succès des idéologies réactionnaires fondées sur un rejet de l'universalisme et un culte voué à l'inégalité naturelle proviendrait du fait que la majorité ne serait pas habituée à voir les minorités et, de surcroît, à les voir s'exprimer et revendiquer des droits. Ce serait un choc immense, pour des hommes, majoritaires dans les lieux de pouvoir, de voir des femmes y arriver ou pour des blancs, majoritaires eux aussi dans toutes les sphères d'influence, de voir des noirs, des arabes et des musulmans occuper de hauts postes. Cette perturbation face à l'inhabituel est alors ce qui engendrerait le rejet. Les capacités des minoritaires à faire des études et à exercer le pouvoir avec autant de compétences que les majoritaires rendent, en effet, ces derniers craintifs de voir que leur domination et leur supériorité numérique sont remises en question. Mais plus précisément, cette affirmation des minoritaires constitue pour les majoritaires une forme de « faille narcissique ». La revendication de l'existence sociale, parmi les groupes minoritaires, renvoie aux majoritaires qu'ils ne sont ni le centre de la nation (voire du monde), ni la seule communauté légitime. En démocratie, notre égo narcissique en prend un coup lorsque – comme nous l'avons vu précédemment –, nous réalisons que nous ne sommes pas aussi capables que les autres de « réussir » (nous ne sommes pas spéciaux) et lorsque nous réalisons que l'Autre est aussi légitime que nous d'occuper l'espace public et d'intégrer des sphères de pouvoirs, bien que par le passé, nous ayons été habitués à être en position de supériorité.

Et pour ce qui est de conserver la protection des individus et des groupes désignés comme « autres » en cas de sortie de la démocratie – sans que cette sortie ne soit incompatible avec le maintien de la protection des droits humains fondamentaux –, nous pourrions faire de sorte que le sort des minorités ne soit plus entre les mains d'une minorité activiste et d'une majorité ambivalente, car oppressante le premier jour, tolérante le second et ré-oppressante le troisième. Il est nécessaire d'anticiper le fait que, en démocratie, il est possible de faire face au douloureux retour d'une préférence pour l'inégalité entre les humains et les citoyens au moment où, pourtant, les droits accordés aux citoyens et aux minorités se voient estimés relever de la pure évidence. Afin que la condition des minoritaires ne dépende plus d'une évolution philosophique de la majorité pouvant, dans certains cas, mettre des siècles à reconnaître les minorités comme leurs égales en droits, en valeur, en dignité et en légitimité, trois solutions sont ainsi envisageables : (1) la société à petite échelle (celle de la ville), (2) la diversité en termes de choix de sociétés possibles et (3) la possession d'une ville par un seigneur-aristocrate.

La première solution offrirait au citoyen la possibilité, non pas seulement de connaître tous ses concitoyens personnellement, mais d'avoir, au moins, un vif aperçu de toutes les différences existantes au sein du corps social ;

cette connaissance de toutes les différences portées par nos concitoyens nous ôtera, déjà, tous les préjugés [dangereux] que nous pouvons avoir à propos des « Autres » vivant sur notre territoire et dans notre société, puisque nous les connaîtrions et y serions habitués. Concernant la deuxième, la diversité des villes permettrait au citoyen opprimé par sa société de quitter aisément cette dernière afin d'en retrouver une autre qui lui correspondrait davantage. Et enfin pour la troisième, la possession d'une ville ainsi que des habitations par un seigneur-aristocrate investirait ce dernier d'une mission, celle de protéger les citoyens qui habiteraient sa ville. Sachant que ce devoir seigneurial serait la contrepartie de son appropriation d'un espace traditionnellement public (la *cité*). Ainsi, si son devoir à l'endroit des humbles est le même que celui du chevalier de l'époque féodale – c'est-à-dire de *défendre la veuve et l'orphelin* comme l'avait affirmé Raymond Lull dans son *Livre de l'Ordre chevalerie* (1275) –, sa mission serait d'identifier, sur son territoire privé, les individus marginaux et en situation de vulnérabilité afin, premièrement, de montrer la voie aux autres citoyens en termes de comportement moral (les citoyens se mettraient à protéger les personnes marginales et vulnérables, parce qu'ils prendraient le seigneur en exemple) et, deuxièmement, afin de servir les valeurs relatives à la défense des droits humains, comme les chevaliers féodaux défendaient les valeurs de l'Eglise.

En outre, dans la mesure où dans une société officiellement égalitaire, chacun aspirera à devenir grand en croyant qu'il a des chances égales à celles des autres de l'être un jour, le fait de regarder les individus « supérieurs » de cette manière non-envieuse et non-jalouse n'existera jamais puisque, ne serait-ce que par fierté, personne n'admettra être l'inférieur [nécessiteux] d'un autre, s'il est éduqué à penser qu'il est son égal en valeur et en dignité ; jamais un citoyen ne s'affranchira de lois égalitaires en se déclarant inférieur (sauf s'il dispose d'un statut social déjà valorisé, à l'origine ; auquel cas il pourra sans difficulté si, par exemple, celui-ci est médecin, admettre qu'il est inférieur à un milliardaire – il peut se permettre cet aveu honorable pour la simple raison qu'il est déjà, par la société, assuré d'une valorisation acquise). Ainsi, l'officialisation de la supériorité doit être une nécessité. Le seigneur représenterait l'aristocratie en tant qu'elle est inscrite dans l'essence d'une humanité nécessitant quelques élus en guise de modèles lui permettant de s'élever ; et les caractéristiques de la démocratie seraient, une fois la ville construite par le seigneur élu par le roi, illustrées par la possibilité, pour un citoyen, d'être élu par le seigneur afin de le remplacer lors de sa mort. N'importe quel citoyen pourrait être choisi (sans autre critère que la créativité et la moralité) en tant que futur seigneur. Ce futur seigneur ne serait ni un « bien-né », ni un fortuné, ni même un diplômé « méritocrate ». Il serait simplement un citoyen dont les actes de bravoure et la créativité [artistique ou entrepreneuriale] ont fait de lui un être incontestablement *hors-norme*. Le seigneur, comme ce fut la règle pour le roi, n'aurait pas non plus le droit de choisir arbitrairement son successeur puisqu'il ne pourra nommer un successeur qu'en fonction de ses résultats objectivables en termes de courage et de créativité.

Le citoyen ayant commis le plus d'actes de bravoure et qui a donné naissance au nombre le plus important d'innovations sera le successeur légitime du seigneur. Or, faire preuve de courage et de créativité afin de favoriser les conditions matérielles et spirituelles de l'émergence d'une société idéale nous installe directement dans une posture de sauveur se sentant investi d'une mission quasiment divine. Nous notons, aujourd'hui, que dans le monde, il n'y a pas que des Vladimir Poutine, des Narendra Modi, des Xi Jinping – soit des chefs d'Etats à la mégalomanie digne de celle de tsars, de maharajahs ou d'Empereurs –, mais il y a aussi des Elon Musk, des Georges Soros, des Jeff Bezos et des Bill Gates qui, sans être chefs d'Etat, comptent construire le monde à leur façon et surtout être des phares pour l'humanité. La « mégalomanie » des milliardaires que nous honnissons avec autant d'intensité que celle des dictateurs n'est pas seulement critiquée d'un point de vue moral ; elle est aussi très appréhendée d'un point de vue politique et, plus spécifiquement, démocratique. Ils constituent, semble-t-il, une menace réelle pour la démocratie et la souveraineté. Les citoyens ne se verraient pas confisquer leur aptitude à prendre leur destin en main par des représentants politiques paternalistes qui, en raison de leurs diplômes prestigieux, prétendent savoir ce qui est bon pour eux, mais par des chefs d'entreprises capitalistes qui, en raison de leur pouvoir économique, se sentent être les mieux placés pour savoir ce qui est bon pour l'humanité et les plus légitimes de s'approprier le bien public. Si la parole d'un énarque a plus de poids que celle d'un sans-diplôme, la parole d'un milliardaire a d'autant plus de poids que celle de cet énarque. Le monstre haut fonctionnaire « bardé de diplômes » se fait soudainement manger par un monstre encore plus grand : l'entrepreneur milliardaire.

Cette présente situation s'apparenterait finalement à une sorte de ruse du libéralisme. L'argent a toujours été à l'origine du pouvoir. Dans les monarchies, comme celles du Maroc, de l'Arabie Saoudite ou du Brunei, le plus fortuné est le roi ; dans les autocraties, comme la Russie ou les nombreux régimes autoritaires d'Afrique, le plus fortuné est l'autocrate ; et dans les démocraties, les plus puissants – et surtout les plus influents – sont les femmes et les hommes les plus fortunés du peuple – autrement dit du « corps électoral ». Chassez l'inégalité aristocratique par la Révolution au nom de la liberté du peuple et elle reviendra par le [néo]-libéralisme du fait de la possibilité, pour les membres les plus riches du peuple, d'agir sur la politique. Le libéralisme est, en ce sens, mensonger. Premièrement, car il engendre ce que Marx appelait la *paupérisation*, alors que sa promesse d'origine, depuis les économistes classiques, était que la liberté économique ne déboucherait absolument pas sur des jeux commerciaux à somme nulle, mais que, au contraire, toutes les parties seraient gagnantes et, donc, bénéficieraient d'un enrichissement mutuel. Le libéralisme permettrait alors l'enrichissement collectif. Pourtant, les pays occidentaux qui ont connu une histoire capitaliste et libérale suffisamment importante pour savoir ce qu'il en est de sa finalité peuvent attester que le libéralisme conduit, à terme, à l'appauvrissement du plus grand nombre. Et deuxièmement, parce que le libéralisme actuel est porteur d'une contradiction intellectuelle majeure. Il a déjà été décrété que la contradiction du capitalisme libéral résidait dans le fait qu'il se détruirait de ce qu'il engendre ; soit de ses propres contradictions. En effet, les entreprises mettraient tout en œuvre pour baisser les salaires de leurs salariés, les licencier plus facilement (au nom de la « flexibilité du marché du travail »), délocaliser pour faire travailler une main-d'œuvre à bas-coûts et sans Droit du travail, etc. bref, elles auraient toutes intérêt à faire que les droits sociaux des travailleurs diminuent et que l'on se retrouve au XIXe siècle ou dans la Chine actuelle qui est l'incarnation parfaite du capitalisme autoritaire[135]. Cependant, là est la contradiction. Les entreprises veulent augmenter leurs profits au détriment de leurs employés qui s'appauvrissent ou des chômeurs (victimes du progrès technique ou faisant office « d'armée de réserve ») qui tendent alors à le rester ; or, si ces opérations s'appliquent à l'échelle mondiale et que tout le monde s'appauvrit, qui va acheter les produits vendus par les entreprises ? Personne. Et c'est ainsi que le système ne peut que s'effondrer.

Dans une optique plus politique, la contradiction du libéralisme (il s'agit toujours du libéralisme *économique*) s'explique autrement. Tout d'abord, contrairement à l'idée répandue, le « monde de l'argent » n'est pas désintéressé de l'idéologie. Les chefs d'entreprise ne sont pas des êtres froids, sans âme et sans vision. C'est même d'ailleurs ce que nous observons aujourd'hui dans le monde. Ils peuvent soutenir des candidats lors d'élections (et donc s'impliquer), devenir présidents, songer à le devenir, financer des associations et des organisations, s'impliquer dans l'achat de masques et de gels hydroalcooliques pendant la pandémie de la Covid19, etc. La contradiction réside dans le fait que le libéralisme a pour finalité la liberté des individus vis-à-vis de l'Etat aussi bien que des autres citoyens. Cette liberté est bénéfique pour leur créativité, mais aussi pour le développement du sens de leurs responsabilités qui sera sollicité en raison du fait que cet état de liberté ne les rend, nécessairement, dépendants que d'eux-mêmes. La liberté qui engendre logiquement l'individualisme nécessite, de fait, ce sens des responsabilités que nous devons avoir pour nous-mêmes aussi bien que pour l'ensemble de la société. Si l'individu ne prend pas conscience de la responsabilité qu'il a sur lui-même comme sur le

135 Que les anticapitalistes voient ou bien comme le paradis pour les capitalistes ou bien comme l'aboutissement ultime du capitalisme vers lequel toutes les sociétés – y compris les sociétés démocratiques – vont tendre si elles ne décident pas, tout de suite, de sortir du capitalisme.

monde (l'*universel*), alors ces deux responsabilités seront prises par des minorités agissantes qui n'oeuvreront pas dans l'intérêt général. Comme il est souvent dit, « Si nous ne nous occupons pas de la politique, la politique s'occupera de nous ». Cette injonction à la prise de [ses] responsabilités est alors la condition d'une vie juste et prospère au sein de la société libre. Ainsi, la visée politique de l'action des entrepreneurs capitalistes qui privatisent des espaces naturels et des terrains pour y construire leur ville privée, achètent des médias, mènent des actions philanthropiques, promeuvent des idéologies libertariennes, sont conviés par des chefs d'Etats qui les traitent comme des homologues, etc. conduit les populations à voir en eux ou bien des sauveurs (renoncement, donc, à la responsabilité citoyenne) ou bien des personnalités tellement puissantes qu'elles peuvent finir par convaincre les « simples citoyens » que leur voix ne peut réellement avoir un impact.

Pour ce qui est de la posture du sauveur, la puissance grandissante des milliardaires peut, paradoxalement, susciter de l'excitation parmi les personnes les plus modestes dans la mesure où leur créativité et le panache dont ils ont dû faire preuve pour entreprendre et innover les rend, ainsi, excentriques et atypiques, contrastant, par là, indéniablement, avec l'apparence de « premiers de la classe » que peuvent avoir les politiciens et les hauts fonctionnaires, c'est-à-dire ceux qui appartiennent au monde des diplômés. Le caractère déluré d'un Trump et d'un Musk séduit d'autant plus que le caractère « conformiste» du politicien respectueux des institutions et garant de l'Etat dont les personnes modestes estiment qu'il leur a fait défaut dans leur vie sociale, économique et professionnelle. Sans compter que les critiques dont ils font l'objet de la part des intellectuels [de gauche], des journalistes et aussi des politiques au sujet de leur fortune « indécente » (comme Bernard Arnault en France) et de l'optimisation fiscale à laquelle ils ont recours (comme pour le cas des GAFAM) tend à renforcer la sympathie du peuple à leur égard. Ces élites sont considérées avec mépris comme jalouses et envieuses des milliardaires et incapables, par ingratitude, de reconnaître le courage qu'il leur a fallu pour créer leur empire commercial (il est souvent salué le fait qu'ils aient « pris des risques » pour monter leur *business*) ainsi que le fait qu'ils aient créé des centaines de milliers d'emplois permettant à des Français de vivre et à la France de s'enrichir et de rayonner dans le monde. Le politicien supprimerait des postes pendant que le milliardaire en créerait. En effet, la croyance dans le fait qu'un milliardaire n'a pas d'impact sur nos vies à l'inverse d'un politicien rend les milliardaires beaucoup plus séduisants et donc, beaucoup plus dignes de confiance et sources d'espoir ; d'autant plus lorsqu'ils affichent leur mépris envers les politiciens - et même les artistes – « du système ».

A ce propos, le milliardaire est celui qui est parvenu à acquérir de la puissance économique et politique sans être passé par les rites institutionnels et, plus précisément, académiques. En cela, il représente trois choses : 1) celui que nous estimons pouvoir devenir un jour si jamais les études ne sont pas faites pour nous grâce à l'égalité des possibilités de « réussir » socialement et économiquement (identification), 2) celui qui aura la possibilité de bousculer « le système » (rébellion) et 3) celui qui, en tant que non-politicien et non-fonctionnaire, méprise les politiciens et les [hauts] fonctionnaires et, en ce sens, défend véritablement le peuple (il serait le *punisher* des élites du système par lesquelles le peuple se sent méprisé) en faisant ce que le peuple rêverait de pouvoir faire. Cette posture du sauveur qu'a le milliardaire excentrique est ainsi contraire à l'idéal libéral voulant que le seul et unique sauveur de l'individu et de la société soit l'individu lui-même en raison de sa liberté et de la responsabilité que cette liberté implique. Dans ce cas de figure, le risque est de contester aux politiciens la légitimité de leurs responsabilités politiques (au nom du fait qu'ils seraient incompétents, méprisants, voire corrompus) et de les remettre à des milliardaires dont nous croyons qu'ils sont des puissants vertueux et compatissants et, ainsi, plus efficaces, dans leurs actions politiques et sociales, que des parlementaires.

Et pour ce qui est du désespoir, présent chez certaines parties de la population, de constater le pouvoir politique inquiétant des milliardaires (dont nous estimons, pire encore, qu'il est un arrière-pouvoir, téléguidant le pouvoir politique), il est, ici, question, d'un sentiment d'impuissance total. Nous n'avons plus le sentiment que, à nous-seuls en tant qu'individus, nous ne pouvons rien face à un tyran, sa police et son armée ; nous avons désormais le sentiment que, à nous-seuls en tant qu'individus, nous ne pouvons rien face à une firme multinationale et son armée d'avocats. Bien que des citoyens aient, dans certains pays, porté plainte contre des Etats pour leur « inaction climatique » ou aient mené un combat juridique contre certaines entreprises internationales, le sentiment de n'être qu'une fourmi face aux tenants du pouvoir économique aura, à termes, des répercussions absolument désastreuses sur le sens des responsabilités et des initiatives que devront, pourtant, avoir les citoyens, s'ils veulent être souverains dans une société libre. La contradiction actuelle du libéralisme réside ainsi dans le fait que, sans nécessairement porter atteinte à la liberté des individus ainsi qu'à leurs droits, celui-ci affaiblit leur sens des responsabilités et des initiatives en tant que citoyens acteurs. Or, si même au sein de la société libérale, la responsabilité individuelle a une existence relative, il serait ainsi question de savoir si, oui ou non, cette responsabilité a une existence réelle. Si non, devons-nous renoncer définitivement à y croire ? Si oui, le libéralisme est-il, en fin de compte, une idéologie inapte à la rendre réelle ? Auquel cas, pour quelle idéologie opter ? Avant de répondre à ces questions, réfléchissons déjà à la réalité de son existence - ou de son inexistence.

La responsabilité individuelle n'existe pas.

Lorsque nous parlons de la « responsabilité individuelle », nous parlons, ici, de la responsabilité qu'aurait l'individu sur sa potentielle « réussite sociale » en tant qu'il est libre d'y avoir accès, et ce, grâce à une *a priori* égalité des chances. La notion de responsabilité, ces dernières années, a été principalement mise en lien avec celle d'écologie. La responsabilité du citoyen devrait, ainsi, être mise au service d'une conscience écologique. La notion de responsabilité est évoquée afin de parler du comportement responsable du citoyen dans sa consommation, notamment dans le cadre d'une répartition des responsabilités entre trois acteurs : les élus politiques, les entreprises et les consommateurs. Dans un contexte de prédominance du pouvoir économique, la responsabilité du citoyen doit être visible dans ses choix économiques. Cependant, l'urgence écologique que nous constatons au regard de la rapidité du changement climatique et de ses effets dévastateurs sur la qualité de la vie sur Terre nous invite, finalement, à nous poser la question suivante : Faut-il se fier au sens des responsabilités des citoyens pour améliorer la société ? D'ailleurs, quand bien même les citoyens pourraient être responsables, pouvons-nous nous permettre d'attendre qu'ils le soient de leur gré, suite à un éveil de conscience ? Ou devons-nous encore attendre qu'ils soient formés [civiquement] à la responsabilité citoyenne ? Alors qu'au regard de l'urgence climatique, il serait plus que nécessaire que les citoyens deviennent responsables « là, maintenant, tout de suite ». Nous sommes, pour répondre à cette question, en droit d'être pessimistes. En effet, lorsqu'ils en ont les moyens [économiques], les gens prennent régulièrement l'avion sans s'inquiéter de leur empreinte carbone, prennent des bains pour se détendre au moins deux fois par semaine, consomment des produits de mode tout en sachant pertinemment que ces produits sont fabriqués par des entreprises ne respectant aucunement les normes environnementales, etc. Et lorsque nous les responsabilisons en les informant du caractère néfaste de leur mode de vie, ces derniers se déresponsabilisent en disant qu'à leur échelle, ils ne vont pas changer le monde ou alors qu'ils ne savent pas qui pollue le plus entre eux et les grandes entreprises (réponse de leur part évidemment ironique, signifiant qu'il faudrait d'abord condamner les grands groupes avant de condamner moralement les citoyens dont l'empreinte carbone est microscopique en comparaison de celle des gros industriels). Les citoyens se dédouanent de toute responsabilité sociale et civique. De ce fait, s'ils n'ont pas de sens des responsabilités vis-à-vis de leur entourage, peuvent-ils, cependant, avoir un sens des responsabilités vis-à-vis d'eux-mêmes ? Certains économistes répondront que oui dans la mesure où avoir le sens des responsabilités vis-à-vis de soi permet, *in fine*, de satisfaire son intérêt propre. Or, notre intérêt personnel n'est-il pas conjugué à l'intérêt général et, *a fortiori*, dans le domaine écologique ? Notre intérêt de conserver notre planète et notre humanité ne nous concerne-t-il pas directement en tant *qu'individu* ? Le lien entre responsabilité individuelle et responsabilité citoyenne est, en vérité, indéfectible. Penser et agir comme si ce lien n'existait pas est, en réalité, révélateur ou bien d'un manque cruel de moralité – d'un détachement [immoral] des autres – ou bien d'une ignorance de la manière dont la société fonctionne ; c'est-à-dire d'un manque, en somme, d'éducation politique. Mais dans tous les cas, la méchanceté et l'ignorance (qui sont les deux facteurs du mal) sont des phénomènes nous empêchant, de fait, d'être responsables vis-à-vis de la société, mais aussi vis-à-vis de nous-mêmes.

A l'origine, cette croyance dans la responsabilité individuelle tire son origine du développement des sciences économiques, à partir de la seconde moitié du XVIIIe siècle, avec l'émergence des économistes classiques smithiens[136]. Adam Smith était, il est vrai, l'économiste qui avait développé, le premier, l'idée selon laquelle le marché pouvait faire fonctionner la société (et donc, avoir une utilité sociale), dans le sens où il serait l'addition d'une multitude d'individus qui, en cherchant tous à satisfaire leur intérêt personnel, par le biais du commerce, trouveraient chez autrui un moyen de répondre à leur intérêt propre ; et le mélange de cette multitude d'intérêts individuels qui se rencontreraient au sein du marché donnerait lieu à la satisfaction naturelle de l'intérêt collectif. L'individu échange avec autrui parce que c'est dans son intérêt propre. Ainsi, les deux parties étant bénéficiaires, l'ensemble de la société ne devrait alors pas réfléchir à une politique basée sur la morale ou sur l'altruisme, mais sur ce que Ayn Rand, au début du XXe siècle, dans la même logique que Smith, appelait, dans son ouvrage *La vertu d'égoïsme* (1964)[137], « l'égoïsme rationnel ». Ainsi, nous croyons dans la responsabilité individuelle en ce sens que l'individu aurait, simplement, intérêt à être responsable. Il en va de son salut aussi bien que de celui de la société dans sa totalité.

D'autre part, la responsabilité individuelle est en lien évident avec la notion de mérite qui fait loi depuis la domination de la bourgeoisie, à partir de la période contemporaine. Cette période a marqué la scission définitive entre l'ancienne domination aristocratique permise par la naissance et la nouvelle domination bourgeoise permise par le mérite. Si nous sommes, aujourd'hui, responsables, alors nous méritons ce qui nous arrivera dans le

---

136Les économistes classiques ont soutenu la théorie du marché « autorégulateur » et rationnel.

137Ayn Rand, *La vertu d'égoïsme*, 1964, Ed Belles lettres, Collection « Bibliothèque classique de la liberté », 2008, p.68-70

futur ; et si nous méritons ce qui nous arrive dans le présent, c'est parce que nous avons eu (ou non) le sens des responsabilités, dans nos choix antérieurs. La question : « La responsabilité individuelle est-elle une réalité ? » peut aussi bien être « Le mérite est-il une réalité ? ». Et le propre des sciences sociales et exactes est de répondre par la négative à cette question, puisque l'humain – et *a fortiori* l'individu – est soumis à des circonstances sociales, biologiques et environnementales qui dépassent sa propre volonté et sa capacité à agir et dont nous devons percer tous les mystères, et ce, dans la mesure des possibilités qui lui sont offertes grâce aux moyens et aux connaissances limitées et limitantes de son époque. Pour autant, les sciences sociales ont pour fonction d'identifier des situations particulières dans lesquelles l'individu peut être un acteur [responsable] *en tant que citoyen* et dans lesquelles celui-ci est appelé à subir et donc, à être assisté et protégé par les pouvoirs publics. La science nous indique dans quelle mesure, en dépit des déterminismes, l'individu peut agir sur la société comme sur lui-même. Les études scientifiques nous montrent dans quels domaines l'individu a-t-il une prise sur lui et dans quel autre il n'en a pas ; et c'est cette impuissance qui nécessitera l'intervention d'un Etat dont le rôle premier sera de le protéger de la vulnérabilité de sa nature ; vulnérabilité comportant un risque pour lui aussi bien que pour les autres. Concernant les sciences *exactes* – et nous pensons principalement à la biologie –, si leur fonction est de nous faire comprendre le fonctionnement humain dans un objectif aussi bien social que médical, leur fonction actuelle, dans un contexte de débats incessants sur le transhumanisme, est de modifier la biologie humaine afin d'augmenter les capacités physiques et intellectuelles, c'est-à-dire de rendre libres les individus « déficients » et, par là, de les rendre responsables, car *agissants*.

Pour autant, les deux notions de responsabilité et de mérite sont quelque peu différentes en ce sens que les étapes originelles pour y accéder ne sont pas les mêmes. Le mérite naît du travail qui, lui, naît d'une attitude responsable et qui, elle-même, naît de la connaissance ; connaissance de ce qui nous entoure, de nos possibilités et de nos droits ainsi que des conséquences de nos actions, de nos pensées et de nos paroles. La connaissance engendre la conscience qui est, elle, l'origine de tout comportement responsable. Cependant, revenons à la notion cruciale qu'est celle de la responsabilité *individuelle*, étant donné que le mot « *individuelle* » change, en vérité, tout à l'affaire, puisque dans un contexte, cette fois-ci, étranger à la conscience civique, c'est-à-dire de la responsabilité individuelle n'ayant aucun impact sur les autres dans la société, mais uniquement sur notre propre existence, la stricte responsabilité individuelle évoque la responsabilité de soi vis-à-vis de soi et non la responsabilité individuelle vis-à-vis de l'autre ou de la collectivité qu'implique la conscience civique ou encore la simple responsabilité vis-à-vis de l'autre ou de la chose dont nous avons officiellement la charge. La différence entre la responsabilité de soi et la responsabilité de l'autre est la différence entre l'officieux et l'officiel. La responsabilité envers l'autre nous engage officiellement à garantir sa protection (ou celle de son bien dont nous avons la charge), et ce, sous peine d'être jugé pénalement par un tiers impartial et désintéressé ou moralement par un tiers, au contraire, partial et intéressé. La responsabilité envers autrui (ou de son bien) nous engage devant autrui ainsi que devant une troisième personne qui serait là pour nous juger – cette troisième personne pouvant être un juge ou encore un simple témoin. En revanche, la responsabilité de soi n'engage que nous et ne peut être soumise à une reconnaissance officielle de son existence et, ainsi, faire l'objet d'une condamnation en cas de manquement à cette responsabilité.

En définitive, la responsabilité individuelle est-elle une réalité ? Répondre oui revient à admettre que nous ne sommes pas uniquement tous libres et égaux dans les lois, mais que nous le sommes également dans les faits, c'est-à-dire dans la vie réelle. Comme peuvent le proclamer certains politiciens ou observateurs, « ne plus croire dans la responsabilité individuelle, c'est ne plus croire dans la démocratie ». Et répondre non revient à admettre que nous ne sommes ni libres ni égaux dans les faits ; or, si tel est le cas, alors pourquoi inscrire la liberté et l'égalité dans les lois ? Pourquoi risquer que la réalité entre en contradiction avec ces faits ? La responsabilité a, dès l'origine, été pensée en tant que concept dans l'intention de rendre le citoyen non plus mineur, mais majeur ; dans une vocation, pour reprendre Tocqueville, de viriliser le peuple et d'en finir avec l'infantilisation du peuple et la représentation paternelle du roi [ou d'un président]. Or, la responsabilité n'a d'existence que lorsqu'elle s'inscrit dans un cadre juridique ; c'est-à-dire lorsque celle-ci a comme origine un contrat. Une personne étant responsable d'un enfant sera, si ce dernier meurt par accident, comptable devant la Justice et fera les frais du jugement *social* et *moral* de l'entourage. En d'autres termes, la responsabilité existe toujours devant une chose (une *res*) et notre manquement vis-à-vis de notre devoir sera reconnu et condamné (judiciairement ou moralement) par un « tiers impartial et désintéressé ». La responsabilité individuelle est bien la responsabilité d'une chose, mais d'une chose qui, cette fois-ci, n'est pas reconnue comme existante par un autre (puisqu'elle ne concerne que nous-mêmes). Cette responsabilité individuelle est une responsabilité particulière, dans la mesure où elle nous rend responsable de nous-même devant nous-même. Un homme bénéficiant des aides sociales et ne cherchant pas d'emplois parce qu'il ne souhaite pas travailler – bien qu'il en ait besoin financièrement – finira par être radié des agences d'emploi en raison de son manque d'investissement dans sa recherche d'emploi. Il sombrera ainsi dans une précarité dont il sera responsable et cette responsabilité existera en tant qu'elle est reconnue comme telle par une agence dont il dépend et qui, de manière officielle, lui informera de la coupure de ses droits aux aides (le contrat l'obligeait à rechercher un emploi et à rendre des comptes à l'agence d'emplois qui doit avoir la preuve de ses différentes recherches). Après tout, cette interruption de ces aides sociales ne serait pas arrivée s'il s'était investi ; en soi, il ne peut s'en prendre qu'à lui-même ou, plutôt, à son manque de sens des responsabilités.

En revanche, si cet homme se retrouve dans une situation où il n'est plus que face à lui-même, c'est-à-dire dans une situation où il ne se retrouvera pas jugé responsable par un entourage social ou une décision administrative ou judiciaire débouchant sur une sanction, lui-seul est en mesure de décider s'il est, oui ou non, responsable de sa situation. Imaginons qu'un homme souhaite devenir heureux et que, selon lui, cet objectif ne pourrait être atteint que si ce dernier réalise son rêve, à savoir devenir chanteur d'un groupe. Il décide, cependant, de garder son projet dans un coin de sa tête, sans en parler à quiconque. Par ailleurs, il n'oserait pas tenter d'expérience musicale par peur d'échouer ainsi que par fainéantise. De cette manière, il ne pourrait pas réaliser son rêve et la raison est qu'il ne tente rien. Il serait, à lui-seul, responsable de son projet avorté. Or, le fait que son échec ne soit pas reconnu officiellement comme tel par les autres et ne soit pas non plus condamné par un tribunal social qui lui dirait « Tu n'as jamais essayé de réaliser ton rêve, c'est donc de ta faute » ou par un tribunal judiciaire qui le condamnerait pour être responsable de ne pas avoir réalisé son objectif rend l'individu concerné seul face à lui-même. Seul face à sa propre responsabilité qu'il choisit d'assumer ou non. Si les autres, au départ, étaient ignorants de son désir d'être épanoui grâce à la musique, ils ne pourraient alors pas savoir que celui-ci n'a rien tenté pour atteindre son objectif et ne seront, donc, nullement en mesure de le juger responsable de son projet inabouti. Et au même titre que, comme l'expliquaient Alexandre Kojeve dans *Esquisse d'une phénoménologie du droit* et Jean-Paul Sartre dans *L'être et le néant*, la victime ignore qu'elle est victime tant qu'elle n'a pas été reconnue comme telle par les autres, la personne responsable ignore qu'elle est responsable tant qu'elle n'est pas reconnue par les autres comme telle. Ce que nous sommes réellement et ce dont nous avons conscience d'être n'ont aucune incidence concrète sur notre vécu social ; si les autres nous regardent autrement, le regard que nous porterons sur nous-même n'aura pas la capacité de tenir bon face au regard social qui sera porté sur nous et qui, ainsi, déterminera, que nous le voulions ou non, notre réalité sociale. En ce sens, bien que nous soyons aussi responsable de notre propre personne (et de notre propre situation) qu'une victime est réellement victime de son sort – même sans être reconnue comme telle par *les autres* –, cette vérité n'aura, alors, aucune incidence sur la vie réelle de l'individu responsable. Sa responsabilité vis-à-vis de lui-même n'aura pas le moindre impact sur sa volonté d'agir sur lui-même, puisque cette volonté ne sera pas motivée par un regard social extérieur.

Celui qui prendra ses responsabilités sans que personne, autour, ne soit là pour le responsabiliser se responsabilisera, s'il estime, néanmoins, avoir une responsabilité sur les autres ; il se prendra en charge en décrétant qu'il est le maître de sa propre destinée et qu'en décidant d'agir pour lui, il agit également pour d'autres personnes qui auraient besoin de lui. Il remplirait, en somme, une mission de vie lui donnant non seulement une certitude d'exister, mais d'être en plus utile à la société par laquelle il serait, ainsi, reconnu. Or, nous en arrivons toujours à la même conclusion. L'humain ne peut être responsable que de ce qui est extérieur à lui et reconnu comme existant. Si nous voulons pousser l'analyse plus loin, nous pouvons même affirmer que « responsabilité individuelle » est une contradiction dans les termes en ce sens que la responsabilité exigeant un engagement pour être existante, l'humain n'a aucun engagement envers lui-même ; excepté bien sûr, si ce dernier est entouré d'autres personnes devant lesquelles il serait obligé d'adopter une certaine posture de responsable. Finalement, l'humain ne serait responsable de lui-même que s'il communique à l'extérieur ce qu'il se passe en son intérieur afin que l'extérieur puisse le condamner moralement ou judiciairement le jour où il manquerait à l'engagement qu'il s'est pris intérieurement.

La *responsabilité* n'est réelle que lorsqu'elle met en scène une personne *responsable* d'une autre personne ou d'une chose existante et concrète (faisant l'objet d'un contrat tacite ou formel) et une reconnaissance de la capacité de la personne *responsable* à remplir le contrat lui conférant, de fait, une responsabilité. Notre sens des responsabilités n'existe que lorsque nous nous trouvons en compagnie d'un premier autre dont nous avons la charge et d'un deuxième autre qui, par son jugement ultérieur (favorable ou défavorable), nous contraindra de remplir notre contrat et donc, d'être responsable. La responsabilité individuelle - celle vis-à-vis de soi - n'est envisageable que si nous estimons que notre *soi* implique un général [déterminant]. Si notre initiative (exigeant, ainsi, à notre échelle individuelle, un sens des responsabilités) n'est pas motivée par un sincère sentiment d'impliquer par notre action l'ensemble d'un collectif (par exemple, aider son quartier ou, encore, sauver le monde) et que, finalement, celle-ci n'engage que nous, alors elle ne peut suffisamment motiver l'individu qui, ainsi, n'aura ni un premier autre duquel il se sentira responsable ni un deuxième autre qui le jugera une fois son entreprise achevée puisque, en toute logique, ce dernier n'aura, initialement, même pas pris connaissance du projet initial de la personne prétendument responsable d'elle-même. La responsabilité *individuelle* n'existe, alors, que pour les êtres d'exception qui se sentent investis de la mission quasiment christique d'assister les « humbles » demeurant dans l'incapacité réelle de se prendre en charge eux-mêmes.

L'individu est-il ainsi responsable de sa situation ? Répondre à cette question est difficile dans la mesure où répondre oui serait une minimisation très problématique des inégalités (naturelles et sociales) et du facteur chance (ou malchance) et que répondre non nous conduirait, alors, à opter pour une infantilisation des individus-citoyens qui se verraient, donc, incapables de prendre des décisions et des initiatives pour la nation ainsi que pour eux-mêmes (ils deviendraient des citoyens-enfants dont des « maîtres » auraient la charge). Ainsi, la question traitant de l'existence (ou de l'inexistence) de la responsabilité individuelle et ne concluant sur une réponse ni affirmative ni négative pourrait alors nous conduire à l'hypothèse qu'il ne s'agirait, là, que d'une « fiction nécessaire ». Du moins, nécessaire si tel est notre souhait de vivre dans une société *a minima* libre. En effet, sans doute que la responsabilité individuelle n'existe pas, mais qu'y croire est une nécessité si nous voulons permettre aux individus de prendre, dans la mesure du possible, des initiatives de tous types qui soient profitables aussi bien pour eux-mêmes que pour l'ensemble de la communauté.

La responsabilité individuelle est à prendre sous deux angles. Sous l'angle de la loi et de la réussite individuelle. Au sujet du premier, celle-ci doit être reconnue comme réelle pour la raison que l'individu a connaissance de ce qu'il a le droit de faire et de ce qui lui est interdit ; ces informations le rendent, par là, responsable de ses choix éclairés. Or, au sujet du deuxième, celle-ci ne peut être reconnue comme existante pour la raison que l'individu ignore quelle est sa véritable place, au sein de la société. La grande majorité des citoyens effectuent des professions et mènent des vies qu'ils n'ont pas choisies. Et la raison est précisément qu'ils ne savent pas quelle vie leur conviendrait le mieux. Sans compter que, même s'ils savaient ce qu'ils désirent vraiment et ce qui les rendrait heureux, ces derniers ne sont pas forcément en mesure de se libérer de la pression sociale qui les contraint d'emprunter des trajectoires de vie qu'ils ne désirent pas et qu'il est tout aussi possible que la conjoncture (économique, politique ou sociale) d'un pays ne soit nullement favorable à l'épanouissement personnel de tout un chacun.

Pourtant, si nous admettons qu'un Syrien qui a vécu les bombardements quasiment toute sa vie n'est pas responsable de ne pas avoir réalisé ses projets, nous devons admettre, à l'inverse, qu'un Français qui a réalisé ses projets n'est pas non plus responsable en ce sens que sa réussite n'a été permise que par des circonstances favorables. Or, il est bien sûr très commun d'affirmer que si nous vivons dans un pays dans lequel il n'y a ni la guerre, ni la maladie, ni l'extrême pauvreté, ni la dictature, alors aucun frein à la réalisation de nos ambitions n'existe et qu'en ce sens, nous sommes les seuls responsables de nos décisions. Il est régulièrement affirmé que si une personne n'ayant connu, dans son enfance, que des difficultés (liées à la pauvreté, au handicap, à la maladie, à la maltraitance, etc.), est parvenue à « réussir sa vie », alors une personne ayant eu moins de problèmes, moins de freins, n'a aucune excuse pour ne pas la réussir. Cependant, bien que toutes ces réflexions soient porteuses de vérité, elles ne résistent pas à la réalité des faits, concernant les conditions de travail actuelles. Personne n'aimerait réaliser un métier pénible, c'est-à-dire fatiguant et mal rémunéré. Mais cela n'empêche pas que, « il en faut » pour reprendre une expression française commune ; le monde du travail est ainsi fait qu'il n'est pas encore doté d'une technologie suffisamment avancée pour remplacer les métiers pénibles et à risques. Ces métiers doivent, quoiqu'il arrive, être occupés par des gens qui, selon notre conception capitaliste de la réussite, n'ont pas réussi leur vie, parce qu'ils ne l'auraient pas assez bien prise en main ; car ils ne se seraient pas assez « bougés » pour devenir médecins ou avocats et offrir une vie décente à leurs enfants. Toutefois, ces gens qui « ne sont pas méritants » parce qu'ils n'auraient pas assez travaillé pour se payer un costume, une belle maison et une belle voiture, sont tout de même nécessaires au bon fonctionnement de la société. Notre société ne peut pas tourner sans « non-méritants ». Et ils sont si bien une nécessité que, même si nous étions dans une société française composée de 66 millions d'individus faisant preuves de performances académiques hors-pair, les derniers de la classe qui auraient 17,5/20 de moyenne générale durant toute leur scolarité seraient ceux qui occuperaient les postes les moins rémunérés et les plus infernaux – ils seraient, là, les « cancres médiocres » et les « mauvaises herbes » d'une société remplie d'élites. Concernant la réussite de sa vie, il n'y a en vérité aucune explication liée au mérite, au talent ou à l'intelligence. Tout est question de fatalité du moment. Nous sommes condamnés, pour le moment, à accepter cette réalité que tout le monde ne peut choisir et « réussir sa vie ».

La responsabilité individuelle n'est, finalement, une réalité que pour les rares individus qui ont trouvé leur « mission de vie ». Ils savent quel est leur but et ont en leur possession les moyens – les talents – de l'atteindre. Le reste de la société n'est que dans l'attente de l'arrivée d'un « sauveur » dont la mission consiste, précisément, à guider la majorité vers la délivrance. Et cette délivrance pourrait être celle de toutes les formes d'esclavage ou d'exploitation auxquelles les conditions matérielles (techniques et environnementales) contraignent la population majoritaire. Cependant, si nous partons du postulat que la totalité de la population ne peut faire preuve d'un véritable sens des responsabilités, cela implique donc que les *capables* bien-nés (qui ne sont pas responsables de l'être, puisqu'ils seraient des aristocrates *naturels*) auraient une responsabilité naturelle et morale sur les *non-capables* (qui ne sont pas non plus responsables de l'être – sans talents – puisqu'ils auraient subi trop de circonstances négatives les empêchant d'atteindre leurs objectifs de vie) qui sont tout aussi bien des *non-capables* nés. De là, arrive cette fois-ci l'hypothèse que la hiérarchie aurait, potentiellement – si celle-ci est encadrée –, une dimension morale en plus d'être nécessaire.

Le retour de la hiérarchie aristocratique et seigneuriale par le retour de la morale.

À notre plus grand étonnement, le Droit pourrait évoluer d'une manière résolument inattendue, dans la mesure où il pourrait ne pas s'inscrire dans la progression linéaire que nous connaissons et percevons comme naturelle depuis deux siècles. L'humanité ne semble pas promise à l'extension naturelle et éternelle des droits humains. Les droits humains ont été pensés dans un esprit philosophique humaniste dont l'origine remonte à des fondements théologiques chrétiens. Dans *Le principe du respect de la dignité humaine et la Convention européenne des droits de l'homme*, il est expliqué que l'élaboration des droits humains a pour origine la croyance dans l'existence d'une dignité humaine. Ainsi, deux raisons justifient cette dignité : « sa similitude avec Dieu et sa seigneurie sur toute chose créée. »[138]. L'humain est digne, car il est à l'image de Dieu. En cela, il peut disposer de droits *inaliénables* sans qu'une quelconque autorité humaine ne puisse, de manière arbitraire, l'empêcher d'en jouir.

Par ailleurs, ces droits naturels *inaliénables* ont, à l'origine, été pensés dans un contexte historique anti-absolutiste, au XVIIe siècle. Le pouvoir du roi devait, par là, être limité en raison du fait que les citoyens avaient reçu, par la nature, des droits *innées* devant, ultérieurement au sein d'un état civil, être garantis par une Constitution. Et lorsque la notion de *souveraineté* est devenue centrale, suite à la Révolution française, les droits humains ont été accordés aux individus-citoyens afin de les protéger, non plus de la toute-puissance d'un roi, mais de la tyrannie de la majorité. Les groupes minoritaires et vulnérables doivent avoir des droits sur lesquels même la majorité populaire la plus écrasante et les groupes sociaux dominants ne peuvent revenir ; et cette logique s'est également prolongée avec le développement de la communautarisation des droits humains, au début des années 1970, qui a protégé les groupes humains spécifiques (droits *communautaires*) de cette sacralisation de l'Humain dont la conséquence néfaste a été de ne centrer les droits naturels *inaliénables* que sur l'humanité globale, et ce, au détriment d'une attention légitime et nécessaire accordée aux groupes sociaux spécifiques, tels que les femmes, les handicapés, les enfants, etc. Les droits naturels *inaliénables* nous protègent du *demi-Dieu*

---

138 Béatrice Maurer, *Le principe de respect de la dignité humaine et la Convention européenne des droits de l'homme*, 1999, Ed La documentation française, Collection « Monde européen et international », p.37

qu'est le roi et les droits humains catégoriels et communautaires nous protègent de cet Humain abstrait que nous déifions sans tenir compte de cette pluralité humaine (allant de pair avec une pluralité de besoins spécifiques) qui nous oblige pourtant à individualiser les droits humains – et sans doute même les devoirs – au nom de la justice sociale.

Cependant, cette philosophie politique et juridique des droits naturels *inaliénables* a donné lieu à une idéologie anthropocentriste qui a été le prolongement de la théologie chrétienne postulant que l'humain est le maître de la Terre. Et c'est cet anthropocentrisme qui a, dès lors, selon les géologues, les militants écologistes et les géophysiciens, été la source des problématiques écologiques que nous déplorons à notre époque ; soit des catastrophes environnementales que nous tentons désormais d'endiguer à l'échelle mondiale. L'anthropocentrisme théologique et politique a eu comme conséquence l'*anthropocène*. La question est alors de savoir si les préoccupations des sociétés portant sur les problématiques écologiques n'auraient pas comme conséquence une déconsidération de l'humain en tant que destructeur de la planète (déconsidération qui s'exprimerait au profit d'un intérêt affirmé pour la nature et les animaux non-humains) et, par conséquent, une désacralisation de ses droits *inaliénables*.

La progression de la sensibilisation à la cause animale – que son origine soit la prise de conscience écologique ou bien le simple et naturel développement et élargissement de l'empathie – a favorisé l'émergence d'un nouvel attirail juridique national et international. Celui-ci comprend le Droit de l'animal, le Code de l'environnement ou encore le Droit international de l'environnement. D'autre part, de cette sensibilisation à la cause écologique - qui inclue et la cause animale et la cause environnementale - sont nés le GIEC (Groupe d'experts intergouvernemental sur l'évolution du climat) en 1988, la *Déclaration universelle des droits de l'animal* (1990) ainsi que différentes conférences sur le changement climatique (depuis 1992) et COP d'ONU annuelles (depuis 1995). Ceci étant, à mesure que l'empathie à l'égard des animaux non-humains tend à s'accentuer (à travers, notamment, la montée des mouvements *vegan* ainsi que le rejet de plus en plus massif de l'élevage industriel ; y compris chez les consommateurs de viande), nous observons l'accroissement d'un dégoût de l'homme en tant qu'espèce prédatrice et parasite (espèce qui tue son hôte, la planète, dont il dépend pourtant). De cela naît une opposition quelque peu misanthrope entre les animaux-victimes et les humains-coupables. D'autant plus que les images auxquelles nous avons accès grâce à Internet et aux médias rend les crimes de l'humain contre les autres espèces encore plus insupportables, étant donné que nous les voyons de nos propres yeux. Nous en avons d'ailleurs une illustration très parlante avec les braconniers européens et asiatiques qui se prennent en photo en Afrique en compagnie d'espèces protégées qu'ils ont fièrement tuées et qu'ils exhibent avec morgue et sentiment d'impunité –

images qui tendent effectivement à répugner les personnes qui les regardent. De plus, la célèbre phrase – que l'on pourrait presque qualifier d'adage moderne – donnant une importance cruciale aux espèces animales non-humaines ainsi qu'à la planète : « La planète a existé avant l'homme et existera après lui » est, dans un certain sens, un non-Humanisme. Il n'est plus, là, question de grandir l'humain et de démontrer sa foi absolue dans l'humanité en tant qu'espèce rationnelle et moralement supérieure, mais au contraire de lui enlever toute l'importance qu'elle croît avoir en tant qu'espèce soi-disant supérieure et disposant de droits sur le reste du vivant. En somme, l'humain, en tant qu'éternel dépendant de la nature, n'est plus le « maître du monde ». Sans compter qu'il apparaît, de plus en plus, comme une insignifiante poussière dans l'infinité de notre univers. Et cette indiscutable petitesse de l'humain, à l'échelle de l'espace, amoindrit ainsi son importance et rend alors sa mégalomanie et sa volonté de puissance et de grandeur à la fois vaines et injustifiées.

Ainsi, cette logique « animaliste », « antispéciste » ou globalement écologiste (que de plus en plus de mouvements de droite s'approprient, malgré que l'écologie ait été, longtemps, une thématique considérée comme de gauche) depuis l'après-guerre, peut conduire à une politique basée sur l'idéologie de la « décroissance » qui puise son inspiration dans le fonctionnement des sociétés primitives (l'humain doit renoncer à son idéal de grandeur matérielle illustré par le culte de l'argent, le matérialisme exacerbé et la construction de monuments prestigieux), comme il peut conduire à une révision des droits humains au profit des droits des animaux ou du Droit plus global de l'environnement. Pour être plus parlant, si nous devenons empathiques au point de trouver ignoble le fait d'utiliser des rats de laboratoire afin d'effectuer des études scientifiques, mais qu'il continue d'être bel et bien nécessaire de se procurer des cobayes si nous voulons nous certifier que les produits que nous mettrons sur le marché sont bien applicables sur ou dans le corps humain, ne pourrions-nous pas penser qu'il serait plus juste de se servir d'humains-coupables (tels que des prisonniers) comme cobayes pour la simple raison que cela serait toujours plus légitime et plus juste que d'effectuer des études scientifiques sur des animaux innocents ? Au sujet de l'environnement, admettons que nous manquions d'eau potable – bien essentiel qui est déjà inégalement réparti sur la Terre. En Occident, la garantie des droits humains qui exige, par exemple, que des prisonniers puissent avoir accès à l'eau potable afin de vivre dans de dignes conditions rendrait, finalement, ce bien essentiel injustement réparti étant donné que, dans un contexte d'inégalité d'accès à l'eau potable, il serait formellement indécent de savoir qu'un détenu occidental ait davantage accès à l'eau potable, même au sein de sa cellule, qu'un enfant somalien innocent souffrant de la famine ou qu'un sinistré de guerre. Cette situation rendrait encore plus insupportable l'inégalité de l'accès à ce bien. L'économie d'eau, en cas de pénurie, se ferait, ainsi, ou bien au profit des citoyens et des nations riches qui auraient les moyens de s'en procurer (indépendamment de leur moralité ou de leur immoralité) ou bien au profit de personnes qui « mériteraient » de pouvoir boire à leur soif (à savoir les non prisonniers) parce que leur comportement moral les y autoriserait.

Sans aller dans une telle politique-fiction, les droits humains *inaliénables* pourraient, toutefois, un jour, être reconnus comme n'étant, en vérité, ni justes, ni humains. En effet, les droits humains *inaliénables,* y compris ceux des criminels les plus abominables, ne peuvent alors être défendus que si les droits de *tous* sont réellement garantis ou que, du moins, nous pouvons être dans un optimisme tel (parce que ces droits humains *inaliénables* seraient des nouveautés suscitant notre enthousiasme le plus débridé) que nous croyons avec certitude que ces droits humains *inaliénables* le seront [garantis] un jour – nous baignerions alors dans ce que les économistes, principalement, appellent un « climat de confiance ». Mais dans la situation qui est actuellement la nôtre, en France, avec 2000 enfants vivant dans la rue, 25 000 mineurs qui sont prostitués, un tiers des étudiants vivant, quotidiennement, dans la nécessité de sauter un repas et un bon nombre de familles craignant de se chauffer l'hiver du fait de l'augmentation du prix du gaz et de l'électricité, comment accepter que des prisonniers puissent être chauffés, « avoir un toit au-dessus de leur tête » et manger leurs trois repas par jour ainsi que bénéficier du fameux « droit de sûreté » ? La croyance dans les droits humains *inaliénables* n'est pas fragile, dans le sens où ces droits nécessitent d'être entièrement effectifs, mais dans le sens où ils exigent, afin que cette philosophie des droits humains *inaliénables* soit perçue comme moralement « décente », que la dignité des « honnêtes gens » soit respectée avant celle des criminels. Car le sentiment, chez la population, que les droits essentiels du prisonnier sont davantage garantis que ceux de l'étudiant précaire, du sans-abri ou de la famille pauvre engendre, légitimement, un dégoût des droits humains. Dégoût des droits humains comparable, d'une certaine façon, à la critique que l'on pouvait en faire, déjà au XIXe siècle (époque où les criminels n'étaient pas respectés dans leur dignité), et qui reposait sur le constat que les droits humains n'étaient, en vérité, que les droits des bourgeois.

En France, la prise de conscience de cette injuste incohérence a été à l'origine d'une haine prenant la forme de fantasmes absolument délirants au sujet de la condition des prisonniers ; il était entretenu l'idée reçue que les prisonniers vivaient dans des conditions idéales, mangeaient bien, avaient leur salle de sport, la télévision, des consoles de jeux ainsi qu'un téléphone portable à disposition. Bien que probablement fausse, cette idée reçue qui a été démentie par les juges et les spécialistes du milieu carcéral est tout de même révélatrice d'un sentiment d'injustice basé sur un amer constat que l'État, au sein d'une démocratie inconditionnellement droit-de-l'hommiste, est, désormais, plus performant pour garantir les droits essentiels des hors-la-loi que pour garantir ceux des citoyens légalistes. Et l'indignation revient également en force, de nos jours, avec l'arrivée des migrants. Des partis politiques français hostiles à leur arrivée, comme le Rassemblement national ou Reconquête se font le relais d'un sentiment d'injustice fort présent dans la population française et qui repose sur le constat (exact ou inexact) que le gouvernement et l'État cherchent des solutions pour assurer une habitation et des conditions de vie décentes aux migrants (parce que ce serait l'honneur de la France d'être une terre d'asile politique), alors qu'ils n'en chercheraient aucune pour assurer une habitation aux sans-abris français ainsi que des conditions de vie décentes aux mères célibataires dont certaines sont contraintes de vivre dans leur voiture. Les Français ne semblent pas être contre le respect de la dignité des migrants. Ils semblent, au contraire, y être favorables, mais à la seule et unique condition que celle des Français soit avant tout respectée (ce que certains « droits-de-l'hommistes » de gauche voient, d'ailleurs, comme le début d'une « guerre des pauvres » ou d'une « opposition des misères »)[139] .

La philosophie des droits humains se heurte, d'autre part, à une réalité de la diversité humaine tant sur le plan de la classe que de la *race*, du genre, de la religion et de toute autre caractéristique rendant, dans la réalité, l'humain distinct, en tant qu'individu ou membre d'un groupe particulier, de ses congénères. En France, la terminologie « droits de l'homme » a déjà été critiquée dans le sens où celle-ci occulte le droit des femmes ainsi que celui des enfants. Sans oublier qu'elle tendait également à occulter les Français noirs résidant dans les colonies d'Outre-Mer à l'époque où les droits de l'homme (qui ne concernaient évidemment que les droits de l'homme blanc) ont été pensés, c'est-à-dire au XVIIIe siècle – époque à laquelle les noirs qui étaient encore esclaves n'étaient pas tout à fait reconnus comme des êtres humains. En cela, nombreux sont ceux qui souhaitent remplacer cette appellation par celle de « droits humains » ; terminologie que nous employons dans ce livre depuis le début. Dans le monde, les droits humains sont regardés de la même façon, c'est-à-dire comme des droits ne valant que pour les populations blanches (et non pour les Irakiens, les Libyens, les Syriens, les Palestiniens, les Congolais et les migrants). Et dans le monde occidental, les droits humains sont regardés comme des droits ne constituant pas, dans la réalité sociale, un frein aux tendances discriminantes de nos sociétés officieusement hiérarchisées. La reconnaissance juridique de notre

---

139Ce phénomène s'inscrit également, à l'échelle européenne, dans un contexte politique de montée des « égoïsmes nationaux » qui a été d'autant plus visible avec l'arrivée, dans les années 2010, de migrants africains et moyen-orientaux que les pays de l'Union européenne devaient accueillir. Certains pays refusaient d'en accueillir comme la France et certains pays d'Europe de l'Est, tels que la Pologne et la Hongrie, tandis que d'autres n'ont pas eu d'autre choix que de les accueillir en raison de leur situation géographique comme la Grèce (Lampedusa), l'Italie et l'Espagne ou choisissaient de donner un exemple de solidarité en en accueillant 1 million comme l'Allemagne en 2015.

légitimité à être traité comme l'égal d'autrui n'est pas, automatiquement, accompagnée d'une reconnaissance sociale de notre légitimité à être traité comme l'égal d'autrui. Ces droits humains ancrés dans cette philosophie de « l'universalisme abstrait » supposée réunir *l'ensemble des humains* sont remis en cause par une conscience universelle des particularités que portent les groupes humains et sociaux ainsi que les individus. L'humanité des humains est, désormais, perçue comme une simple reconnaissance symbolique de leur dignité, montrant, par là, qu'ils ne sont ni des choses ni des animaux. Pour autant, elle n'est pas une reconnaissance conduisant à une égalité réelle conforme à l'égalité formelle. Or, si l'humanité passe après l'individualité de l'humain en ce sens qu'elle (l'individualité) constituerait davantage la réalité de son vécu, il est envisageable que les droits humains perdent en popularité ainsi qu'en crédibilité. Du moins, il est quasiment certain que les droits humains *inaliénables* deviennent désacralisés en raison de l'importance, de plus en plus accrue, que nous accordons à notre condition spécifique ainsi que honnis en raison du fait qu'ils contreviendraient à la logique tribale de certains groupes sociaux vivant selon le slogan identitaire suivant : les *nôtres* avant les *autres* ; nouvelle façon, semble-t-il, de retracer la frontière entre le *eux* et le *nous*.

Ainsi, la démocratie des droits humains *inaliénables* ne peut être défendue que si nous ne l'avons encore jamais expérimentée (le fait est qu'elle serait, en ce sens, très séduisante) ou que si, par miracle, celle-ci avait fait ses preuves en termes de défense et de garantie des droits essentiels de *tous* les citoyens. Or, si, au fil des décennies et des siècles, cette démocratie a démontré son inaptitude en la matière, celle-ci deviendra illégitime et perçue comme injuste. En ce sens, la nouvelle démocratie à envisager pourrait être, précisément, celle des droits humains *non-inaliénables*. La précision « non-inaliénable » nous informerait que ces droits, en tant qu'ils sont *humains*, nous seraient octroyés dès notre naissance. Toutefois, ce même caractère « non inaliénables » nous informe également qu'il pourrait, un jour, être question d'une déchéance des droits humains pour un individu si jamais ce dernier a commis des actions inhumaines, c'est-à-dire des actions l'ayant mis en-dehors de l'humanité par l'absence de pitié, de sympathie et d'empathie minimales dont il a pu faire preuve à l'égard d'autrui pour commettre son crime. Dans un cas, par exemple, de viol sur enfant, le violeur, en cas de preuve (par l'aveu ou l'image) serait déchu de la jouissance du droit au procès équitable en raison du fait que cet acte *inhumain* ne peut être justifié quel que soit le contexte dans lequel l'action criminelle a été commise et que l'intention dans laquelle ce viol a été commis était nécessairement malveillante. Les preuves par l'enquête ou les images pourraient être la justification légitime d'une déchéance des droits humains relatifs à la procédure. Pour autant, s'il ne s'agit pas d'un crime, mais que le délit est tout de même rendu objectif par des preuves audios ou vidéos, alors la déchéance des droits humains n'est pas forcée d'être totale ; il n'est pas exclu qu'un détenu puisse vivre dans des conditions dignes et humaines, au sein de sa cellule, si ses délits n'avaient rien d'inhumain, de cruel ou de barbare. La déchéance des droits humains – rendant la garantie de ces droits par la naissance et leur conservation *sous condition* – permettrait simplement de hiérarchiser la société sur la base de ceux qui en jouissent et de ceux qui n'en jouissent pas. Cette hiérarchie ne se fonde sur autre chose que des critères moraux.

L'esprit moral part du postulat qu'il existe un bien et un mal et peut-être même des forces du bien et des forces du mal. Les mythologies, telles qu'elles ont pu être décrites par Mircea Eliade dans *Aspects du mythe* (1963)[140], sur lesquelles se sont construites les sociétés politiques – mythologies religieuse et non-religieuse – sont l'illustration que les humains, afin de se construire et de construire la société, ont besoin de *demi-dieux* – d' « Êtres surnaturels », pour reprendre la terminologie de Eliade – auxquels s'identifier et qu'il serait nécessaire d'imiter afin de conserver le Monde qu'ils ont bâti par le passé – aux Temps des Commencements – comme ils ont besoin de *demi-diables* qu'ils devront absolument combattre afin de ne pas sombrer dans un Antimonde dégénéré. Les premiers, en s'adonnant à la *vertu* – c'est-à-dire en s'efforçant, malgré la difficulté de la tâche, de faire le bien – seraient les « surhommes » et les seconds, en s'adonnant au *vice* – c'est-à-dire en effectuant le mal en conscience et en jouissant de la facilité qu'il y a à le causer, notamment sur les êtres sans défense que sont les enfants, les animaux, les victimes isolées et les personnes précaires et handicapées, en raison du fait que cette destruction facile offrirait au vicieux le sentiment d'être le détenteur d'une toute-puissance – seraient les uniques « sous-hommes » d'un monde sain (*moral*). Et c'est la romantisation et la *fantasysation* de l'attitude morale causées par notre identification à des personnages de fictions et de mythologies qui nous rendent enclins à agir moralement ; nous sommes galvanisés à l'idée de nous imaginer appartenir au camp de la lumière et du bien contre les ennemis qui appartiendraient au camp du mal et des ténèbres. Le narratif mythologique nous pousse, en tant qu'il nous offre un modèle de comportement grâce aux héros mythologiques, à agir pour faire le bien.

Dans un système féodo-démocratique, la hiérarchie politique repose sur la *propriété* et l'*arbitraire*. Au sujet de la *propriété*, il en existe tout d'abord plusieurs types : celle de l'État, celle d'une oligarchie (oligarchie *de droit* ou oligarchie *de fait*), celle d'un seul homme ou encore celle d'acteurs privés. Nous avons vu, dans notre introduction, que la propriété n'impliquait pas la domination. Le locataire et le salarié peuvent être libres de mener et de

140 Voir Mircéa Eliade, *Aspect du mythe*, 1963, Ed Gallimard, Collection « Folio essais », 1988, p.16-20

pratiquer la vie comme ils l'entendent s'ils sont protégés par des lois permettant d'imposer au propriétaire des limites légales et réglementaires faisant que la propriété ne soit pas, pour le locataire, synonyme de coercition. Dans le cas de notre ville néo-féodale, des seigneurs s'approprieraient des villes, dans leur intégralité, et les citoyens [locataires], tout en étant contraints, s'ils aspirent à devenir des propriétaires, d'être les propriétaires d'entreprises ou d'œuvres d'art qui seront esthétiquement en raccord avec leur ville, seront libres d'agir, de penser et de proposer des lois, et ce, parce qu'ils seraient protégés par une juridiction démocratique universelle qui brimerait le seigneur dans son désir d'abuser de son pouvoir de propriétaire. Et pour ce qui est de l'arbitraire, nous y venons. L'arbitraire serait ainsi la prérogative du roi en tant qu'arbitre moral de la démocratie reconnue comme fragile.

En effet, c'est le constat actuel de beaucoup d'observateurs occidentaux – journalistes politiques aussi bien qu'intellectuels et universitaires – que « les démocraties sont fragiles » et qu'elles « peuvent se dévorer elles-mêmes ». Or, d'où vient cette fragilité ? Elle vient d'une caractéristique propre à la démocratie en tant que régime-scientifique qu'est le doute. Et ce doute peut être enclin à rendre les démocraties, disons-le, timorées ou, plutôt, adeptes du compromis et de la réflexion longue sur des sujets complexes. Il est même tentant, par moments, d'envier la rapidité avec laquelle des pays comme la Chine et la Russie traitent les problèmes de terrorisme et de criminalité pendant qu'en Occident, nous parlementons pendant des années, voire des décennies sur comment assurer la sécurité sans contrevenir aux droits et aux libertés. Et cela est d'autant plus visible lorsque des Français issus de l'immigration africaine commettent des actes délictueux ou criminels à l'encontre de la police. Nous avons une forte tendance, avec une certaine amertume convertie en racisme, à dire « Ah, ils se permettent de faire les malins en Occident, tandis que jamais ils ne feraient le vingtième dans leur pays ; chez eux, la police et la Justice font véritablement leur boulot, on devrait faire pareil, ça les calmerait ! ». La dictature rassure. D'autre part, la démocratie est le régime du risque ou, comme nous aimons l'appeler, le régime du « pari de l'intelligence collective ». Or, que faire si le collectif est stupide ou fou ? En effet, le risque de l'ignorance et de la folie potentielles du peuple est bien de mise, en démocratie. Premièrement, le peuple peut ne pas être assez éduqué et ne saura, donc, rien faire de bon avec sa liberté. Deuxièmement, même si celui-ci est suffisamment éduqué, il peut, néanmoins, devenir irrationnel en raison d'un possible manque de spiritualité ou de conscience civique (et nous pouvons même parler, dans la situation actuelle, de conscience écologique). Et troisièmement, parce que, même si une loi est légitime d'être votée dans la mesure où elle ne nuit ni à la liberté ni à l'égalité entre les citoyens, celle-ci peut néanmoins s'avérer problématique sur le long terme ; ce qui exige, ainsi, en dépit de l'engouement et de l'euphorie que cette loi pourrait générer chez ceux qui en bénéficieraient sur le moment, la clairvoyance d'anthropologues qui connaîtraient si bien la nature humaine qu'ils connaîtraient les effets [vicieux comme vertueux] de la loi en question sur la stabilité de la société.

Un roi, donc, serait en mesure de se charger, à l'aide d'un chancelier ou d'un premier ministre, des affaires étrangères et militaires et, en interne, de réunir un Conseil de scientifiques en cas de soupçon qu'il aurait quant à l'usage qu'un peuple – issu de *telle* ville – ferait de sa liberté afin de savoir si, oui ou non, la liberté est sage d'être accordée. Par exemple, si regarder une émission de télévision « abrutissante » ne nuit ni à la liberté des citoyens parce que nous ne les forçons pas à la regarder, ni à l'égalité en ce sens que d'autres émissions peuvent aussi bien être visibles et que, dans une telle mesure, un pluralisme est respecté, cette émission, en théorie, peut être diffusée. Or, si nous constatons, à terme, que, dans cette émission « abrutissante », de la politique y est traitée (mais de façon polémique) et que les sujets qu'elle met en avant ont la même importance qu'un sketch salace ou n'importe quelle autre vulgarité (conduisant, ainsi, à l'abolition de la hiérarchie des sujets et de leur domaine d'importance), alors nous pourrons juger que cette émission décrédibilisera, voire désacralisera, la politique et qu'en ce sens, elle fera du mal à la *cité*. Or, selon les principes de la démocratie fondée sur l'Etat de droit, cette émission qui n'entrave ni la liberté, ni l'égalité a le droit d'exister. C'est ainsi que dans ce cas, le roi pourra solliciter des scientifiques spécialisés dans le domaine des sciences humaines afin qu'ils débattent du maintien ou de la suppression de l'émission en question. Et suite aux arguments successifs présentés lors du Conseil, le roi pourra enfin trancher et, de manière arbitraire, supprimer ou non l'émission. Cependant, le roi ne pourra, initialement, pas empêcher le peuple de faire voter une loi ou de créer un projet ; seulement, il ne pourra abroger la loi ou interdire le projet [abouti] qu'après en avoir observé les effets.

Le seigneur, lui, pourrait, avoir, à son échelle, ce pouvoir arbitraire non pas tant en pratiquant le « prélèvement arbitraire » dont parlait Laurent Feller dans *Paysans et seigneurs au Moyen Age* (2007), mais en offrant des cadeaux qui prendraient la simple forme d'agrandissement de la propriété d'un citoyen pour ses bonnes actions. Par exemple, si un citoyen a combattu pour la ville, le seigneur pourrait lui faire construire une pièce supplémentaire dans sa maison ou lui agrandir son jardin et, s'il a une entreprise, à faire améliorer sa productivité grâce à l'offre de nouvelles machines. Il ne pourra empêcher les citoyens de faire voter des lois dont ils feraient la proposition ; seuls des juristes en mesure de prendre connaissance et conscience de la portée de la loi proposée, seront habilités à le faire. Le seigneur aura la possibilité d'agir de manière arbitraire pour donner un *plus*, en termes de propriété, à tel citoyen en fonction de ses actions morales, pour nommer son successeur lors de sa mort – celui dont il estime qu'il pourra posséder l'intégralité de la ville et la faire perdurer dans son existence matérielle et spirituelle – ainsi que pour, dès l'origine, choisir les citoyens qui seront habilités à vivre au sein de sa ville, s'il y a, naturellement, plus de personnes qui souhaiteraient vivre dans sa ville que de places disponibles.

Mais pour ce qui est du retour de la morale, celle-ci nécessite une hiérarchie, notamment dans le champ des valeurs. Le comportement moral consiste à agir sans y être obligé, parce que nous estimons qu'il est dans notre devoir de le faire. Si nous sommes obligés d'aider un sans-abri, notre comportement est estimable, mais il n'est pas moral. Tandis que si nous aidons ce sans-abri sans obligations, parce que nous estimons qu'il est de notre devoir de le faire, alors notre comportement tend à l'être. L'être humain est moral, car la moralité lui permet d'acquérir une grandeur d'âme, une noblesse de cœur et d'esprit. De plus, la rectitude morale nous donne la sensation d'être incorruptible. Ce comportement, permis par la religion ou une idéologie politique prônant, à l'image de l'idéologie socialiste, une morale laïque et sociale, permet au citoyen du peuple de s'honorer et *a fortiori* lorsque ce dernier ne peut se valoriser socialement. La morale permet à l'homme et à la femme du peuple de se « regarder droit dans une glace » et de se dire : « je suis, et ai toujours été, un honnête citoyen ». Prenons l'exemple des allocations sociales, en France. Certains Français locataires qui ont des enfants pourraient – et ils le savent – toucher le RSA et les APL (allocations personnalisées au logement) qui leur vaudraient, par mois, l'équivalent du salaire minimum français à temps plein ; pour autant, bien qu'ils ne soient pas obligés de travailler, ces derniers le font pour leur honneur, mais également afin de ne pas être une charge pour la société. Or, ce comportement moral a besoin, pour être reconnu et estimé, d'un contre-exemple incarné par un être-immoral, c'est-à-dire celui qui, dans l'imaginaire collectif, profite de la générosité du système social et duquel il faut se distinguer en travaillant – sans dépendre de l'Etat. Privilégier le travail à l'assistanat permet d'être considéré par la société comme digne et respectable, et ce, en dépit de nos conditions précaires de vie et de travail. L'assistanat rend, ainsi, estimable le travail de dur labeur, dans la mesure où effectuer ce dernier offre un certain mérite (nous pourrions préférer vivre des aides que d'avoir à travailler à l'usine et pourtant, nous n'y cédons pas). Le sens moral d'un citoyen qui n'a rien pour se valoriser socialement est le seul moyen pour lui d'avoir une garantie de reconnaissance sociale minimale.

Cette hiérarchie faite entre le bon et moral citoyen et le mauvais et immoral citoyen doit être actée par la reconnaissance d'une hiérarchie entre les humains contestant ainsi l'égalité philosophique inscrite dans la philosophie des droits humains *inaliénables*. La garantie de droits humains *inaliénables* repose sur le principe que, qui que nous soyons, un pédocriminel comme Marc Dutroux ou une sauveuse d'enfants comme Mère Thérésa, notre dignité d'humain se doit d'être respectée de la même façon. Ainsi, notre devoir, en tant que citoyens rationnels, démocrates et civilisés, d'accepter que même les « pires monstres » puissent bénéficier d'un traitement humain semble être aussi exigeant pour les êtres imparfaits et émotifs que nous sommes que les exigences de la non-violence du siècle dernier. Le concept de non-violence repose sur le fait qu'il ne faille, sous aucun prétexte, faire preuve de violence, même en cas d'attaque. Cette philosophie (que nous pourrions qualifier de spirituelle) nous oblige, lorsque nous l'appliquons, à accepter la mort physique ou la mort sociale (nous sommes sommés, par exemple, d'accepter la prison). Ainsi, cette force d'esprit que nécessite la non-violence exige une grande puissance spirituelle ou une grande conscience politique et civique. Renoncer à résister (nous laisserions, comme le disait Gandhi, le serpent nous tuer par sa morsure sans résister ni chercher à le tuer) implique une croyance infaillible dans un Dieu juste (qui nous donnera raison tôt ou tard et punira les *méchants*) ou un respect indéfectible de la Loi[141](il est plus éthique et noble d'accepter d'être condamné pour avoir désobéi à une loi injuste que de désobéir à une loi injuste en agissant selon notre propre loi, même juste, de façon arbitraire et cachée, puisque les agissements secrets de tous les citoyens selon leur propre loi ne permettraient pas le remplacement – qui ne serait possible que par la rébellion – d'une loi injuste pour *certains* par une loi juste pour *tous*). La non-violence oblige le citoyen à cultiver et la foi – afin de ne plus être esclave de la peur de la mort – et le courage – celui de risquer sa vie.

La démocratie des droits humains *inaliénables* est en quelque sorte une incarnation politique et juridique de la philosophie de la non-violence. Ce régime demande, en effet, aux citoyens de renoncer à leur violence, à leur vengeance et à leur besoin primaire de déverser la violence qui est en eux sur une victime (même si celle-ci est coupable d'un crime) expiatoire. Or, accepter que même les pires sadiques – meurtriers, violeurs, tortionnaires soient traités humainement nécessite ou bien une croyance infaillible en Dieu – qui nous appellerait à aimer et les victimes et les bourreaux et à faire confiance à sa Justice qui a son temps – ou bien une croyance infaillible dans

141 Les ouvrages parus sur la non-violence étaient, tous, parmi les plus connus, des ouvrages vantant les vertus de la religion et de la foi. A titre d'exemples, il y avait *L'inutilité de la violence* (1893) de Tolstoi, *La voie de la non-violence* de Gandhi et *Révolution non violente* (1964) de Martin Luther-King. Tolstoï disait que la religion chrétienne était ce qui avait fait renoncer des soldats russes à aller à la guerre du temps où l'Europe était en proie à des nationalismes martiaux – ils refusaient de se battre pour la nation car le christianisme leur enseignait la paix. Ainsi, les religions, par leur injonction à ne pas tuer, sont finalement les premières philosophies non-violentes. Les écrits de Tolstoi sur le caractère intrinsèquement pacifique de la religion ont, dès lors, influencé Gandhi qui, lui-même, a inspiré Luther-King. Être non-violent nécessite un courage et une force d'esprit que seule la spiritualité rendrait possible.

l'effectivité d'une idéologie politique humaniste ou bien un rationalisme prosélyte nous incitant à défendre la dignité des accusés dans un souci unique de démonstration de sa propre rationalité. Nous défendrions les droits des accusés les plus atroces dans l'unique but de montrer que, face au peuple hargneux, émotif et vengeur, nous sommes la voie de la raison. Nous serions ainsi habités par la lumière (intellectuelle et morale) si nous ne manifestons aucune haine à l'encontre des porteurs [criminels] de l'obscurité. Mais reste-t-il que pour que cette foi demeure, le régime politique doit permettre la sécurité des citoyens et rendre les crimes odieux minimaux, c'est-à-dire ne relevant que du simple fait divers.

Par ailleurs, un régime et une idéologie dont nous constatons (ou ressentons) qu'ils n'ont pas tenu leurs promesses initiales en matière de prospérité économique, de sécurité, de justice et de bien-être tendent à créer un sentiment d'hostilité à l'égard de ce régime ou de cette idéologie qui ont, pourtant, à l'origine, fait l'objet d'un ardent soutien. Nous risquerions de passer de « pro » à « anti », comme ce fut le cas avec la désillusion du communisme qui a développé, dans une large partie du monde, un anticommunisme. Antérieurement, la monarchie française qui a été plébiscitée par le peuple, sous l'Ancien Régime, a fait l'objet, suite à la Révolution, d'un antimonarchisme et d'un anticléricalisme. Et ultérieurement, l'admiration que le monde pouvait avoir pour les Etats-Unis d'Amérique à la sortie de la Seconde Guerre mondiale laisse la place, aujourd'hui, à un anti-américanisme. Notre déception, alors, pour la démocratie libérale et les droits humains *inaliénables* pourrait-elle ainsi déboucher sur un « antidémocratisme » ou un « anti-droit-de-l'hommisme » ? Un Etat de droit aux institutions jugées défaillantes pour garantir la protection des citoyens se risquerait alors d'être rejeté au profit d'un Etat policier et totalitaire garantissant la sécurité et diminuant les libertés individuelles et publiques. Du moins, il s'agit là du pire scénario possible. En effet, ce choix serait celui d'une désillusion irrationnelle de la démocratie, du libéralisme et des droits humains *inaliénables* s'apparentant à un révolutionnaire (ou réactionnaire) *procès de la démocratie*[142] (Jean Haupt).

Si nous voulons opter pour un scénario plus réjouissant, nous pouvons envisager que la démocratie et les droits humains *inaliénables* prennent fin tout en gardant quelques restes philosophiques et politiques de ce régime et de cette idéologie. La monarchie d'Ancien Régime a chuté, mais sa centralisation est restée dans notre République et notre État unitaire. L'URSS s'est effondrée, mais nous n'avons pas pour autant rompu définitivement avec la philosophie socialiste – le socialisme continue d'être présent en Europe – dans une optique de mariage sain avec le capitalisme libéral. L'Anti-américanisme, sans doute, n'effacera pas le libéralisme

142Titre de l'ouvrage *Le procès de la démocratie* de Jean Haupt (1971)

économique que l'Amérique a apporté au reste du monde ; simplement, il se confondra parfaitement avec la résurgence identitaire et culturelle des pays non-occidentaux. La fin d'un monde [façonné par une idéologie] conduit, dans la forme, à une hostilité à son égard (les gens deviennent, par réaction, « anti » ce monde-là), mais permet, dans le fond, un mélange idéologique débouchant sur un régime politique hybride et une culture politique métissée. La fin de la démocratie et des droits humains *inaliénables* conduira à un régime politique du compromis entre les valeurs démocratiques et un autre régime politique (monarchie ou autocratie) et entre l'acquisition des droits humains dès la naissance et la déchéance des droits humains durant la vie.

Mais de prime abord, accorder, dans la société *cyber* au sein de laquelle nous vivons, un droit à la défense à un criminel dont nous pouvons, par les images, objectivement constater l'atrocité des crimes commis peut paraître insoutenable et inaudible pour l'ensemble des humains disposant d'un degré d'empathie minimal et nécessaire. En vérité, les émotions légitimes suscitées par l'horreur d'actes de torture, de meurtres ou de pédophilie sont renforcées par les images et les vidéos que nous pouvons voir « de nos propres yeux » ou que nous ne pouvons voir, mais qui sont, pour nous, des preuves indiscutables de la culpabilité du criminel. Ces preuves constatables sur Internet nous font d'autant plus revenir à une philosophie résolument opposée à celle des droits humains *inaliénables* ; sans compter que la mise en lumière que la cybérisation (néologisme de Elena Waldispuehl) de la violence met sur le caractère récurrent de crimes (l'existence de dizaines de millions d'images et de vidéos pédopornographiques démontre que la pédocriminalité n'est pas un phénomène isolé, mais bien mondial et banalisé) qu'autrefois nous ne voyions pas - ces derniers étant privés et non rendus publics sur le web - ou que nous estimions relever du fait divers anecdotique, nous met devant une réalité que nous ne pouvons pas comprendre autrement que par des explications mystiques tournant autour du satanisme ou du complot d'Etat. La cybercriminalité présente sur le *darkweb* nous informe qu'il n'existe aucune limite à l'horreur et au vice et que celle-ci existe partout sur Terre puisque sa présence est justifiée par un échange commercial entre un criminel commerçant (qui peut être loin de chez nous) et un criminel consommateur (qui peut être notre voisin).

L'avocat de la défense doit veiller à ce que son client soit jugé en fonction du *contexte* et de l'*intention* dans lesquels il a commis son délit ou son crime. Cependant, si nous voyons grâce aux vidéos et aux images que son crime était entièrement malveillant et qu'aucun contexte ne le justifie (dans quel contexte le viol est-il explicable ?), quelle est donc l'utilité de l'avocat de la défense ? Comment défendre le droit *inaliénable* à une défense autrement que par le fait qu'il s'agisse d'un pur principe ? Et si seul le principe rend légitime ce droit, celui-ci fait-il encore sens ? Est-il encore rationnel ? Voir des images ou des vidéos de tortures, de viols et de meurtres gratuits peut ainsi rendre les gens directement conscients de la barbarie du monde qui les entoure. Et en cela, le fait de voir (ou d'être en possibilité de voir) de ses propres yeux ce que nous percevons [naturellement] comme étant l'inhumanité la plus caractérisée tend à engendrer une désidentification à l'agresseur. Désidentification dont la conséquence logique est la déshumanisation. Lorsque nous voyons un homme agresser un enfant ou un animal, nous voyons un « barbare » ou un « animal » duquel nous ne nous reconnaissons pas ; ce qui aura inéluctablement des conséquences juridiques. D'ailleurs, le nombre grandissant d'ouvrages portant sur la cybercriminalité évoque le sujet important de l'évolution des lois jointe à l'évolution de cette criminalité. Or, aucun n'aborde réellement l'évolution de la société – influencée par cette évolution du crime – qui serait, également, responsable d'une évolution du Droit dans ses racines philosophiques. Il n'y aurait pas que les lois qui changeraient, il y aurait également toute la configuration de notre Justice. Le pouvoir des images est indéniable sur le renforcement de l'émotion, dans l'opinion publique ; et nous le savons depuis l'usage du cinéma par les pays totalitaires (URSS, Italie fasciste, Allemagne nazie) qui mettaient en place, à l'aide de cet art, des actions de propagande. L'opinion publique devient, de fait, juge en voyant ce qu'il s'est passé ; ce qui peut la faire sentir davantage légitime de contester une décision de justice (ce qui est déjà sacrilège dans un Etat de droit). Un juge remettant en liberté un homme que nous avons vu, en vidéo, agresser gratuitement une personne, risquerait de déclencher des émeutes dans l'ensemble du pays[143] et de tuer la confiance que les citoyens doivent avoir pour leur Justice, dans l'intérêt de la stabilité de la société. Ainsi donc, la Justice devient, d'une certaine façon, dépendante d'un autre pouvoir officieux qu'est celui d'une opinion publique qui ne pourra, dès lors, pas être contenue, dans l'expression de ses émotions, par la seule et unique « raison ».

La visibilité d'actes criminels sur le web pose en effet plusieurs problèmes : premièrement, le fait que les victimes soient exposées constitue une grave atteinte à leur dignité et à leur honneur ; deuxièmement, les actes violents [et filmés] peuvent effrayer, voire traumatiser, la population et l'installer dans un climat de panique[144]et un sentiment d'insécurité généralisé

---

143 Par exemple, le meurtre de Georges Floyd, en 2020, par le policier Derek Chauvin illustre bien l'ampleur de la médiatisation du crime. Le monde entier a vu la vidéo de Georges Floyd en train de suffoquer, étouffer et suppliant qu'on le laisse respirer. Ainsi, l'opinion publique mondiale a déjà tranché. Et si le juge avait remis Derek Chauvin en liberté pour « légitime défense » ou encore « non-lieu », le pays aurait été paralysé par les violences urbaines, voire, sans doute, par une guerre civile raciale. Le juge, de toutes les façons, était obligé de condamner Derek Chauvin à une lourde peine et ce, dans la mesure où les regards du monde entier étaient posés sur cette Affaire et que tous (hormis quelques personnalités d'extrême droite complaisantes à l'égard des violences policières dirigées contre les minorités ethniques) étaient en faveur de la victime.

144 Pour l'affaire Georges Floyd, de nombreux afro-américains ont affirmé qu'aucun noir ne devait relayer la vidéo de Georges Floyd en train de mourir étant donné que cela pouvait

néfaste à la cohésion sociale ; et troisièmement, cette visibilité des crimes par les forces de l'ordre (qui sont obligées de les regarder) pourrait constituer une agression – en ce sens qu'elle peut traumatiser directement ceux qui les regardent (*dommages moraux*). Ainsi, la visibilité des crimes par leur cyberisation engendrera, au sein des populations des démocraties, un développement d'opinions favorables à la répression et un dégoût pour le droit systématique à la défense[145]. Notre conception des droits humains pourrait, ce faisant, radicalement changer. Et c'est en cela que l'évolution du Droit est bien plus déterminée par l'évolution de la société que par l'évolution des crimes. L'évolution des crimes change les lois ; l'évolution de la société change la Justice.

Le mal du rationalisme

Les émois populaires légitimes suscités par des actes filmés rendent possible le fameux « tribunal populaire », la raison étant que le peuple constate de lui-même les violences qui sont observables sur le net. Et de fait, le « tribunal populaire » peut déboucher ou bien sur une modification du Droit qui devient ainsi fidèle à l'expression politique des émotions du peuple ou bien, au contraire, à un Droit et des institutions de plus en plus « rationnels » afin de protéger l'Etat de droit du peuple et, *in fine*, le peuple de lui-même. A ce propos, afin que les trop fortes émotions populaires ne se convertissent pas en lois destinées à établir une Justice autoritariste, inhumaine et déshumanisante, une philosophie, née au XIXe siècle, a constitué un rempart à cet immaturité émotionnelle susceptible d'emplir la population ; la transformant par là en foule. Il s'agit du rationalisme en tant que religion de la raison [bourgeoise]. Non pas du rationalisme du temps de Descartes et de Hobbes, au XVIIe siècle, qui s'opposait à l'empirisme de

terroriser les noirs qui pourraient, en la voyant, s'imaginer que l'espace public leur est hostile, voire dangereux. Ce qui aurait comme conséquences une limitation de leurs sorties (ils ne s'approprieraient plus l'espace public), de leur militantisme ou encore de l'expression de leur identité noire. Voir la vidéo présentant une victime noire dans une position dégradante pourrait si bien traumatiser les noirs qu'ils pourraient adopter une logique de survie et de défiance les empêchant résolument d'être libres.

145 En France, le fait que la justice soit très lente pourrait générer encore plus de haine au sein de la population. En effet, cette lenteur de la Justice sera perçue comme injustifiée au regard de la hausse des crimes filmés qui sont supposés être jugés rapidement en raison de l'objectivité de la preuve du crime commis. A ce propos, les Français tendent de plus en plus à se dire que « pourquoi des mois et des mois de procédure alors que nous voyons clairement, sur les vidéos, que l'homme est coupable ? ». Les droits humains protégeant tous les humains, y compris les « inhumains », pourraient rapidement être regardés comme des droits injustes retardant la Justice au détriment de la réparation des victimes qui pourraient, en toute logique, être reconnues en quelques jours suite au simple visionnage d'une vidéo de crime atroce.

Locke, mais du rationalisme du XIXe siècle qui s'opposait au romantisme en ce sens qu'il était une idéologie reposant sur le principe selon lequel la raison aurait, inéluctablement, comme antithèses l'émotion – associée à l'instinct primaire que nous considérions comme étant l'apanage des civilisations primitives regardées par les Modernes comme des civilisations de « grands enfants » – et la morale – qui serait l'œuvre d'un esprit superstitieux et irrationnel.

L'absence d'émotions, d'idéologies et d'expressions de valeur morale comme gage de rationalité et d'intelligence dans une société rationaliste – ou dans une société que l'on pourrait appeler « cynique » ou « machiavélique » – engendre l'idée que tout ce qui relève de l'amour, de la compassion, de l'entraide ou d'une indignation morale constituerait alors l'antithèse de tout raisonnement rationnel. En cela, exprimer une subjectivité d'ordre affectif, idéologique ou religieux de manière à incarner, par ses propos et ses actions, une forme de « bien » (morale) bénéficiant à notre entourage social est directement associé à une absence de rationalité ou de « réalisme ». Il est commun, désormais, en Occident, de taxer des adversaires politiques d'idéologues afin de les discréditer ; de retirer à leur discours toute potentielle scientificité et de se déclarer, à l'inverse, neutres, factuels et rationnels.

Le mépris de l'émotion et de la morale nous vient du traumatisme politique de la Seconde Guerre mondiale. Les historiens, les psychanalystes et les philosophes politiques se sont accordés sur le fait que les dictatures (fasciste, communiste et nazie) prospéraient sur la capitalisation des émotions individuelles et populaires et non sur la raison humaine ; les dictatures se servent des émotions humaines comme la peur, la tristesse, le sentiment d'humiliation ou la haine afin d'asseoir leur domination, et ce, à l'aide de la propagande – les dictatures naissent de l'exploitation du « cerveau reptilien » et non de la captation des intelligences individuelle et collective. L'émotion, ainsi, est, en politique, un signe annonciateur de l'arrivée d'une politique mortifère dominée par les passions destructrices et le ressentiment. Pour le cas de la morale religieuse, lorsqu'elle se mêle à la politique, celle-ci conduit à la théocratie (et donc, à un régime politique autre que le régime démocratique). Pour le cas de la morale politique, cette deuxième conduit nécessairement à des idéologies collectivistes et totalitaires dont nous avons pu voir les effets au siècle dernier. En ce sens, le libéralisme était considéré comme la seule philosophie amorale, apolitique et donc rationnelle et stabilisatrice.

Dans les relations interpersonnelles, il est notable que l'expression d'une subjectivité tendant à susciter, chez autrui, de vives émotions serait une preuve de la rationalité de celui qui l'exprime et de l'irrationalité de celui qui y réagit par de l'affect. Cette subjectivité manifestement désagréable à entendre doit s'exprimer au nom du réalisme ; c'est-à-dire que nous devons l'exprimer en laissant penser à notre interlocuteur ou à notre auditoire qu'elle ne s'inscrit aucunement dans la défense d'une quelconque conviction idéologique. Le « réaliste » tient un propos désagréable ou adopte un comportement corrosif parce qu'il détient la vérité ou qu'il est lui-même quelqu'un de vrai (c'est-à-dire de franc ou d'authentique). A l'inverse, être positif dans les expressions de ses émotions ou son attitude s'apparentera à un tempérament naïf (non réaliste) ou, simplement, faux (par hypocrisie ou par désir d'être aimé). Un enseignant affirmant, par exemple, pour prouver qu'il n'est pas dans le *pathos,* mais bien dans la raison : « Je ne suis pas là pour être aimé ! » agira de sorte à être détesté par ses élèves, ses collègues ou les parents d'élèves, puisque cela sera bien la preuve qu'il ne cherchera pas à être « quelqu'un de bien », c'est-à-dire quelqu'un qui agira selon une morale, une sensibilité ou le regard des autres ou plus globalement. Il ne sera nullement dans l'affect avec ses élèves qui, pourtant, sont, en tant qu'enfants, des êtres sensibles. Un journaliste disant, qu'avec les invités, celui-ci n'est pas là pour leur « servir la soupe », désirera prouver qu'il ne prendra pas position – en étant du coup « complaisant » – en mettant l'invité en grande difficulté avec des questions très « piquantes » et malveillantes. Être détesté et être malveillant seront, paradoxalement, une situation et une attitude perçues comme l'apanage des êtres rationnels qui ne vivent pas selon leurs émotions et leur morale, tandis qu'être aimé et être bienveillant seront une situation et une attitude perçues comme correspondant à des êtres irrationnels qui ne vivent que dans l'émotion, dans la morale et qui ne sont, au final, que les symptômes d'une faille psychologique que l'on pourrait associer au narcissisme ou au désir [maladif] de reconnaissance. Cet état d'esprit présent dans les sociétés « rationnelles » fait de la morale, de l'émotion ou de l'empathie des états que l'on pourrait ridiculiser ou psychiatriser. Une personne fort empathique voulant faire le bien en proposant des solutions visant à aider ceux qui souffrent sera ridiculisée – car perçue comme « bisounours », « idéaliste », « enfantine » ou mettant ses affects au service d'une cause politique – alors que celle qui assumerait d'être indifférente au sort de ceux qui souffrent sera perçue comme rationnelle, « terre à terre », voire comme un esprit libre, puisqu'elle ne se laisserait pas dominer par ses émotions (maîtrise de soi) et les leçons de morale extérieures (indépendance).

Le mépris des émotions a été, au nom de la raison, valorisé et cela se remarque dans le cinéma, notamment le cinéma américain, qui rend charismatiques et respectables des personnages cyniques et dépourvus d'émotions[146] – des psychopathes intelligents –, comme les parrains de la drogue qui, en plus d'incarner la rébellion envers la société et l'État, font preuve d'une insensibilité envoûtante (à l'opposé des héros qui l'incarnent –

146Voir Jean-François Gayraud, *Le monde des mafias Géopolitique du crime organisé*, 2005, Ed Odile Jacob, p.257

cette rébellion – pas leur soif de justice) ou des personnages à la fois diaboliques et clownesques auxquels de nombreux enfants et jeunes veulent ressembler, comme Eric Cartman dans la série *South Park*. Dans le monde réel, ce mépris a rendu possible une fascination, voire une admiration, pour les crapules intelligentes ; pour les *malins* utilisant leur esprit pour aller à l'encontre de la Loi juridique ou morale. En fait, le rationalisme fait naître des individus qui, pour prouver qu'ils sont rationnels, se chargent d'être insensibles à l'amour des autres ; ce qui les oblige alors, en toute logique, à susciter leur désamour, voire leur haine, tout en exprimant, à l'égard de cette haine qui les visera, une indifférence absolue. Mais, pour cela, ils doivent chercher à être détestés puisque c'est la création de cet objet de détestation qui les rendra indifférents au désamour qu'ils auront suscité. Car ce sera ce désamour sciemment provoqué qui sera la preuve de leur insensibilité pure (ils se moquent de l'amour et de la haine que l'on leur porte). Cependant, ce mépris des émotions n'est séduisant que lorsqu'il se manifeste par l'art de la manipulation (que nous aimerions tous avoir, en secret, afin de parvenir à nos fins) et que le résultat final de cette absence de sensibilité est le gain d'une grande somme d'argent.

Toutefois, ce mépris de la morale et des émotions s'estompe dès lors qu'il conduit à l'atteinte portée à la dignité humaine, et ce, même si le résultat final est la même accumulation d'argent suscitant, pourtant, l'envie chez tant de personnes. Les jeunes pourront volontiers s'identifier à un baron de la drogue qui méprise les affects et les valeurs morales, mais pourront difficilement s'identifier à un trafiquant d'enfants. A la rigueur, ils pourront s'identifier à un proxénète dirigeant des prostituées adultes et consentantes, car cela leur donnera des allures d'hommes à la virilité incontestée – et des films humoristiques comme *Le mac* de José Garcia ou des épisodes de la série *South Park* comme *Meilleure gagneuse* peuvent illustrer ce fantasme partagé par de nombreux hommes de diriger des « putes ». Ce que des sociologues et des économistes ont surnommé le « capitalisme de la transgression » est un phénomène témoignant de l'ingéniosité dont peut faire preuve le capitalisme quant à son aisance à capitaliser sur les luttes révolutionnaires (y compris les luttes anticapitalistes). Dans les pays capitalistes et libéraux, nous commercialisons des t-shirts anarchistes (le symbole anarchiste est devenu commercial), nous réalisons des films « commerciaux » dénonçant les effets négatifs du monde consumériste (comme les films de science-fiction dystopiques) ainsi que des publicités mettant en scène des mouvements sociaux et des révolutions ou rendons encore « sexy » le fait de gagner de l'argent en transgressant les codes (« break the rules ! ») instaurés par la société. Pourtant, même dans le régime de la raison qu'est la démocratie libérale, ce rejet des sentiments (ou des « bons sentiments » comme nous pouvons le dire avec mépris) semble tout de même avoir une limite morale. Il existerait, mine de rien, une morale anthropologique ; une morale indépassable que le rationalisme ne pourrait supprimer de l'esprit humain. Nous ne pouvons autoriser et accepter toutes les transgressions de la Loi et de la morale. Or, qu'en est-il s'il est avéré, depuis deux siècles, que la morale est une ennemie de la raison ? Y aurait-il, finalement, une morale légitime d'être imposée dans certains cas bien spécifiques ? Y aurait-il, en un sens, un certain seuil d'amoralité à ne pas dépasser ? L'absence de morale – ou l'amoralité – poussée à son paroxysme pourrait-elle finalement s'apparenter à de l'immoral et de l'irrationnel ? En définitive, la morale pourrait-elle avoir raison de la raison [amorale] si celle-ci la remplaçait par une raison morale ou une morale rationnelle ?

Au sujet de la morale, celle-ci fut estimée comme étant une ennemie de la raison dans la mesure où l'individualisme, propre au libéralisme montant du XIXe siècle, tendit à faire acter l'idée que la morale serait une affaire purement individuelle. L'individu devient libre de choisir sa morale. En cela, la morale de l'un est aussi légitime que celle de l'autre, puisque les deux individus ont une conception de la morale qui est directement explicable par les circonstances par lesquelles ils ont été traversées au cours de leur histoire personnelle ; aucune de leur morale n'est vraie ou fausse, bonne ou mauvaise. Simplement ces deux morales existent parce qu'elles dépendent de circonstances différentes et n'ayant, strictement, aucun rapport avec une quelconque scientificité de la morale. Ainsi naît le *relativisme moral* caractérisé par le poncif célèbre postulant que « rien n'est blanc, rien n'est noir puisqu'il n'existe que quelques nuances de gris ». Sans compter le fait que ce mépris de la morale est abondamment nourri par l'association que nous faisons entre « morale » et « religion » et, plus précisément, entre « morale » et « manichéisme ». Ainsi, la morale, selon les anti-moralistes, engendrerait, *de facto*, une pensée simpliste.

Depuis la seconde moitié du XXe siècle, l'absence de morale est constatable dans tous les pans de la société comme le Droit et la Politique (au nom, notamment, de la sécularisation), la diplomatie (avec l'apparition, dans les années 1970 avec Henry Kisinger, de la *real politik* ; concept basé sur l'idée selon laquelle les relations internationales ne devraient, nullement, être nourries par la morale, y compris celle des droits humains), l'économie (amoralité caractérisée par la célèbre phrase : « business is business ») ou encore l'humour, notamment avec le succès fulgurant de l'humour noir pratiqué par des humoristes qui abordent des sujets sensibles, tels que la mort causée par un tremblement de terre, des enfants éthiopiens au bord de la famine ou des enfants kidnappés et abusés par un psychopathe. Rire de ce genre d'humour est, alors, la démonstration que nous ne sommes pas dominés par notre sensibilité, que nous ne sommes pas « fragiles » et offusqués facilement et que nous ne sommes pas des êtres moraux désirant empêcher certaines questions d'être traitées par l'humour ou le sérieux. Plus précisément, afin de revendiquer notre rejet de la morale, nous affirmons que nous n'avons pas de sujets « tabous ».

Cependant, comment peut-il, si l'on en croit les rationalistes et les cartésiens auto-proclamés, n'y avoir que quelques nuances de gris si aucune extrémité pure n'existe (le blanc et le noir purs) ? Cela signifierait-il, par exemple, que, dans le cadre d'une agression, un agresseur – que l'on considère comme symboliquement « noir » – est partiellement victime, tandis qu'une victime – que l'on considère ainsi comme symboliquement « blanche » – est partiellement une agresseuse ? L'agresseur aurait de la blancheur de l'innocence, alors que la victime aurait de la noirceur de la culpabilité. Les deux sont alors mis sur le même plan. Or, la conséquence de ce mécanisme de pensée est qu'il tend à inverser les rôles entre victimes et coupables. En effet, si la victime a une part de culpabilité, c'est – si nous raisonnons en psychologue – pour la raison qu'elle provoque l'agression par son attitude ou son apparence. Il est très courant d'affirmer que les victimes ne sont pas choisies au hasard étant donné qu'elles montrent, sans même en être conscientes, des signes de fragilités (principalement psychologiques) qui en font des proies privilégiées pour les agresseurs (l'agression n'existerait, *a priori*, que parce que la victime aurait des failles et des fragilités que l'agresseur utiliserait à son avantage). Ou alors, si nous raisonnons en sociologue, la victime est en partie coupable parce qu'elle est celle qui incarne tout simplement la société dont l'agresseur en question est victime. L'idée étant que l'agresseur fait preuve de violence en raison du fait que la société – que tous les individus pris ensemble composent, la victime comprise – a été violente à son égard. Ainsi, nous risquons de devenir plus empathiques et attentionnés envers l'agresseur qu'envers la victime qui n'est plus juste un individu agressé, mais le simple membre d'une société qu'il faudrait remettre en question. Le groupe social dont la victime elle-même fait partie est donc, par la pression qu'il exerce sur des individus ou des groupes marginalisés, à l'origine de la violence de l'agresseur en tant que membre d'un groupe (social, ethnique, religieux, etc.) opprimé. Kropotkine, dans son livre *La morale anarchiste* (1889), avait parlé en ses termes en disant que Jack L'éventreur avait fait, d'une certaine façon, beaucoup moins de victimes que le juge qui l'avait jugé et qui, lui, était responsable d'une quantité astronomique de vies brisées par ses jugements bourgeois arbitraires et corrompus. C'était, d'ailleurs, une grande tradition du XIXe siècle d'analyser, dans la littérature – celle de Zola, de Dostoïevski ou encore de Hugo –, le comportement criminel d'individus dont les circonstances économiques (relatives à la misère économique et sociale causée par le capitalisme sans morale) ou politiques (relatives à la domination, à la cupidité et à la corruption de la bourgeoisie) avaient été les causes. Au siècle suivant, lorsque le recours à la psychiatrie – en tant que science non pas seulement médicale, mais aussi humaine et sociale – s'est développé, la volonté de faire des criminels de partielles victimes fut d'autant plus légitimée par le fait que, s'ils sont psychiatriquement malades, alors ces derniers sont également des victimes (du moins de leur maladie qui les pousse à commettre leurs crimes) et que, par conséquent, ils deviendraient, en étant emprisonnés, doublement condamnés. Cette réflexion avait d'ailleurs, selon Thomas Szasz dans *La loi, la liberté et la psychiatrie* (1963), conduit à l'idée selon laquelle les criminels ne devraient pas être condamnés, mais soignés ; d'où la naissance d'une philosophie anti-pénaliste au sein des milieux intellectuels de gauche de cette époque.

Cette compassion à l'égard des criminels est ce que beaucoup de Français considèrent comme étant à l'origine du « laxisme judiciaire », de « l'excuse sociologique » ou de « la culture de l'excuse ». Le « gauchisme culturel », apparu à la suite de Mai 68, conduit, aujourd'hui, par exemple, à une complaisance à l'égard de l'homophobie, de l'antisémitisme, du racisme et du sexisme venant de Français de confession musulmane. Un musulman commettant un acte homophobe ne sera pas jugé *moralement* (par les médias ou les politiques) avec la même dureté que s'il avait été commis par un chrétien ou un athée en raison du fait que ce musulman, en tant que minorité victime de l'islamophobie et du néo-colonialisme, est à la fois un agresseur et une victime. La complexité de son agression réside dans le fait qu'il est, à l'origine, la victime d'une agression sociale et sociétale (se traduisant principalement par de la discrimination) l'ayant conduit à transposer cette agressivité sur autrui[147], tandis que le chrétien et l'athée, qui sont des citoyens appartenant à la culture majoritaire à la fois chrétienne et anticléricale, sont des oppresseurs par essence – de par le fait qu'ils jouissent de privilèges sociaux en tant que membres de groupes communautaires non-stigmatisés et non-discriminés par la société et les institutions – et que, en cela, leur statut de coupable ne peut pas être relativisé. Le musulman agresse un homosexuel parce qu'il est, à l'origine, une victime et le chrétien agresse un homosexuel

147Nous parlons, ici, de la violence ressentie par un individu dès lors qu'il se retrouve au contact d'un autre individu qui, du fait de ce qu'il est ou ce qu'il a, lui rappelle implicitement qu'il est inférieur socialement (qu'il a moins ou qu'il est moins *en tant que*). Nous touchons, ici, de près et de loin au phénomène de la violence symbolique, mais contre laquelle celui qui la subit se révolte au lieu d'y consentir, voire de l'intérioriser. Un noir voit un blanc ; ce blanc lui rappelle donc, à ce noir, qu'il n'aura jamais tous ses « privilèges » (absence de discriminations, meilleure considération sociale, etc.). Ainsi, le noir en question, au lieu de consentir à cette hiérarchisation officieuse, choisira ou bien de se rebeller politiquement contre l'Etat (en tentant de rendre les lois plus égalitaires et plus justes si jamais il existe, déjà, des lois raciales inégalitaires) ou contre la société (par le travail intellectuel, en cherchant à éduquer le blanc et à le faire sortir de ses préjugés) ou bien choisira de se rebeller personnellement contre l'individu blanc en l'agressant *en tant que* blanc ; en tant qu'incarnation physique d'un système d'oppression. Bien que ce blanc n'ait effectivement rien fait de mal à ce noir, il demeure, selon de nombreux sociologues spécialisés dans les *racial studies*, un bénéficiaire involontaire d'un pouvoir qui opprime le noir en question qui, ainsi, verrait tous les blancs comme ses ennemis naturels. Le majoritaire, par ses privilèges de majoritaire, devient un agresseur *symbolique* auquel peut s'en prendre un minoritaire qui, par ses actes, deviendrait un agresseur littéral.

parce qu'il est un oppresseur par essence, et ce, dans la mesure où, en tant que non-discriminé, celui-ci, par opposition logique, est donc un discriminant naturel ; et il cesse de l'être à partir du moment où il prend conscience de ses privilèges et qu'il devient, par la suite, en militant contre ses propres privilèges, un « allié » de ceux qui n'en disposent pas. L'agresseur (ce « noir » symbolique) est une victime (incarnant la « blancheur » symbolique) ce qui implique, en toute logique, que la victime (cette « blanche » symbolique) est, en contrepartie, une coupable de l'agression qu'elle subit en ce sens qu'elle provoque (par son *agir*) ou qu'elle incarne précisément (par son *être*) cette violence que son agresseur, quotidiennement, subit et qu'il choisit de déverser sur cette personne-là qui, par son statut social, racial et culturel perçu comme dominant, lui rappelle avec violence sa condition. Ce besoin, jugé rationnel, de tout nuancer au prétexte que la binarité serait l'antithèse de la complexité, finit, lorsqu'il est poussé à son paroxysme, par donner lieu, comme vu précédemment, à une binarité inversée, c'est-à-dire à une inversion des rôles et des valeurs. Or, cette binarité inversée, en raison du fait qu'elle est perçue par la majeure partie de la société comme une anomalie inaudible faisant offense au « bon sens », prend soudainement l'allure d'une pensée complexe que seuls les cultivés et les intellectuels pourraient comprendre. Le rejet populaire de ce raisonnement intellectuel jugé pervers serait alors, aux yeux de *l'intelligentsia* – du monde intelligent –, la démonstration flagrante de la médiocrité (supposée) du peuple qui, *a priori*, s'y opposerait par manque de culture, d'intelligence, de maturité politique et de raison.

Le problème du rationalisme (nourri par le scientisme), en tant que philosophie de la raison hostile à l'émotion et à la morale, réside dans le fait qu'il est un marqueur social s'inscrivant dans une éternelle – car humaine – recherche de *distinction.* Le rationalisme, de sorte à *être,* a besoin de créer son opposé, l'irrationalisme. Et pour cela, il créera de l'émotion et des réactions morales, et ce, afin d'apparaître, par la suite, comme étant l'inverse de ces réactions émotives et morales ; en d'autres termes, comme la raison elle-même. La personne affirmant qu'il faut laisser des migrants se noyer dans la Méditerranée afin de dissuader ceux qui voudraient la traverser pour arriver en Europe, créera, chez certains, de l'émotion parce qu'il suscitera une colère ou une tristesse ainsi que des réactions morales venant de ceux qui s'opposeront à son discours en lui disant qu'il est « abject », « sans âme » ou encore qu'il est « méchant » ou « mauvais ». Là, une dichotomie aura délibérément été créée. Ce militant hostile à l'arrivée des migrants – quitte à accepter leur mort – pourra accuser ses adversaires d'être dans l'émotion ; accusation signifiant, implicitement, qu'il est lui-même dans l'état opposé, la raison. Cette opposition lui donnerait le bon rôle de personne « terre à terre » et « réaliste ». Pour ce qui est d'une décision de justice, un juge donnant une peine de 18 mois de prison ferme à un collectionneur de photos et de vidéos pédopornographiques créera, si cela devient de notoriété publique, de l'indignation parmi le peuple qui accusera la Justice d'être laxiste, voire de cautionner la pédophilie et d'être beaucoup plus intransigeante avec de simples trafiquants de drogue. Cette indignation se manifestera par une haine (émotion) du peuple doublée d'accusations de corruption et même de conspiration ; la Justice deviendrait soudainement accusée d'être un outil au service d'un mal profond dont la population n'aurait pas encore connaissance. Et cette réaction populaire – irrationnelle sans doute – permettrait, ainsi, au juge de se présenter comme l'homme rationnel de l’affaire judiciaire. A rebours des exigences du peuple (désireux que le criminel soit jugé avec la plus forte sévérité), le juge rationaliste affirmera, avec une arrogance distinguée, « que les choses ne sont pas aussi simples que cela » et qu’il ne cèdera ni aux criards ni aux politiciens démagogues. Sachant que cette distinction lui donnera en plus des airs de juge indépendant du pouvoir politique. En ce sens, le rationalisme conduit, ainsi, à la négation de l'instinct en tant que facteur [dans certaines situations] de la vérité (que l'on appelle – depuis que Thomas Paine, en 1776, a popularisé cette notion en en faisant le titre de son livre : *The common sense* – le sens commun). Il engendre le goût pour l'immoralité (sous-couvert d’adoption d’une posture rationnelle car *a priori* amorale) à laquelle nous ne souscrivons pas nécessairement, mais que nous promouvons de sorte à créer des réactions morales et émotionnelles chez autrui qui nous permettraient, par la suite, de nous déclarer, par *distinction* et opposition, rationnels.

Pour autant, malgré le relativisme ambiant, il existe une hiérarchie dans les sociétés démocratiques et libérales. Or, cette hiérarchie est basée sur la science et non sur la morale. Sur le terrain du Droit (les lois se créant à partir des découvertes scientifiques), cette hiérarchie est ce que Beccaria appelait, dans son *Des délits et des peines* (1764), la hiérarchisation des peines. Si violer est plus grave que de mettre une « main aux fesses », ce n'est pas parce que c'est « plus mal », mais parce qu'il est prouvé que le premier acte laisse, dans l'esprit humain, plus de séquelles psychologiques que le second. Ainsi, les progrès, dans le domaine des sciences humaines et sociales (et principalement les sciences qui étudient le plus les traumatismes : la psychologie, la psychanalyse et la psychiatrie), permettent la création de nouvelles lois (comme, par exemple, les lois sur le cyberharcèlement dont nous avons réalisé à quel point ce phénomène pouvait détruire la psychologie des victimes) ainsi que de nouvelles peines ajustées selon leur gravité. Mais la question de la hiérarchie morale ne tend pas à remettre en cause le caractère fondé de cette hiérarchisation des peines. Elle tend simplement à remettre en cause l'égale valeur des citoyens (égalité basée sur ce seul critère qu'est leur appartenance à l'humanité) et le caractère inaliénable des droits humains. Si la hiérarchie politique, au sein du féodalisme démocratique, est la suivante : Constitution universelle, roi national et seigneurs et peuples communaux, alors les peuples devront, tout de même, avoir des inférieurs afin de conserver une grandeur nécessaire à l'agentivité et au sens des responsabilités.

Si le peuple est souverain, alors celui-ci est « grand ». Lorsqu'il n'y a plus d'Alexandre le Grand, de Louis le Grand, de Pierre Le Grand ou de Frédéric le Grand, il doit, en démocratie, y avoir un Grand peuple, un « peuple Le Grand » ou tout simplement un « Peuple ». Or, ce peuple, s'il doit être grand, par rapport à qui doit-il l'être ? Au XIXe siècle, la grandeur du peuple fut rendue possible par le nationalisme qui a eu comme vertu le fait de faire prendre conscience au peuple de sa spécificité culturelle et identitaire ; spécificité dont il se doit, même, de faire cadeau au reste de l'humanité afin de la conduire au progrès. Par ailleurs, le peuple français n'est Grand que parce qu'il a bâti, sur le plan architectural et intellectuel, un pays qu'aucun autre peuple au monde n'a bâti dans son histoire. La grandeur du peuple français n'est possible que par sa « supériorité » supposée et auto-proclamée par rapport aux peuples étrangers. Or, ce sentiment de grandeur ne le rend actif que militairement, mais pas politiquement. Militairement car cela le mettrait en contact avec un étranger devant lequel il pourrait montrer sa supériorité en tant que Français, mais pas politiquement car, au sein de sa cité, il ne serait pas en contact constant avec lui. Il ne serait qu'en compagnie de son concitoyen dont il est l'égal en droit et en valeur. Le nationalisme crée un peuple guerrier, prêt au combat pour sauver la nation, mais également un peuple soumis politiquement à un empereur ; à un chef politique suprême qui incarnerait cette supériorité [nationale et populaire]. Le nationalisme conduirait donc inéluctablement les peuples à la guerre (« le nationalisme, disait François Mitterrand, c'est la guerre ! ») dans la mesure où c'est ce tempérament belligérant qui les auto-persuaderait – en étant au contact d'ennemis déshumanisés, infériorisés et diabolisés – de leur supériorité.

Afin qu'un peuple puisse être actif politiquement, il faut, qu'au sein de sa *cité*, les citoyens puissent être en relation constante avec des citoyens qui soient leurs inférieurs. Or, ces citoyens inférieurs devront, pourtant, avoir, dès la naissance, les mêmes droits, car, sinon, ce ne serait plus une monarchie à l'esprit démocratique. Et afin que cet esprit [démocratique] demeure, il faut conserver les droits humains fondamentaux et les garantir à tous les humains, mais les leur retirer au moment où ces derniers commettent des crimes [inhumains]. Il doit, ainsi, être question de retirer à un criminel tout droit à la reconnaissance de sa « personne humaine » que nous lui avons reconnue, dès le jour de sa naissance, et ce, en lui retirant tous ses droits fondamentaux : droits à la non-discrimination, à la vie privée, à la sûreté, etc. Cette infériorisation de certains membres du peuple par la déchéance – temporaire ou permanente – de leur humanité permettra aux autres citoyens de prendre conscience de leur supériorité illustrée par leur humanité conservée ; ces derniers demeurent humains à l'inverse de ceux qui, en raison de leurs crimes commis, ne le sont plus.

Cette hiérarchie serait, ainsi, une hiérarchie morale en ce sens que les citoyens déchus de leur humanité pourraient l'être parce qu'ils seraient, tout d'abord, perçus comme des monstres, des démons, des êtres que même les athées qualifieraient de diaboliques. De plus, la hiérarchie morale permettrait à un citoyen inapte - sans rien pour véritablement se valoriser socialement -, mais moral, (c'est-à-dire qui n'aurait comme seule qualité appréciable que le courage d'agir moralement, et ce, à ses risques et périls) d'être toujours supérieur à un homme fortuné et estimé socialement, mais qui a été condamné pour d'ignobles crimes. De plus, la morale, en impliquant le fait de ne pas être obligé de faire le bien, mais de le faire, tout de même, par *devoir*, doit intimer un respect devant être rendu officiel par des honneurs publics. Un citoyen français au RSA, laid et isolé socialement, peut profiter de son temps libre pour rechercher la reconnaissance sociale officialisée par des honneurs publics en traquant, par exemple, des prédateurs sexuels sur des sites internet et en les livrant aux autorités ou, encore, en venant en aide à des personnes agressées sous ses yeux. La personne morale pourrait, en effet, être morale par intérêt (afin d'être reconnue), mais il n'en demeure pas moins qu'elle prendrait des risques que peu de personnes seraient capables de prendre ; la personne agissant moralement, mais dans un intérêt précis (celui d'obtenir les honneurs) pourrait voir la morale – dont l'essence même est le fait de n'être ni obligatoire ni intéressée – de son action être contestée (et donc, ne pas être récompensée), toutefois, il n'en demeurerait pas moins que cette action est objectivement courageuse puisque le citoyen moral [mais intéressé] prendrait, tout de même, le risque de perdre la vie.

L'acte immoral serait, s'il s'agit d'un crime purement gratuit, passible d'une déchéance de reconnaissance de l'humanité du criminel ; l'acte amoral (l'individu n'est ni moral ni immoral dans ses actions) ferait qu'il continuerait de voir son humanité être, pareillement, reconnue ; et l'acte moral serait reconnu et récompensé par les honneurs ou, en fonction du nombre de victimes secourues, par des cadeaux du seigneur. Le roi, s'il ne peut gouverner la nation et être, alors, le roi législateur, puisque c'est uniquement le peuple qui demeure le titulaire de la souveraineté, doit incarner une autorité arbitraire marquée par une attitude à la fois sage et morale (le roi ne peut pas, malgré la présence d'un Conseil de scientifiques, être scientifique ; il ne peut qu'insuffler de la conscience *morale* dans les analyses rationnelles des scientifiques). Les seigneurs qui créeraient leur ville dont ils auraient la propriété totale devront, alors, puisqu'ils n'auront pas d'autorité politique sur les habitants qui se chargeront eux-mêmes de la politique en tant que citoyens constituants, gérer leur ville en gardant, constamment, à l'esprit que ces habitants dépendront de leur propriété foncière et qu'ainsi, ces derniers auront le devoir moral de leur garantir l'environnement matériel le plus propice à leur épanouissement individuel et collectif. Et pour les citoyens du peuple, s'ils sont forcés d'être des égaux en droits, ils pourront alors être des inégaux dans la propriété qu'ils se verraient agrandir par des récompenses seigneuriales, et ce, pour la raison qu'ils auraient effectué des actions morales les rendant, sur le terrain de la propriété, supérieurs aux citoyens amoraux qui, eux-mêmes, seraient supérieurs aux non-citoyens dont l'immoralité les a rendus déchus de leur citoyenneté et de leur humanité.

La morale permet, tout d'abord, de se gouverner soi. Et se gouverner soi nous ennoblit aux yeux de nous-mêmes comme aux yeux de nos pairs. Au XIXe siècle, la morale et l'émotion étaient, chez certains penseurs, la condition même du Droit dans un contexte de prise de conscience que l'individu n'était pas qu'un « animal politique », mais qu'il était aussi un « animal social », d'où l'émergence de disciplines académiques en rapport, telles que la sociologie et la psychologie sociale : ce siècle était celui de la découverte de la société. Chez certains penseurs, comme Mill dans *L'utilitarisme*, Kropotkine dans *La morale anarchiste* ou encore Schatz dans *L'individualisme économique et social*, la morale et l'émotion étaient analysées comme étant les conditions du Droit en ce sens qu'une loi existe, disait-on, après qu'une émotion collective suscitée par un acte commis à l'encontre d'autrui – prenons l'exemple du vol – ait été, par le fait qu'elle soit éprouvée par tous ceux qui ont subi le même méfait, convertible en loi de juste conduite. Si tous les membres d'un groupe expriment une colère après avoir été victimes d'un vol, cette colère universellement exprimée est la preuve que « voler doit être interdit » ; ainsi, une loi doit être votée. Pour le cas de la morale, celle-ci était pensée comme étant tout ce qui ne compromet pas l'harmonie du groupe. Si je mens, alors je conduis mes interlocuteurs vers de fausses pistes ; et s'ils le réalisent, alors ils ne me feront plus confiance ; et si les autres membres du groupe se mettent à agir de cette façon, alors la destruction du groupe est assurée – le lien social est brisé. Les conséquences désastreuses du mensonge, si celui-ci devenait généralisé, nous obligent, dès lors, à partir du constat que « mentir, c'est mal » ; ainsi, l'interdiction du mensonge relève, dès l'origine, d'une évidence morale.

Les oppositions entre morale et Droit et entre émotion et raison sont donc des oppositions s'inscrivant dans un contexte particulier et non des vérités éternelles. Ces oppositions sont celles de la philosophie rationaliste libérale et bourgeoise contre laquelle se dressait – mais sans succès – la philosophie socialiste qui jugeait nécessaire de substituer à la morale religieuse une morale laïque et sociale ainsi que par des économistes de la seconde moitié du XXe siècle, tels qu'Amartya Sen pour qui *l'économie est une science morale* (il s'agit du titre d'un de ces ouvrages, paru en 1999) et non uniquement une science dure, froide et sans affects. Cette conscience morale, devant encadrer le monde économique, a aussi, dernièrement, été prônée par des intellectuels comme Michael Sandel dans *Ce que l'argent ne saurait acheter* (2012), ouvrage qui démontre que le marché doit être limité par une morale politique déterminant ce qu'il est possible d'acheter et ce qui ne les pas ou encore Shoshana Zuboff dans *L'âge du capitalisme de surveillance*

(2018) qui développe l'idée que l'indépendance des entreprises privées du secteur technologique rendue possible par le système démocratique et libéral avait permis, au profit de ces mêmes entreprises, un monopole total dans le domaine de la surveillance des citoyens. Ceci entraînant comme conséquence une dépendance des Etats vis-à-vis de ces *trusts* et un affaiblissement des libertés individuelles et, donc, de la démocratie. Dans le domaine politique, la gravité de la Seconde Guerre mondiale nous a fait prendre conscience que nous ne pouvions accorder, au nom de la neutralité, de l'objectivité et de l'égalité démocratique, « cinq minutes pour Hitler et cinq minutes pour les juifs ». Une hiérarchie devait alors être faite entre les individus abominables (et infréquentables) sortant, par leurs idées, du champ de l'humanité et les victimes de ces bourreaux ainsi que leurs défenseurs. Cette hiérarchie morale qui nous est parue nécessaire a conduit, ainsi, en France, à deux lois : la loi Pleven du 1er Juillet 1972 « relative à la lutte contre le racisme » et la loi Gayssot du 13 juillet 1990 « tendant à réprimer tout acte raciste, antisémite ou xénophobe » et rendant délictuelle « la contestation des crimes contre l'humanité commis pendant la Seconde Guerre mondiale » ; deux lois qui ont été prises sur le vif de l'émotion collective et dans un esprit moral. Et dans le domaine de la science, une nouvelle discipline scientifique est née en 1970, celle de la bioéthique. Celle-ci avait pour objectif d'étudier les conséquences morales des recherches scientifiques dans des domaines, tels que, principalement, la médecine, la biologie, la génétique ou encore l'éthologie. Or, la plus sujette à débats a été la génétique. En effet, en ce qui concerne la génétique, les scientifiques ont réalisé – au regard des politiques eugénistes qui ont pu voir le jour sous l'ère nazie[148] – que cette science n'avait pas qu'un impact bénéfique sur l'élargissement des connaissances que nous pouvons accumuler sur nous comme sur le monde, mais qu'elle avait aussi un impact politique et social extrêmement dangereux. Cela nous a alors obligés à réfléchir sur cette discipline et à l'encadrer de manière éthique, afin qu'elle ne conduise pas les sociétés à des assignations identitaires basées sur des croyances dans des identités raciales innées ou encore à des classifications hiérarchiques. Et pour l'éthologie, le cas est quelque peu comparable ; l'étude du comportement (des animaux humains, des animaux non-humains ou encore des plantes) peut s'avérer dangereuse si nous analysons l'animal humain à l'aune du comportement de certains animaux [non-humains] (sociobiologie). Si, par exemple, nous observons que des espèces animales développent un esprit de solidarité (témoignant, de manière fascinante, d'un comportement social, voire politique, de certaines espèces qui n'est, donc, pas le propre de l'être humain), mais que cette solidarité n'est, en vérité, existante qu'au sein d'une même espèce, comment verrions-nous ce comportement solidaire s'il

---

[148]Voir Siddhartha Mukherjee, *Il était une fois le gène*, 2020, Ed Flammarion, Collection « Libre Champs », p.20-21

était, soudainement, appliqué à l'humain et que, de ce fait, les noirs ne pourraient être, génétiquement, solidaires qu'avec les noirs et les blancs qu'avec les blancs ? La sociobiologie est, par cela, une discipline à pratiquer avec une grande conscience éthique et morale afin qu'elle ne nous pousse pas vers une naturalisation des rapports sociaux[149].

La bioéthique à laquelle nous avons dû avoir recours afin d'aborder des sujets de société tels que l'IVG, la PMA, la GPA ou encore la récente transition de genre pour les personnes mineures a été la forme la plus aboutie de la prise de conscience de l'importance de la morale dans la vie scientifique et, *in extenso*, la vie sociale et politique. Le proverbe « science sans conscience conduit à la ruine de l'âme[150] » est ainsi à prendre au sens de « science sans conscience *morale* conduit à la ruine [morale] de l'âme ». Et en dernière instance, la contestation de plus en plus vive, dans le monde occidental, du bilan économique et social du capitalisme libéral (notamment en termes d'injustices et d'inégalités sociales et économiques indécentes générées par ce système à l'échelle mondiale) et de la financiarisation de l'économie nous oblige à réfléchir sur l'importance de la morale dans l'économie. Le monde de l'argent-roi est un monde dans lequel tout est créé, tout est détruit et tout se recrée dans la mesure où l'innovation est le principal moteur de l'économie capitaliste. Tout est soumis à ce même processus de destruction-créatrice, y compris l'essence même des civilisations et, par là, les liens humains. L'individu, dans la « civilisation » capitaliste, n'est plus un citoyen, mais un consommateur. Ainsi, combattre ce « monde de l'argent » permis par le libéralisme et le pouvoir grandissant de la finance passera par le développement d'une idéologie politique basée ou bien sur une morale sociale (inspirée du communisme ou de l'anarchisme) ou bien sur une théologie politique basée sur une morale religieuse (inspirée de l'idéologie théocratique).

En définitive, le bien et le mal semblent avoir leur existence propre ; du moins si la morale n'a pas de réalité scientifique, celle-ci a une réalité sociale. Si leur existence n'est pas prouvable d'un point de vue scientifique, celle-ci l'est d'un point de vue sensible ; le bien et le mal existent parce qu'ils sont ressentis comme tels par la majorité des humains – les restes minoritaires étant appelés les *pervers* (ceux qui iront contre le sens commun par folie ou par sadisme). Le mal est la souffrance physique ou psychique ressentie par l'ensemble ou la totalité des individus qui ont fait l'objet de cette souffrance qui ne leur a été infligée que parce que l'auteur de cette violence en avait décidé ainsi (nous en revenons, là, à l'association que Hegel, dans

149 Voir Dominique Lestel, *Les origine animales de la culture*, 2001, Ed Flammarion, Collection « Champs essais », 2009, p.47

150 Citation de François Rabelais.

Principes de la philosophie du droit, faisait entre le mal et la subjectivité[151]), sans justifications légitimes et entraînant des répercussions désastreuses sur le corps et l'esprit de la victime. Si, au sein d'un pays, la population est à 99% contre une pratique sexuelle telle que l'homosexualité, alors qu'il n'existe aucunement un Tout *universel* composé d'individus qui aient vécu de manière traumatique des relations homosexuelles – dans le sens où ils auraient éprouvé une souffrance à aimer une personne du même sexe ou que leur expérience homosexuelle, tant sentimentale que sexuelle, a engendré chez eux des séquelles physiques et psychiques –, alors le rejet de cette pratique en tant que pratique du *mal* n'est en aucun cas sensible et naturel, mais est purement subjectif et culturel. Le viol d'enfants, par exemple, est *mal* car la souffrance ressentie par les enfants est universelle et les traumatismes sur le long terme sont autant partagés par tous les enfants qui en ont été victimes. Le harcèlement scolaire est *mal* car les enfants harcelés ressentent, universellement, une souffrance qui, sur le long terme, tend à laisser, dans leur esprit, des séquelles destructrices. Le bien et le mal existent ainsi bel et bien dans les faits. Et le refus de reconnaître leur existence tend, ainsi, à provoquer le même effet que la neutralité lors d'une agression. Les victimes et les bourreaux existent, la justice et l'injustice tout autant ; et se prétendre neutre face à des situations présentant objectivement des persécutions et des injustices revient, finalement, à laisser les injustes et les bourreaux, c'est-à-dire les plus forts, agir en toute tranquillité. La neutralité morale conduit aux mêmes effets ; elle conduit à une complaisance vis-à-vis de ce qui est reconnu par tous comme étant le mal ainsi qu'à une négligence de ce qui est reconnu par tous comme étant le bien : le relativisme moral philosophique et la neutralité morale du Droit conduisent, sans doute contre leur gré, à la prospérité du *mal* ou, pour être sadien, aux fameuses « prospérités du vice ». Un choix de société est donc à faire entre choisir consciemment le *mal* (société perverse), nier son existence, être indifférent à son existence potentielle (société maléfique par ignorance), ou bien choisir le bien et donc, revenir à une société morale.

Mais la morale, en établissant une hiérarchisation des valeurs, implique, tout compte fait, une hiérarchisation des hommes qui les incarnent. Or, si le propre de l'action morale est précisément qu'elle n'est pas une action déterminée par l'obligation, mais par le devoir - envers soi-même ainsi qu'envers les autres –, alors le Droit ne peut se mêler de morale en instaurant des « lois *morales* de juste conduite » puisque ces lois perdraient, d'office, de leur caractère moral et la noblesse d'âme et d'esprit n'existerait plus chez aucun citoyen. Si la philanthropie était obligatoire, qui serait philanthrope ? Nous pourrions, en cela, postuler que cette reconnaissance de l'existence de

---

151 Voir Georg Wilhelm Friedrich Hegel, *Principes de la philosophie du droit*, 1821, Ed Flammarion, Collection « GF », 1999, rééd 2021, p.201-202

la morale et de sa nécessité (sans pour autant la convertir en obligation *légale*) nous forcerait à hiérarchiser les citoyens de *bien* et les citoyens de *mal* en ôtant, par exemple, aux criminels inhumains leur personnalité humaine et en rendant les honneurs aux citoyens effectuant des actions morales et « humaines ». Non pas qu'il s'agisse d'opérer une distinction entre les *bons* et les *mauvais* citoyens, auquel cas nous irions tout droit vers une société liberticide à l'image de la Chine dans laquelle les citoyens seraient jugés selon leur respect de la loi (il s'agit, ici, du système chinois du « crédit social »[152]). Il s'agirait, en vérité, de hiérarchiser les citoyens selon leur capacité à obéir à une loi extérieure à la loi du Droit, c'est-à-dire celle de la loi morale dont le respect exige de la bonté, de l'empathie et du courage. Ces vertus seront récompensées par le roi seul qui offrirait une ville à un seigneur ayant déjà fait preuve, dans sa vie et ses œuvres, de sens de l'intérêt général et par le seigneur qui offrirait un supplément de propriété à ceux qui sont les propriétaires de leur propre personne aussi bien que les locataires de sa seigneurie moderne. Et pour ce qui est du monde de la Justice, l'idée ne serait pas, une fois encore, d'imposer des lois morales, mais de juger un individu en fonction de l'inhumanité de son acte ; si l'acte n'est pas « inhumain », la Justice le condamne tout en garantissant ses droits humains (il demeurerait reconnu comme une « personne humaine »), tandis que si l'acte est « inhumain », la Justice le condamne sans se soucier de la garantie de ses droits humains puisqu'elle ne le reconnaîtrait plus comme une « personne humaine ». La morale est l'affaire du seigneur qui offre des cadeaux aux citoyens dont les actions ont été morales. Dans une logique analogue de séparation des pouvoirs, la Justice doit se charger de décider de qui est « plus humain que les autres », tandis que le seigneur doit se charger de décider de qui est « plus moral que les autres ».

D'autre part, comment est-il possible de penser que des « crimes contre l'humanité » ou « contre la personne humaine » puissent être commis par des êtres humains ? Hormis le caractère odieux de ces crimes, considérer que des humains puissent agir de façon dite « inhumaine » est, sémantiquement, un non-sens complet. Un être humain peut-il sérieusement et logiquement commettre des actes inhumains ? Ou ne peut-il, finalement, que commettre des actes qui seraient le reflet d'une partie maléfique de la nature humaine ? Auquel cas ils ne seraient pas inhumains. Cet acte « inhumain » serait, dans le fonds, un acte s'inscrivant dans le côté le plus sombre de la nature humaine qui serait, ainsi, un spectre présentant les différentes nuances des

---

[152]Le système du crédit social est, en Chine, depuis les années 1990, un système de notation des entreprises, des citoyens chinois et des résidents mis en place par le gouvernement de la République populaire de Chine. Voir également l'article en sociologie de Séverine Arsène, *Le système de crédit social en Chine : la discipline et la morale*, 2021, Cairn.info lien : https://isidore.science/document/10670/1.640qgd

potentialités humaines sur le terrain moral. Affirmer que l'humain est capable du meilleur (l'amour, la solidarité, la créativité) comme du pire (la haine, l'égoïsme, la destructivité) est un propos indirectement idéologique nous incitant, de fait, à cultiver, par la création d'un projet politique commun, le meilleur de l'humain et de le protéger, par l'éducation et le Droit, du pire dont il peut faire preuve. Ce constat nous incite, semble-t-il, à construire une société politique basée sur une conception, claire et précise, de ce qu'est le bien et de ce qu'est le mal chez l'humain. En d'autres termes, ce que nous jugeons être le potentiel de l'être humain en termes de moralité nous conduit à nous reposer sur une définition subjective de l'humanité et du comportement qu'elle doit adopter pour améliorer le monde. La philosophie des droits humains livre également une définition de l'humain et de l'humanité. L'humain, selon la morale des droits humains, est une notion revêtant d'une signification exclusivement biologique et, donc, neutre d'un point de vue moral. L'humain est reconnu comme tel en tant que hominidé bipède capable de parler un langage complexe le poussant à réfléchir et à s'imaginer une condition supérieure à celle de sa condition, initialement, animale. L'humain est humain pour des raisons physiologiques, mais aussi parce que nous le percevons comme tel par nos sens.

Or, le paradoxe de la philosophie des droits humains est que l'humanisme qui en est à l'origine peut, finalement, déboucher sur une tendance progressive à la déshumanisation et à la restriction des droits humains. Défendre et se battre pour la préservation des droits humains nécessite, avant tout, de connaître la manière dont les droits humains sont bafoués dans son pays ainsi que dans le monde. Connaître la manière dont sont traités les êtres humains (selon leur spécificité de genre, d'âge, de religion, de *race*, etc.) est nécessaire à la défense des droits humains. Cependant, lorsque nous avons connaissance de l'ignominie avec laquelle certains humains sont traités ainsi que de la complicité de certains États et de certaines élites, nous devenons résolument humanistes envers les victimes, mais inhumains envers les bourreaux ou alors, si nous parvenons à garder raison, nous devenons simplement favorables à une restriction [raisonnable] des libertés individuelles. Ou bien nous maintiendrions la liberté, mais enlèverions, *a posteriori*, des droits humains aux criminels *inhumains* ou bien nous conserverions les droits humains des criminels *inhumains*, mais restreindrions, à l'origine, les libertés des criminels potentiels en renforçant le contrôle et la surveillance. Si nous prenions connaissance de la situation des enfants, en France et dans le monde, en termes de violences sexuelles, par exemple, et de la monstruosité dont certains sadiques sont capables, nous serions enclins à bercer dans la misanthropie et à exclure les êtres abominables du genre humain. Du moins, prendre connaissance du traitement « inhumain » dont certains êtres humains sont victimes conduit la population qui en a soudainement connaissance à des tendresses politiques pour le contrôle social et la répression (afin de protéger les potentielles victimes). La défense des droits humains traduisant une importance et un amour accordés à l'Humain nécessite une connaissance et une prise de conscience de la façon inhumaine dont il est traité ; et cette connaissance et cette prise de conscience dont il est traité – de façon inhumaine – engendrent aisément un rejet du caractère *inaliénable* des droits humains en raison du dégoût profond que nous inspirent ceux qui bafouent la dignité d'autrui. Notre humanisme se verrait soudainement être remis en question.

Ainsi, entre la tyrannie sanguinaire et la démocratie des droits humains *inaliénables*, un juste milieu pourrait exister et il serait la philosophie des droits humains *non-inaliénables*. Or, cela est-il envisageable politiquement ou cela serait-il un autre non-sens politique destiné, si nous l'appliquons, à nous conduire vers une société encore plus dangereuse par le caractère dégénéré qu'elle pourrait prendre ? La philosophie des droits humains pourrait ainsi reposer sur une définition de l'humanité qui ne soit pas tant scientifique (définition basée sur une description biologique et anthropologique), mais spécifiquement morale. Pour cela, le relativisme moral dans lequel nous baignons, du fait du libéralisme et de l'individualisme (qui ont, de surcroît, été alimentés par l'anticolonialisme des années 1960 et 1970[153]) devra alors être remis en cause pour être, par la suite, dépassé.

Le concept de droits humains *non inaliénables* sous-entend que les droits humains doivent être garantis dès la naissance, mais qu'ils puissent, toutefois, être retirés, ultérieurement. L'un des droits humains susceptible, en vérité, d'être déchu est, par la réclusion à perpétuité, le droit à la liberté (et nous pouvons même évoquer le droit à la vie duquel certains criminels sont déchus, avec la peine de mort, dans des pays et États, pourtant démocratiques et libéraux, tels que certains États américains – qui sont 27 à l'appliquer – et le Japon). Et cela est également le cas avec la déchéance [temporaire] du droit de se présenter à des élections (déchéance, en somme de ses droits *civiques* et *politiques* qui sont des droits humains) en cas de condamnations judiciaires passées. Reste uniquement à savoir si nous pourrons, un jour, être appelés à étendre cette déchéance des droits humains dans leur totalité, et ce, jusqu'à décider de déchoir définitivement certains individus de leur statut d'humain sans pour autant les traiter de façon indigne, barbare et cruelle. Simplement, en perdant leur personnalité humaine, ces êtres déshumanisés par la Loi seraient la démonstration vivante et concrète qu'être un humain n'est pas synonyme d'égalité (avec les autres humains de la cité et de la Terre) et donc de démocratie, mais que cela serait, au contraire, un parfait synonyme de supériorité (vis-à-vis de ceux qui ne seraient plus reconnus comme humains) et donc de hiérarchie, voire d'aristocratie.

153 Le relativisme culturel (dont nous devons l'existence à l'anthropologue allemand Franz Boas) a légitimé et renforcé le relativisme moral.

Conserver son statut d'humain par ses actions amorales ou morales constituerait, déjà, le point de départ d'une supériorité de certains êtres humains à des êtres inhumains ainsi que d'une infériorité de ces êtres humains à des « êtres-demi-dieux », c'est-à-dire des êtres créateurs et moraux que seront les nouveaux seigneurs. Même s'il va de soi que ces derniers devront, toutefois, respecter les impératifs politiques d'une Constitution universelle garantissant au peuple le droit d'exercer une souveraineté politique sur une terre qui ne lui appartiendrait pas, mais sur laquelle il continuerait d'avoir des *droits* et des *devoirs*.

*

L'adhésion aux droits humains n'est pas uniquement le fait d'une éducation et d'une culture « droit-de-l'hommiste ». Même si, en effet, nous pouvons, si nous prenons le cas des Occidentaux, considérer que l'attachement aux droits humains fait, de toute évidence, partie de leur « ADN culturel et politique » en raison de l'histoire politique occidentale depuis le XVIIe siècle. Et, à l'inverse, certains pays qui pratiquent l'excision, tolèrent le mariage des petites filles ou encore prônent l'infériorisation de la femme dans le Droit et la vie sociale semblent persister dans cette voie au nom de la tradition. Par là, ces pays démontrent que certaines sociétés sont, au nom de la culture, hostiles à la philosophie des droits humains. Défendre [ou non] les droits humains serait, alors, le fait d'une culture propre à une civilisation particulière et non un combat s'inscrivant dans un processus de progrès naturel de l'histoire humaine. Cependant, si nous prenons un droit humain comme le droit des homosexuels, nous pouvons nous apercevoir que leurs droits sont de plus en plus reconnus, notamment dans des sociétés dont nous ne soupçonnions absolument pas qu'elles puissent être aptes à faire preuve de tolérance vis-à-vis des sexualités « non-traditionnelles », comme l'Inde post-coloniale, le Botswana ou encore l'Estonie[154]. L'évolution de ces nations en termes de progression salutaire des droits humains démontre que nous pouvons, au fil des décennies, progresser vers une adhésion à la politique des droits humains en dépit du fait que notre histoire récente ait été une histoire politique basée sur l'inégalité entre les citoyens en termes de droits ainsi que sur la répression de groupes minoritaires ou dissidents.

Ainsi, l'adhésion aux droits humains semble être bien plus qu'une question de culture civilisationnelle, comme semblait le laisser penser Samuel. P. Huntington qui, dans *Le choc des civilisations*, affirmait que ce qui caractérisait la civilisation occidentale était le Droit (et donc la

---

154 L'Inde a dépénalisé l'homosexualité en 2018 comme le Bostwana en 2019 et l'Estonie a été, en 2023, le quinzième pays de l'Union européenne à avoir légalisé le mariage homosexuel.

démocratie et les droits humains). L'adhésion aux droits humains et, *in fine*, à l'État de droit et à la démocratie a comme origine plus profonde le climat social, politique, économique et environnemental. Ces éléments ont une influence décisive sur l'importance que nous accordons ou non à la vie humaine. Pour prendre l'exemple du trafic d'êtres humains (comprenant l'exploitation sexuelle, l'adoption illégale, le travail forcé, le vol d'organes, la corruption de mineurs ainsi que la mendicité forcée) qui est récurrent dans les pays asiatiques, africains, moyen-orientaux, est-européens et sud-américains, la raison de son existence semble être principalement politique en ce sens que la tolérance de certaines sociétés à l'endroit de ce trafic ne serait expliquée que par la valeur que celles-ci accordent à l'humain – question éminemment politique. Vivre dans un climat de guerre, de dictature, de famine, de misère sociale ou encore d'épidémie rend l'humain qui les vit coutumier de la mort. Il constate la mort partout où il se trouve ; il voit son voisin se faire tuer par des groupes armés étrangers ou locaux, un membre de sa famille mourir de la faim ou de la maladie ou encore son ami se faire arrêter, de façon tout à fait arbitraire, brutale et inhumaine, par les autorités. La mort et l'avilissement de l'être humain rendues quotidiennes habituent le citoyen qui les constate à ne pas accorder de valeur à la vie humaine et donc à ne plus être horrifié par les violences, mêmes les plus graves. Ainsi, la tolérance vis-à-vis de l'horreur et de l'intolérable s'étend. Si nous voyons des gens mourir tout autour de nous, alors le caractère bref et misérable de la vie humaine – constaté par Hobbes – n'est plus une simple théorie, mais une réalité bel et bien concrète. En ce sens, le mépris de la vie humaine s'installe. A l'inverse, dans des circonstances telles que celles que les sociétés occidentales connaissent – et qui sont des circonstances de paix et de prospérité depuis la fin de la grande Guerre (l'Union européenne a, d'ailleurs, à ce sujet, reçu le prix Nobel de la paix en 2012 en raison de la paix durable qu'elle était parvenue à garantir sur le sol européen durant six décennies) –, nous pouvons observer une sacralisation de la vie qui contraste avec un mépris de l'existence (et donc, une glorification de l'au-delà) notable dans des pays du Tiers-Monde où, entre autres, le fondamentalisme islamiste prospère[155]. Ce mépris de la vie humaine rend, ainsi, plus ou moins complaisant vis-à-vis du non-respect de la dignité humaine et des droits qui garantissent son respect. Des sociétés d'Europe de l'Est, telles que la Roumanie, l'Albanie (officiellement reconnue comme un « narco-État » au même titre que le Mexique, la Guinée Bissau, la Syrie, la Colombie, l'Afghanistan et le Suriname) ou encore celles composant l'ex-Yougoslavie,

---

155Les fondamentalistes musulmans tendent à se distinguer des Occidentaux sur leur rapport à la vie ; ils affirment que l'Occident ne consacre de l'importance qu'à la vie terrestre alors qu'eux n'accordent de l'importance qu'à la vie dans l'au-delà. Et ce mépris pour cette vie les rend, ainsi, beaucoup plus aptes à combattre et à se donner la mort pour le triomphe de leurs valeurs. A l'inverse, les Occidentaux qui demeurent attachés à la vie sont devenus incapables de risquer leur vie pour la patrie, pour la civilisation et pour leurs valeurs que sont les droits humains.

ont connu des dictatures, des guerres, voire des épurations ethniques (notamment dans le cadre du conflit opposant les Serbes et les Croates) il n'y a pas si longtemps. En effet, de ces événements traumatisants découle une complaisance vis-à-vis de la violence et, principalement, de la résolution des problèmes humains par la violence physique (considérée comme la « violence des faibles », en Occident) ainsi que de la répression politique de certains groupes minoritaires par les pouvoirs publics. Toutes ces circonstances ont d'ailleurs fait de ces pays la face sombre de l'Europe en tant que partie de l'Europe composée de démocraties dites *illibérales*. A la sortie de la guerre de Yougoslavie – guerre dont les femmes et les filles ont été les premières victimes du fait du viol comme arme de guerre et des réseaux de prostitution qui se sont développés et normalisés –, la prostitution, la pauvreté conduisant à la mendicité forcée (fléau notoire chez les populations roms qui utilisent, pour beaucoup, leurs enfants pour mendier dans les rues de nombreux pays européens) et les pratiques esclavagistes et d'exploitation[156] ont été, non pas tant le fait d'une culture hostile à la reconnaissance de la dignité humaine, mais d'une banalité de la déshumanisation.

En dehors de la guerre comme cause du non-respect des droits humains, il y a sans surprise la pauvreté. Le fait est que la pauvreté d'un État le rend impuissant et vulnérable face à d'autres États voisins qui pourraient exercer sur lui une influence politique et installer une dépendance économique. Cette vulnérabilité du pays le rendra, dès lors, enclin à chercher à démontrer son indépendance et sa souveraineté en rejetant catégoriquement les valeurs de la puissance étrangère du moment. Comme les pays du Tiers-Monde rejettent les droits humains afin de montrer qu'ils sont indépendants de la civilisation occidentale. D'autre part, la pauvreté d'un pays le rend inapte à remplir ses fonctions premières, à savoir celles consistant à protéger les citoyens et à garantir la justice politique, sociale, économique et pénale, ce qui pousse les citoyens, désireux d'obtenir et la sécurité et la justice, à s'en remettre, par dépit, à des organisations non-étatiques chargées de remplir les fonctions d'une autorité publique, comme les milices, les organisations religieuses (qui se chargent d'établir la paix sociale) ou encore les mafias qui pourraient, par le recours à la *vendetta* comme en Albanie, se substituer à la justice ou, par le trafic, pallier le manque d'opportunités en termes d'accès à l'emploi lorsque le chômage, dans un pays, est élevé, voire endémique. Ces organisations non étatiques, non gouvernementales, agissent d'une façon qui est contraire à l'État de droit, à la démocratie et au respect des droits humains. Lorsque les milices hongroises décident de s'occuper du cas des populations roms (en prétextant qu'ils agissent au nom de la garantie de la

[156]Voir les recherches de Morgane Nicot, Chef d'équipe à la section de lutte contre la traite des personnes et le trafic illicite de migrants à l'UNODC - United Nations Office on Drugs and Crime.

sécurité des citoyens) dont la présence est jugée problématique pour l'ensemble de la population hongroise, ces dernières entrent dans les habitations, saccagent leurs propriétés et, à certains moments, agressent physiquement et moralement ces populations, et ce, avec la complicité des autorités. Les milices s'arrogent le droit de se substituer à l'État en créant leurs propres méthodes, au mépris total d'une procédure juridique officielle et du principe de respect de la dignité humaine. Ces organisations n'agissent pas selon le Droit et la rationalité juridique, mais selon l'arbitraire (avec un code de l'honneur qui leur est propre et qui est indépendant de la philosophie morale du Droit national et international) et la force armée. Ainsi, la banalisation de la violence prenant la forme de la guerre et de la répression politique ou de la mort par la pauvreté, la famine et les épidémies conduit à une désacralisation de la vie humaine dont les conséquences sont une négligence de l'idée que des droits humains devraient être garantis (ou même, tout simplement, puissent exister) à chaque être humain. Les obstacles aux droits humains – et non nécessairement à la démocratie dans sa globalité – sont ainsi la pauvreté, la tradition culturelle, la violence ambiante et la réaction politique de certaines civilisations associant « droits humains » et Occident et qui, par souci de démarcation culturelle et politique ou de simple souveraineté, choisissent le rejet total des droits humains afin de prouver leur indépendance vis-à-vis de la civilisation anciennement dominante. Ce qui freine, à notre époque, l'universalisation des droits humains est bien en partie le fait qu'ils soient associés à un trait culturel spécifiquement occidental.

L'enjeu politique des temps à venir sera alors de privilégier, dans notre langage courant, les droits humains à la démocratie. Le régime démocratique peut être employé pour, *in fine*, mener une politique bafouant les droits humains, alors que le respect prioritaire des droits humains conduira nécessairement à une société qui, même si celle-ci devient non démocratique, respectera toujours plus les caractéristiques de la démocratie (dont la principale est le respect inconditionnel de la jonction entre la liberté et l'égalité) qu'une démocratie *formelle* dont nous constatons, désormais, les fragilités et les dérives. Si la démocratie, dans la théorie, implique que le peuple gouverne alors que, dans la réalité pratique, seuls les riches semblent détenir ce privilège et que les pauvres n'ont que le pouvoir de voter et de boycotter, il est plus qu'envisageable que l'idée d'universalisme soit entièrement disqualifiée. Promettre que *tous* seront satisfaits *à égalité* ne sera, politiquement, plus possible. Ainsi, le *tous* sera remplacé par le *certains* et l'*égalité* sera remplacée par l'*inégalité*. Le plus dur sera donc de savoir comment concilier la notion de *justice* avec celles d'*inégalité* et d'*exclusion sociale*. Les droits humains *non-inaliénables* pourraient déjà constituer une première piste politique. Certains pays commencent à la suivre, notamment ceux qui luttent contre le narcotrafic. Or, ces derniers subissent le blâme moral de l'Occident. Blâme dont le risque est, une fois encore, de pousser les peuples de ces pays à encore plus de radicalité, de ressentiment, de réaction et de violence politique et dont la conséquence fatale est la tentation autoritaire.

Si nous faisons, par exemple, la promotion des droits humains *inaliénables* à un pays comme les Philippines en proclamant que tous les Philippins devraient voir leurs droits être respectés, y compris les trafiquants les plus inhumains, et que, par conséquent, les propos de Roberto Dutertre disant que les policiers devraient « tirer à vue sur les trafiquants » (qui détériorent la vie de nombreux Philippins), sont des propos « dangereux » et « nauséabonds », ce discours démocratique et ostensiblement raisonnable paraîtra comme hors-sol au regard du calvaire que vivent des millions de Philippins qui expriment, à juste titre, un besoin d'autorité et de fermeté. L'Occident doit concevoir que son adhésion inconditionnelle aux droits humains n'est que le reflet de ses conditions de vie confortables et non celui de la « supériorité » de sa rationalité. Vivre dans la pauvreté et l'insécurité revient à vivre dans un environnement dans lequel la Justice ne rend pas la justice soit parce qu'elle n'est tout simplement pas capable de la rendre, soit parce qu'elle est une Justice de classe à deux vitesses. Ainsi, ces faiblesses et ces manquements de la Justice engendrent la corruption et poussent les populations qui en sont victimes à désirer s'abriter sous le parapluie d'un Etat fort qui ferait régner l'ordre après avoir chassé les corrompus ou à rechercher la protection auprès de groupes privés. En effet, l'autoritarisme rassure par sa certitude, tandis que la démocratie peut, hélas, rendre sceptique par son caractère incertain. Le salut des droits humains, en tant que valeurs pouvant - nous l'espérons - être acceptées par tous les citoyens de ce monde, passera par la compréhension des Occidentaux que leur attachement aux « droits humains *inaliénables* » n'est que le fruit de leur confort matériel et de la sécurité dont ils jouissent et non celui de la supériorité de leur rationalité.

La volonté d'imposer à des peuples pauvres – subissant, quotidiennement, l'insécurité en raison de la guerre ou de la tyrannie des mafias et des groupes armés – cette approche occidentale des droits humains relève, finalement, d'un élitisme arrogant et, surtout, inaudible. Dire à des peuples qui ne jouissent pas du même confort matériel qu'il faut accorder des droits fondamentaux à tous les humains – y compris aux criminels qui ont pris le pouvoir et qui leur rendent la vie impossible – alors que les victimes [du crime organisé] ne jouissent, déjà, pas des droits fondamentaux précisés par la DUDH équivaut à donner une leçon philosophique sur la vengeance à une personne ayant subi des atrocités et qui désire se venger après ne pas avoir obtenu justice en lui démontrant en quoi la vengeance n'est pas une solution rationnelle. La « raison » de l'argumentaire, face à l'émotion de la victime, est ainsi hors-sol. Être opposé à la vengeance et philosopher sur son irrationalité alors que nous n'avons, à titre personnel, jamais subi de violences graves est une facilité s'apparentant à une arrogance paternaliste fort déplacée vis-à-vis d'une personne désireuse de se venger par haine ou par désespoir. Le mépris de la vengeance (justice privée) est une non-prise en compte de l'injustice de la Justice publique. Il est une erreur dans la mesure où la critique [philosophique] de la vengeance doit toujours être ultérieure au combat que nous devons mener, dès l'origine, contre l'injustice de la Justice publique. Les êtres « rationnels » qui renvoient les personnes désireuses de se venger dans le camp de l'irrationalité sont alors indécents en ce sens qu'ils s'attaquent non pas à la cause réelle du désir de vengeance qu'est l'injustice de la Justice publique, mais à la victime de cette injustice. Pour les droits humains, il en va de même. Le mépris civilisationnel (propre à une civilisation à l'encontre de peuples d'une autre civilisation) et social (propre à une classe sociale favorisée à l'endroit d'une classe défavorisée) que les élites occidentales peuvent avoir pour ceux qui rejettent les droits humains et leur sacralisation les empêche de saisir que ce rejet de la sacralisation des droits humains n'est pas le fait d'une inhumanité ou d'une absence d'éducation politique, mais bien d'un constat conscient ou inconscient que les droits humains ne profitent pas aux « honnêtes gens » et que, de ce fait, les criminels ne devraient pas non plus en jouir.

La défense des droits humains *inaliénables* ne peut être défendue de manière aussi hors-sol par les nations riches dont le mode de vie est agréable. Ces dernières ne peuvent faire fi des émotions et des ressentis des peuples qui espèrent un régime autoritaire. Cependant, il est nécessaire d'être ferme avec les nations qui bafouent les droits humains en criminalisant les pratiques et les pensées d'individus ou de groupes de populations qui, objectivement, ne causent aucun trouble à l'ordre public et qui ne sont nullement des atteintes portées à la dignité d'autrui. Lutter contre l'arrogance de l'Occident vis-à-vis des nations dans lesquelles les droits humains ne sont pas respectés ne doit pas légitimer, pour autant, l'acceptation de toute atteinte portée aux droits humains. L'enjeu, pour rendre les droits humains acceptés par tous les peuples, sera de laisser tous les États gérer leurs criminels comme ils l'entendent (ne pas moralement les juger sur leurs positions concernant la peine de mort, la torture ou les arrestations musclées), mais de s'opposer à eux sur le non-respect des droits de ceux dont, pour des raisons culturelles, ils estiment qu'ils commettent des délits ou des crimes (comme l'homosexualité, les rapports sexuels hors-mariage, l'expression d'opinions alternatives, etc.). Le clivage politique international entre le droit-de-l'hommisme intégral promu par les démocraties libérales occidentales et le mépris total des droits essentiels des populations que l'on constate dans les pays autoritaires et corrompus d'Afrique, du Moyen-Orient et d'Europe de l'Est (même si, au sein des pays est-européens, les droits des minorités sont davantage bafoués à cause de la mentalité traditionaliste et inégalitaire des populations que des lois ; la société autoritaire et inégalitaire est plus répressive que le Droit démocratique et égalitaire auquel les pays ont dû adhérer afin d'intégrer l'Union européenne dans les années 1990[157]) ne tend qu'à certifier les démocraties occidentales qu'elles sont de vraies et bonnes démocraties droit-de-l'hommistes ainsi que les nations non-démocratiques qu'elles sont de vraies et bonnes sociétés traditionnelles non-décadentes. Cette lutte politique est une lutte opposant l'arrogance [occidentale] à la réaction [non-occidentale]. Or, en réalité, tout ce « clash des civilisations » ne semble conduire à aucune quelconque forme de *positivité* politique.

Contrairement aux idées courantes, le conservatisme existe également chez les partisans des droits humains. L'esprit réactionnaire ne peut pas faire partie de la pensée droit-de-l'hommiste dans la mesure où la défense des droits humains passe par le postulat que ces droits, « avant », étaient moins existants qu'aujourd'hui et qu'il n'est donc pas dans notre intérêt de revenir en arrière. Mais l'esprit conservateur des droits humains est perceptible dans le caractère obtus de certains droits-de-l'hommistes qui aspirent à conserver une conception *inaliénable* des droits humains, et ce en dépit de l'évolution du monde et des contraintes auxquelles nous sommes forcés de nous adapter. La remise en question exceptionnelle de certains droits humains, dès lors que des circonstances l'imposent, est communément acceptée lorsque des événements exceptionnels compromettent la vie et la sécurité des citoyens, comme les attentats ou encore la pandémie de la COVID 19. Or, la remise en cause des droits humains ainsi que la réduction des libertés individuelles et publiques, notamment lors du constat du caractère problématique de la criminalité sur Internet, continue de provoquer des levées de boucliers du côté des partisans des droits humains *inaliénables*. L'argument principal repose sur la crainte que la remise en cause d'un seul droit ou d'une seule liberté ne devienne la porte ouverte à une remise en cause continue et progressive de l'ensemble des droits et libertés, déviant ainsi sur un régime autocratique.

Or, une fois encore, reste-t-il à savoir si l'autocratie est véritablement le régime du *mal* et si la démocratie est nécessairement le régime du bien. Toutefois, le non-sens de ce questionnement vient précisément du fait que les régimes politiques sont, en réalité, techniques et neutres et ne dépendent que des idéologies qui les animent. Un régime politique n'est, en soi, ni *bien* ni *mal* ; il est un système politique technique neutre que nous pratiquons dans le but de faire régner une spiritualité politique ou religieuse. Comme le soulignait Wilhelm Reich dans *Psychologie de masse du fascisme*, le fascisme est une attitude avant d'être une idéologie ; il n'est pas seulement l'apanage des mussoliniens ou des nazis ; un juif et un noir, contre toutes attentes, peuvent être tout aussi bien fascistes. Les régimes politiques

157 A commencer par la peine de mort qui a été abolie dans tous les pays d'Europe de l'Est dans les années 1990 en raison du fait que leur intégration dans l'Union européenne nécessitait le respect du Protocole n°13 de la CEDH : *Abolition de la peine de mort en toutes circonstances.*

doivent alors être pensés dans un esprit analogue. Un régime est un cadre technique neutre avant d'être une idéologie. Une démocratie peut, en ce sens, s'avérer bien plus injuste et inhumaine qu'une monarchie ou une autocratie. De ce fait, c'est précisément avec le manichéisme de cette analyse politique reposant sur l'idée selon laquelle la démocratie défendrait de *bonnes* valeurs humanistes, tandis que les autres régimes politiques défendraient de *mauvaises* valeurs *a priori* inhumaines (relatives à l'inégalité et à l'oppression) que nous devons prendre des distances.

Toutefois, nous semblons rompre avec cette angélisation du régime démocratique et verser, donc, dans un pessimisme profond quant à l'existence réelle de ses bénéfices. Or, ce pessimisme est-il plus rationnel ? En effet, nous ne croyons plus, ou de moins en moins, à la démocratie. Ou bien elle est une vaste farce qui n'existe pas (nous vivrions ainsi un simulacre démocratique) ou bien elle est un idéal politique qui n'existera jamais en tant qu'elle est un régime incompatible avec la réalité des êtres humains qui ne sont ni égaux entre eux ni libres dans leur condition (et cette absence de liberté viendrait, précisément, du fait que certains aient « moins de capacité » que d'autres [êtres humains ou groupes sociaux] et que, de ce fait, ils sont inégaux). Parmi ceux qui ne croient pas à l'effectivité de la démocratie, ils sont enclins à penser que la démocratie aurait toujours été une vaste plaisanterie ou que, au contraire, celle-ci était déjà existante, « avant », mais qu'elle se serait perdue avec le libéralisme économique (le pouvoir du Capital) et le libéralisme politique (tyrannie des minorités). « Nous ne sommes plus en Démocratie » ou « Nous avons perdu notre souveraineté [politique, économique, militaire ou encore monétaire] » sont des discours scandés par les politiciens et suscitant l'adhésion de nombreux électeurs qui éprouvent une relative hostilité à l'égard des autorités supranationales, comme la Commission européenne – qui fait l'objet d'une grande défiance parmi les souverainistes des pays de l'UE – ainsi que le Droit International dont la légitimité est contestée par les pays condamnés par lui, à l'image d'Israël. Mais dès lors qu'est évoqué l'âge d'or de la démocratie d'antan que nous aurions, progressivement, perdue, il est également rappelé le fait important que, par le passé, certains groupes ne bénéficiaient pas de l'égalité des droits. Affirmer que la démocratie, autrefois, était réelle et que les citoyens étaient véritablement libres revient, en effet, à oublier que cet autrefois n'était bénéfique ni pour les femmes, ni pour les homosexuels, ni pour les enfants, ni pour aucun autre groupe social discriminé. L'esprit réactionnaire (qui s'exprime à travers des phrases telles que « on ne peut plus rien dire » ou « on ne peut plus rire de rien ») s'inscrit alors dans un manque d'empathie criant à l'égard de ceux pour qui ce « avant » n'était pas mieux. Le « avant » était sûrement « mieux » sur certains aspects, mais du point de vue des droits humains, le « mieux » est nécessairement maintenant.

Finalement, nous semblons revenir à cette distinction entre la conception juridique de la démocratie et sa conception étymologiste. La première démocratie, en tant que gouvernement du peuple dont les contre-pouvoirs seraient la garantie des droits humains *inaliénables*, nous dévoile ses failles à l'heure où la criminalité sur Internet nous oblige ainsi à empiéter sur le respect de certains droits fondamentaux (comme celui du droit à la vie privée et familiale) et à tenir compte de l'influence que celle-ci peut avoir sur le changement des mentalités au sein de la population. Et la deuxième, en tant que démocratie ne garantissant pas les droits humains au nom du respect de la volonté de la majorité populaire et de la tradition (la tradition tend à faire parler les morts en suggérant que, « de tout temps », les ancêtres ont pensé ainsi), celle-ci peut nuire, de fait, à l'égalité des droits.

Les défis des démocraties - et surtout des démocraties occidentales - ne seront pas forcément nombreux. En revanche, ils seront colossaux. Aborder des sujets tels que la place légitime des émotions en politique, la sécurité, l'identité ainsi que le retour de l'idéologie et du religieux [dans la sphère politique et sociale] sera fort difficile en ce sens qu'ils nous obligeront à réviser toutes les certitudes que nous avions au sujet de ce qu'est une démocratie rationnelle et réelle, c'est-à-dire une démocratie de la raison, dotée d'une philosophie libérale et d'institutions neutres – et donc dépourvues d'idéologies politiques ou religieuses, car seulement animées par la science. Cette grande remise en cause de la démocratie libérale et des droits humains *inaliénables* nous forcera à fonder un nouveau genre de démocratie ou à abandonner définitivement ce régime pour un régime autoritaire ou monarchique.

Les États-Unis sont la preuve que les droits humains peuvent être remis en question, même en démocratie, notamment ceux qui concernent les droits des femmes avec des États comme le Texas qui interdisent l'avortement grâce à la liberté donnée aux États, par la Cour suprême des États-Unis, de déterminer leur propre politique sur cette question sociétale. La répression des droits est permise grâce à cette fameuse « liberté ». Nous semblons réaliser, dans cette mesure, que la liberté ne semble pas être l'amie du peuple ou de certaines catégories sociales ; autrement dit, elle pourrait s'avérer être un cadeau empoisonné, un cheval de Troie cachant l'oppression politique. La liberté économique est également un bienfait donné aux riches et aux talentueux, mais un maléfice fait aux pauvres et aux salariés qui ne bénéficient pas (ou moins) de la sécurité de l'emploi. Et sur le plan politique et intellectuel, la liberté s'apparente ainsi à une liberté de s'affranchir de la morale sociale pour le meilleur comme pour le pire. En Occident, le fait de s'affranchir, au nom de la liberté de pensée, de la morale des droits humains constitue ce que nous appelons le politiquement incorrect (*politically incorrect*). Ainsi, la liberté politique s'apparente, de plus en plus, à la liberté d'être contre les droits des homosexuels, des femmes, des trans et, plus tard probablement, des minorités raciales et religieuses. La liberté devient l'ennemi des droits humains et, *in fine*, de la liberté.

Le caractère, finalement, non effectif des droits humains *inaliénables* engendre le fait que nous tendons, progressivement, à ne plus y croire ou à penser qu'ils existent bien, mais qu'ils ne nous profitent pas *à nous* ; que ces droits ne profiteraient, finalement, qu'aux privilégiés ou encore aux criminels. Cette fin de la croyance dans les droits humains [*inaliénables*] – annonçant, dès lors, une désacralisation des droits humains – débouche sur deux possibilités politiques. La première est un retour à la remise en cause des droits qui sont accordés à des groupes sociaux – depuis longtemps discriminés – de jouir de l'égalité des droits ; et cela risque de commencer par la remise en cause du droit des femmes. Et la deuxième est une remise en cause des droits humains *inaliénables* et, donc, une proposition nouvelle qui serait celle des droits humains non-*inaliénables*, c'est-à-dire des droits humains *sous* condition. En ce moment, le Salvador est observé comme un exemple d'efficacité en termes de lutte contre les mafias, et ce, bien que les droits humains soient bafoués (contre les criminels uniquement) de façon assumée. Or, l'avenir nous dira, en tout cas, s'il est, oui ou non, un modèle à suivre. En Europe, la question du déclin de la natalité et de l'immigration conduira, comme c'est le cas en Italie, à la remise en question d'un droit des femmes qu'est celui de l'avortement ainsi qu'à une contestation de plus en plus vive du droit des étrangers, au profit des nationaux. Et en France, dans un contexte de creusement de la dette nationale, des droits sociaux, tels que ceux relatifs à la solidarité (comme les allocations sociales) sont de plus en plus jugés comme des droits devant être réservés aux familles dont les enfants sont respectueux de la Loi et non plus aux familles dont les enfants auraient commis des actes délictueux ou criminels. L'idée serait, *a priori*, de limiter les dépenses publiques au profit de ceux qui mériteraient d'être assistés. Les droits humains pourraient, ainsi, être réservés aux locaux dans l'intérêt de leur préservation et, parmi ces mêmes locaux, ils pourraient être réservés à ceux qui sont des « honnêtes gens ». La conception que nous nous faisons des droits humains en tant que droits *inaliénables* est appelée, ainsi, à être une affaire révolue de par son caractère aussi bien non-effectif que dévoyé. La question des droits humains ne sera plus une affaire de « raison », mais de morale. Reste à savoir si nous parviendrons à rendre cette morale rationnelle.

Une fois que nous vivons en terre démocratique, il est commun de penser que nous sommes les seuls à être dépositaires de la totalité du savoir éclairé, de la raison, de l'esprit critique et de l'autonomie politique et intellectuelle. Nous avons une tendance assez arrogante à penser que, par exemple, les Chinois soutiennent le PCC (Parti communiste chinois) ou que les Russes continuent, aux élections présidentielles, de voter pour Vladimir Poutine pour la simple raison qu'ils ne connaissent pas d'autres possibilités politiques que l'idéologie par laquelle ils sont « endoctrinés » depuis leur naissance. Le Français aurait, par son éducation, une connaissance naturellement éclairée de ce qu'est l'autocratie, de ce qu'est la monarchie et de ce que sont toutes les idéologies existantes. Et s'il fait alors le choix de la démocratie, ce n'est pas par aliénation ou conditionnement, mais bien par choix rationnel. Mais avant tout, le citoyen de démocratie est jugé éclairé pour la raison qu'il est en droit de dire que la démocratie est un mauvais régime et que « l'idéologie dominante » est une idéologie à remplacer par une autre. Bien que l'argumentaire du citoyen contestataire puisse être de piètre qualité, son droit de dire « le système est mauvais, changeons le système » est une preuve de sa liberté et de sa capacité à imaginer une pluralité de systèmes politiques possibles. L'unicité de la démocratie réside dans le fait qu'elle offre au citoyen le droit de la contester. Ainsi, le démocrate serait doté de connaissances et de compétences – développées par l'aspect rationnel et civilisateur de la démocratie – dans le domaine de la politique comparée. Vivre en démocratie – ce régime de la civilisation et de la raison – et jouir de droits humains nous préserveraient, alors, de toute forme d'aliénation.

De fait, la question qu'il serait judicieux de poser aux démocraties et aux peuples qui y vivent est donc : Êtes-vous capables d'envisager l'existence d'autres mondes possibles que celui de la démocratie libérale fondée sur les droits humains *inaliénables* ? Les peuples des sociétés libres sont-ils en mesure de penser un monde autre que leur monde démocratique connu ? Si nous sommes tous, en Occident, en faveur de la démocratie, n'est-ce pas par ignorance de ce que sont les autres régimes ? Si nous semblons tous en faveur des droits humains *inaliénables*, n'est-ce pas par incapacité [intellectuelle] à imaginer des possibilités politiques nouvelles en termes de politique des droits humains ? L'émancipation intellectuelle prônée par les démocraties produirait, si elle était effective, une remise en cause de l'ensemble de la société et du système politique établi, conduisant ainsi à une remise en cause totale des institutions, des normes sociales, voire de la démocratie elle-même. L'émancipation intellectuelle causerait la mort de toute société humaine et, y compris, de la société libre (dont l'aboutissement, selon ses détracteurs, serait l'atomisation sociale) en raison du fait que chaque individu serait en mesure de détecter et de dénoncer les failles, les contradictions et les aberrations d'un système que nous jugerions, alors, illégitime de nous contrôler et de nous influencer. Ainsi, l'interrogation légitime que toutes les démocraties devraient avoir afin de s'étudier avec un certain recul à la fois sain et nécessaire à la réalisation du progrès civilisationnel et social est : Les peuples de démocraties ne sont-ils pas des peuples fatalement aliénés et, ainsi, condamnés à la perpétuelle remise en question de leurs idées reçues au sujet et de la démocratie et des droits humains ? La démocratie de l'Etat de droit et les droits humains *inaliénables* constituent-ils la Vérité éternelle et révélée de la démocratie et des droits humains ?

Le risque de la liberté n'est-il pas d'offrir à celui qui en jouit la possibilité de défendre des idées allant, à son corps défendant ou non, contre l'idée de liberté ? La liberté effraie lorsque que nous l'essayons pour la première fois ; et cette peur se nomme l'angoisse. Mais elle effraie d'autant plus lorsqu'elle nous confronte, sans parvenir à nous y habituer, à l'irritante incertitude quant à ce qui adviendra, demain, pour nous aussi bien que pour la société et le monde. La liberté et l'absence de liberté peuvent opprimer. L'égalité et l'absence d'égalité peuvent toutes deux conduire à la privation. Et toutes les combinaisons possibles mènent à l'inéluctable injustice. Les « rationnels » prétendront qu'il faille opter pour la solution la « moins pire » et les idéalistes continueront de croire à l'arrivée d'un monde parfait dans lequel régneront la justice et l'équilibre spirituel. Les deux camps ont sûrement raison, chacun de leur côté, de croire ainsi. Or, le monde ne cessera de fonctionner sur la base de la hiérarchie. En cela, les humains ne seront jamais ni réellement égaux, ni réellement libres. Cependant, admettons que cela soit possible. Comment pourraient-ils parvenir à le devenir un jour ? La réponse la plus probable est que les humains pourront jouir d'une égalité et d'une liberté sans faille le jour où ils seront confrontés à une autre espèce intelligence (intelligence artificielle ou vie extra-terrestre) dont ils pourront tirer profit afin de mener une vie commode conforme à leur idéal de vie. Ce jour-là, l'inégalité et la domination seront toujours des réalités. En revanche, elles ne feront pas partie du quotidien des humains qui n'en souffriront plus. Ces derniers feront donc souffrir d'autres espèces à leur place. Ces espèces non-humaines perdront de leur liberté, au profit des humains, et ne jouiront aucunement de l'égalité. Or, cela serait-il juste pour autant ? Que la réponse soit oui ou non, il est évident que nous sortons, là, de notre sujet. Nous entrons, ici, dans un raisonnement qui nous projette dans un futur trop éloigné et trop peu réaliste. Gardons notre réflexion centrée sur le possible *retour des seigneurs* et de sa compatibilité avec le maintien de la liberté et de l'égalité. Cette politique, aussi novatrice soit elle, est ancrable dans le réel.

Conclusion

Il n'existe pas de régime politique naturel et éternel ou d'idéologie pure et parfaite vers lesquels l'humanité serait appelée à tendre afin de vivre heureuse dans une société mondiale idéale qu'il serait devenu impossible de remettre en question. Aucune idéologie, pas même le libéralisme, ne peut constituer « d'horizon indépassable ». La philosophie de l'histoire occidentale apparue, en tant que discipline académique, au XVIIIe siècle dans un contexte de comparaison historique – faite par les philosophes occidentaux de Vico à Marx en passant par Turgot, Condorcet, Kant et Hegel – des différents modes de vie et rapports sociaux qui ont existé au sein des différentes époques et civilisations nous a montré, par son évolution objective, que l'Histoire avait bel et bien un sens logique. Et ce sens perceptible par la connaissance des origines de l'humanité (l'*état de nature*) nous apporte aussi bien la connaissance de sa finalité. Cette finalité semble alors être la constitution d'une communauté humaine universelle (régie par des lois et une philosophie communes) ainsi que vers une maîtrise totale de la nature. En d'autres termes, nous serions promis à une communauté humaine unifiée (universalisme) et à une société mondiale régie par les lois de la science (fruit de la connaissance de la nature). L'humanité, au regard de son évolution depuis l'apparition des « premiers hommes », passerait d'un mode de vie primitif à un mode de vie pastoral ; du mode de vie pastoral à un mode de vie traditionnel ; et du mode de vie traditionnel à un mode de vie moderne régi par les mathématiques et la physique moderne. Cependant, si la communauté universelle semble être, dans un avenir très proche, une potentialité, la politique qui la guidera et l'unifiera par des lois démocratiques mondiales est, quant à elle, loin d'être certaine. Une civilisation universelle régie par la démocratie et les droits humains *inaliénables* semble être un rêve occidental qui, à notre époque, paraît perturbé par le dur réveil de l'autoritarisme naissant. Ainsi, que faire ? Chez les matérialistes, il y a cette idée intéressante qu'il faille plaquer une réflexion subjective sur des conditions objectives. Le monde dans lequel nous sommes est objectif et il ne tient qu'à nous de réfléchir à la manière dont nous répondons aux problématiques auxquelles nous sommes soumis. Certains répondent à cette crise de notre monde par du nationalisme, d'autres par un sursaut de la foi, d'autres par une décroissance, d'autres par plus de participation citoyenne à la démocratie et d'autres par un monde multipolaire. Toutes ces revendications portent, finalement, sur une certaine idée de l'humain. L'humain a un besoin d'enracinement, de spiritualité, de communion avec son écosystème, d'exprimer sa singularité et de participer à la construction du bien commun et de voir ses traditions culturelles être conservées et respectées. Cependant, c'est au nom de cet humain dans lequel nous pouvons tous, *a priori*, nous reconnaître que nous nous divisons à l'échelle mondiale. Ce concept qui est celui derrière lequel nous pouvons tous nous réunir est aussi, paradoxalement, celui pouvant nous opposer le plus, en raison de la pluralité des conceptions philosophiques que nous pouvons avoir à son sujet.

L'*humanité*, qui est un concept pensé d'un point de vue scientifique depuis le XVIIIe siècle et un synonyme d'*empathie* et de *partage*, est une donnée, semble-t-il, objective car regroupant un collectif identifiable que sont *les* humains. Cependant, l'*humain* est, à l'inverse, une notion subjective en tant qu'elle fait office, dans le langage courant, de concept philosophique dont la définition varie selon les époques, les civilisations et les individus. Nous parlons, d'ailleurs, bien souvent de notre « vision de l'humain ». Ainsi, la notion d'*humanité* n'est pas prise sous le même angle que la notion d'*humain*. La dernière notion nous empêche, par le caractère subjectif qu'elle revêt, de tendre définitivement vers la construction d'une société humaine ; d'une humanité commune. La notion d'humain nous empêche, de fait, de constituer une humanité commune. L'« *humain* » peut être défendu dans une optique sociale – au sens d'assister les plus démunis – comme il peut l'être dans une optique biologique ou *essentialiste* – au sens de défendre « l'Homme naturel ». Toutefois, l'interdépendance actuelle des êtres humains entre eux fait de la question philosophique de l'Humain et de ses droits des préoccupations mondiales. C'est ainsi que dans notre cas, la réflexion subjective visant à répondre à nos conditions objectives portera sur ces fameux droits humains et sur la nécessité de les revisiter.

Conclure sur les droits humains *inaliénables*

Les droits humains *inaliénables* et la logique du contrat social

Les droits humains comprennent nécessairement les droits de ceux qui ne respectent pas la loi. Dans les sociétés non-démocratiques, défendre les droits humains consiste à défendre, par exemple, les femmes, les homosexuels, les enfants, les minorités religieuses et raciales ainsi que les opposants politiques en tant qu'ils sont les défavorisés de l'inégalité des droits. Mais plus précisément, nous défendons les droits de ceux qui, en somme, seraient des « criminels » ou des « sous-hommes » en raison de ce qu'ils *sont* ou de ce qu'ils *pensent*. Dans les sociétés démocratiques, défendre les droits humains consiste à défendre l'égalité des droits ainsi que la dignité humaine des criminels, c'est-à-dire de ceux qui, en raison de ce qu'ils *font*, sont en dehors du cadre légal – sachant qu'un criminel, même en démocratie, peut être un tueur en série aussi bien qu'un terroriste écologiste allant détruire des bateaux de pêche en pleine mer au nom de la protection des fonds marins ainsi que de la planète exploitée par des individus peu scrupuleux et rendant compromise la vie sur Terre.

Dans les sociétés autoritaires, le hors-la-loi est l'individu qui va à l'encontre de la morale publique de par son *être* ou sa pensée. Une femme iranienne sommée (au nom de l'*autorité* religieuse) de porter son voile devient « hors-la-loi » lorsqu'elle le retire parce que, en tant que femme, celle-ci doit le garder sur sa tête. Un homosexuel camerounais devient hors-la-loi si ce dernier vit librement sa sexualité dans la mesure où celle-ci devrait, soi-disant, être cantonnée à la seule et unique sphère privée[158]. Ou même un Musulman chinois (un Ouïghour) qui, en raison du simple fait qu'il croit (il peut être pratiquant ou non-pratiquant), devient hors-la-loi et interné dans un camp de concentration. Ces trois exemples illustrent des cas d'individus qui, par leurs pensées et leurs pratiques, ne font, objectivement, de mal à personne, mais portent atteinte à l'idéologie politique ou religieuse à laquelle tous les citoyens sont soumis.

---

158 Voir les recherches menées par le CEDOCA (Centre d'études, de documentation et de conférences annuelles) au sujet des pays originaires du CGVSRA (Commission générale aux réfugiés et aux apatrides) et concernant spécifiquement l'homosexualité au Cameroun dans un rapport publié le 28 juillet 2021.

Source : COI Focus – Cameroun l'homosexualité sur le site de Commission générale aux réfugiés et aux apatrides.

Dans les sociétés démocratiques, le hors-la-loi est l'individu qui, dans ses actes, porte atteinte à la propriété privée ainsi qu'à la dignité humaine d'un autre individu. Un homme estimant, au nom de son idéologie, que le viol est une bonne chose à encourager, est, en démocratie, à la fois un opposant politique et quelqu'un qui est, socialement, un indésirable par son immoralité. Pour autant, ce dernier ne faisant que penser, il n'est pas hors-la-loi. Seuls ses actes font de lui un criminel. C'est la première spécificité de la démocratie. La deuxième est l'humanité envers les criminels ; « l'humanité, disait Robert Badinter, doit prévaloir sur le crime ». Là réside le caractère suprême de la politique des droits humains qui l'accompagne ; la démocratie des droits humains est censée être humaine, y compris avec les personnes « inhumaines ». Toutefois, cette deuxième spécificité tend à cliver la population, selon les différents contextes. Suite à une attaque terroriste, la population est instinctivement plus encline à souhaiter le rétablissement de la peine de mort et la restriction des libertés. Pour autant, il a longtemps été question d'associer le refus, dans la population, de respecter la dignité humaine d'un criminel (en souhaitant la condamnation à mort, les pratiques tortionnaires ou encore les conditions de vie innommables dans les prisons) au manque d'éducation, au manque de rationalité ou, tout simplement, aux « bas instincts » sommeillant chez l'être humain. Pourtant, nous pourrions également tenir compte du fait que cette hostilité à leur égard peut, aussi bien, être une réponse à une lourde frustration causée par la promesse non tenue des démocraties modernes à propos de la garantie des droits humains et du respect de la dignité humaine de tous les citoyens. Les droits humains *inaliénables* sont une promesse lorsque les droits, parmi les citoyens, ne sont pas encore égaux. Nous croyons au caractère à la fois vertueux et concret des droits humains *inaliénables* à mesure que les femmes deviennent, progressivement, les égales des hommes en droits, à mesure que les homosexuels deviennent, eux aussi, les égaux des hétérosexuels en droits ou encore à mesure que les prisonniers tendent, progressivement, à bénéficier de droits fondamentaux en tant qu'ils sont aussi humains (égalité) que les « honnêtes gens »[159].

En revanche, une fois que, dans le Droit, les humains sont égaux, et ce, de manière quasi-totale (égalité parfaite), les droits humains *inaliénables* deviennent une sorte de contrat social qui ne peut être honoré que si le principe de respect de la dignité humaine permettant

---

159Qualificatif régulièrement utilisé par les mouvements politiques démagogiques (principalement de droite) visant à toucher la corde sensible des classes populaires. Les citoyens appartenant à ces couches sociales – et qui ne peuvent pas être reconnus et estimés socialement – tendent à démontrer leur valeur par le fait qu'ils sont « honnêtes » ou qu'ils ont toujours été des citoyens modèles.

même aux pires criminels de ne pas être exposés à « une justice qui tue » (surnom que Robert Badinter donnait à une Justice qui appliquait la peine de mort), à de la torture ou à des conditions de vie déplorables en prison et faisant de ces individus des êtres rabaissés au rang de choses promet, en contrepartie, aux autres citoyens (victimes de délits ou de crimes ou socialement précaires) de voir leur dignité être respectée intégralement. Si des personnes victimes de viol vivent dans une société au sein de laquelle, aussi démocratique qu'elle puisse être dans les lois et les droits accordés, les juges ne sont pas sensibilisés à la problématique du viol, les policiers, lors de la plainte déposée par la victime, ne sont pas formés à l'accueil de la parole et qu'il y règne, dans la société, une latente *culture du viol,* alors ces victimes sont des personnes humaines dont la souffrance n'est pas reconnue. Ainsi, ces victimes qui, lorsqu'elles ont été agressées, ont été « réduites au rang d'objet », n'ont pas été pour autant [ré]humanisées par la Justice en ce sens que leur dignité humaine n'a pas été restaurée par un jugement condamnant les violeurs. La victime de viol, dans une société qui peine à condamner [judiciairement et moralement] le viol, demeure alors dans sa condition d'être déshumanisé. La victime n'a pas été reconnue comme telle par la Justice et sa dignité (préexistant, de fait, au moment où l'acte criminel lui a porté atteinte) n'a, ainsi, pas été restaurée. Les droits humains *inaliénables* et le principe de respect de la dignité humaine protègent, en effet, les droits fondamentaux des violeurs, mais l'absence de politique d'accompagnement de la victime qui serait une politique humaine nécessaire et parallèle à celle qui viserait à protéger les droits des criminels ne garantit, finalement, pas le respect de la dignité des victimes, leur droit d'obtenir la justice ainsi que leur tranquillité d'esprit sur le long terme. La politique des droits humains *inaliénables* sonne alors comme une injustice en ce sens qu'elle n'est pas perçue comme réelle.

Lorsque nous parlons de la dignité humaine, nous parlons plus spécifiquement de celle des hors-la-loi, de leurs victimes ainsi que des pauvres. Les hors-la-loi sont des humains dont nous devons respecter le droit d'être traités dignement dans le cadre de leur incarcération ; les victimes sont des humains dont nous devons respecter le droit d'obtenir justice et d'être accompagnées dans leur reconstruction ; et les « misérables » sont des humains dont nous devons respecter le droit de vivre décemment. Mais ces trois cas sont, en vérité, interdépendants. Le digne traitement des criminels doit exister en parallèle d'une prise en charge totale des victimes avant et après le jugement ainsi que d'une satisfaction garantie des droits fondamentaux des « misérables » que sont le droit à un logement, la possibilité de manger à sa faim et l'accès aux soins. La philosophie des droits humains *inaliénables* indique, dans son terme « *inaliénables* », que même les droits des êtres inhumains peuvent être garantis. Or, cette philosophie devra, précisément, constituer un *contrat social* dans le sens où les droits des criminels pourront être garantis en échange d'une justice pénale qui, sans être infaillible pour autant, condamnera fermement les criminels ainsi que d'une justice sociale qui satisfera les besoins élémentaires (et surtout vitaux) des plus précaires. Si, parce que nous prêchons les droits humains *inaliénables*, nous défendons, sans condition, le droit qu'a, par exemple, un pédocriminel d'être défendu par un avocat, de faire appel suite au verdict rendu par le juge et d'être bien traité dans sa cellule, alors que les victimes de pédocriminels ne sont ni déculpabilisées, ni écoutées, ni accompagnées – et que, dans le même temps, nous constatons que, globalement, les pédocriminels ne sont que rarement condamnés – ou que les pauvres (et surtout les personnes vivant dans une pauvreté extrême), vivent dans des conditions matérielles qui ne seront pas supérieures à celles du pédocriminel incarcéré, alors ces droits humains *inaliénables* ne seront qu'une notion vide de sens, alimentant par là le ressentiment populaire basé sur l'impression que les droits humains *inaliénables* ne profiteraient, en réalité, qu'aux criminels.

Les droits humains *inaliénables*, s'ils sont bien réels dans les textes de lois, mais qu'ils ne le sont pas dans la vie réelle, s'apparentent finalement à une philosophie « hors-sol » (qui serait « belle » et attrayante sur le papier, mais inopérante dans les faits, comme nous pouvions le dire au sujet du communisme après la chute de l'U.R.S.S) ou ne témoignant que d'une simple bonne conscience politique et sociale (notamment bourgeoise) visant à démontrer une supériorité intellectuelle et morale sur les autres pays qui n'appliquent pas les droits humains et les citoyens [arriérés et non-éduqués] qui contestent la philosophie des droits humains. Une valeur n'étant pas accompagnée par des actes n'est, en fin de compte, que de la simple « bonne conscience » visant à démontrer, en direction de ses contradicteurs, une supériorité morale et intellectuelle ; les pays « modernes » invoquent les droits humains *inaliénables* afin de démontrer leur supériorité intellectuelle et les pays « traditionnels », pour cela, invoquent les valeurs religieuses. Et l'hypocrisie des sociétés démocratiques et modernes au sujet des droits humains et de leur application réelle en interne comme en externe (dans le cadre d'une politique étrangère bafouant les droits élémentaires des pays étrangers au profit des pays occidentaux) dégoûtent les pays traditionnels des droits humains pour qui ils ne seraient qu'une simple hypocrisie ou une aberration contre-nature et l'hypocrisie des sociétés traditionnelles au sujet de la religion qui leur fait mener des politiques contraires à l'amour et à la fraternité entre les humains tend à dégoûter les pays démocratiques et modernes de la religion et, plus globalement, de la morale. Les droits humains *inaliénables* s'inscrivant dans cet esprit de supériorité intellectuelle et morale, ne deviennent plus qu'une simple posture à la fois cynique et perverse.

Toutefois, si nous défendons cette conception *inaliénable* des droits humains de manière véritablement sincère, nous devons, alors, nous résoudre à la prise de conscience que les droits humains *inaliénables* ne seront, dans la société, une réalité – en ce sens que l'intégralité des citoyens verront leur dignité être respectée – que lorsque la cité sera « parfaite » pour les raisons que la pauvreté n'existera plus et que l'empathie deviendra généralisée. Dans cette cité parfaite, tous les citoyens seraient logés et auraient un accès garanti aux soins ainsi qu'une possibilité de manger à leur faim. Sachant que cette absence de pauvreté pourrait également être permise par la mise en application du système communiste ou anarchiste d'abolition des classes sociales dont l'heureux résultat serait l'égalité sociale et économique réelle. Pour le cas de l'empathie, celle-ci se généraliserait à tel point que toutes les victimes, quels que soient les crimes subis, seraient entendues et comprises par tous les citoyens et prises en charge par toutes les institutions qui les aideraient à obtenir justice et à se réparer psychologiquement. Or, une société si parfaite ne saurait naître maintenant – ou sans doute ne naîtra-t-elle jamais –, ce qui implique que l'imperfection de notre société contrastant avec la perfection morale et humaniste qu'exige la philosophie des droits humains *inaliénables* engendre une si grande espérance quant aux bénéfices de cette philosophie que, ne les voyant pas ou que partiellement, nous décidons, de manière catégorique, de rompre avec les droits humains tout court et revenir à un système politique autoritaire déshumanisant n'ayant, même, plus rien à voir avec les fondements de la démocratie que sont les droits humains. C'est d'ailleurs ce qu'il se passe actuellement, en Occident, avec une contestation de plus en plus vive de la démocratie libérale[160] et de ses piliers comme l'État de droit et les droits humains *inaliénables*. La promesse non tenue des droits humains *inaliénables* risquerait, alors, d'engendrer un refus total et irrationnel de croire aux droits humains – et pas seulement aux droits humains *inaliénables*. Dès lors, la déshumanisation, *via* l'inégalité [injuste] des droits, risquerait de faire son grand retour. Or, une déshumanisation causée par une méfiance progressive quant à la bienfaisance et l'effectivité des droits humains à laquelle aucune réponse politique n'aurait été apportée ne dégénèrerait pas sur une politique de déchéance

160 Voir *Le peuple contre la démocratie* de Yascha Mounk (2018)

potentielle des droits humains (déchéance impliquant qu'ils existeraient, initialement), mais sur une inexistence totale des droits humains égaux garantis dès la naissance. Cela sonnerait ainsi le retour d'une société dans laquelle certains naîtraient avec des droits, tandis que d'autres, non. Ainsi, de sorte à ne pas se résoudre à une situation aussi peu enthousiasmante, il serait préférable – dans des cas restant exceptionnels – de rendre l'existence de ces droits davantage variable que définitive.

Cependant, nous ne devons absolument pas perdre de vue le fait que le risque de la déshumanisation du criminel inhumain serait la dépolitisation totale de la criminalité en tant que phénomène social (Durkheim[161]). Ou plutôt, la déshumanisation des criminels inhumains ne pourrait être légitime que si la société dans laquelle ils commettent leurs crimes était parfaite ; auquel cas, nous pourrions affirmer qu'ils n'ont aucune raison de commettre leurs crimes et que leurs actions inhumaines ne sont le résultat que de leur volonté (*libre arbitre*) ou de leur A.D.N (*nature*). L'humanisation totale (permise par les droits humains *inaliénables*) comme la déshumanisation partielle nécessitent une société, à l'origine, parfaitement juste tant du point de vue juridique et pénal que de celui de la répartition des biens et des richesses. C'est la raison, justement, pour laquelle la déshumanisation partielle – en tant que processus plus réalisable que l'humanisation universelle – ne doit pas s'inscrire dans une perspective démocratique avec une majorité de la population que les citoyens égaux en droits composent et une minorité d'individus criminels qui seraient les inférieurs, en tant que non-humains, de ces citoyens égaux en tant que citoyens légalistes et humains, mais dans une perspective autoritaire dans le sens où s'il n'existait que des citoyens légalistes – et égaux entre eux – supérieurs à des êtres criminels dans la reconnaissance de leur humanité, alors ces premiers ne pourraient se construire qu'en tant qu'ils sont *supérieurs* et ne pourraient, finalement, pas évoluer. De plus, ils passeraient leur temps à se regarder être supérieurs aux criminels *inhumains*. Leur autosatisfaction les rendrait inaptes au progrès moral et intellectuel. Tandis que s'ils sont, également, inférieurs à d'autres citoyens *supérieurs* (les aristocrates), alors ils auraient la possibilité de tendre vers davantage que ce qu'ils sont. La supériorité du peuple vis-à-vis des criminels inhumains lui ferait prendre conscience de sa valeur morale (valeur le rendant, ainsi, légitime et obligé d'agir moralement envers les victimes de ces mêmes criminels inhumains, et ce, précisément parce que ce comportement moral l'ennoblirait et illustrerait sa supériorité) et l'infériorité de ce même peuple vis-à-vis de citoyens-aristocrates lui

161 Voir ses *Leçons de sociologie criminelle* (1892-1893)

offrirait des modèles de « perfection humaine » le poussant à aller au-delà de ce qu'il est, présentement, et ce, par le biais de la créativité [politique, artistique et entrepreneuriale] et de la morale. Une société composée d'humains a besoin de « *sous-hommes* » et de « *surhommes* » ; le comportement moral serait un signe d'appartenance à l'espèce humaine (une preuve d'humanité et d'humanisme) et la créativité serait l'illustration concrète de la détention d'une valeur supérieure à celle du « commun des mortels » ainsi que celle d'une utilité sociale réelle.

Les droits humains *inaliénables* et l'hypocrisie morale

La philosophie des droits humains *inaliénables* s'inscrit dans une philosophie à laquelle nous devons être fidèles, et ce, sans conditions. Dans une perspective théologique, l'humain est aimé de Dieu sans condition et, par cela, il est doté d'une dignité. Mais dans une perspective laïque, l'Humanisme – qui accorde une importance à la personne humaine et à son épanouissement – est ainsi à l'origine de l'idée que des droits devraient être accordés aux humains *sans conditions* (droits humains *inaliénables*) et garantis par l'Etat en tant que puissance ayant remplacé, au XIXe siècle, celle de Dieu. Et le caractère inconditionnel des droits humains implique une quête d'absolu nous faisant, ainsi, entrer dans une volonté de donner naissance à une « utopie » qui ne serait plus un idéal théorique inatteignable, mais un projet politique bel et bien concret. C'est alors que l'utopie est devenue, au XVIIIe siècle, un programme politique. Or, la pureté politique à laquelle aspirent les différentes idéologies politiques (fascisme, communisme, droits-de-l'hommisme, etc.) est-elle, en vérité, si différente de la pureté religieuse à laquelle aspirent les différents mouvements fanatiques ? Pas vraiment, en réalité. Les deux puretés imposent toutes deux une « épuration » visant, par l'extermination, l'incarcération, la soumission ou la censure, à exclure, à purifier ou à faire disparaître physiquement les individus (tyrannie) et les peuples (impérialisme) qui ne correspondent pas à l'idéal promu.

Les droits humains *inaliénables* sont une sorte d'idéologie de pureté en ce sens qu'ils n'exigent pas nécessairement la pureté morale, mais la pureté civile. Et cette pureté civile ne s'inscrit pas dans la restriction « salutaire » des jouissances de la vie (comme la sexualité, par exemple), mais dans la restriction des émotions en tant qu'ennemies de la raison et de la civilisation. Les droits humains *inaliénables* seraient les meilleurs garde-fous empêchant les citoyens de convertir leurs émotions et leurs passions en lois. Ces émotions « populaires » seraient les bas instincts qui nous conduiraient, directement, vers cette destination chaotique qu'est la « dictature » sanguinaire. La peur et la haine seraient, alors, de très mauvaises conseillères, puisque ce sont ces émotions qui nous emmèneraient vers une politique sécuritaire (de type État policier) ainsi que vers une Justice répressive et un gouvernement sans contre-pouvoirs. Les citoyens doivent annihiler leurs émotions pour laisser la place à la raison dont l'effet vertueux serait la garantie de la paix sociale. Les droits humains *inaliénables* procèdent de la même façon que les religions [dogmatiques] ; elles procèdent par hygiène spirituelle et morale – par purification. Les religions prônent le renoncement aux plaisirs de la vie terrestre dans le but de les connaître dans « l'autre monde » qu'est le paradis ; et les droits humains *inaliénables* prônent le renoncement aux émotions humaines dans le but de connaître la civilisation pacifiée et rationnelle qu'est l'utopie du genre humain depuis son existence.

Toutefois, le problème de cette philosophie des droits humains *inaliénables* réside dans l'incapacité qu'un État a à les faire respecter intégralement. Car faire respecter les droits fondamentaux de tous (des pauvres, des prisonniers ainsi que des victimes) nécessite des moyens économiques et matériels assurant le bien-être ainsi que des remèdes juridiques et sociaux soulageant la diversité des souffrances humaines afin de permettre à ce *tous* de mener une vie décente tant d'un point de vue matériel que d'un point de vue psychique. Si l'impossibilité à répondre aux exigences de l'utopie recherchée est constatée, la société tend ainsi à développer deux types de maux : la frustration et l'hypocrisie morale. La frustration dans le sens où nous finissons par constater que nous ne bénéficions pas des bienfaits que nous promet la morale religieuse, politique ou philosophique, et l'hypocrisie morale dans la mesure où l'ineffectivité de la morale, malgré l'adhésion populaire, engendre une contradiction entre nos agissements (qui ne peuvent être purs) et notre morale (qui nous oblige à être purs). Notre morale revendiquée serait, hélas, trop parfaite pour les êtres imparfaits que nous sommes. Ainsi, l'hypocrisie morale engendre une société du mensonge et de la tromperie. La société porte aux nus des valeurs morales ; et chaque individu agit en secret d'une manière qui est contraire à la morale publiquement promue. C'est ainsi que les crimes sont tus. Afin de ne pas entacher l'image morale de la société, c'est–à-dire de ce qui la rend honorable et supérieure aux autres. La morale devient, alors, davantage qu'une vitrine qu'une manière de vivre harmonieusement en société ; ce qui la rend haïssable. Pour le cas des droits humains *inaliénables*, le problème se pose de la même façon dans la mesure où nous avons affaire, à notre époque, à une sorte de ressentiment dont la conséquence serait une incroyance progressive dans la philosophie des droits humains. C'est même aujourd'hui le cas avec le procès des élites « bien pensantes » de gauche qui prêchent le féminisme, l'antiracisme, l'accueil des immigrés, les droits de l'enfant, etc. alors que les milieux élitistes (industrie artistique, milieu politique et médias, principalement) sont désormais de plus en plus dénoncés comme étant des milieux protégeant les violeurs (parce qu'ils sont puissants), excluant les minorités raciales (comme la mode et l'industrie cinématographique qui ne propose qu'un type stéréotypé de rôles pour les personnes noires et arabes), vivant protégés des immigrés desquels ils défendent le droit de se réfugier en Occident et s'avérant fort complaisants à l'endroit des pratiques pédophiles. Ceux qui prêchent les droits humains sont, finalement, ceux qui les bafouent le plus. La solution serait alors une nouvelle Révolution débouchant sur un procès sanglant des élites (« eating the rich ») afin d'y imposer ultérieurement les droits humains véritables ou un abandon définitif des droits humains regardés comme une hypocrisie bourgeoise.

Les droits humains *inaliénables*, dès lors qu'ils ne sont pas une réalité pour *tous*, deviennent haïssables. Et ils sont d'autant plus haïssables que le fait de ne pas ou de ne plus y croire nous range directement dans la catégorie des *parias*. Ne pas croire à la morale religieuse nous range dans la case des *hérétiques* ; ne pas croire à la morale politique nous range dans la case des *malades mentaux* ou des *traîtres* ; et ne pas croire à la morale philosophique des droits humains *inaliénables* nous range dans la case des *sauvages* (par le passé, ces sauvages pouvaient être les indigènes colonisés comme ils pouvaient être les prolétaires et les « beaufs »). L'utopie religieuse, politique et philosophique ne tient pas sa promesse de justice ; cette promesse non tenue engendre un refus progressif de croire ; et ce refus progressif de croire, au sein de la population, développe, du côté des « élites » morales, intellectuelles et politiques, un refus d'entendre et de dialoguer avec ce peuple-*masse* qui semble déraisonner. Le peuple pleure et nous lui répondons « cesse de pleurer » ; l'émotion est niée et la souffrance perdure. Le peuple exprime sa colère et nous le giflons ; l'émotion est réprimée et la souffrance grandit. Lorsque le peuple exige plus d'autorité, plus de sécurité, plus de répression, plus de contrôle, le rétablissement de la peine de mort et de la torture ou encore le fait de laisser mourir des migrants aux frontières de la France et de l'Europe ou, simplement, dans la mer Méditerranée, nous ne répondons pas à cette aspiration antidémocratique et anti-droit-de-l'hommiste par plus de respect de la dignité humaine des pauvres et des victimes françaises et européennes, mais par plus de mépris social dont l'illustration la plus criante est la *barbarisation*. Barbarisation reposant sur l'idée selon laquelle ce peuple n'est pas encore assez éclairé par les lumières des sciences juridiques et politiques ; celui-ci se trouve encore trop submergé par ses émotions et son instinct primitif le conduisant à la radicalité politique et à la violence physique. Dans une telle mesure, la philosophie des droits humains *inaliénables* est pervertie par ses propres défenseurs qui rejettent ses critiques dans le camp de l'infâme. Le résultat de cette philosophie était supposé être la garantie des deux droits élémentaires que sont – selon les libéraux – le droit de se *préserver* (grâce à la santé, au logement et à la nourriture) et le droit de se *développer* (grâce à l'éducation et à la liberté économique). Or, le résultat final est un sentiment que ces droits humains *inaliénables* ne seraient, en fin de compte, que des droits dont seuls les riches peuvent bénéficier et dont nous nous soucions uniquement lorsqu'il s'agit de défendre la dignité des condamnés.

Nous exprimons, à tort ou à raison, l'impression que nos sociétés démocratiques occidentales ne sont, ainsi, ni démocratiques ni même droits-de-l'hommistes, mais au contraire, oligarchiques et indifférentes à la souffrance humaine. Dans des registres différents, la religion qui prône la paix, l'amour et l'unité entre les humains ne tend – lorsqu'elle est politique – à engendrer, dans les faits, que de la division, des privations de libertés et des guerres. Mais l'idéologie politique qui prône la souveraineté du peuple vis-à-vis d'un ennemi commun maléfique et sournois engendre, au final, une tyrannie dont le peuple – à qui tout autocrate promet la liberté – est la première victime. La philosophie des droits humains *inaliénables* qui mise sur l'humanisation totale de tous les individus et de tous les peuples en vue de les protéger de tout gouvernement arbitraire disposé, s'il en a les moyens, à abuser de son pouvoir et de toute idéologie trouvant ses justifications politiques et intellectuelles dans la satisfaction des émotions populaires et des bas-instincts humains les plus mortifères engendre, tout compte fait, le simple constat que ces droits humains *inconditionnels*, en n'étant pas une réalité pour tous les citoyens, ne sont, finalement, pas inconditionnels. Ce qui sonnerait alors comme un violent coup de canif dans le contrat.

De sorte que les droits humains *inaliénables* soient une réalité pour tous – et donc, soient acceptés par tous –, il faudrait, en somme, que la pauvreté cesse (et la richesse avec elle), que les victimes soient entendues et accompagnées jusqu'à leur totale réparation et que les criminels soient condamnés, dans leur intégralité, avant d'être « traités avec dignité ». Or, l'empathie dont nous pouvons témoigner pour les criminels (en tant que « victimes » de la société et des malheureuses circonstances), mais qui n'est pas accompagnée d'une empathie pour les victimes et les pauvres s'apparente à une hideuse arrogance sociale provenant de bourgeois cherchant à « choquer le peuple » de sorte à mieux s'en distinguer. Si le petit peuple éprouve une empathie pour les victimes, les bourgeois éprouveront, par *distinction*, une empathie pour les criminels. Toutefois, l'empathie dont nous pouvons faire preuve vis-à-vis des victimes et des miséreux, mais qui n'est pas accompagnée d'une compréhensivité envers les criminels s'apparente, à l'inverse, à un pari risqué dans la mesure où cette empathie partielle pourrait déboucher sur un manichéisme dépolitisant ne parvenant pas à résoudre les causes sociales et sociétales de la criminalité. Cependant, développer une empathie envers les vulnérables (victimes et miséreux) ainsi qu'une compréhensivité envers les criminels – même les plus inhumains – implique, donc, une prise de conscience de l'extrême difficulté de la tâche. Respecter la dignité de tous les humains nous oblige à disposer des moyens économiques nécessaires à la réinsertion des détenus, à la construction de prisons ainsi qu'à la mise en place de formations destinées à sensibiliser les citoyens à l'intégralité des violences existantes. Or, tout cela suppose, également et surtout, de faire face à une complexité morale illustrée par la problématique posée suite aux multiples affaires de terrorisme, en Occident, depuis le 11 septembre 2001 : Faut-il renoncer à certaines libertés pour plus de sécurité ? La réponse la plus rapide à cette question serait non. Cependant, si la réponse était oui, la solution à trouver, pour concilier les deux notions, serait, pour le coup, beaucoup moins évidente dans la mesure où celle-ci soulève une autre problématique, à savoir : Qui doit nous y faire renoncer ? L'État ou un groupe de dominants ?

L'État peut être contesté si, par l'État, nous pensons au « gouvernement » en tant qu'oligarchie illégitime de politiciens ou que nous le jugeons, par essence, inapte à savoir ce qui est bon ou non pour la population. Et pour ce qui est du groupe de dominants – aristocratie ou oligarchie –, celui-ci ne peut être contesté que si nous estimons qu'il ne défendra que ses intérêts au détriment de ceux du peuple et qu'il sera, naturellement, enclin à asservir la population. Cette complexité juridique devra être traitée par le biais d'une importance accrue accordée à la notion de protection (que nous jugeons, notamment chez les libéraux, paternaliste). Or, la question de la protection soulève deux sujets majeurs, celui de *qui protège ?* et celui de *comment cette protection est-elle organisée ?* La protection confère un plus grand pouvoir à celui qui est supposé protéger et une liberté amoindrie de celui qui est protégé (il sera exposé à moins d'insécurité, mais au prix d'une plus grande surveillance dans sa vie réelle et, maintenant, virtuelle). Mais ce plus grand pouvoir des autorités (lesquelles ?) met, dans le débat public, le doigt sur une notion alors clé qui est celle de la légitimité en tant qu'origine de tout questionnement moral et éthique sur l'établissement officiel d'une hiérarchie entre différents humains et non plus seulement entre l'humain et la Loi – l'humain étant, dans un Etat de droit démocratique, en dessous de la Loi – ainsi que d'un renforcement des institutions et du pouvoir de l'Etat.

La juste hiérarchie sociale

Une société moderne basée sur la hiérarchie sociale et la division du travail n'a pas uniquement besoin de légitimer cette hiérarchie par le *mérite*, la naissance ou encore la religion ; elle a également besoin d'être composée d'individus qui s'occupent eux-mêmes de l'établissement de cette hiérarchie entre eux. La société inégalitaire a besoin d'un peuple qui joue le jeu de cette hiérarchisation en la promouvant indirectement – si ce n'est inconsciemment – par le biais de multiples prétextes qu'il pourrait trouver. Par exemple, il a été affirmé et reconnu que les capitalistes blancs et américains, pendant la ségrégation, utilisaient les tensions raciales, au sein du peuple américain, afin d'empêcher les alliances de classes entre les prolétaires blancs et afro-américains. Cela permettait à la classe capitaliste de ne pas être désignée comme responsable de la misère des prolétaires. Pour autre exemple, le parti nazi (NSDAP) s'était servi du manque de considération sociale dont souffraient certains Allemands en raison de la crise économique, pour les conduire à de la cruauté à l'encontre des prisonniers – dans les camps –, et ce, en l'échange d'un uniforme – revêtant d'une dignité – et de responsabilités. Pour cette même raison, il est d'ailleurs affirmé, dans les milieux socialistes, que « le fascisme est la roue de secours du capitalisme ». Le capitalisme en crise exploite, à l'aide du fascisme, les crispations identitaires afin de camoufler les problématiques sociales et économiques dont il est la cause. Et à notre époque, les débats nationaux et occidentaux tournant autour de l'immigration, de l'islam et des questions dites « sociétales » sont généralement décrites (par la gauche des « rouges-bruns ») comme un écran de fumée visant à faire diversion sur les problèmes sociaux et économiques concrets.

En effet, si la hiérarchie est sociale parce qu'elle ne peut plus, en démocratie, être religieuse, juridique, politique ou relative à l'appartenance à un Ordre, cela implique qu'elle n'est hiérarchisée que sur la base de la reconnaissance *sociale* – et non *légale* – acquise grâce au capital économique et culturel ou au prestige social. Nous sommes inférieurs car reconnus comme tels par la société, c'est-à-dire par les autres. Or, ce caractère subjectif de la hiérarchisation (faisant, par exemple, que les professeurs qui, avant les années 1980, bénéficiaient d'un certain prestige social, sont, aujourd'hui, du fait d'évolutions sociales, en proie à un déclassement massif) invite les citoyens à souhaiter mettre cette subjectivité sociale à leur avantage en infériorisant d'autres individus ou parties de la population, et ce, avec l'aide de politiciens cyniques et démagogues qui iront dans leur sens par électoralisme. Pour cela, la hiérarchie basée sur le capital économique et social tend à être compensée, pour le plus grand bonheur des classes défavorisées, par la hiérarchie sociétale. Si le Français pauvre vivant sous le seuil de pauvreté est considéré comme le « dernier de cordée », il peut toutefois se sentir supérieur à un pauvre noir ou arabe ou encore se sentir « plus normal » qu'un homosexuel ou un trans. Les derniers de la hiérarchie sociale et économique (les pauvres) peuvent, à leur plus grande satisfaction, se targuer d'incarner la famille française typique et « normale » (blanche, française *de souche*, hétérosexuelle et catholique) à l'inverse de ceux qui seraient ou bien de « moins bons français » ou bien des personnes « dégénérées ». Le Français pauvre de la « France profonde » peut se dire « En effet, je suis pauvre et méprisé par l'élite. Cependant, je suis, moi, un vrai Français contrairement aux immigrés et, surtout, un être humain normalement constitué, contrairement aux gays, aux trans et aux *wokes* ! ». La prise de conscience de son infériorisation peut se traduire par un sentiment de supériorité purement artificiel destiné à pallier ce sentiment d'infériorité et d'injustice. Cependant, nous avons, en effet, ici un parfait exemple de ce que donne une hiérarchisation sociale instrumentalisée par les élites [économiques et politiques] dans l'intention de rendre le peuple aveugle aux véritables injustices et aux véritables bénéficiaires de celles-ci. Cette hiérarchie distrait et, finalement, endort le peuple. Elle est une hiérarchie qui le fait s'attaquer à d'autres faibles et non aux puissants.

Au sujet de la hiérarchie qui éveillerait, cette fois-ci, le peuple et le rendrait actif, elle serait celle qui consisterait à le rendre objectivement inférieur à une aristocratie et supérieur à un autre groupe hétérogène sur le plan social, racial, culturel, sexuel, etc. mais homogène sur l'immoralité dont ces membres ont pu faire preuve pour être, par la déchéance de leurs droits, rendus inférieurs au reste de la société. Le peuple ne serait pas rendu supérieur à ces derniers afin de lui faire oublier l'existence d'une élite dirigeante qui ne pourrait, comme le Diable, prospérer que si nous ne croyons pas à son existence. Cette élite aurait de fait une existence officielle. Cependant, cette hiérarchie bénéficierait au peuple puisque c'est précisément cette supériorité [de ce même peuple] qui activerait perpétuellement son sens du devoir envers les plus vulnérables et qui le détournerait du *mal* qui le rangerait directement – s'il venait à le commettre – dans la catégorie des [criminels] *inférieurs*[162]. Le peuple s'obligerait à être moral afin d'être digne de cette noble appartenance à l'humanité. Et quant à son infériorité vis-à-vis d'une aristocratie, celle-ci aurait un tout autre bienfait. Cette infériorité du peuple le forcerait donc à s'élever en s'inspirant des seigneurs qui lui sont supérieurs en termes de créativité et de morale.

La question initiale était : *Dans quelle mesure les caractéristiques de la démocratie ont-elles besoin d'une aristocratie pour être effectives ?* La supériorité existe dans les faits ; et est même désirée par les humains pour la raison qu'ils aspirent à prendre pour modèle quelqu'un de plus grand qu'eux et à être, eux-mêmes, les supérieurs d'autres citoyens afin de prendre conscience de leur grandeur en tant que souverains disposés à agir dans l'intérêt de ceux qui ne peuvent agir (cela engendre le sens des responsabilités [vis-à-vis des faibles] et de la justice). Tantôt l'humain est supérieur à d'autres *races*, tantôt l'humain est supérieur à d'autres peuples, tantôt l'humain est supérieur pour la noblesse des idées qu'il défend, tantôt l'humain est supérieur aux animaux non-humains ; et de nos jours, nous semblons préparer le terrain pour une nouvelle supériorité : celle de l'intelligence humaine sur l'intelligence artificielle. Tant de manières de grandir l'être humain sont présentes afin qu'il prenne une assurance et une estime de lui-même lui permettant, par la suite, d'agir, de créer ou de rechercher dans l'intérêt de sa propre personne et de la communauté. Mais toutes ces supériorités n'étant basées que sur des comparaisons avec l'extérieur seraient plus judicieuses si elles étaient basées sur des comparaisons avec l'intérieur. La conscience de ma supériorité, au sein de ma cité, me pousserait à agir et à créer par devoir moral vis-à-vis de ceux qui ne sont pas capables d'agir et de créer. Si le sentiment de supériorité est le moteur de l'action belliqueuse, créatrice ou morale, alors celui-ci doit avoir une incarnation juridique ; et la première incarnation juridique de la nécessité même de cette supériorité serait, avant tout, l'existence nécessaire d'un groupe de supérieurs reconnus comme tels par le Droit, c'est-à-dire des aristocrates. Et si ces aristocrates ne peuvent se distinguer du peuple par le droit et les privilèges, ces derniers devront

162 Par ailleurs, c'est lorsque nous voyons l'absence d'élections libres dans les « dictatures » que nous prenons conscience du fait qu'il soit « mieux » de vivre en démocratie et qu'il faille profiter de cette chance que nous avons en tant que citoyens pour exercer notre devoir dans son propre intérêt aussi bien que dans celui de la société. Regarder ce qu'il se passe hors de nos frontières peut ainsi raviver le sentiment de supériorité et, donc, la nécessité de conserver notre système en ne le considérant jamais acquis. L'Autre peut nous forcer à rester éveillé et actif. Il peut nous obliger à agir perpétuellement *en tant que* citoyens afin de ne pas devenir, un jour, comme les pays « mauvais » que nous observons autour de nous.

alors se différencier par l'inégalité en termes de propriétés dont ils bénéficieront. Ils seraient les propriétaires de leur ville sans être les propriétaires des citoyens qui y vivent. Les citoyens, en ayant leur propre personne comme propriété, ne peuvent être les inférieurs en droits, en valeur et en dignité du seigneur. La hiérarchie en termes de droits de propriété sur les biens fonciers, dans ce cadre, serait alors systématiquement contrebalancée par le droit de propriété que les individus auraient sur leur propre personne. Le roi peut décider de quel seigneur peut posséder telle ville, mais il ne peut décider de la manière spécifiquement esthétique dont le seigneur choisira de l'aménager ; et le seigneur peut s'approprier toute la ville, y compris les habitations, mais ne peut contrôler la manière dont les citoyens choisiront de mener leur vie sur le plan politique. Ainsi, cette nécessité d'une classe d'aristocrates combinée à cette obligation de garantir aux citoyens le droit d'exercer la politique dans ce fief-ville rend d'autant plus crédible l'idée que le féodalisme démocratique est une possibilité politique à explorer.

La démocratie libérale qui a été théorisée comme étant le meilleur système est, désormais, défendue comme étant le système du « moindre mal ». Les critiques de plus en plus nombreuses et acerbes à l'encontre du libéralisme économique et politique reçoivent comme contre-arguments, de la part des libéraux, le fait que, quand bien même leurs critiques seraient légitimes et fondées, le système de la démocratie libérale ne pourrait exister, faute de mieux. La démocratie libérale est le « moins pire » des systèmes à l'exception de tous les autres. Or, nous savons que la vie en société nécessaire à la conservation de la vie humaine individuelle implique que – afin que nous ne soyons pas centrés sur notre seule et unique personne – nous soyons tous animés par un idéal collectif, à savoir un idéal qui nous dépasse et nous transcende. La multitude – soit l'addition des individus composant une collectivité – rassure l'individu en ce sens que celle-ci est protectrice et qu'elle garantit la possibilité d'accomplir de nombreuses et grandes choses. Ainsi, la collectivité permet de rêver et d'espérer. En cela, l'humain ne peut, spirituellement, se contenter d'une politique du *moindre mal* ; sans compter que ce *moindre mal* libéral pourrait être concurrencé par un « *meilleur des mondes* » anti-libéral pouvant, dans sa théorie et sa pratique, déboucher sur une politique anti-démocratique ; mais ayant la capacité, à l'inverse du libéralisme soi-disant « réaliste », d'apporter au peuple une spiritualité nourrissante et un espoir nouveau. Si le « moindre mal » peut paraître réaliste, il ne l'est finalement pas compte tenu de la nature irrationnelle de l'être humain en tant qu'être dont la spiritualité et la soif d'absolu sont inscrites dans son être. Ce réalisme peut alors sonner comme étant un « réalisme irréaliste » auquel nous pourrions opposer une « utopie réaliste ».

Le véritable réalisme, finalement, serait la prise en compte de la nécessité de l'utopie. La politique peut même être définie comme étant la conceptualisation de la société utopique. Mais le réalisme nécessaire consiste à créer la société la plus proche de l'utopie visée. Si notre utopie est que tous les humains, comme le disait Jésus, s'aiment les uns les autres, nous devons toutefois prendre conscience que cette société n'existera jamais. Or, c'est ici que le réalisme fait son apparition à travers la création du concept de *tolérance*. Si les humains ne peuvent tous s'aimer, ces derniers peuvent, néanmoins, tous se tolérer. Pour autant, la *tolérance* ne peut être sans condition ; autrement, elle serait excessive et irrationnelle, soit dangereuse et injuste – elle finirait par tolérer l'intolérable. Ainsi, nous devons passer ce concept au crible en déterminant à quel moment nous devons être tolérant à l'égard d'autrui (à l'égard de ceux qui ne portent pas atteinte à la dignité d'autrui, par exemple) et à quel moment nous devons ne pas l'être (à l'égard de ceux qui, au contraire, portent atteinte à la dignité d'autrui). L'utopie est un objectif de création d'un paradis terrestre ; la recherche du bien comprend, plus précisément, la recherche de la politique réaliste qui, toutefois, soit la plus ressemblante de l'utopie visée ; et se comporter en réaliste nous oblige à réprimer ceux qui, par perversité ou par intérêt, contreviendront à la construction de cet idéal.

Croire à l'avènement d'un monde parfait est nécessaire dans la mesure où, sans cette croyance, nous sombrerions dans une résignation – faussement « réaliste » – se résumant de la façon suivante : « Les choses sont ainsi [injustes] et nous ne pouvons rien y faire, c'est éternel ». Cette croyance dans la création d'un monde parfait est la condition du progrès social, puisqu'elle nous pousserait à vouloir améliorer le monde. L'utopie pourrait, il est vrai, conduire au pire mal possible si, au nom de l'amour que nous portons pour l'humain, nous décidions d'accorder une confiance sans faille à sa bonté naturelle et à sa vertu (idéalisme ou « bisounourisme ») ou que nous décidions de nous immiscer dans tous les recoins de sa vie privée afin de nous assurer que celui-ci ne faute pas (purisme). Cependant, si jamais nous visons une utopie politique tout en ayant pertinemment conscience qu'elle ne pourra jamais être une réalité totale et parfaite, alors nous nous inscrivons bel et bien dans un désir mesuré de créer un monde « parfait » ; autrement dit, un monde parfait dans la mesure du possible. En effet, dans une telle configuration, nous aurions foi dans l'humain et ses capacités (vision utopique), mais nous aurions également conscience du *mal absolu* dont il est capable (réalisme). L'utopie de tout démocrate convaincu repose, en effet, sur la croyance suivante : le peuple pourra, un jour, être indépendant de puissances étrangères (logique souverainiste, voire autarcique) aussi bien que de classes sociales dominantes (logique communiste) et chaque individu se verra, par la même occasion, émancipé de la tyrannie que peut exercer sur lui les autres individus constituant une *pression sociale* (logique anarchique). La société parfaite, selon le démocrate, serait, en somme, une société dans laquelle les individus-uniques seraient capables de se réunir, par l'intérêt, les convictions et l'amour mutuel, au sein d'un même collectif uni appelé *peuple* ; autrement dit, la démocratie serait, idéalement, une addition de « un-seul-individu » solubles dans « un-seul-peuple » sans qu'il n'y ait la moindre contradiction entre le particulier et l'universel.

Toutefois, le réalisme devant encadrer cette utopie visée qu'est la démocratie « réelle » implique la répression de ceux qui abusent de leurs *libertés* en portant atteinte à l'*égalité* existant, par le Droit, entre eux et autrui. Au XVIIe siècle, la philosophie contractualiste a démontré que seule la loi permettait la liberté réelle. La contrainte étatique rend libre le citoyen ; ici réside le noble réalisme de la philosophie libérale. Mais dans le cas du régime démocratique, la dimension réaliste de notre utopie réside plus largement dans l'idée selon laquelle plus les libertés [basées sur la confiance] sont nombreuses à être accordées et plus les sanctions [justifiées par la trahison de la confiance qui nous a été accordée lors de l'acquisition de ces libertés] devront être exemplaires. Si la contrainte engendre la liberté et que la liberté engendre l'égalité des citoyens dans le droit d'être libre, alors cette même liberté doit, automatiquement, engendrer la répression de l'appareil judiciaire. En effet, plus le citoyen a de pouvoir et de libertés, plus ce dernier, s'il les utilise de manière abusive – c'est-à-dire dans le non-respect de la dignité d'autrui – doit être sévèrement réprimé. Car la confiance [démocratique] – qui est indissociable de la liberté politique et économique – implique, en toute logique, l'existence potentielle de la trahison dont nous devons nous prémunir.

Sans doute que l'avènement de la démocratie « réelle » passera, fatalement, par la remise en question de l'angélisation du régime démocratique et le commencement d'une réhabilitation nuancée du régime autoritaire. La difficulté de notre époque et, principalement, au sein de notre civilisation occidentale réside dans la construction par opposition ; la démocratie se pose en s'opposant aux « sauvages ». L'Occident s'oppose à tout type de pratique autoritaire (de gauche comme de droite) au prétexte que leur emploi serait une façon de s'abaisser au niveau des dictatures d'Amérique latine, d'Afrique, d'Europe de l'Est, du Moyen-Orient et d'Asie et certaines civilisations non-occidentales s'opposent à toute forme de mesures droits-de-l'hommistes au prétexte que leur emploi serait une façon de prêter allégeance à l'Ordre mondial occidental. La vérité – y compris la vérité politique – est partout (celle-ci est fragmentée) et nécessite, pour être découverte, de s'intéresser à tout ce qui est bon, juste et exact dans chacune des perspectives qui nous sont présentées, aujourd'hui, et qui nous ont été présentées, hier. Car l'erreur naît toujours de la séparation artificielle et intéressée qui s'apparente à la *maléfique* division nous détournant d'un objectif commun nécessaire à l'harmonie sociale. Entre droite et gauche, entre Orient et Occident, entre Nord et Sud ou encore entre système politique horizontal (démocratie) et système politique vertical (non-démocratie).

Enfin, tous les régimes politiques (démocratie, monarchie et autocratie) nécessitent une adhésion à des valeurs précises. Tous les régimes politiques sont, en soi, des systèmes de valeurs. La démocratie exige des citoyens qu'ils adhèrent à des valeurs libérales et égalitaires ; la monarchie exige des citoyens qu'ils adhèrent à des valeurs religieuses ; et l'autocratie exige des citoyens qu'ils adhèrent à des valeurs propres à une vision [subjective] du monde sur la base de laquelle toutes les institutions seront fondées. Le XIXe siècle a opté pour le libéralisme sans la Religion (nihilisme), le siècle suivant a opté pour le libéralisme sans l'autorité (égalitarisme ou jungle libérale) et nous avons observé, avec le recul, les ravages que ces libertés sans nuances ont pu générer sur l'âme humaine. Sans la spiritualité, sans l'autorité, l'humain, bien qu'en étant libre, est perdu dans sa liberté et sombre dans l'angoisse et le vide. Sans doute, d'ailleurs, que nous devons cette liberté sans nuances – ou « débridée » – au remplacement de la monarchie absolue de droit divin par la démocratie absolue des droits humains *inaliénables*. Mais toujours est-il que si nous avons découvert que la solution ne se trouvait ni dans la monarchie, ni dans l'autocratie, nous pouvons désormais constater qu'elle ne se trouve pas non plus dans la démocratie et encore moins dans la démocratie libérale des droits humains *inaliénables*. D'autre part, nous avons pu observer que la religion, en tant que pouvoir politique, ne parvenait pas à apporter la liberté aux humains, qu'il en était de même pour l'idéologie politique et nous commençons, à l'heure actuelle, à contester la toute-puissance de la science, de la raison ou du fameux « réalisme » au profit d'une réhabilitation progressive de ce qui relève du respect et de la prise en compte de l'humain comme l'empathie, la morale et la spiritualité. Le salut d'une société ou de l'humanité ne se trouve pas dans un dogme unique, inconditionnel et exclusif, mais dans un système ouvert et mouvant pouvant aussi bien inclure du liberticide que du libertaire, de l'égalité comme de la hiérarchie, de l'individuel comme du collectif, de l'émancipation comme de l'autorité, et ce, dans un pur esprit de dialectique.

D'ailleurs, à ce propos, il sera question, pour les démocrates, de renoncer partiellement et progressivement au régime démocratique sans pour autant y laisser son âme que sont les droits humains. Et une fois que nous serons parvenus à gérer cet équilibre précis, il sera, cette fois-ci, question d'aborder les droits humains autrement ; c'est-à-dire d'une manière qui ne sera pas inconditionnelle [*inaliénable*]. Ces nouveaux droits humains [*non-inaliénables*] seront alors beaucoup plus effectifs (ils bénéficieront à moins de personnes, mais seront plus réels) et tendront, ainsi, à rendre les citoyens beaucoup plus satisfaits de la philosophie des droits humains dans sa globalité. Sachant que cette confiance acquise des citoyens [dans l'effectivité de ses droits humains] pourra, *in fine*, déboucher sur un environnement social et intellectuel stable nous permettant de réfléchir sur la possibilité de tendre, un jour, vers des droits humains qui deviendraient réellement *inaliénables*. Nous placerions ainsi les droits humains *inaliénables* dans la catégorie des finalités politiques envisageables et non plus dans celle des moyens politiques illusoires. En somme, nous ne devons plus nous inscrire dans cette opposition manichéenne entre la [bonne] liberté et la [mauvaise] autorité ; entre la [belle] démocratie et la [hideuse] dictature. Car parfois, aussi dystopique que cela puisse paraître, nous sommes contraints de faire un choix cornélien entre le crime emballé dans l'emballage cadeau de la liberté et la sécurité accompagnée, directement, de l'autorité[163]. Cependant, il n'est pas non plus question, ici, d'affirmer que la liberté serait le danger et que l'autorité serait la solution, mais, simplement, que ces deux notions sont, en vérité, neutres d'un point de vue moral et qu'elles ne dépendent que de ce que nous en faisons.

---

163 L'exemple du *dark web* (ou du « freenet ») est très emblématique en ce sens qu'il nous démontre qu'un Internet entièrement libre (dans lequel nous avons accès à toutes les marchandises, y compris les humains, et que nous bénéficions, de manière relative, de l'anonymat) peut aussi bien abriter le pire des contenus criminels que des informations d'utilité publique cachées par un Etat censeur (comme la Chine) qui nationalise Internet. Des informations d'utilité publique pour la population en droit d'être informée peuvent ne pas figurer sur le web national [et légal], mais figurer sur le *dark web*. En ce sens, le *dark web* peut être utile - voir salvateur - pour les dissidents politiques et les chercheurs. Un Chinois ne peut prendre connaissance de la photo présentant, en 1989, « L'homme de Tien'anmen » sur le web chinois ; en revanche, il peut la voir sur le *dark web*. La liberté totale du *dark web* fait de lui un paradis du crime aussi bien qu'une « arme de la dissidence » (source : franceculture, podcast *Le meilleur des mondes*, l'intitulé du sujet est « Darknet : comment peut-il être une arme de la dissidence ? », présenté par François Saltiel et avec comme invités : Jean-Marc Bourguignon, Amaelle Guiton, Laurent Gayard, 18 mars 2022). Ainsi, la notion de liberté doit toujours susciter notre vigilance car nous ne sommes jamais véritablement en mesure de savoir si, par liberté, nous entendons « émancipation » ou si nous entendons « tyrannie ».

Bibliographie

ARISTOTE. *Ethique à Nicomaque*, Ed Lgf, Collection « Les Classiques de la Philosophie », 1992
ARISTOTE. *Métaphysique*, Ed Flammarion, Collection « GF », 2008
ARISTOTE. *Les politiques*, Ed Flammarion, Collection « GF », 2015
BACON (F). *La nouvelle Atlantide*, 1627, Ed Gallimard, Collection « GF », 1997
BADIE (B). *La diplomatie des droits de l'homme*, 2002, Ed Fayard, Collection « L'espace du politique »
BAINVILLE (J). *Les dictateurs*, 1935, Ed Perrin, Collection « Tempus », 2019
BAKOUNINE (M.A). *Dieu et l'Etat*, 1882, Ed Mille Et Une Nuits, Collection « 1001 Nuits Petite Collection », 2021
BARAQUIN (N). *Dictionnaire de philosophie*, 1995, Ed Armand Colin, Collection « Dictionnaires », 2018
BARBICHE (B). *Les institutions de la monarchie française à l'époque moderne*, 1989, Ed Puf, Collection « Quadrige », 2012
BASCHET (J). *La civilisation féodale*, 2018, Ed Flammarion, Collection « Champs histoire »
BASTIAT (F). *La loi*, 1851, Ed Ultraletters, Collection « Ultraletters publishing », 2017
BECCARIA (C). *Des délits et des peines*, 1764, Ed Rivages, Collection « Rivages Poche Petite Bibliothèque », 2014
BLOCH (M). *La société féodale*. (1939), Ed Albin Michel, Collection « Bibliothèque Evolution Humanité », 1994
BLUCHE (F). *Dictionnaire du Grand Siècle 1589-1715*, 2005, Ed Fayard, Collection « Indispensables De l'Histoire»
BODIN (J). *Les six livres de la République*, 1576, Ed Classiques Garnier, Collection « Bibliothèque D'histoire de la Renaissa », 2020
BOURDIEU (P). *La distinction*, 1979, Ed Minuit, Collection « Sens commun »
BOURNAZEL (E), HAROUEL (J.L), BARBEY (J), THIBAULT-PAYEN (J). *Histoire des institutions franques de l'époque franque à la Révolution*, 1987, Ed Puf, Collection « Droit Fondamental », 11e édition, 2005
BRAUDEL (F). *Grammaire des civilisations*, 1963, Ed Grand Livre du mois
BRETEQUE (F-A). *L'Imaginaire médiéval dans le cinéma occidental Volume 1*, 2018, Ed Honoré Champion, Paris, Collection « Nouvelle bibliothèque du Moyen Age »
COMPAGNON (A). *Les antimodernes*, 2005, Ed Gallimard, Collection « Folio Essais », 2016
CONDORCET (N). *Esquisse d'un tableau histoire des progrès de l'esprit*

humain, 1795,
CONTAMINE (P). *Le Moyen Âge Le Roi, l'Eglise, les grands, le peuple 481-1514*, 2006, Ed Points, Collection « Points Histoire », 2006
CORNETTE (J). *La Monarchie Entre Renaissance et Révolution 1515-1792*, 2006, Ed Points, Collection « Points Histoire », 2006
CORNU (G). *Vocabulaire juridique*, 1987, Ed Puf, Collection « Quadrige », 15e édition, 2024
DEAN (J). *Néo-féodalisme : la fin du capitalisme ?*, 2020, (openedition.org)
DEBARD (T), GUINCHARD (S). *Le lexique des termes juridiques 2024-2025*, 2024, Ed Lefebvre Dalloz
DENNETT (D). *Théorie évolutionniste de la liberté*, 2004, Ed Odile Jacob, Collection «Sciences Humaines »
DESCOLA (P). *Par-delà nature et culture*, 2005, Ed Gallimard, Collection « Folio Essais », 2015
DUBY (G). *Qu'est-ce que la société féodale*, 2002, Ed Flammarion, Collection « Mille & une pages »
DUPUIS-DERI (F). *Démocratie médiévale : Assemblées d'habitants, commun et utopie*, 2017 Revu « Tumultes », Ed Kimé
DURKHEIM (E). *Les formes élémentaires de la vie religieuse*, 1894, Ed Lgf, Collection « Le livre de Poche », 2003
ELIADE (M). *Aspects du mythe*, 1988, Ed Gallimard, Collection « Folio Essais », 1988
FELLER (L). *Seigneur et paysans au Moyen Age*, 2017, Ed Armand Colin, Collection « Collection U », 2017
FERRO (M). *Histoire des colonisations*, 1994, Ed Points, Collection « Points Histoire »
FICHTE (J.G). *La destination de l'homme*, 1800, Ed Flammarion, Collection « GF », 1999
FLEURY (C). *Les pathologies de la démocratie*, 2009, Ed Lgf, Collection « Le Livre de Poche – Biblio Essais »
FOSSIER (R). *La société médiévale*, 1991, Ed Armand Colin, Collection « Colin U », 2002
FOURQUET (J). *L'archipel français*, 2019, Ed Points, Collection « Points Essais », 2020
FUKUYAMA (F). *La fin de l'histoire et le dernier homme*, 1992, Ed Flammarion, « Champs essais », 2009
GARNOT (B). *Histoire de la justice*, 2006, Ed Gallimard, Collection « Folio Histoire », 2009
GAUCHET (M). *La démocratie contre elle-même*, 2002, Ed Gallimard, Collection « tel »
GAUVARD (C), DE LIBEIRA (A), ZINK (M). *Dictionnaire du Moyen Age*, 2002, Ed Puf, Collection « Grands Dictionnaires »
GOLDMAN (E). L'anarchisme : ce dont il s'agit vraiment, Ed Payot, Collection « Politique (Petite Bibliothèque Payot) », 2022

HABERMAS (J). *Ecrits politiques*, 2011, Ed Flammarion, Collection « Champs essais »
HAROUEL (J.L). *Les droits de l'homme contre le peuple*, 2016, Ed Desclée de Brouwer, Collection « Essais », 2016
HAYEK (F). *La route de la servitude*, 1944, Ed Puf, Collection « Quadrige », 2013
HAYEK (F). *Droit, Législation et Liberté*, 1973, Ed Puf, Collection « Quadrige », 2013
HEGEL (G.W.F). *Phénoménologie de l'esprit*, 1807 ? Ed Flammarion, Collection « GF », 2023
HEGEL (G.W.F). *Principes de la philosophie du droit*, 1821, Ed Flammarion, Collection « GF », 2021
HEIDEGGER (M). *Être et temps*, 1927, Ed Gallimard, Collection « Bibliothèque de philosophie », 1986
HEYMANN-DOAT (A). *Les régimes politiques*, 1998, Ed La découverte, Collection « Repères »
HOBBES (T). *Leviathan*, 1651, Ed Gallimard, Collection « Folioessais », 2000
HUNTINGTON (S). *Le choc des civilisations*, 1993, Ed Odile Jacob, Collection « Poche Odile Jacob », 2000
HUSSERL (E). *Idées directrices pour une phénoménologie*, 1913, Ed Gallimard, Collection « Tel », 1985
JAFFRELOT (C). *Démocraties d'ailleurs*, 2000, Ed Kathala, Collection « Recherches internationales »
JULLIARD (J). *Les gauches françaises 1762-2012*, 2013, Ed Flammarion, Collection « Champs Essais »
KANT (E). *Fondements de la métaphysique des mœurs Tome 1*, 1785 ; Ed Flammarion, Collection « GF », 2018
KANT (E). *Fondements de la métaphysique des mœurs Tome 2*, 1785, Ed Flammarion, Collection « GF », 2018
KANTOROWICZ (E). *Les deux corps du roi*, 1957, Ed Gallimard, Collection « Folio Histoire », 2020
KOJEVE (A*). Esquisse d'une phénoménologie du Droit*, 1943, Ed Gallimard, Collection « Tel », 2007
KROPOTKINE (P). *La morale anarchiste* suivi de *L'esprit de révolte*, 1889, Ed Payot, Collection « Politique (Petite Bibliothèque Payot) », 2022
LASCH (C). *La culture du narcissisme*, 1979, Ed Flammarion, Collection « Champs Essais », 2018
LASCH (C). *La révolte des élites et la trahison de la démocratie*, 1995, Ed Flammarion, Collection « Champs Essais », 2020
LAUVAUX (P), LE DIVELLEC (A). *Les grandes démocraties contemporaines*, 1990, Ed Puf, Collection « Droit fondamental », 2015
LIBERA (A) de. *La querelle des universaux*, 1996, Ed Points, Collection « Points Histoire », 2014

LOCKE (J). *Traité du gouvernement civil*, 1690 ? Ed Flammarion, Collection « GF », 1999
MACHIAVEL (N). *Discours sur la première décade de Tite-Live*, 1531, Ed Belles Lettres, Collection « Le Goût des idées », 2022
MAISTRE (J). *Considérations sur la France*, 1797, Ed Bartillat, Collection « Omnia Poche », 2017
MARX (K). *Le Capital Livre I*, 1867, Ed Gallimard, Collection « Folioessais », 2008
MARX. (K). *Philosophie*, 1994, Ed Gallimard, Collection « Tel »
MAURER (B). *Le principe de respect de la dignité humaine et la Convention européenne des droits de l'homme*, 1999, Ed Documentation française, Collection « CERIC », 1999
MERLEAU-PONTY (M). *Phénoménologie de la perception*, 1945, Ed Gallimard, Collection « Tel », 1976
MILL (J.S.M). *L'utilitarisme*, 1863, Ed Flammarion, Collection « Champs essais », 2018
MONTESQUIEU (C.L.S). *De l'esprit des loi I*, 1748, Ed Flammarion, Collection « GF », 1993
MONTESQUIEU (C.L.S). *De l'esprit des lois II*, 1748, Ed Flammarion, Collection « GF », 1999
MORE (T). *L'Utopie*, 1516, Ed Flammarion, Collection « GF », 2017
MORSEL (J). *L'aristocratie médiévale*, 2004, Ed Armand Colin, Collection « Colin U »
MOUSNIER (R). *Monarchies et royautés de la préhistoire à nos jours*, 1989, Ed Perrin, Collection « Tempus », 2014
NAY (O). *Histoire des idées politiques*, 2004, Ed Armand Colin, Collection U, 2007
NEMO (P). *Histoire des idées politiques dans l'Antiquité et au Moyen Age*, 1998, Ed Puf, Collection « Quadrige », 2013
NEMO (P). *Histoire des idées politiques aux Temps modernes et contemporains*, 1998, Ed Puf, Collection « Quadrige », 2013
NIETZSCHE (F). *La généalogie de la morale*, 1887, Ed Gallimard, Collection « Folio Essais », 1985
NOZICK (R). *Anarchie, Etat et Utopie*, 1974, Ed Puf, Collection « Quadrige », 2016
ORWELL (G). *1984*, 1949, Ed Gallimard, Collection « Folio », 2020
PECES-BARBA MARTINEZ (G). *Théorie générale des droits fondamentaux*, 2004, Ed L.G.D.J, Collection « droit et société »
PERNOUD (R). *En finir avec le Moyen Age*, 1994, Ed Points, Collection « Points Histoire », 2014
PINKER (S). *La part d'ange en nous*, 2017, Ed Les arènes
POLANYI (K). *La grande transformation*, 1944, Ed Gallimard, Collection « Tel », 2009
PROUDHON (P-J). *Qu'est-ce que la propriété*. 1840, Ed Lgf, Collection « Le

Livre de Poche – Les classiques de la philosophie », 2009
RAWLS (J). *Théorie de la justice*, 1971, Ed Points, Collection « Points essais », 2009
REICH (W). *Psychologie de masse du fascisme*, 1998, Ed Payot, Collection « Petite Bibliothèque Payot
REMOND (R). *Les droites en France*, 1954, Ed Aubier, Collection « Historique », 1982
REMOND (R). *Les droites aujourd'hui*, 2005, Ed Louis Audibert, Paris, France
ROQUETTE (E). *L'école à la maison, une institution divine*, 1875, Ed Drapeau Blanc, Collection « L'instruction traditionnelle », 2022
ROTHBARD (M). *L'éthique de la liberté*, 1982, Ed Belles Lettres, Collection « Bibliothèque Classique De La Liberté », 2011
RUSSEL (B). *Science et religion*, 1935, Ed Gallimard, Collection « Folio Essais », 1990
SAINT-BONNET (A.B). *La restauration française*, 1851, Ed Drapeau Blanc, Collection« Collection de la Légitimité », 2022
SANDEL (M). *Ce que l'argent ne saurait acheter*, 2012, Ed Points, Collection « Points Economie », 2016
SARTRE (J.P). *L'être et le néant*, 1943, Ed Gallimard, Collection « Tel », 1977
SARTRE (J.P). *Réflexions sur la question juive*, 1946, Ed Gallimard, Collection « folio », 1954
SCHATZ (A). *L'individualisme économique et social*, 1907, Ed Belles Lettres, Collection « Bibliothèque Classique De La Liberté », 2013
SAY (J-B). *Cours d'économie politique et autres essais*, Ed Flammarion, Collection « GF », 1999
SCHMITT (C). *La dictature*, 1921, Ed Points, Collection « Points Essais », 2015
SCHMITT (C). *Théorie de la Constitution*, 1928, Ed Puf, Collection « Quadrige », 2013
SCHMITT (C). *La notion de politique – Théorie du partisan*, 1932, 1962, Ed Flammarion, Collection « Champs classiques », 2009
SEN (A), *Ethique et économie*, 1999, Ed Puf, Collection « Quadrige », 2012
SEN (A). *La démocratie des autres*, 2006, Ed Rivages, Collection « Rivages Poche Petite Bibliothèque »
SEN (A). *L'idée de justice*, 2009, Ed Flammarion, Collection « ESSAIS »
STERNHELL (Z). *Les anti-Lumières*, 2005, Ed Gallimard, Collection « Folio Histoire », 2010
STIRNER (M). *L'unique et sa propriété*, 1844, Ed Table ronde, Collection « Petite Vermillon », 2018
SUDRE (F). *Droit européen et international des droits de l'homme*, 1988, Ed Puf, Collection « Droit fondamental – Classiques », 16e édition, 2023
SZASZ (T). *La loi, la liberté et la psychiatrie*, 1963, Ed Payot, Collection

« Bibliothèque scientifique » 1977
SMITH (A). La richesse des nations I, 1776, Ed Flammarion, Collection « GF », 2022
THOMAS D'AQUIN (St), FREIBERG (D) de. *De l'être et de l'essence*, 1254-1256, Ed Points, Collection « Points Essais », 1996
TOCQUEVILLE (A.H.C.C). *De la démocratie en Amérique Tome 1*, 1835, Ed Flammarion, Collection « GF », 1999
VEBLEN (T). *Théorie de la classe de loisir*, 1899, Ed Gallimard, Collection « Tel », 1978
ZIEGLER (J). *Les seigneurs du crime, Les nouvelles mafias contre la démocratie*, 1998, Ed Points, Collection « Points Essais », 1998, 2007 pour la postface
ZUBOFF (S). *L'âge du capitalisme de surveillance*, 2018, Ed Zulma, Collection « ESSAIS Z/a », 2022

Table des matières

Structures éditoriales du groupe L'Harmattan

L'Harmattan Italie
Via degli Artisti, 15
10124 Torino
harmattan.italia@gmail.com

L'Harmattan Hongrie
Kossuth l. u. 14-16.
1053 Budapest
harmattan@harmattan.hu

L'Harmattan Sénégal
10 VDN SICAP AMITIE 3
BP 45034 Dakar-Fann
direction@senharmattan.com

L'Harmattan Cameroun
Tsinga/Derrière polyclinique FECAFOOT
BP 11486 Yaoundé
Jacques.koukam@harmattan.fr

L'Harmattan Burkina Faso
Villa 281, secteur 23 623, rue 14.32
Ouagadougou
zagbie@outlook.fr

L'Harmattan Guinée
Almamya, rue KA 028 OKB Agency
BP 3470 Conakry
harmattanguinee@yahoo.fr

L'Harmattan RDC
185, avenue Nyangwe
Commune de Lingwala – Kinshasa
matangilamusadila@yahoo.fr

L'Harmattan Congo
219, avenue Nelson Mandela
BP 2874 Brazzaville
deunovmikhael@gmail.com

L'Harmattan Mali
Immeuble Mgr Jean Marie Cissé
Aci Hamadallaye
BP 145 Bamako
syllaka@yahoo.fr

L'Harmattan Togo
Djidjole – Maison Amela
face EPP BATOME
02 BP 20680 Lomé
didieramela11@gmail.com

L'Harmattan Côte d'Ivoire
Résidence Karl – Cité des Arts
Abidjan-Cocody
03 BP 1588 Abidjan
harmattan.ivoire@gmail.com

L'Harmattan Bénin
Rue 604, (Immeuble à l'entrée
de la rue UCAO- Cite de Saint-Jean)
Cotonou
stepcorpus@gmail.com

Nos librairies en France

Librairie internationale
16, rue des Écoles
75005 Paris
librairie.internationale@harmattan.fr
01 40 46 79 11
www.librairieharmattan.com

Librairie des savoirs
21, rue des Écoles
75005 Paris
librairie.sh@harmattan.fr
01 46 34 13 71
www.librairieharmattansh.com

www.ingramcontent.com/pod-product-compliance
Lightning Source LLC
LaVergne TN
LVHW011155061026
849535LV00003B/745